法学专业必修课、选修课系列教材

税 法 学

Taxation Law

（第二版）

主编　张　松

副主编　张瑞杰　蒋雨露

中国教育出版传媒集团

高等教育出版社·北京

图书在版编目（ＣＩＰ）数据

税法学 / 张松主编. -- 2 版. -- 北京 :高等教育
出版社,2023.12
ISBN 978-7-04-058962-7

Ⅰ.①税… Ⅱ.①张… Ⅲ.①税法-法的理论-中国
Ⅳ.①D922.220.1

中国版本图书馆 CIP 数据核字（2022）第 120961 号

Shuifaxue

策划编辑	周轶男	责任编辑	周轶男	封面设计	杨立新	版式设计	王艳红
责任校对	刘丽娴	责任印制	田 甜				

出版发行	高等教育出版社	网 址	http://www.hep.edu.cn	
社 址	北京市西城区德外大街 4 号		http://www.hep.com.cn	
邮政编码	100120	网上订购	http://www.hepmall.com.cn	
印 刷	河间市华新印业有限公司		http://www.hepmall.com	
开 本	787mm×1092mm 1/16		http://www.hepmall.cn	
印 张	21.75	版 次	2005 年 7 月第 1 版	
字 数	490 千字		2023 年 12 月第 2 版	
购书热线	010-58581118	印 次	2023 年 12 月第 1 次印刷	
咨询电话	400-810-0598	定 价	52.00 元	

主 编 简 介

　　张松,广州城市理工学院教授,吉林财经大学教授,经济学博士,主要研究方向为税收法学与税收政策。曾兼任中国税务学会学术委员会委员、中国税收教育研究会副会长、中国注册税务师协会理事等,现兼任中国税收教育研究会常务理事、中国法学会财税法学研究会理事、广东省法学会财税法学研究会副会长等。代表性成果有《关于设立我国税收基本法的构想》(《财贸经济》1996 年第 6 期),《税法学》(高等教育出版社 2005 年版,2009 年获得吉林省优秀教学成果一等奖)等。

第二版前言

《税法学》自 2005 年在高等教育出版社出版以来,已过去十余年。其间,我国税收法学研究与税法建设飞速发展,书中没能将这些税收法学研究的新成果吸纳进来,同时,书中较多法律规定因修法而作废,对读者有误导之嫌。故此,高等教育出版社的编辑非常负责任地屡次和我商量书稿的修订再版事宜。

近些年来,我国税收法学的研究有逐渐成为显学的趋势。总结这一时期的税收法学研究与税法建设发展,可以概括出这样三个特征:一是学术队伍不断扩大,不同学术出身、不同学术背景的学者相互学习、相互交融,年轻学者迅速成长,成果丰硕。二是税收法学的相关研究更加深入、针对性更强。相关各界对税收法学研究的关注点与科研成果主要体现在:对税收法定等基本原则、税收债权债务关系、纳税人权利保护等税法理论的深入分析;对《税收征管法》①修订及相关实体税法正式立法的全方位深入研讨;对在新的背景下设立税法总则的再度研究;税法与行政处罚法、行政强制法、行政复议法、行政诉讼法等法律的冲突、协调与衔接;税法与《民法典》的关系;对涉税犯罪,特别是逃税罪与虚开增值税专用发票罪的深入探讨与司法实践;等等。三是税收法学的研究从书斋走向法律实践,从学术走向立法、执法与司法。有越来越多优秀的律师将业务重心转向税法实务;立法机关与司法机关更深入介入税收立法、执法与司法,例如,全国人大法工委深度介入《税收征管法》及相关实体税法的立法工作,在一些税法学者与全国人大代表的努力、坚持下,税收法定原则在《立法法》中被确认,并被更精准地表述;最高人民法院直接审理了"广州德发房产建设有限公司诉广州市地方税务局第一稽查局税务处理决定案"等税案,在业界引起广泛反响;公安部直接组织对涉税犯罪案件源头的刑事侦查;等等。作为一个始终参与其间的普通学者,能够看到税法学研究在国内从破土出苗,到独木成林、服务社会经济发展与进步,真是令人鼓舞、令人欣慰!

在这样的背景下,本书的定位仍然立足于为财经专业本科生提供了解、掌握税收法律知识的教科书,同时兼作财政税收与财税法学研究生教育专业课程的辅助读本,主要读者群是财经与相关法学专业学生和热心于研讨税收法律问题的税务干部。本书系统、准确地介绍了我国基本税法规范,反映了税收法学研究的最新前沿成果。其逻辑脉络是将全部内容分为理论与实务两部分,理论部分从税法的基本概念、特征入手,逐步展开分析税收法律关系、税法原则等内容,力求

---

① 本书引用现行法律时,除特别注明外,一律使用全称,但省略"中华人民共和国"。《中华人民共和国税收征收管理法》统一简称为《税收征管法》,《中华人民共和国税收征收管理法实施细则》统一简称为《税收征管法实施细则》。

形成一个相对完整、独立的理论体系;实务部分从内容上分为立法、行政执法与法律救济三个模块。与第一版相比,基本的篇章结构变化只是将税务机关的行政执法权力集中在第八章"税收行政执法行为"下讨论,此外没有作大的调整。本次修订仍然舍弃了税收实体法、国际税法和税收代理法,主要是为尊重相关专业将实体税法和国际税法单独开设课程的安排和因篇幅所限,这也使本书形成了一个较为精练、合理的体系。

为了提升本书的学术性,引发读者深入思考,便于安排不同层次的教学,本次修订仍然设置了探讨、案例、思考、提示等较为灵活的板块。其中,探讨板块是对现实中存在,而现行税法及相关法律规范又没能很好解决的一些理论与实务问题加以分析、比较,将编者和其他学者的观点介绍给读者,本书的学术性及对近期税法学术研究最新成果的反映,主要是通过这一板块体现的。案例板块是将《中国税务报》等报刊刊出的一些真实涉税案件及审判结果介绍给读者,帮助读者从实际操作层面更深入、准确地理解和适用税法。因有些案例篇幅过长,我们作了适当的删减,将案例评析部分略去,这样或许更有助于读者深入思考。思考板块是提出没有现成答案的税收法律问题,给学有余力者更多的思考空间。提示板块是将一些容易产生误解的规定背后所隐藏的真正含义加以归纳总结,目的是帮助读者把握税法及相关法律规范的准确含义。

本次修订在如下三个方面作了较多的努力:第一,努力突出法学属性。即区别于经济学、管理学对税收的研究,刻意从法学的角度,用法学的方法研究税收问题。第二,追求学术性。编者不满足于将其作为一部普通的教科书,而是希望通过更多的学术讨论提升本书的品质,启发读者更多的思考。第三,力求治学严谨。编者在写作过程中力求最大限度地消灭各类错误,坚守学术道德,对引用他人的观点、数据、案例认真注明了出处。

本书主编为张松,副主编为吉林开放大学张瑞杰、吉林财经大学蒋雨露。其中,张瑞杰负责撰写第四章和第九章,蒋雨露负责撰写第五章、第六章。张松负责该书的总体设计和其他章节的撰写。

尽管我们付出了很多的努力,但因水平有限,错误和不足还是难以避免。为此,我们诚挚欢迎广大读者提出宝贵意见,以便日后改正提高。

感谢本书的责任编辑周轶男女士!感谢在工作和生活中给予我们很大帮助的吉林财经大学和吉林开放大学的同事们和家人们!

张 松

2023 年 6 月

前　言

　　从笔者第一本税收法学专著《税法学概论》出版至今,7 年的时间转眼就过去了。其间有不少人劝我应当再写一本税收法学著作,将这几年我国税收法治建设的进步和税收法学研究的成果及时地反映出来。的确,过去的 7 年,是我国税收法学研究从起步到有所发展的重要时期。一批具备一定水准的学术著作出版;一批学者将税收法学作为自己的科研主攻方向,形成了相对稳定的学术研究队伍;特别是中国法学会财税法研究会的成立,将分散研究、各自为战的学者们组织起来,促进了中国税收法学研究的长足进步,是可喜可贺的。虽然与税收的经济学研究枝繁叶茂相比,税收的法学研究还只能算作一棵小苗,但是其成长无疑是健康快乐的,我们有理由相信其未来会更加美好。面对这样的大好形势,我也每每有写点什么的冲动,但是,随着学习的深入,反而愈加感到自己知识的匮乏,少了些初生牛犊不怕虎的闯劲儿。同时,心底里还有个奢望,就是要让自己的每一部著作有较大的进步,决不敷衍了事。这样,写一本新的税收法学著作的计划就拖了下来,直到我的工作单位——长春税务学院为鼓励科研,而将本书列入资助计划,才使我最后下定决心投入到写作当中去。

　　在这 7 年中,我国税法学人研究的进展主要包括:以对税收法律主义的研究为突破口,继而对税法基本原则的研究;以债务关系说为切入点对税收债权债务关系的研究;以及从宪政角度对税权划分的研究,对纳税人权利的比较研究,对税法体系完善的研究,对税收基本法的立法研究,等等。同期,我国《刑法》《税收征管法》作了较大的修订,新设立了《行政复议法》,制定了一大批税务行政法规与规章。这些既为本书的写作提供了素材,也对本书的写作提出了更高的要求。

　　本书是按照财经专业学生了解税收法律知识的教科书来设计的,主要读者群是财经院校相关专业学生和渴望了解相关税收法律知识的税务干部。为此,编者放弃了写作大部头著作的想法,以税法为基本线索,不涉及其他财政法。同时,考虑到财经专业将税收实体法单独作为一门课程——中国税制,本书也略去了这部分内容。另外,限于篇幅,本书还放弃了国际税法和税务代理法。这样一来,本书就形成了一个较为精练、合理的体系,直接设章而不设编,将篇幅压缩在一个较为合适的幅度内。尽管如此,本书还是能够分出理论(第一章至第六章)与实务(第七章至第十二章)两大部分,其中涉及《税收征管法》的第七章、第八章是重点。

　　为启发读者思考,本书还在内容安排和阐述问题的方式上作了一些新的尝试。设置了探讨、案例、提示、思考等不同的形式,用楷体来表示与叙述性文字的区别,便于读者在阅读时自己选择。其中,探讨是对现实中存在,而现行税法又没有很好解决的一些理论与实务问题以分析、比较的方式加以讨论,介绍学者们的观点,以帮助读者更深入地学习;案例是介绍现实中存在的一些实际例子,以帮助读者深入理解和把握有关税法规定的适用;提示是将一些容易产生误解的规定背后所隐含的意思加以归纳总结,目的是帮助读者把握相关税法规范的准确含义;思考是将没有现成答案,但是可以引发读者深入思考的各种税法问题提出来,给学有余力者更多的思考空间。

本书的写作有这样几个追求:第一,力求从法学的角度,用法学的方法去研究、阐述税收问题。尽管在这一方面编者有了一些进步,但是面对博大精深的法学宝库,还是有很多力不从心的地方,不过确实做出努力了。第二,编者不满足于本书仅仅成为本科生的教科书,希望能够更多地探讨税务行政执法中遇到的实际问题,更多地反映自己与同行们的最新研究成果,探讨、评注、思考等形式的设置,即是出于这样的目的。第三,力求治学严谨,尊重他人的劳动成果,故此编者认真地对引用的他人的观点、案例进行了注释。第四,将理论与实务结合起来,突出实务性。应当说,《税收征管法》等法律的修订,为此提供了更大的空间。

尽管我们做出了很大努力,但错误与不足还是无法避免。从这种意义上讲,我们愿以加倍的努力去修正错误,以减少遗憾。

张 松

2005 年 4 月

目　　录

第一章 税法概述

本章要点

　　作为全书的开篇,本章主要阐述税法的基本理论。第一节从税收的一般概念引入,进而重点探讨税法的概念、税收与法的关系,帮助读者从法学的角度去理解税收。第二节从税法与其他部门法相比较的角度,概括了税法的一般特征。第三节从两个方面阐述了税法的作用。所谓规范作用,实际上是法的基本作用在税收上的体现;所谓社会作用,是当税收被赋予法的功能,成为税法之后,其自身作用如何得到加强。第四节讨论了税法的地位,也就是税法与其他法律部门的关系。第五节从法学的角度研究税法的分类,特别是就其内容所作的分类。

第一节　税法的概念及税收与法的关系

一、税法的概念

　　讨论税法的概念,要从明确什么是税收开始。所谓税收,更多的是经济学范畴内的概念,是从财政学科的角度给出的。对于税收的基本内涵,中外经济学家们从不同角度进行了阐述,形成了不同的学说。虽然没有公认的标准定义,但就税收的一般概念而言,至少包括这样五个共同点:(1)征税的主体是国家,除国家之外,任何组织都无权征税;(2)国家征税依据的是其政治权力,这种政治权力凌驾于财产权力之上,没有国家的政治权力为依托,征税就无法实现;(3)征税的直接目的是为国家提供充足的财政支持,以实现其提供公共产品和公共服务,满足社会公共需要的职能;(4)税收分配的客体是社会剩余产品,按照马克思的价值构成理论,税收不能课及 C 和 V 的部分,否则简单再生产也无法维持;(5)一般认为,税收具有强制性、无偿性、固定性的形式特征。

　　税收与税法是两个不同的概念,它们依托的学科、理论不同,研究的角度不同,因此不能简单地以税收的概念代替税法的概念。税法是一个法学概念。汲取各家定义的精华与合理性因素，我们认为，对税法的概念作如下定义或许更为准确：

税法是国家权力机关依法制定的、调整税收分配过程中形成的权利义务关系的法律规范的总和。

首先，所谓国家权力机关主要是指国家最高权力机关，在我国即全国人民代表大会及其常委会。同时，在一定的法律框架之下，地方立法机关往往拥有一定的税收立法权，因而也是制定税法的主体。此外，国家最高权力机关还可以授权最高行政机关制定某些税法，所以，获得授权的最高行政机关同样是制定税法的主体。不管从哪一角度探讨税法的内涵，国家是制定税法的主体，这一点是无法否定的。

其次，所谓依法应当解释为其合宪性，即所有税法的制定必须有宪法依据。这种依据可以来自宪法中直接规范税收的条款，也可以是宪法原则精神或基本理念的阐释。税收立法如果违背了宪法的原则精神，就是无效的。同时，不同税法间的位阶关系必须得到遵守。

再次，税法的调整对象是税收分配中形成的权利义务关系。第一，尽管在税收活动中涉及的社会经济关系可能涵盖许多方面，但其从本质上讲，是一种分配关系，即国家参与社会剩余产品分配所形成的一种经济利益分配关系。为此，我们不赞同将税法调整对象含混地定义为税收关系。第二，这种经济利益分配关系是借助法的形式规定国家与纳税人可以怎样行为，应当怎样行为和不得怎样行为，即通过设定税收权利义务来实现的。如果说实现税收分配是目标，那么，从法律上设定权利义务则是实现目标的手段。换一个角度看，设定权利义务是法律规范所提供的行为模式的唯一内容，税法直接调整的只能是税收权利义务关系。在此基础上，税法的调整对象才表现为税收管理关系、协助关系、委托关系、代扣代缴关系等。这里的权利义务既包括国家的税收权力与义务，也包括纳税人的权利与义务；既包括立法机关的税收权力与义务，也包括执法机关与司法机关的税收权力与义务。

【思考】毫无疑问，税务机关与纳税人之间的税收征纳关系是税法调整的主线。除此之外，由于税收管辖权重叠产生的国与国之间的税收关系，一国之内各级政府之间的税收利益分配关系，不同纳税主体之间的税收利益关系等是否能构成税法调整对象的副线？

复次，税法是一种法律规范的总和。为了平衡自由与责任、权利与义务，维持必要的秩序，人类社会为自己设定了各种各样的行为规范。与其他行为规范相比，法律规范的特殊性在于其以国家力量与权威作为基础和后盾，从而最大限度地得到维护与保障。税收采用法律的形式，得到国家力量的有力支撑，使其自身固有的强制性得以充分落实。

最后，税法的范畴可以有广义和狭义之分。对此可以有两方面的解读。一方面，从税法体系上考量，税法是由税收实体法、税收程序法、税收处罚法、税收救济法等构成的法律体系。其中包含的全部内容都是规范税收的法律，如《个人所得税法》《企业所得税法》《税收征管法》等，以及部分内容涉及税务机关执法，或者解决税收争议需要适用的法律，如《刑法》中关于"危害税收征管罪"的规定，行政处罚法、行政许可法、行政复议法、行政诉讼法等相关内容。在此意义上，所谓狭义的税法是指前者，即全部内容都是规范税收的法律法规。另一方面，从立法层次上划分，广义的税法包括由国家最高权力机关正式立法的税收法律、国家最高行政机关和地方立法机关制定的税收法规以及国家税收行政主管部门和地方政府制定的税收规章等。从狭义上讲,税法仅指经过国家最高权力机关正式立法的税收法律,如我国的《个人所得税法》《企业所得税法》《税收征管法》等。但是一般来说,税法还是取其广义,对于全国人大及其常委会制定的税法,通常直接称其为税收法律。

【探讨】怎样理解税法概念的内涵

税法的概念大多是知名的税法研究者给出的。较早提出税法概念的是日本税法学家金子宏,他认为,"税法,是关于税收的所有法律规范的总称"①。该定义言简意赅,界限清楚,但是,税法的基本性质并没有表述出来。《牛津法律大辞典》对税法概念的描述是"有关确定哪些收入、支付或交易应当纳税,以及按什么税率纳税的法律规范的总称"②。《不列颠百科全书》将税法解释为"是政府当局要求纳税人将其收入或财产的一部分转移给政府的条例"③。这些定义的着眼点还是在税法的范围与形式特征上,没有触及税法的调整对象,而这恰恰是税法定义的本质。国内学者关于税法概念的定义主要有"税法是调整国家通过税务机关与纳税人之间产生的,无偿征收一定货币或者实物的税收征纳关系的法律规范的总称"④;"税法是指由国家最高权力机关或其授权的行政机关制定的有关调整国家在筹集财政资金方面所形成的税收关系的法律规范的总称"⑤;"税法是国家权力机关及其授权的行政机关制定的调整税收关系的法律规范的总称"⑥。这些定义尽管角度不同,但似乎更具理论性,关注税法的本质是什么,指出了税法的调整对象是税收关系。但进一步说,这种税收关系又是一种什么关系?显然它不是税收征管关系所能涵盖的,也不应含混地将其概括为税收关系。如果再作进一步剖析,不难得出所谓税收关系的内核是一种经济分配关系的结论。

【思考】从经济学意义上研究税收,更多的是讨论税制要素的不同组合在经济增长、就业、分配、资源配置等方面的效应,当税收制度形成并经立法通过,如何执行就是法律的事情了。那么,税收实体法的研究与教学同国内从财经角度进行的"税收制度"研究与教学有何不同?

二、税收与法的关系

法是税收的存在形式。自税收产生以来,税与法即没有分离过。税收之所以必须采用法的形式,是由税收和法的本质与特性决定的。

---

① ［日］金子宏:《租税法》之中译本《日本税法原理》,刘多田、杨建津、郑林根译,中国财政经济出版社1989年版,第17页。

② ［英］戴维·M.沃克:《牛津法律大辞典》,北京社会与科技发展研究所组织翻译,光明日报出版社1988年版,第790页。

③ 《不列颠百科全书》(第16卷),中国大百科出版社1999年版,第472页。

④ 金鑫、许毅主编:《新税务大辞海》,九洲图书出版社1995年版,第141页。

⑤ 蔡秀云:《新税法教程》,中国法制出版社1995年版,第1页。

⑥ 徐孟洲主编:《税法》,中国人民大学出版社1999年版,第9页。

第一,从税收的本质来看,它是国家与纳税人之间形成的以国家为主体的社会剩余产品分配关系。国家向纳税人征税,是将一部分社会剩余产品或一部分既得利益从纳税人所有转变为国家所有。然而,在这种经济利益的转移过程中,其总量与结构都是不能随意改变的,必须按照事先确定的标准,由国家与纳税人双方共同遵守。违反这种约定要受到一定的惩罚,出现争议要有公平的解决方式,否则,这种分配关系就无法维持下去。这样,将征税仅仅视为一种经济利益的转移就不够了。而借助法律,通过规定税收权利义务的方式可以提供一种行为模式。如果作为税收法律关系主体的国家或纳税人超越法律规定行使权力(权利)或者不遵从法定义务,法律将以强制手段予以追究,出现纠纷或争议也可以用诉讼这种规范的法律形式予以解决,从而保证法律调整机制的实现。严格地讲,只有法律才是真正以规定人们权利和义务为其调整机制的。税收不采用法的形式,税收分配关系则无从调整,税也就不成其为税了。

第二,从形式特征来看,税收具有强制性、无偿性、固定性的特点。其中无偿性是其核心,强制性是其基本保障,因为无偿才需要固定,因为强制才能保证固定。原因在于税收是国家对原本不属于自己所有的收益或财产进行分配,因而要求有很高的强制权力作征税保障,这种权力只能是国家政治权力,法律使这种政治权力得以体现和落实。首先,法律依据的是国家强制力,与税收凭借的国家政治权力是一致的,这是最高的权力,其他权力必须服从;其次,构成法律的一系列原则、规则、概念为人们提供了全面、具体、明确的行为模式,借助法律可以使税收强制性的目标指向更为明确;再次,法律有一整套完备、有效的实施保障系统,可以使税收的强制性落到实处,得到长期、稳定的保证;最后,税收凭借的是政治权力,但税收权力并非是不受任何限制、可以随意行使的,能够对税收权力起到规范、制约作用的,只有法律。此外,法律所提供的行为规则,规范、统一、稳定,法律的制定、修改、废止必须经过一定的程序,这些都为实现税收的稳定性提供了必要条件。

第三,从税收职能来看,调节经济是其重要方面。这种税收对经济的调节不是盲目的,一方面调节目标必须明确,另一方面需要纳税人对税收调节有切实的感受,相应调整自身的经济行为,才能使税收调节达到预期目的。税收采用法律形式,就可以借助法律的评价作用,按照法律提供的行为标准,判定纳税人的经济行为是否符合税收调节经济的要求,对违法者强制地改变其经济行为,使之符合税收调节的需要。借助法律的预测、指引作用,纳税人能预知自己在各种情况下的纳税义务、法律责任以及经济后果,从而对自己的经营活动作出最有利的选择,主动适应税收调节的要求。总之,税收采用法律形式,才能保证发挥其调节作用应有的力度与灵敏度,使税收调节收到实效。监督管理是税收的另一重要职能,保证监督管理的公正性是税收得以顺利实现的基本前提,这就要求有一套事先确定的标准作为税收监督管理的规则。法律以其权威性、公正性、规范性成为体现纳税规则的最佳方式。

税收必须与法律相结合,必须采用法律的形式,这从税收发展的历史中也能够得到印证。历史的经验证明,脱离法律约束的税收对一个国家来说是很危险的。在中国封建社会的历史演进中,几乎每个朝代的更迭都与统治者随意增税、横征暴敛有直接的关系。现代社会发展则向我们证明,只有税收法定原则被遵从,税收活动能够被限制在法律框架之中,课税秩序才能得以保证,课税活动才能正常进行。

第二节 税法的特征

学术界公认税收的基本特征是其强制性、无偿性与固定性,那么税法的基本特征又是什么?对此,由于学者们着眼的角度差异较大,学术上的交流碰撞还不够多,因而尚未形成权威的主流观点。我们认为,所谓税法的特征,指的是税法带共性的、其形式上的特点。这种特征可以从三个方面加以限定。首先,它是指其一般特征,不是某一历史时期、某一社会形态、某一国家税法的特征;其次,税法的特征是税收上升为法律后的形式特征,应与税收属于经济范畴的形式特征相区别;最后,税法的特征应与税收法律关系的特征有所区别。按照这样的理解,我们可以将税法的特征概括成如下几个方面:

一、税法属于成文法

现代国家的税法都是经过一定的立法程序创制出来的,即税法是由国家制定,而不是认可的,这表明税法属于成文法而不是习惯法。税法属于成文法,与税收法定原则的要求是相通的。尽管从税收形成的早期历史来考察,不乏由种种不规范的缴纳形式逐渐演化而成的税法,但其一开始就是以国家强制力为后盾形成的规则,而不是对人们自觉形成的纳税习惯以立法的形式予以认可。加之当时的税收与法律本身都不够完善,因此,不能认为税法属于习惯法。所谓"国际税收惯例"也是一国或数个国家经过立法后采取的措施为其他国家所效仿,多数国家立法确认后,逐渐形成国际惯例,而并非是从纳税习惯演化而来,所以与习惯法不相干。全十判例,即使在英美法系国家也仅仅是税法的补充,其主体仍是经过一定立法程序创制出来的。所以,我们虽然不能绝对地排除习惯法构成税法渊源的例外,但从总体上讲,税法是由国家制定而不是认可的。其根本原因在于国家课税权凌驾于生产资料所有权之上,是对纳税人收入的再分配。税款征纳双方在利益上的矛盾与对立是显而易见的,离开法律约束的所谓纳税习惯并不存在,由纳税习惯演化成习惯法也就成了空谈。同时,为确保税收收入的稳定,需要提高其可预测性,这也促使税法采用成文法的形式。

【思考】你是否赞同税法是制定的,而不是认可的这一观点?如果持有相反的观点,你能找出税法可以是认可的相关的例证吗?

二、税法属于公法的范畴

国家课征税收,主要的目的是满足社会公共需要,维护社会公共利益,因此税法具有公法的性质。但与其他公法相比,税法有更多的经济内涵。当然,由于人们对公法与私法的划分标准本来就有不同的认识,因此对于税法属于公法还是私法有所争议也就不足为奇。而且,不可否认的是,随着市场经济的发展,税收越来越深入人们的社会经济生活,税法的私法化倾向也愈加凸显。一些私法中的规范开始出现在税法中。如税收优先权、代位权、撤销权制度及纳税担保制度、税务代理制度等。我们认为,这是税法体系综合性的一种反映,但并不能由此推翻税法属于公法的本质特征。

【提示】公法与私法是大陆法系对法律的基本分类方法之一,其划分标准不同从而形成不同的学说。概括起来包括:(1) 主体说。以参加法律关系的主体来进行划分,如果至少一方主体是国家或者代表国家行使公权力的机关,那么该法律就是公法,否则即为私法。(2) 服从说。服从说主张公法、私法划分的标准在于法律关系上的差别,如果双方处于对等关系就属于私法,如果是上下服从关系就属于公法。(3) 强行法说。强行法说认为公法是强行法,其法律关系不能由当事人任意改变,法律应由国家机关根据职权强制执行。私法是任意法,这种法律关系可以由当事人双方通过协议加以改变,法律的强制执行也应通过当事人的要求来进行。(4) 利益说。按法律保护的利益不同而进行公法、私法的划分,旨在维护公共利益的法律属于公法,旨在维护私人利益的法律属于私法。(5) 综合说。认为以单一的标准很难划分公法与私法,应该结合上述多种标准而进行划分。[①]税法的私法化是其发展变化的一个趋势,有学者认为,税法的私法化倾向表现为四个方面:(1) 课税理论依据私法化;(2) 税法概念范畴私法化;(3) 税收法律关系私法化;(4) 税法制度规范私法化。[②]

三、税法具有强制性

无论是经济学还是法学,都强调税收具有强制性。毫无疑问,税收自身的强制性得到国家法律的支撑与保障后,其"刚性"得到淬火与加强。不过,法律上所指的强制性还有其特定的内涵:一是这一强制性的实现不仅有国家权力作为后盾,而且有一系列的法律规范保证;二是法律有任意法、禁止法与强行法之分。就法律规范而言,税法属于强行法,即对于一切满足课税构成要件的纳税义务人,均应强行地加以课税,而且不允许税务机关与纳税义务人之间存在合意。[③]

【思考】随着税法的发展变化,特定情况下需要征纳双方达成合意才能生效的税法规范已经出现,你能够举出实例吗?

四、税法属于义务性规范

按照国家设置法律所要达到的社会目的不同,法律规范可以分为授权性规范和义务性规范。

---

① 参见刘剑文主编:《税法学》(第二版),人民出版社 2003 年版,第 31 页。
② 参见刘剑文、熊伟:《WTO 体制下中国税法发展的趋势》,载《中国法学》2002 年第 3 期。
③ 参见杨小强:《税法总论》,湖南人民出版社 2002 年版,第 5 页。

授权性规范具有任意性,私法范畴的法多属于授权性规范。义务性规范的一个显著特点是具有强制性,它所规定的行为方式明确而肯定,不允许任何个人或机关随意变更或违反。授权性规范与义务性规范的划分,只是表明其基本倾向,而不是说一部法律的每一规则都必须是授权性或者是义务性的。我们将税法视为义务性规范,理由在于:

第一,税法是以规定纳税义务为核心构建的,任何人,包括税务执法机关,都不能随意变更法定纳税义务。尽管我们强调纳税人权利的保障,但不否认纳税义务仍是税法的核心,否认这一点,税法就不成其为税法了。同时,税法的强制性十分明显,这与义务性规范的特点相一致。此外,《宪法》仅在第 56 条中提及税收,即规定公民有依法纳税的义务,这也从一个侧面提示税法属于义务性规范。

第二,权利义务对等是一个基本的法律准则,但这是就法律主体的全部权利义务而言的,并不是说某一法律主体在每一具体法律、法规中的权利义务都是对等的。从财政的角度看,纳税人从国家的公共支出中得到了许多权利,这些权利是通过其他授权性规范赋予的。而从税法的角度看,纳税人则以尽义务为主,所以我们称税法为义务性规范,纳税人权利与义务的统一只能从财政的大范围来考虑。

第三,税法属于义务性规范,并不是指税法没有规定纳税人的权利,而是说在税法范畴,纳税人的权利是建立在其纳税义务的基础之上,是从属性的。并且从性质上划分,这些权利以纳税人的程序性权利为主,是以履行纳税义务为前提派生出来的,从根本上讲也是为履行纳税义务服务的。

五、税法具有综合性

世界上多数国家没有制定统一的税法典,因此,税法与民法、刑法的法典化不同,它是由实体法、程序法、救济法等构成的综合法律体系,而不是单一的法律。其内容涉及课税的基本原则、征纳双方的权利义务、税务管理规则、法律责任、解决税务争议的法律规范等,包括立法、行政执法、司法各个方面,与某些法律部门还有一定的交叉。同时,税法的有效实施,需要借助一些其他法律规范,如行政处罚法、行政强制法、行政复议法、刑法、行政诉讼法、刑事诉讼法等。从这个意义上,我们说税法具有综合性。

第三节　税法的作用

税法的作用,即税法实施所产生的社会影响,分为规范作用和社会作用两类。

一、税法的规范作用

税法的规范作用是指税法调整、规范人们行为的作用。这些作用并非是税法所独有的,但与

其他法律部门相比有不同的表现,其实质上是法律的基本作用在税法中的体现和延伸,具体可以分为:

(一)税法的指引作用

税法的制定为人们的涉税行为提供一个模式、标准和方向,即起到一种指引作用。通过国家颁布的税法,人们可以知道国家在税收领域要求什么,反对什么,什么是必须做的,什么是可以做或不可以做的,什么是不能做的。税法的指引作用因税法规范的不同有两种形式:确定的指引和不确定的指引。确定的指引主要是通过税法的义务性规范来实现的,其目的在于防止人们作出违反税法规定的行为。不确定的指引主要是通过税法的授权性规范来实现的,其目的在于鼓励人们从事税法所允许的行为。换一个角度分析,确定的指引多与税务机关行政执法的合法性相对应;不确定的指引,多与税务机关行政执法的适当性相对应。

(二)税法的评价作用

税法作为法律规范具有判断、衡量人们的涉税行为是否合法的作用。缘于税收法定性的要求,税法对人们涉税行为的评价有国家权力作为依托且得到社会公众的广泛认可,因而有很高的权威性与公信力。由此,税法的否定评价会对纳税人产生巨大的思想压力与利益损失,从而对其涉税行为产生直接的引导作用。如果不想受到法律的制裁,人们的行为就必须在客观上与税法的要求协调起来。在整个社会法治环境较好,公众的纳税意识普遍较强的背景下,这种评价会对纳税人遵从税法产生较大的推动力。甚至纳税人会为单纯求得税法对其涉税行为的肯定而寻求法律救济。

【思考】人们寻求通过法律调解各种纠纷,通常会以经济利益补偿的方式求得解决。但是目前越来越多的案例反映出一种现象,即只要求法律作出是与非的判断,而不要求对方提供相应的经济补偿,在税收领域这种案例也不鲜见。这种现象背后的原因是什么,反映出一种什么样的趋势?

(三)税法的预测作用

依靠税法指引的方向和提供的评价标准,可以预先估计税收征纳双方相互之间将如何行为,从而在税法许可范围内,对自己的行为作出最合理的安排。增强税法的预测作用,一方面,要使税法规范更细致,含义更明确,更具可操作性;另一方面,要在一定条件下对纳税人尚未实施的涉税行为予以认定。例如,企业依据税法进行税收筹划,就是合理利用税法的预测作用为自己服务的典型例子。又如,为了提高税法的预测作用,一些国家的税法设计了预先裁定制度,为纳税人合理安排自己今后的纳税事务服务。从整个社会看,增强税法的预测作用,可以减少人们在税收征纳活动中的盲目性和无序性,提高整个社会税收活动的整体效果,有利于社会经济生活的稳定发展。从纳税人的微观角度看,增强税法的预测作用,有助于提高投资与经营效益,降低税收风险。

【思考】税法的作用需要具体的制度加以落实,预先裁定制度不失为增强税法预测作用的有效制度设计。你认为我国目前是否可能实行类似的制度？如果不能,障碍在哪里？

（四）税法的强制作用

对违反税法的行为进行制裁而产生的法律保证,是税收强制性的效力所在。税法的强制性是税收内在功能要求与法律外在形式的统一。由税法对违法行为的制裁而产生的对征纳双方履行自己应尽税收义务的强制力,其强制作用不仅在于惩罚违法犯罪行为,提高税法的权威性,也在于预防违法犯罪行为,保护人们在税收活动中的正当权利,增强人们在进行合法征纳活动时的安全感。

（五）税法的教育作用

税法的实施可以对以后人们的行为产生一定的影响,这种作用可以说是税法评价作用与强制作用的延伸。人们借助税法提供的行为模式,使自己的行为与税法的要求相一致,养成守法的习惯。同时,对违法行为的制裁不仅对违法者,而且对其他人也起到教育作用:如果以后谁再做出此类行为也将受到同样的惩罚。反过来,对合法行为的鼓励、保护也可以对社会公众起到示范和促进作用。税法的这种教育作用对公民纳税意识的养成是必不可少的。当然,如果税务机关不能有效地执法,税法不能得到公众的普遍遵从,那么也会产生反面的教育作用。

【思考】上述税法规范作用的实现,莫不与人们纳税意识的养成相辅相成。我们认为,纳税意识是一种法律意识而不是一种道德意识。人们应当更多地从税收法定原则与依法治税的角度去考虑这一问题。而且,从一定意义上讲,只讲纳税意识是片面的,将纳税意识与纳税人的权利意识统一起来才是全面、合理的,我们称其为"纳税人意识"。对此,你怎样考虑？

二、税法的社会作用

税法的社会作用是指税法的实施对于维护一定的社会关系和社会秩序所起的作用,实质上是指如何使税收固有的经济作用在法律形式的保障下得以充分发挥。

（一）税法是国家取得财政收入的重要保证

保证国家财政需求是税收最根本的职能,现代国家财政对税收的依赖越来越严重。通常情况下,一个国家税收收入占财政总收入的90%以上。因此,从某种意义上讲,没有税收就没有现代财政。税法为取得税收收入提供的保证作用,一方面体现在税法作为强制法,对纳税人的种种义务作了法律规定,纳税义务没有履行或者履行没有到位,就是违反国家法律,就要受到相应的法律制裁。这样就使税收的强制性上升为法律的强制性,并且税法的强制性在诸法律部门中是比较突出的,成为取得税收收入的根本保证。相比之下,我们过去曾采用过的利润上缴形式,没有被赋予法律地位,约束力很差,财政收入的保障程度较低。再如,目前养老保险等收费改由税务机关负责,但因不能援引税法进行征收管理,其保障程度明显不如税收。另一方面,法律具有稳定性,不能朝令夕改。因此,税收制度一旦成为法律,其固定性就有了法律保证,即使国家也不能对基本的税制要素随意改动,从长远看,这对于国家及时、稳定地取得财政收入又是一个重要的保证。

（二）税法是正确处理税收分配关系的法律依据

在依据生产要素进行的初次分配中,并没有税收的参与。税收是根据公共产品理论,依据国家政治权力,强制进行社会产品再分配无偿获得的收入。它既改变了国家与纳税人之间的利益关系,也间接改变了纳税人之间的利益关系,是为税收分配。在理论上,税收有充足的课征理由,也具备国家强制力保障的足够权威,但税收分配涉及纳税人的根本利益,因此,课税不能随意进行,而必须有一套具备权威性、对征纳双方都有约束力的规范标准。其必要性在于:其一,从纳税人的角度讲,纳税人能否及时足额纳税,需要一个客观公正的标准。没有这个标准,就不能判定纳税人是否及时足额纳税,纳税人的合法权益就不能得到有力的保护,偷漏税者也不能受到应有的处罚,其结果必然是法不责众。其二,从国家的角度讲,税收虽然是强制无偿取得的,但不能不受到一定的约束,否则必然导致征收无度无序,激化征纳矛盾,破坏社会生产力,我们常将其形容为"杀鸡取卵",类似的例子屡见不鲜。其三,税收征纳关系既然是一对矛盾,那么纠纷就难以避免,而且这种纠纷不一定错在纳税人。但是,如果没有一套客观的标准,其结果必然是国家凭借政治力量要求纳税人无条件服从,这对纳税人来说是极不公平的,也不利于税收分配关系的稳定。那么,在现有的各种规范、标准中,最权威、最公正、最客观、最具约束力的唯有税收的法律形式,即税法。

（三）税法是国家调控宏观经济的重要手段

尽管在经济学理论中,关于国家是否应当干预宏观经济存在广泛争议,主流观点几经反复,但在实践中,不同国家对经济的干预与调节在各个层面不同程度地存在,特别是在危机来临时更是如此。中国的改革开放实践表明,国家对宏观经济的适度调控是与发展道路、发展模式的选择相匹配的。税收是国家调控经济最有力、最便捷的手段之一,这种税收宏观调控包括对经济总量的调节、对经济结构的调节、对经济规模的调节、对人们收入的调节、对资源配置的调节等方面。增税是调节,减税也是调节;改变税收总量是调节,改变税收结构也是调节。税收采用法的形式,可以将税收的经济优势与法律优势结合起来,使税收杠杆在宏观经济调控中更为灵敏、有力。其一,市场经济为法治经济,税收采用法的形式可以为调控宏观经济提供最具权威性的规则和效力、最高的保证体系,使调节的力度与预期的接近,防止税收杠杆的软化。其二,法律具有评价和预测作用,即通过规定人们的权利义务,设定行为规范来评价人们的行为是否合法,指引人们可以做什么,应该做什么,不得做什么。税收借助法律的评价、预测作用,可以增强税收杠杆的导向性,使其对宏观经济的调控更为灵敏、准确。

（四）税法是加强监督管理、维护正常税收秩序的有力武器

既然税收在根本上是国家与纳税人就课税问题所作的一种约定,那么任何一方都有责任维

护这种约定的有效性、稳定性、长期性与规范性。通过设定各方的权利义务,以法律准则的形式将各自的利益、责任确定下来,是维护税收秩序最好的方法。在整个法律体系中,尚没有哪部法律能像税法那样具有对经济活动监督的广度、深度、全面性和经常性,从而使税法监督有特别的意义。一方面,由于牵涉老百姓的核心经济利益,加之税收规定的复杂性,出现各种违反税收规定的情况是难以避免的,因此,对税收征收正确性的监督与校正,是税款征收之后必不可少的制度安排。税收采用法的形式,无疑在相当程度上提升了这种监督与校正的层级与权威性,有利于及时发现各类纳税人违反税法的行为,打击涉税犯罪,更好地保障税款征收的准确性与及时性。另一方面,需要依靠法律的权威监督国家在法定范围内规范地行使课税权,不在约定之外课税,这在税收没有成为法律的情况下是无法做到的。市场经济作为法治经济,一切经济活动都是在一定的法律规范保护和约束下有规则地进行的。这样,税法对经济活动的监督管理职能不仅不能削弱,而且变得更加重要了。

(五)税法是维护国家权益的重要手段

税收主权是国家经济主权的重要组成部分。在对外经济交往当中,税法是调解国家间税收管辖权冲突、参与国际税收利益分割、维护国家权益的基本依据和手段之一。其一,关税的征收,可以改变进出口商品的实际销售价格。对进口商品征税,使其销售价格提高,竞争力削弱;对出口商品免税,可以使其无税进入国际市场,竞争力得到加强。这就是所谓的保护关税政策,绝大多数国家都坚持使用这项课税权力。其二,对跨国纳税人征收所得税,可防止税收利益的外流。例如,A国法人甲在B国设立公司开展经营,按照地域管辖权,B国有权优先课税,防止其税收利益经由甲转移至A国。否则,放弃这一课税权,其税收利益B国没有得到,甲也没有得到,而是最终归属于A国,对B国而言,这就是一种税收利益的流失。其三,所得税和其他税种的征收,可使国内纳税人与跨国纳税人获得相同的税收待遇,防止出现税收歧视。处理这些税收问题,坚持国际通用的法律原则和法律规范,才能得到其他国家的对等承认,对等处理相关税收利益关系。归纳起来就是,税收采用法的形式,有助于提高税收维护国家权益的权威性和总体效力,有益于消除外商对我国税收政策稳定性的疑虑,更好地吸引外资,推进改革开放的深入进行。

第四节　税法的地位

税法的地位,指的是税法在整个法律体系中的位置,实质上是税法与其他法律部门的关系。税法与其他法律相互交叉、相互影响的地方很多,各国税法毫无例外地借用了大量其他法律规范的概念、规则和原则。从税法学研究的角度讲,税法作为一门新兴法学学科,在其基本研究对象、范畴和理论的形成上,有赖于其他法学学科研究成果的地方甚多,特别是税法与其他法学学科研究的对象有交叉、共通的部分更是如此。所以,研究税法,必须正确认识税法与有关法律的关系,将税法放在整个法律体系中去研究。

一、税法与宪法的关系

宪法是一个国家的根本大法,代表着法律的最高权威,它规定了一个国家最根本的社会制度,主要是调整与规范国家和社会生活中根本性、全面性的问题,属于母法,是其他法律的立法基础。税法作为位阶低于宪法的部门法,从总体上讲是依据宪法制定的,故一般的税收法律总要在第1条提及"本法依据宪法制定"。这种对宪法的依从表现在两个层面上:一是直接依据宪法中有关税收的条款规范税法的相关内容,税法是宪法有关税收条款的具体化和延伸;二是根据宪法的原则精神制定税法。税法既然是依据宪法制定的,其立法、执法、司法必须符合宪法的原则精神和各项规定,税法中任何违反宪法的规定都是无效的。许多国家通过设立违宪立法审查制度确定违背宪法之税法的无效性。尽管各个国家因国体、政体、国情不同,宪法的内容、结构、规模有所不同,但是,不管是联邦制国家还是单一制国家,一般都将税收作为重要内容列入宪法,以提高税法的地位,保证税收有效发挥其应有的作用。列入宪法的税收内容一般包括征税的基本法源、基本原则、税收立法权限的划分、税收立法的基本程序、公民依法纳税的义务等。例如,与地方权力较大的邦联制国体密切相关,早期的《美利坚合众国宪法》(1787年9月17日制宪会议通过)短短7条规定中,就有5条属于涉税条款,规定了税权的划分、课税原则等内容。我国税法也是依据宪法制定的,但由于我国宪法概括性强,容量较小,因此,直接涉及税收的规定仅有"中华人民共和国公民有依照法律纳税的义务"一条。宪法与税法缺少必要的衔接,宪法对税法的指导、规范、约束作用明显不够。因此,从长远看,还是应当通过修改宪法,增设直接与税收有关的条款和制定税收基本法(税法通则)来加强两者的联系,增强宪法对税法的指导,适当提高税法的法律地位。

二、税法与民法的关系

民法是用来调整平等主体间,即公民之间、法人之间、公民和法人之间的财产关系和人身关系的法律规范的总和。民事法律关系在相当程度上是经济关系在法律上的体现,从一定意义上讲,税法也是对经济关系的法律调整,税法乃整个公法领域中与私法联系最密切的法律部门。[①]民法是最基本的法律形式之一。在诸法律部门中,民法历史悠久,内容丰富,法律规范较为成熟和完善,其他法律部门的建立与发展程度不同地借鉴了民法的法律规范。因此,有学者认为,税法的调整是建立在民法的调整之上的。[②]民法的规定对税法有直接或间接的影响,如我国《民法典》第16条规定,涉及遗产继承、接受赠与等胎儿利益保护的,胎儿视为具有民事权利能力。但是,胎儿娩出时为死体的,其民事权利能力自始不存在。这样,胎儿在一定情况下也会成为纳税

---

① 参见刘剑文主编:《财税法学研究述评》,高等教育出版社2004年版,第170页。
② 参见刘剑文主编:《税法学》(第二版),人民出版社2003年版,第35页。

人。《民法典》的颁行有力地推动了税法的建设与完善。在税法私法化的背景下,税法与民法的密切联系主要表现为税法大量地借用了民法的概念、规则和原则:第一,税法借用了民法的概念。例如,税法中对于纳税人的确定,必须以民法中关于民事法律关系主体的条件为依据,税法对自然人和法人的解释与确定与民法相一致;税法中经常使用的居民、企业、财产、固定资产、无形资产、商标权、专利权、代理、抵押、担保、赔偿等概念都来自民法。当然,税法在使用这些概念时可以根据需要对其外延作出限定(如居民,税法对其限定的范围小于民法)。第二,税法借用了民法的规则。例如,民法规定法人以其所有的财产或者以国家授予其经营的财产承担民事责任,自然人以个人或家庭财产承担民事责任,对于纳税责任,这一条也是适用的。再如,税法中某些税种,如遗产税的相关规定,应与民法中关于财产所有权的规定相一致,对知识产权使用和转让收益征税时纳税人的确定,也必须与民法中有关知识产权的规定相一致。此外,税法中纳税人与纳税担保人、纳税人与税务代理人之间的法律关系具有民事法律关系的性质,民法中规定的"代理"也成为履行税法的一个具体方法,等等。第三,税法借用了民法的原则。从总体上看,税法与民法的原则是不同的,但情况也有例外。例如,税法的合作信赖原则就是基于民法诚实信用原则建立的,其原理是相近的。此外,民法理论也对税法理论研究产生了直接的影响,如税收债务关系理论即是建立在民法相关理论基础之上的。

税法虽然与民法联系密切,但毕竟两者分属不同法律部门,分属公法与私法体系,它们的区别是显而易见的。这种区别主要表现在:第一,调整的对象不同。民法调整的是平等主体的财产关系和人身关系,属于横向经济关系;税法调整的是国家与纳税人之间的税收征纳关系,属于纵向经济关系。税收法律关系的一方固定是国家及其税务机关;民事法律关系的主体各方则可能是国家机关、企事业单位、社会团体法人和公民。第二,法律关系的建立及其调整适用的原则不同。民事法律关系的建立及其调整是按照自愿、公平、等价有偿、诚实信用的原则进行的,民事主体双方的地位平等,意思表示自由。民法原则从总体上说不适用于税收法律关系的建立和调整。税收法律关系中,法律主体的地位不平等,体现国家单方面的意志,权利义务关系不对等。这些特点与民法不同,甚至是对立的。第三,追究法律责任的形式与手段不同。一般来说,民事手段作为调整手段,违法者承担的主要法律责任是民事责任,如违反合同要承担违约责任,支付违约金、赔偿损失等。税法并没有独立的法律责任形式,其调整手段具有综合性,既包括民事性质的责任追究,如补缴所欠税款、税收利息等,也包括行政和刑事性质的责任追究,如对偷税者处以罚款,情节严重的还要处以一定的刑罚。第四,法律救济适用的程序不同。民事纠纷应按民事诉讼程序解决。而税收征纳争议,一般先由上一级税务机关复议,纳税人对复议决定不服时,才可通过法院按照行政诉讼程序解决。然而,随着税法私法化,也有些特殊的税收诉讼问题牵涉民事诉讼程序,如纳税连带责任的诉讼、税收优先权的诉讼等。在法律实践中,现行的民法与税法规范存在较多的矛盾与冲突。

【探讨】《民法典》对税法建设的影响

《中华人民共和国民法典》于2020年5月28日发布,自2021年1月1日起实施。《民法典》的实施是我国法治建设的里程碑,必将对社会经济生活的方方面面产生深远影响。其中,我们更为关注其对税法建设的影响。可以预见,《民法典》的实施必然对税法理念的更新、税收法治立场的澄清、税收制度的优化、税务执法规则的完善,乃至整个税法体系产生深远影响。其一,《民法典》的制定历经数十年,是一个大部头的法律系统工程,集中了社会各界智慧,反映了法治思想与法治理念的最新发展,承载了法学与相关社会科学发展的最新成果,应答了社会阶层正当的利益诉求。《民法典》推动了各个法律部门的进步,当然也推动了税法体系在更高层级上的重新规划设计。其二,《民法典》的设立使我国迈进了法典化立法时代,为税收法典建设设立了标杆。《民法典》的体例模式可以为设立税法典所借鉴,民事法律关系的全景描述方式、民事法律责任的配置,都可为税收立法所借鉴。其三,在《民法典》与税法的关系处理上,一个基本的前提是,《民法典》所维护的民商事交易秩序,《民法典》所确立的权利保护、契约自由、意思自治等原则,应当得到包括税法在内的其他部门法领域的尊重。公法对私法的介入应当审慎有度,公权应当尊重私权,这是法治国家的基本要求。一方面,税收立法要对《民法典》增加的大量相关内容有所呼应。另一方面,鉴于课税本质上是对财产私有权的侵犯,故应当依照税法法定原则,在《民法典》得到基本尊重的前提下,厘清税法突破《民法典》的所有细节。其四,税法追求分配正义、税收正义和便利稽征,而《民法典》追求私法自治和公平正义。因此,税法遵从的实质课税原则与民法恪守的意思自治原则之间必然存在一定的冲突与矛盾。这样,从基本原则到具体规范层面,解决两者的矛盾、冲突,从实际出发,调整、修正、优化相关税法规范,处理好两法的协调、衔接问题,必将成为今后一个时期税收立法需要完成的一项重要任务。①

【案例】京铁公司于 2014 年 5 月、7 月、8 月、9 月先后 7 次承运了兆丰物流公司的果汁饮料及一部分泡沫纸箱。其中,7 月、8 月、9 月 5 次托运的运费总计 95 755 元。京铁公司认为,其向被告人兆丰物流公司开具的增值税专用发票已被认可并进行抵扣,同时增值税专用发票与京铁公司的货运单上运费记载一致,由此可见,双方之间存在货物运输关系。兆丰物流公司辩称,京铁公司虽开具了 7 月、8 月两月增值税专用发票,但由于其未能提供确认收货的单据,其单方制作的货运单上没有托运人、收货人的签字确认,仅凭增值税专用发票不足以证实其已经履行了承运义务,故否定在 7 月、8 月、9 月与京铁公司存在运输合同关系。因此,兆丰物流公司拒绝履行付款义务。

一审法院认为:京铁公司提供的增值税专用发票金额与其 7 月、8 月向兆丰物流公司提供的货运单中的运费金额一致,兆丰物流公司对上述增值税专用发票的真实性予以认可,且将收到的增值税专用发票进行了抵扣,说明其认可与京铁公司存在运输合同关系。对于 9 月 28 日的货运单,京铁公司虽未开具增值税专用发票,但该份货运单的托运发站、托运到站、托运人、收货方及收货方的联系电话均与 8 月 18 日的货运单一致,故对该货运单的真实性亦予以认可。故一审法院判决兆丰物流公司于判决生效后 10 日内向京铁公司支付运费 95 755 元,兆丰物流公司以京铁公司的诉讼请求已超过两年的诉讼时效为由,拒绝偿还债务的诉讼请求不成立。

---

① 本段文字写作参考了熊伟与施正文的相关文章。参见熊伟、刘珊:《协调与衔接:〈民法典〉实施对税法的影响》,载《税务研究》2021 年第 1 期;施正文:《税法总则立法的基本问题探讨——兼论〈税法典〉编纂》,载《税务研究》2021 年第 2 期。

兆丰物流公司不服,上诉至中级人民法院,请求撤销一审判决。二审法院经审查认为,京铁公司虽提交上诉期间的货运单及增值税专用发票用以证明其主张,但上述货运单上并无兆丰物流公司签字确认且其并不认可,而京铁公司提交的增值税专用发票在无其他证据佐证的情况下,亦不能单独作为认定两家公司在上述期间内存在运输合同关系且京铁公司已经履行承运义务的证据。与此同时,京铁公司亦不能提供和上述货运单所对应的提货单或签收凭证等其他证据证明其主张,故法院对于京铁公司诉称兆丰物流公司在 2014 年 7 月 12 日至同年 9 月 28 日欠付其运费的主张不予采信,法院撤销一审判决。

京铁公司申请再审辩称,二审法院未查清事实,适用法律错误。请求高级人民法院撤销二审判决,由被上诉人承担诉讼费用。

再审法院认为:增值税专用发票应为上诉两家公司运输合同有关运费的结算凭证。兆丰物流公司有关运费的增值税专用发票及没有签字的货运单不足以证明京铁公司已经履行了相关承运义务之抗辩理由不能成立,故驳回二审判决。再审法院判决兆丰物流公司应履行尚欠京铁公司运费 67 505 元的义务,另有 28 250 元的货运单证明力较弱,故其主张不予采信。①

这本是一个民事案例,但与税法相关联,请谈谈本案引发了你对民法与税法关系的哪些联想?

三、税法与行政法的关系

行政法是调整国家行政管理活动的法律规范的总称。税法与行政法有十分密切的联系,甚至在传统上,税法被认为是行政法的组成部分。这种联系主要表现在税法具有行政法的一般特征:第一,调整国家机关之间、国家机关与法人或自然人之间的法律关系;第二,法律关系中居于领导地位的一方总是国家;第三,体现国家单方面的意志,不需要双方意思表示一致;第四,解决法律关系中的争议,一般都按照行政复议程序和行政诉讼程序进行。

然而,税法虽然与行政法联系密切,但又与一般行政法有所不同:第一,税法具有经济分配的性质,并且是经济利益由纳税人向国家的无偿单向转移,这是一般行政法所不具备的;第二,税法与社会再生产,特别是与物质资料再生产的全过程密切相关,不论是生产、交换、分配,还是消费,都有税法参与调节,其联系的深度和广度是一般行政法所无法相比的;第三,税法是一种义务性规范,并且是以货币收益转移的数额来作为纳税人所尽义务的基本度量,而行政法一部分为授权性规范,属于义务性规范的一般也不涉及货币收益的转移。因此,简单地将税法体系归并到行政法部门是不够严谨的。

从理论上分析,将税法视为行政法的组成部分,其理论支点仍然是税收的所谓权力关系说。但是如果以债务关系说作为理论依据,则很难将税法纳入行政法体系。

---

① 参见郑梓茵、罗昌财:《京铁公司与兆丰物流公司合同纠纷案》,载《第四届"税务司法理论与实践"高端论坛论文集》,第 301 页。

四、税法与经济法的关系

对于经济法的内涵与范围历来有着不同的观点。我们认同经济法是为国家调整各种纵向经济关系(即经济管理关系)而制定的经济法律规范的总称,企业之间的横向经济关系不属于经济法范畴的观点。税法与经济法有着十分密切的联系,这种密切联系首先表现在税法具有较强的经济属性,即在税法运行过程中,始终伴随着经济分配的进行。其次,经济法中的许多法律、法规是制定税法的重要依托。例如,我国企业所得税的立法就与公司法、破产法等密切相关。最后,经济法中的一些概念、规则、原则也在税法中大量应用,例如,公司、合同的概念在企业所得税、印花税等税种中反复使用等。

我们在看到税法与经济法密切联系的同时,也应认识到它们之间的区别:首先,从调整对象来看,经济法调整的是经济管理关系,而税法的调整对象则含有较多的税务行政管理的性质;其次,税法属于义务性规范,而经济法多属于授权性规范;最后,税法解决争议的程序适用行政复议、行政诉讼等行政法程序,而不适用经济法中普遍采用的协商、调解、仲裁、民事诉讼程序。所以,不能简单地认为两者属于包含与被包含的关系,将税法归属于经济法律部门。

【思考】对于税法的法律部门归属,学界一直有不同的观点,因其与行政法、经济法都有相近的特征,因此,有人认为税法属于行政法,也有人认为税法属于经济法,还有人认为税法不属于任何法律部门。例如,日本学者金子宏就主张应当将税法视为一个独立的法律部门来研究。另一位日本学者北野弘久进一步主张,应从宪法论、人权论角度直接构筑税法学的基本理论,实际上也倾向于主张税法是独立的法律部门。我们认为,确认一个法律部门的划分,要看其调整对象是否唯一,是否具备一定的调整方法。税法有独立的调整对象,即税收分配关系,税法也在逐步形成自己的调整方法。虽然税法与民法、行政法及经济法都有密切的联系,但税法已经形成了自己的规范体系。没有一个法律部门能够涵盖税法的特征,税法的综合性决定其不属于现存的任何法律部门,因此,应当承认税法为一个独立的法律部门。对此问题,你是怎样考虑的?

五、税法与刑法的关系

刑法是关于犯罪和刑罚的法律规范的总和。税法与刑法的联系表现在:第一,税法与刑法在调整对象上有衔接和交叉,刑法关于"危害税收征管罪"的规定,就其内容来看是直接针对税收的,相关的内容在税法中也有所规范,并且在追究法律责任上有所分工。第二,对税收犯罪的刑罚在内容上虽然与税法有交集,但其在解释和执行上,主要还是依据刑法的有关规定。第三,税收犯罪的司法调查与诉讼程序同一般刑事犯罪的司法调查与诉讼程序是一致的。第四,税法与刑法都具有明显的强制性,并且从一定意义上讲,刑法是实现税法强制性最有力的保证。

税法与刑法的区别为:第一,从调整对象来看,刑法是通过规定什么行为是犯罪和对罪犯的惩罚来实现打击犯罪的目的。而税法是调整税收权利义务关系的法律规范,两者分属不同的法律部门。尽管税法与刑法的调整范围都比较宽泛,但是其交集的部分是有限的。第二,税法属于义务性规范,主要用来建立正常的纳税义务关系,其本身并不带有惩罚性。刑法属于禁止性规范,目的在于明确什么是犯罪,对犯罪者应施以何种刑罚,两者的性质是不同的。第三,就法律责任的承担形式来说,对税收法律责任的追究形式是多重的,而对刑事法律责任的追究只能采用自由刑与财产刑的刑罚形式。

六、税法与国际法的关系

税法原本是国内法,并没有超越国家权力的约束力。然而,随着国际交往加深,各国的经济活动日益国际化,税法与国际法的联系越来越密切,并且在某些方面出现交叉。这种密切联系与交叉主要体现在以下三个方面:第一,在跨国经济活动中,为避免因税收管辖权的重叠而出现国际双重征税以及国际避税,国与国之间形成了一系列的双边或多边税收协定、国际税收公约。这些协定或公约是国际法的重要组成部分。被一个国家承认的国际税法也应是这个国家税法的组成部分。第二,由于国际经济合作的发展,一个国家的税法总是有或多或少的部分较多涉及外籍纳税人,过去我们习惯于将其称为“涉外税法”。为了使“涉外税法”较好地起到吸引外来投资的作用,立法时往往较多地吸取国际法,特别是国际税法中合理的理论和原则以及有关法律规范。第三,被一个国家承认的国际法不能不对其国内税法的立法产生较大的影响和制约作用。反之,国际法也不是凭空产生的,各个国家的国内法(包括税法)是国际法规范形成的基础。没有国内税法,国际税法就无法实施。所以,税法与国际法是相互影响、相互补充、相互配合的。

第五节　税法的分类

分类是科学研究的重要方法。对于税的分类研究,我们习惯立足于税种的分类,但是,税法学的分类与税收学的分类应有所差别。前者是从法学的角度进行的分类,后者是从经济学的角度进行的分类。因此,不能简单地将税收学所作的分类移植过来,这一点必须明确。从法学的角度,税法可以作如下分类。

一、按照税法内容不同所作的分类

按照不同税法内容,可以将税法分为税收实体法、税收程序法、税收处罚法、税收争讼(救济)法以及税务行政组织法。

税收实体法是规定国家和纳税人的实体权利、义务的法律规范的总称。各个税种规范的就是实体税法的内容,主要包括纳税主体、征税客体、计税依据、税率和税目等,是国家向纳税人行使征税权和纳税人负担纳税义务的要件。只有当以上要件全部具备时,纳税人才负有纳税义务,国家才能向纳税人征税。所谓税制,从法律的角度讲就是税收实体法。

按照征税对象的性质不同对税收实体法可作进一步分类,即税收实体法包括商品与劳务税税法(或称流转税税法)、所得税税法(或称收益税税法)、资源税税法、财产税税法及行为税税法等。按征税对象对税种进行分类,是税收学中最常用的分类方法,我们这里只是对其分类的借用。因为从税法的角度讲,无论立法还是行政执法、司法,都有将实体税法按其征税对象进一步划分的需要。上述每一类税法,并非对单个独立税种的划分,而是征税对象相近的一类税法的总称。

税收程序法是税收实体法的对称,指以国家税收活动中所发生的程序关系为调整对象的税法,是规定国家征税权行使程序和纳税人纳税义务履行程序以及税务争议解决程序的法律规范的总称。其内容主要包括税收确定程序、税收征收程序、税收检查程序和税务争议的解决程序等。现行《税收征管法》就是典型的税收程序法,即程序性规范是其主要方面,而非该法律没有实体性规定。

【思考】相对于税收实体法而言,税收程序法并不决定纳税人缴纳多少税收,其作用似乎不那么重要。但是法学界相当重视程序法的作用,甚至将其视为一个国家是否实现法律现代化的标志之一。对此,你如何理解?

税收处罚法是对税收活动中违法与犯罪行为进行处罚的法律规范的总称。对此,有的国家专门立法,如日本的《国税违章取缔法》、韩国的《税犯处罚法》。多数国家并没有对此专门立法,其税收处罚法散见于有关法律、法规中。我国税收处罚法实际上由五部分构成:一是刑法中对偷税、抗税、骗税等税收犯罪行为的刑事罚则;二是国家最高权力机关与最高司法机关对税收犯罪作出的立法解释、司法解释和有关规定;三是我国《税收征管法》中“法律责任”一章对税收违法行为的行政处罚规定,其主要法律责任追究形式是罚款;四是《行政处罚法》中有关对行政违法行为进行行政处罚的一般规定;五是有关单行税法和其他法规中有关对税务违法行为进行行政处罚的规定。一般来说,税法中直接规范的罚则是以行政处罚为主的,刑罚部分多在刑法中规范,但也有在税法中规范刑事规则的情形。例如德国的《税收基本法》(或译为《税收通则》)第八部分第一章即为“刑罚规则”,规范的内容主要是涉税犯罪的罪名与刑罚。

税收争讼法的提法源自日本税法学家金子宏教授,他认为,“有关税收法律关系的争讼,称为税收争讼;有关税收争讼的法,称为税收争讼法”①。“争讼”可以理解为“通过诉讼解决有关争议”。就我国税法体系而言,税收争讼法指的就是《行政复议法》《行政诉讼法》《国家赔偿法》以及《税务行政复议规则》。对于这部分法律规范,国内更多称之为税收救济法或税收法律救济,即“为制止和纠正征税主体侵害纳税主体合法权益的行为,使纳税主体的合法权益获得补救而在法律上设计的一系列制度的总称”②。作为法律补救措施,其作用在于保护纳税主体的合法权

---

① ［日］金子宏:《租税法》之中译本《日本税法原理》,刘多田、杨建津、郑林根译,中国财政经济出版社1989年版,第383页。

② 刘剑文主编:《税法学》(第二版),人民出版社2003年版,第517页。

益,体现税收法定原则的要求,维护税法的严肃性与公正性。

税务行政组织法是规定国家税务行政组织的规范性法律文件的总称。其内容一般包括税务机关的机构设置、职责范围、人员编制、经费来源,各级各类税务机关设立、变更和撤销的程序和它们之间的相互关系以及与其他国家机关的关系等。我国税务机关的设立与管理是以行政的方式进行的,没有上升到法律的高度,没有相应的法律规范内容,也没有单独立法,随意性较强。

二、按照税法地位不同所作的分类

按照在税法体系中的不同法律地位,可以将税法分为税收通则法和税收单行法。

税收通则法(或称税收基本法)是指对税法中的共同性问题加以规范,对单行税法具有普遍约束力,在税法体系中具有最高法律地位和最高法律效力的税法。其内容一般包括通用条款、税务机构、税权划分、基本税收权利与义务、征收程序、执行规则、行政协助、行政处罚、税务争讼等方面的原则性规定。

税收单行法是指就某一类纳税人、某一类征税对象或某一类税收问题单独设立的税收法律、法规或规章。税收单行法受税收通则法的约束和指导,它是相对于税收通则法而言的,即税收通则法以外的税法都属于税收单行法。

税收通则法与税收单行法的分类与税法体系的基本结构有关。有些国家的税收法典包含了税收通则法与税收单行法的全部内容(如美国),因此,无法从立法上作这种划分。有的国家则只有税收单行法而没有税收通则法,我国现阶段就是如此。当然,这种单一的税法结构是有较多缺陷的。一般认为,由单行税法向税法通则加单行税法的税法体系过渡,是税法完善的重要步骤。

三、按照税收管辖权不同所作的分类

按照税收管辖权不同可以将税法分为国内税法与国际税法,这是就税法的适用范围不同而作的分类。

国内税法是指一个国家在其税收管辖权范围内调整税收分配过程中形成的权利义务关系的法律规范的总称,包括由国家立法机关和经由授权或依法律规定的国家行政机关制定的税收法律、法规和规章等。

国际税法指调整国家与国家之间税收权益法律规范的总称,包括国家之间的双边或多边税收协定、关税互惠公约、经合范本、联合范本以及国际税收惯例等,其内容涉及税收管辖权的确定、税收抵免、税收饶让以及无差别待遇、最惠国待遇、避免双重课税与反避税的安排等。国际税法是国际公法的特殊组成部分。在多数国家,国际税法得到政府和立法机关的法律承认后,其效力高于国内税法。

【探讨】国际税收协定与国内税法的关系

将国际税收协定纳入一个国家的法律体系大体有三种途径:一是国际税收协定一旦签订就

成为国家法律体系的组成部分,无须将其转变为国内法的形式。这是因为条约在缔结过程中,就已经得到了缔约国国会的同意或准许。这种制度在国际上称为并入。二是须颁布一个特别法令,将国际税收协定结合到国家法律体系。这种制度主要强调立法机关对立法行为的垄断权。这在国际法上称为转化。三是国际税收协定纳入国家法律体系须得到国家权威机构如议会的特别赞同或批准。我国对中外税收协定的法律纳入程序是由宪法和《缔结条约程序法》决定的,采用批准的形式。全国人大常委会有权决定同外国缔结的条约和重要协定的批准和废除,国家主席根据全国人大常委会的决定,批准和废除同外国缔结的条约和重要协定,国务院管理对外事务,同外国缔结条约和协定。

国际税收协定与国内税法的效力关系有所谓一元论与二元论之说。一元论主张国际法与国内法构成统一的法律体系。一元论中又有所谓国内法优先说和国际法优先说。前者主张国内法的效力高于国际法,实际上否定了国际法的效力;后者主张国际法的效力高于国内法的效力,实际上等于否认了国家主权。所以一元论带有片面性。

二元论主张国际法与国内法不是一种从属关系而是一种平行关系,它们分别形成两种独立的法律关系。国际法要在国内适用,必须通过某种国家行为将其接受为国内法。在协调国际税收关系的实践中,很多国家还遵循国际法中的"特别法优于普通法的原则",从而导致税收协定优于国内税法。然而,即使国际税收协定优先于国内税法,有时也不能完全排除国内税法的优先适用,因为可以采取"保留条款"的方式达到目的。还有些国家明文规定国际条约和国内法具有同等法律效力。例如《美利坚合众国宪法》第6条第2款规定,美国所得税协定具有和国内法律同等效力。如果一项协定与联邦法律有冲突,为了国内法律的目的,采取孰后优先的原则。

在我国,尽管宪法没有明确作出将条约纳入我国法律体系的规定,但是在民法和其他单行法律中,条约优于国内法还是得到了立法确认。税务主管部门在处理实务问题时,凡国内税法规定的征税条件、待遇或负担严于或高于税收协定的,按协定执行;反之,如果国内税法规定的条件、待遇或负担,优于或低于税收协定的,一般情况下仍按国内税法的规定处理。这体现了我国在处理税收协定与国内税法的矛盾时就低不就高的精神。①

四、按照税收立法权不同所作的分类

按照税收立法权不同,可以将税法分为中央税法与地方税法。中央税法是指由国家最高立法机关或委托中央政府行使立法权设立的税法的总称。地方税法是指由地方立法机关或政府依法行使立法权设立的税法的总称。中央税法与地方税法的划分不同于中央税、地方税与共享税的划分,后者是根据税收管理权限与税收收入划分而作的分类。

中央税法与地方税法的划分,与国体、政体及各级政府的财政职能有很大关系。一般来说,联邦制国家实行分权制,地方的税收立法权较大,往往采用较为规范的分税制,地方税法体系较

---

① 参见朱洪仁:《税收协定与国内税法执行中的背歧比较和探索》,载《税务研究》2005年第5期。

完善。而中央集权制国家税收立法权集中在中央,地方税收立法权较小。以我国为例,目前尚无严格意义上的地方实体税法,所谓地方税指收入归地方的税种。实际上,基于税收立法权合理配置中央税法与地方税法有宪法的依据,对于调动中央、地方积极性,完善税法体系,实行彻底的分税制是有益的。因此,建立适合我国国情的地方税法体系,应成为完善我国税法的重要目标之一。

【提示】在税收上有一种分类,我们称之为中央税、地方税与共享税,这种分类是依照税收收入的归属权与税种的管理权来划分的。在我国,中央税法与中央税或地方税法与地方税的范围并不一致,一些全国性的地方税由地方管理,收入也归地方,但其立法权属于国家立法机关或中央政府,因此是中央税法的组成部分。地方税大多属于这种情况。

思 考 题

1. 怎样理解税法与税收的区别?
2. 试分析税法应具备的法律特征。
3. 税法是如何体现法的规范作用的?
4. 怎样理解税法应当归属的法律部门?
5. 怎样理解税法与民法的关系?
6. 试分析税收通则法与单行税法之间的关系。

即测即评

第二章　税收法律关系

本章要点

税收法律关系是税法理论的重要组成部分,其内容丰富。许多税法理论与实务界关注的问题都属于这一范畴,如权力关系说与债务关系说之争、征税主体与纳税人权利的讨论等。对此加以深入了解与研究,有助于对税法的内在规律性有更深刻的认识和更准确的把握。本章重点是探讨税收法律关系的性质和征纳双方的权利义务。第一节介绍税收法律关系的概念与特点,分析税收法律关系的性质。第二节分析构成税收法律关系的三个要素,即主体、内容(征纳双方权利义务)和客体。第三节阐述税收法律关系的变化规律。

第一节　税收法律关系概述

一、税收法律关系的概念与特点

广义的税收法律关系是指税法所确认和调整的,国家与纳税人之间以及其他涉税当事人之间在税收利益分配过程中形成的权利义务关系。它包括国家与纳税人之间的宪法性税收法律关系;征税机关和纳税主体之间的税收征纳法律关系;相关国家机关之间的税收权限划分法律关系;国际税收权益分配法律关系;税收救济法律关系等。①其中最核心的应当是税收征纳法律关系。上述定义有四层意思:一是这种法律关系是由税法所确认和调整的社会关系;二是这种法律关系是发生在税收利益分配过程中的;三是这种法律关系主体有几条不同的线索,不仅包括税收征纳双方,而且包括其他当事人;四是这种法律关系是以权利义务为内容的社会关系。税收法律关系是法律关系的一种具体形式,因而具有法律关系的一般特征。狭义的税收法律关系指税收征管过程中征纳双方形成的权利义务关系(不作特别说明时,本章讨论的即指狭义的税收法律

---

① 参见刘剑文主编:《税法学》(第二版),人民出版社 2003 年版,第 88 页。

关系)。

【提示】所谓法律关系是法律规范在调整人们的行为过程中形成的一种特殊社会关系,即法律上的权利和义务关系。其特殊之处一是体现统治阶级的意志,当事人的意志体现只能以服从国家的意志为前提,反过来,体现在法律规范中的国家意志,只有通过当事人的意志才能得到实现;二是法律规范是法律关系产生的前提,只有被国家法律所规定了的人们之间的权利义务关系,才具有法律关系的性质;三是法律关系是法律在实际生活中的具体体现。一般地说,法律规范并不产生具体的法律关系,只有人们按照法律或违反法律的规定进行活动,才构成特定的法律关系。

与其他法律关系相比,税收法律关系有其自身的特点:

第一,主体的一方是国家及其税收征收机关。在税收法律关系中,国家直接以税收法律关系主体的身份出现。构成税收法律关系主体的一方可以是任何负有纳税义务的法人和自然人,但另一方是国家及其征收机关。因为税收本身就是一种以国家为主体进行的分配,没有国家的参与,在一般当事人之间发生的法律关系一般不能成为税收法律关系。

第二,体现国家单方面的意志。税收法律关系只体现国家单方面的意志,不体现纳税人一方主体的意志。税收法律关系的成立、变更、消灭不以主体双方意思表示一致为要件,这与民事法律关系的成立方式完全相反。其原因在于,税收以无偿占有纳税人的财产或收益为目标,税收法律关系是一种财产所有权或支配权单向转移的关系。对什么东西征税、对谁征税、征多少税等,国家都必须通过税法预先加以规定。只要当事人发生了税法规定的应纳税的行为或事件,就产生了税收法律关系。一般来说,在已经就税收问题作出法律规范的前提下,税收法律关系并没有给双方意思表示一致留下空间。

【思考】就一般意义而言,上述两个税收法律关系的特点无疑是成立的。但随着税法的私法化倾向增加,是否有例外的情况?

【案例】2014 年 12 月 29 日,二城公司通过司法拍卖竞得白焦供销社名下的案涉土地使用权。圣梁市中级人民法院在《拍卖规则》以及《民事裁定书》中要求买受人承担不动产过户所需要的一切税费,且竞拍成功后不能反悔,否则无权要求退还保证金,还要承担标的物再次拍卖的所有损失。也即,二城公司竞拍成功后,只能签署《拍卖成交确认书》,承担卖方应承担的一切税费,否则会面临巨大损失。2016 年 11 月,二城公司认为,根据《民事裁定书》,自己是办理案涉土地使用权过户登记所需相关税费的纳税义务人,故申请办理相关税费的缴纳手续。主管税务机关白焦税务分局则认为,白焦供销社才是企业所得税、土地增值税等税款的纳税义务人,必须由白焦供销社申报缴税。2017 年 1 月,二城公司再次向白焦税务分局书面请求代缴案涉土地使用权过户应缴的税费。白焦税务分局既不同意二城公司代缴,亦不予书面答复。2017 年 3 月,圣梁市中级人民法院向白焦税务分局及其上级税务机关魏门区税务局送达《协助执行通知书》,要求两个单位协助征收办理案涉土地使用权过户的税费,且相关税费均由二城公司承担。2017 年 7 月,白焦税务分局函告二城公司应按规定加收企业所得税、城市维护建设税、土地增值税等的滞纳金。二城公司向白焦税务分局提交说明,认为延迟缴纳税款不是自身原因导致,税务机关不应向其加收相关滞纳金,请求白焦税务分局予以减免。白焦税务分局作出复函,不同意其减免滞纳金的申请。2017 年 11 月,二城公司向白焦税务分局缴纳了案涉土地使用权过户所需的税费,并支付了延迟缴纳税费产生的滞纳金共计 1 100 余万元,然后向魏门区税务局提起行政复议,魏门区税务局认为征收滞纳金行为适用法律适当、程序合法,二城公司提出的滞纳金不应由其承担的请求不属于税务机关的职权范围,维持了白焦税务分局征收滞纳金的决定。二城公司对复议决定不服,认为用时 3 年才办理完过户手续,并非其过错,税费滞纳金依法不应由其支付。为维护自己的合法权益,二城公司向魏门区税务局所在地法院提起诉讼,请求法院撤销白焦税务分局收取滞纳金的行为。但该法院认为,被诉征收税款滞纳金的行政行为认定事实清楚、适用法律正确、内容适当、程序合法,驳回了二城公司的诉讼请求。本案的争议焦点:一是圣梁市中级人民法院指定的是纳税义务人还是纳税义务人的代理人;二是法院是否有权指定纳税义务人;三是承担卖方纳税义务的买受人能否以纳税义务人身份行使法律救济权。[①]对此,你是如何看待的?

第三,属于调整性法律关系。税收法律关系是调整性法律关系而不是保护性法律关系,是因为:首先,税收法律关系是建立在主体的合法行为基础上的,其基本出发点是调整纳税人的各种合法行为,而不是以制裁违法行为为出发点;其次,税法中也有对违法行为的法律制裁,但它仅仅是保障手段,而不是必经的程序;最后,作为税收法律关系主体一方的纳税人从总体上看是守法者,个别纳税人一旦构成犯罪则进入刑事法律关系的调整范围。

【提示】调整性法律关系不需要适用法律制裁,主体权利就能够正常实现,它建立在主体的合法行为的基础上,是法的实现的正常形式。与调整性法律关系相对应的是保护性法律关系,即在主体的权利与义务不能正常实现的情况下通过法律制裁而形成的法律关系。它是在不合法行为的基础上产生的,是法的实现的非正常形式。

第四,权利义务关系具有不对等性。在税收法律关系中,国家享有较多的权利、承担较少的义务;纳税主体一方则相反,承担较多的义务,享受较少的权利。这种权利义务关系的不对等性,根源在于税收是国家无偿占有纳税人的财产或收益,必须赋予税务机关较多的权力和要求纳税人承担较多的义务才能实现其强制性。但是,国家与纳税人之间权利与义务的不对等性,只存在于税收法律关系中,扩大这个范围,此结论不能成立。例如,在整个财政法律范围内,国家与纳税人的权利与义务就不能讲是不对等的。因为纳税人在承担纳税义务的同时,也从国家的财政支出中得到了较多的公益性权利,如享受教育的权利、使用公共设施的权利等。从总体上讲,这些权利与义务是对等的。

【提示】日本税法学家金子宏教授从税法与私法债务关系的角度总结了税收法律关系的特色,其认为:第一,税收债务是法定债务,而私法上的债务是由当事者的合议来决定的;第二,税收债务是公法上的债务,其诉讼均作为行政案件而适用行政诉讼法;第三,税收法律关系是一种不对等的法律关系。税作为筹集公共服务资金的手段,具有很强的公益性,税的确定和征收必须反

[①] 参见廖仕梅:《关于不动产司法拍卖"纳税义务人"认定争议的分析》,载《税务研究》2020 年第 10 期。

映出公平、确实、迅速的原则,国家作为特殊的债权人拥有种种特权。①

二、税收法律关系的性质

在税收法学研究的历史上,关于税收法律关系的性质,形成了权力关系说和债务关系说两种不同的理论,对后来的税收法学研究和立法产生过较大的影响。

权力关系说的代表人物是德国法学家奥特·麦雅(Otto Mayer)。该学说将税收法律关系解释为纳税人对国家课税权的服从关系。在这种关系中,国家以优越的权利主体的身份出现,国家课税权的行使以税收法规—课税处分—滞纳处分—税务罚则的模式进行。纳税人的行为满足课税要素时,纳税义务并不立即产生,直到"查定处分"进行,纳税义务才产生。②奥特·麦雅的权力关系说是当时德国社会政策学派税收观与行政法学理论的直接反映,它与马克思主义的国家学说如出一辙,为我国的税收理论与立法实践所接受和采用。③

债务关系说的代表人物是另一位德国法学家阿尔巴特·亨塞尔(Albert Henstl)。该学说将税收法律关系定性为国家对纳税人请求履行税收债务的关系,国家与纳税人的关系是法律上的债权人和债务人之间的对应关系。税收债务是一种法定债务,纳税义务不依课税处分而成立,而依满足课税要素而成立。作为课税处分的行政行为在性质上只是一种具体确认租税债务的行为。这一学说为解释税法引入的许多私法规范提供了理论基础,受到了税法学家们越来越多的关注与认可。

【探讨】关于税收法律关系性质的不同观点

第二次世界大战以后,对于税收法学的研究,似乎在日本形成了新的中心。其代表人物金子宏教授与北野弘久教授各自形成了不同的研究流派。

金子宏教授肯定了债务关系说的价值,指出,"税收法律关系最基本的内容,是国家对纳税人请求所谓税收这一金钱给付的关系,所以把它作为基本的原理性的债务关系来把握,其理由十分充分。如果认为税收法律关系是权力关系,那么税法将不属于独立的部门法,不过是特别行政法的一种而已。由于把税收债务观念置于税法的中心,税法才有可能构成独立于行政法的一个部门法"④。但金子宏教授也没有否定权力关系说的价值,指出,"由法技术的观点看税收实定法时,将税收法律关系单一的划分为权力关系和债务关系是很困难的,因为税收法律关系中包括各种类型的法律关系,只能理解为有些属债务关系,有些属权力关系。由此,有学者将其观点归纳

---

① 参见[日]金子宏:《日本税法》,战宪斌、郑林根等译,法律出版社 2004 年版,第 23 页。
② 参见[日]金子宏:《租税法》之中译本《日本税法原理》,刘多田、杨建津、郑林根译,中国财政经济出版社 1989 年版,第 18 页。
③ 参见刘剑文主编:《财税法学研究述评》,高等教育出版社 2004 年版,第 177 页。
④ [日]金子宏:《租税法》之中译本《日本税法原理》,刘多田、杨建津、郑林根译,中国财政经济出版社 1989 年版,第 20 页。

为"二元关系说"①。

北野弘久教授的观点则建立在对金子宏教授观点的否定与批判之上。他认为,两种学说存在共同之处,即在实体法上,税收法律关系为债务关系,而在程序法上,税收法律关系则为一种权力关系。这样采取割裂的方式是无法对整个税收法律关系作出令人折服的总结性结论的。在此基础上,北野弘久教授提出了税收法律关系的性质为公法上的债务关系的主张,进而否定了权力关系说的价值,认为这样才可以使税收法学完全脱离行政法学的羁绊。显然,站在传统的权力关系说基点上,这一观点是大胆和脱俗的。

相较债务关系说,权力关系说抓住了税收是国家利用政治权力强迫纳税人服从这一核心问题,突出了国家在税收法律关系中的特殊地位,其论据是充分的。其局限性:一是没有说明税收法律关系的经济属性,在税收越来越深入人们的社会经济生活,一些民法规范相继引入税法范畴之后,此学说已难以对税收法律关系的性质作出圆满的解释。二是将税收法律关系视为以课税处分为中心所构成的权力服从关系,那么税法与其他行政法学学科在性质上没有差异。税法构成独立法律部门的理论必然性就不存在了。债务关系说揭示了税收法律关系的经济属性,即一种公法上的债权债务关系。由于公法上的债权债务问题是其他法律部门所遗漏的,这样,就可以将税法作为一个独立的法律部门去研究,以国家与纳税人之间的债权债务关系为中心构筑理论体系。将权力关系说与债务关系说看成具有互补性的两种学说,应当比将两者完全对立起来更有益于税法的完善与税收法学研究的深入进行。

【探讨】税收之债与民事之债的比较

税收之债与民事之债具有一定的共同性:第一,税收债权具有一般债权的特征,如属于财产权、对人权、相对权,具有相容性、期限性等;第二,税收之债具备一般债权债务的效力;第三,税收之债的确立将一般债的保全与担保范畴纳入了税法,并借用了其中多数具体的保全与担保形式;第四,税收之债与一般债的消灭原因相近。

但两者也有许多不同:第一,税收之债是公法之债,由此带来债权人是特定的税务机关,体现国家单方面意志的特征;民事之债是私法之债,不具备前述特殊性。第二,税收之债是法定之债,当然也不排除个别的例外;民事之债既有意定之债,也有法定之债。第三,民事之债包括对待给付之债和非对待给付之债,而税收之债仅属后一类。第四,两类债的发生原因不同,税收之债是依据税法直接设定的;民事之债是因合同、缔约过失、单方允诺、侵权行为、无因管理、不当得利等原因产生的。税收之债并不具备民事意义上的平等关系,债权人的请求权因国家税收利益的特殊性得到法律赋予行政执法权力的特别保障。第五,由于税收公法之债的特殊性,其债权不得让与;其债务的让与得到民法的承认与保护,但税法并不承认。②

---

① 刘剑文主编:《税法学》(第二版),人民出版社 2003 年版,第 91 页。

② 尽管税务机关可以委托代征,税法也设定了代扣代缴、代收代缴义务人,但税收利益并不能基于行政或民事的原因让与;纳税人可以与第三方达成协议由其代付税款,这种税收债务的让与应受到民法的承认与保护,但税法对此并不承认,如果税款不能缴纳,仍然是纳税人而不是承诺代付税款的第三方会受到税法的惩处。

【思考】你怎样看待关于税收法律关系的两种学说？它们之间的关系一定是针锋相对,有你没我的吗？债务关系说对税法的具体影响有哪些？

【案例】2014 年,L 省 S 市地税局稽查局对辖区一家汽车销售服务有限公司(以下简称 A 公司)展开纳税检查,发现该公司在 2011 年至 2013 年期间与一家汽车制造公司(以下简称 B 公司)签订了车辆采购目标框架协议,双方在签订书面合同的同时连带以电子订单的方式进行了采购确认。采购协议属于合同性质的应税凭证,但 A 公司未按规定足额缴纳印花税,稽查局依法对 A 公司作出补缴印花税 29.6 万元的处理决定。

A 公司对此处理决定不服,向稽查局提供了价值 100 万元左右的车辆作为缴纳有关印花税款项的担保,拟对有关税务处理决定提起行政复议。

稽查局接到 A 公司的担保申请书后,告知该公司应对担保车辆办理抵押登记。A 公司到车辆管理所办理抵押登记手续,车辆管理所要求 A 公司必须与税务机关签订抵押担保协议或者出具抵押权人同意接受抵押的证明文件。A 公司遂向稽查局说明情况,并请稽查局与其一同到车辆管理所办理抵押登记并签订担保协议。

稽查局未予配合,理由是现行税法中没有税务机关与纳税人签订民事抵押担保协议的义务性规定,该局告知 A 公司可以采用其他担保方式。A 公司未采取其他担保方式,车辆管理所对 A 公司的抵押担保未予办理。之后,A 公司以稽查局不配合其签订担保协议,损害其通过法定程序维护自身合法权益,已构成行政不作为为由,向 S 市地税局提起行政复议。

复议机关经审理认为,根据《纳税担保试行办法》第三章第 20 条的规定,纳税人应向税务机关提供由以下部门出具的抵押登记的证明及其复印件:以船舶、车辆抵押的,提供运输工具的登记部门出具的证明材料。稽查局按照该规定要求 A 公司提供车辆登记部门即车辆管理所出具的证明材料,A 公司没有提供,稽查局对其纳税担保不予确认并无不当。因此,复议机关对 A 公司的请求不予支持。A 公司对行政复议决定不服,将稽查局与 S 市地税局作为共同被告诉至法院,法院认为案情不符合起诉条件,作出不予立案的裁定。①

请分析此案例折射出的税收之债与一般民事之债的关系。

第二节　税收法律关系的构成要素

任何法律关系都是由主体、内容、客体三要素构成的,否则,法律关系便不能存在。税收法律关系也不例外,其三要素之间互相联系,不可分割,形成统一的整体。每一要素发生变化,税收法律关系也随之变化。

---

① 参见丁海燕:《纳税抵押登记遭遇尴尬 当事个人陷入"先有鸡还是先有蛋"式争论》,载《中国税务报》2017 年 6 月 13 日,第 7 版。

一、税收法律关系的主体

税收法律关系的主体,即税收法律关系的参加者,由存在共同税收权利义务关系的各方组成。既然税收法律关系由国家与纳税人之间的税收宪法性法律关系、征税机关和纳税主体(主要是纳税人)之间的税收征纳法律关系、相关国家机关之间的税收权限划分法律关系、国际税收权益分配法律关系、税收救济法律关系等不同的侧面构成,那么其主体也应当有不同的组合。但是,基本的税收法律关系主体是由征税主体和纳税主体组成的(本章主要讨论这一部分主体)。作为一个合格的税收法律关系主体,应当具备权利能力和纳税能力。

【探讨】税收法律关系主体应具备的条件

在民事法律关系中,判断一个当事人是否具备民事主体资格要看其是否具备民事上的权利能力和行为能力。自然人的权利能力以其出生为开始,以其死亡为结束。法人则依其依法存在的期间享有权利能力。自然人的行为能力可以分为具备完全行为能力、具备限制行为能力和不具备行为能力三类。

在税收法律关系中,主体的权利能力即税法赋予其参加税收法律关系的资格。就我国税法规定而言,征税主体的权利能力即有机关法人身份的税收征收机关代表国家行使课税权力的资格。这里面有两层含义:一是征税主体的资格只能由法定的税收征收机关取得。除此之外的任何机关法人都不具有征税主体的权利能力。二是必须具有行政法人身份。没有法人身份的税务机构,如税务机关的派出机构,本身不具备征税主体的权利能力,只能以其派出者的名义进行征税活动,不是独立的征税主体。从纳税主体来看,企、事业单位取得纳税人权利能力的基本标志是看其是否具有法人身份,这是国际上惯用的标准。然而,为保证国家税收收入的实现和税负的公平,在一些具体税法规定中,对于一些没有权利能力(没有法人资格)的非法人单位,也视同纳税人对待,要求其独立承担纳税义务。在我国,还曾将是否实行"独立经济核算"作为确定企业所得税纳税人资格的基本标准。由此看来,每一个税种都可以相对独立地考虑自身范围内关于权利能力的规定。从税法整体看,有些纳税人实际上只享有部分权利能力,或者说有些纳税人是以"准"身份获得纳税人权利能力的,税法主体与民法主体成立的条件有所不同。[①]对于自然人成为纳税主体的权利能力要求,则是看其是否具有我国公民或居民身份,是否受我国税收管辖权的管辖。

在民事法律关系中,是否具备行为能力是判定主体资格的一个标准。但是,在税收法律关系中,则要作具体的分析。从征税主体的角度讲,其行为能力即实施税收征收管理、承担相应法律责任的能力,是税务机关必须具备的能力。对纳税主体而言,具备行为能力未必构成其成为税收法律关系主体的要件。例如,一个完全丧失行为能力的自然人在继承一大笔遗产时,仍然要承担纳税义务,仍然是一个纳税人。

---

① 参见刘剑文主编:《财税法学研究述评》,高等教育出版社 2004 年版,第 242 页。

与民法不同,在判定纳税主体资格时,纳税能力成为一个更具意义的标准。所谓纳税能力,即承担纳税义务的经济能力,原本是一个经济学意义上的概念。无纳税能力者不负担税款,已成为一项税收惯例,为各国税法所接受,并通过对亏损企业不征收所得税,对低收入者确定免征额或直接免除税额将其排除在征税范围之外等具体措施予以体现。这样,纳税能力成为判定纳税主体资格的重要标准之一,具有法律意义。

按照我国宪法确定的原则精神和税法的有关规定,我国主要的税收法律关系主体分别是:

(一) 国家

与各个具体的税收法律关系主体相比,国家是一个较为抽象的概念,但是国家应当是一个基本的税收法律关系主体。

【探讨】国家是否可以直接视为税收法律关系主体

我们认为,应当将国家视为税收法律关系主体。一方面,从终极意义上讲,课税权是属于国家的,在税收法律关系中,国家是起主导性作用的一方。另一方面,在税收法律关系的各个侧面,例如在国家与纳税人之间的税收宪法性法律关系、国际税收权益分配法律关系中,国家也构成具体的税收法律关系主体。不过,国家最高权力机关虽然是国家的代表、税法的制定者,但并不直接行使国家课税权力,没有参加到具体的税收征纳法律关系中来,因此,不能认为国家最高权力机关是具体的征税主体。

(二) 征税主体

征税主体指税收法律关系中享有征税权力的一方当事人。经过分分合合的改革,目前,国税局与地税局合并,中国的征税主体包括各级税务机关和海关。海关负责关税以及进口环节增值税和消费税的征收管理,其他税收都是由各级税务机关负责征收管理。

【提示】在实行分税制较为彻底的国家,一般由财政部负责制定税收政策,而由国家税务总局负责具体实施税法,组织征收管理工作。例如,日本财务省(相当于我国的财政部)下设主税局和国税厅,分别主管税收政策、制度的设计及国税的征收管理。在我国,财政部负责部分税收政策的制定,但已经从具体的征收执法活动中撤出,因此不能被视为征税主体。

从纵向上划分,税务机关包括国家税务总局,省、市、县各级税务局,税务所及省以下税务局稽查局。

【探讨】税务局稽查局和税务所是否具备征税主体资格

征税主体需要具备一定的权利能力,能够独立承担权利义务,对外能以自己的名义从事税收行政执法活动。这样,税务人员、税务机构、税务机关委托的组织和个人都不是征税主体。这里有两个问题值得讨论:

第一,税务局稽查局是否具备征税主体资格?这个问题一直存在广泛的争议。从税务局稽查局最初的功能设定来看,它原本应当属于税务机关内设的机构。但基于方便税务机关执法的考虑,在国家税务总局的推动下,《税收征管法》第14条修改为:"本法所称税务机关是指各级税务局、税务分局、税务所和按照国务院规定设立的并向社会公告的税务机构。"尽管语义隐晦,存在逻辑上的瑕疵,但迄今为止,"按照国务院规定设立的并向社会公告的税务机构"只有税务局稽查局,由此可以确认该规定为税务局稽查局作为税务机关获得征税主体资格提供了法律依据。不过,《税收征管法实施细则》第9条关于税务局稽查局专司偷、逃、抗、骗税款的规定尽管有与税务局工作分工的考虑,但实际上起到的是画蛇添足的作用,使税务局稽查局是否具备征税主体资格,是否具备相对完整的税收征收管理权力陷入了新的争议与混乱。最高人民法院在"广州德发房地产公司涉税案"再审时仍然从税收征管的需要出发,对税务机关的职权划分予以更多的理解,对税务局稽查局具备核定应纳税款的权力予以肯定。不过,税务局稽查局的执法权限与一般的税务机关相比毕竟还是有所收缩。国家税务总局明确规定,《税收征管法》及其实施细则中规定应当经县以上税务局(分局)局长批准后实施的各项权力,各级税务机关所属的稽查局局长无权批准。对税务局稽查局的权力作出了严格限制。

第二,税务所是否具备征税主体资格? 税务所本质上是税务机关的派出机构,但同样由于《税收征管法》第14条的规定,使税务所在法律上被纳入税务机关的范畴,具备了征税主体资格。但与税务局稽查局在执法上有特殊需求不同,税务所获得征税主体资格缺乏足够的必要性,而且其执法权力在很大程度上受到限制:一是只能处以2 000元以下的罚款,二是须经县以上税务局局长批准的事项税务所同样不具备相应执法权力。所以在下一轮《税收征管法》修订时,对此应当重新考虑。另外,还需要明确以下几点:一是《税收征管法》所言税务所指的是县级税务机关或设区的市区级税务机关下设的税务机关。目前县税务局下设的税务所多改称税务分局,但权力、责任、级别都没有改变,本质上还是《税收征管法》所指的税务所。二是"征、管、查"改革后一些按业务而不是按地域设置的税务所(或所一级分局)也不具备独立征税主体的资格。

(三) 纳税主体

纳税主体即税收法律关系中负有税收缴纳义务的一方。纳税主体在多数情况下指的是纳税人,即税法规定负有纳税义务者。此外,扣缴义务人和纳税担保人也是纳税主体。

【思考】关于税收扣缴义务人是否属于纳税主体,学界有不同的看法。赞同者的主要理由是,扣缴义务人与纳税人的法律地位、权利义务比较接近。[1]反对者主张扣缴义务人只是为纳税主体提供服务的纳税帮助主体,不是纳税主体。[2]对此,你持何种观点?

【探讨】纳税主体是否等同于纳税人

一般认为,纳税主体就是纳税人,两者是完全相同的,差异不过是称谓的变换。但我们对此有不同的看法:纳税主体是与征税主体相对应一方的集合,主要是纳税人,但不限于纳税人。除去纳税人之外,还包括扣缴义务人、纳税担保人等。因为这些当事人接受税务机关的管理,负担一定的纳税义务,已经参加到税收法律关系中来,他们并非是征税主体、纳税主体之外的第三方,

---

① 参见刘剑文总主编:《纳税主体法理研究》,经济管理出版社2006年版,第3—7页。
② 参见施正文:《论税法主体》,载《税务研究》2002年第11期。

应当归并到与征税主体相对应的一方主体当中来。而税务代理人、提供涉税协助的第三方、证人、鉴定人、翻译人等,虽然参与税收活动,但不承担纳税义务,不是纳税主体。

【案例】2016 年 2 月,W 市国税局收到本市一家服饰有限公司提出的行政复议申请。该公司在申请中提出:"我公司不服 W 市国税局稽查局对我公司作出的《税务处理决定书》和《税务行政处罚决定书》,请求行政复议并举行听证。"

原来,W 市国税局稽查局于 2015 年 6 月对上述服饰公司进行税务检查。检查期间,该公司于 2015 年 11 月在未按照规定注销税务登记的情况下,托关系注销了工商登记。经检查,稽查人员证实该公司在注销前存在私设账外账、未申报缴纳相应税款的偷税行为,遂于 2016 年 1 月依法对其作出了《税务处理决定书》和《税务行政处罚决定书》,要求其补缴相应的税款和罚款。

在听证过程中,该公司提出:"在稽查局作出《税务处理决定书》和《税务行政处罚决定书》之前,我公司已经办理了工商登记注销手续,行政相对人的主体不复存在,稽查局不应再对我公司进行补税和罚款的处理。"

W 市国税局稽查局回应说,有关处理、处罚合法合理,理由有两点:一是该公司的工商登记注销行为违反了《税收征管法》第 16 条规定,即没有在办理工商登记注销前,按照规定先行办理税务登记注销,属于意在逃避税务处理、处罚的恶意注销,有关注销工商登记的行政行为应当予以撤销。二是该公司违反了《税收征管法》第 52 条第 3 款规定,即对偷税、抗税、骗税的,税务机关追征其未缴或者少缴的税款、滞纳金或者所骗取的税款,不受前款规定期限的限制。据此,无论该公司注销与否,税务机关均可对其作出补税、罚款的处理和处罚。

该案经复议机关审理后,最终以调解结案。

本案的争议焦点在于:企业也就是纳税主体注销后,税务机关是否仍有权对其进行补税和罚款的处理?[①]对此争议,你持何种观点?

纳税主体可以从不同的角度进行分类:

第一,按照纳税人身份不同,纳税主体可以分为法人和自然人两大类。法人纳税人包括本国法人和有来自本国收入的外国法人。在我国,可以作为纳税人的法人包括国有企业、集体企业、私营企业、股份制企业、联营企业、外商投资企业和外国企业等。自然人纳税人包括中国公民个人、城乡个体工商业户、受中国税法管辖的外国公民个人。个人所得税、财产税等主要以自然人为纳税人,而增值税、消费税、企业所得税等主要以法人为纳税人。在以美国为代表的西方国家中,自然人无论从数量上还是从提供的税款上,都是纳税人的重要组成部分。在我国,法人一直是纳税人的主力,近些年,尽管自然人纳税人的数量有所增加,但法人仍然是提供各类税款的基本力量,左右了我国实体税法的基本结构。以法人作为纳税人的主力,是由我国的经济发展水平、经济性质、经济结构、分配结构、税收征收管理水平等因素综合决定的。

【思考】第一,原《民法通则》将民事主体主要分为自然人和法人两个类型,个体工商户、农村承包经营户以及个人合伙在公民(自然人)章节中予以规定,法人则具体分为企业法人、机关、

---

① 参见汪成红:《纳税主体注销后,税务机关仍可对其追税罚款吗?》,载《中国税务报》2017 年 10 月 24 日,第 7 版。

事业单位和社会团体法人。而原《民法总则》和《民法典》则将民事主体划分为自然人、法人(营利法人、非营利法人和特别法人)和非法人组织,依旧将个体工商户和农村承包经营户置于自然人章节中进行规定,但将个人独资企业、合伙企业纳入单独设立的非法人组织中。你认为这一变化对税法中纳税人的确定与归类有什么影响?第二,在个人所得税中,纳税单位可以分为自然人个人、一对夫妇、一个家庭三种类型。是否就此可以认为这就是三种不同的纳税人,即在一定的税法规制下,一对夫妇、一个家庭与自然人一样,都是一个独立的纳税人?第三,从纳税人的角度看,中外合资经营企业与中外合作经营企业,外商独资企业与外国企业有何区别?第四,按照税法的规定,似乎纳税人的划分比较简单,但在税收征管实践中,纳税人身份的确定涉及纳税责任及相关法律责任的承担,因此,往往较为复杂曲折。你认为纳税人身份的确定,在法律上应当把握哪些要点?

第二,按照承担纳税多少的差别,在直接税中,纳税人可以分为无限纳税义务人和有限纳税义务人。居民纳税人(包括自然人居民和法人居民)承担无限纳税义务,为无限纳税义务人,无论境内、境外所得都要纳税;非居民纳税人承担有限纳税义务,为有限纳税义务人,只就其境内所得缴税,境外所得原则上不纳税。

第三,在间接税中,纳税人可以分为正式纳税义务人和延伸纳税义务人。商品或货物没有经过正常流通过程进入消费阶段的,消费者即为延伸纳税人,增值税中视同销售的规定,所确定的纳税人多半属于延伸纳税义务人。而经过正常流通过程进入消费阶段的,所确定的纳税人即为正式纳税人。

第四,按照责任关系不同,纳税人可分为一般纳税人、连带纳税人和第二次纳税义务人。对同一纳税义务,数人共同承担连带清偿责任或者担保责任的,为连带纳税人。税务机关有权向税收债务人,即连带纳税人中的任何一人请求全部清偿,任何一个税收债务人不得借故拒绝。但当税收债务履行后,债务偿还者可以行使请求权,要求其他债务人承担各自的偿还责任,其作用在于确保税收债权的优先实现。连带纳税义务设置于合伙企业或事业单位、共同拥有或继承同一财产、共同制作同一项文书以及法人的合并或分立等情况下。对于连带纳税义务,一般可在一定范围内适用民法的有关规定。我国现行《税收征管法》第48条、《税收征管法实施细则》第49条对连带纳税责任作了相应规定。2015年,国务院法制办公室向社会公布的《税收征管法修订草案(征求意见稿)》第79条对税收连带责任的内涵、效力等作了较为明确的规定。第二次纳税义务人是指纳税人被滞纳处分后仍不能足额缴纳税款时,税法规定的与纳税人有一定联系、负有代替纳税人缴纳税款责任的人。第二次纳税义务人就其缴纳或被征收的税款,可向原纳税人行使求偿权。第二次纳税义务人通常包括无限责任公司的股东,破产、解散法人的清算人,无偿赠送财产的受让人等。连带纳税人、第二次纳税义务人之外的纳税人即为一般纳税人。前述《税收征管法修订草案(征求意见稿)》第80条、第81条、第82条的规定虽然没有点明,但其性质属于第二次纳税义务人的规定。连带纳税人和第二次纳税义务人的设置是税收债务的转移与延伸,扩大了纳税责任范围,对于减少避税、保障税收收入的最终实现是十分有益的。

【思考】从债权债务关系的角度分析,如何认识第二次纳税义务人的性质与作用?我国税法是否有必要设置第二次纳税义务人？如何看待第二次纳税义务人与代位权、撤销权在税法中应用效果的差异？

此外，还有学者从学理的角度对纳税主体类别进行研究。例如，有学者根据征纳法律关系中各类主体有无直接介入公法之债，将其抽象为征纳关系参加人和参与人两大类主体。一类是介入税收之债，享有实体权利、承担实体义务和程序性义务的主体，这类主体被称为"征纳关系参加人"，这类主体有：(1) 税务机关；(2) 纳税人；(3) 扣缴义务人（代扣代缴义务人、代征代缴义务人）、委托代征人；(4) 代缴人（纳税担保代缴人、被行使税收代位权代缴人、商事交易安排的代缴人）；(5) 涉税交易相对人（承包人、承租人、名义借用人、资质借用人等）。另一类主体不加入税收之债，但承担实体或程序义务，在税收征管法上，其负有提供涉税信息情报的义务，违反该义务或导致财产罚，比如行政机关和银行。上述六类主体合称为"征纳关系参与人"。因此，"征纳关系参与人"的概念涵盖了"征纳关系参加人"的概念。①

【探讨】关于纳税主体的几个问题

第一，负税人指税款的最终承担者。尽管在多数情况下，负税人与纳税人是重合的，但当税负转嫁开始出现时，两者开始分离，当税负转嫁完全实现时，纳税人与负税人完全分开。与纳税人属于法律概念不同，负税人是经济学意义上的概念，并没有法律约束力。负税人尽管承受着税负，但税法并没有规定由其直接纳税，负税人不是纳税人，不承担税收法律责任，也不是纳税主体的组成部分。

第二，代扣代缴义务人负有税收法律责任。代扣代缴义务人只是将他人应缴税款经手后交给税务机关，自身并不负有纳税义务。但是，他们不承担这项责任给国家造成的损失与纳税人拒不纳税给国家造成的损失是相同的。因此，各国税法都将代扣代缴作为一项法定义务固定下来，代扣代缴义务人不履行其应尽义务应承担的法律责任，与纳税人相比，没有本质区别。所以，许多国家的税法将代扣代缴义务人作为纳税人的一种特殊情况来对待。例如，日本《国税通则法》和《国税征收法》将两者统称为纳税人，德国《税收基本法》第33条也作了类似的规定，同时规定不向扣缴义务人支付手续费，这与我国税法的规定相同。与纳税义务一样，扣缴义务既然是法律设定的，扣缴义务人就必须执行。税务机关是不能随意设定扣缴义务人的，在此，税收法定原则的要求必须得到体现。此外，按照我国《税收征管法》及其实施细则的规定，因扣缴义务人的责任未能扣缴应纳税款的，其虽然必须承担行政责任，但并不承担税收之债的赔缴责任。《国家税务总局关于贯彻〈中华人民共和国税收征收管理法〉及其实施细则若干具体问题的通知》②进一步规定：扣缴义务人违反《税收征管法》及其实施细则规定应扣未扣、应收未收税款的，税务机关除按《税收征管法》及其实施细则的有关规定对其给予处罚外，应当责成扣缴义务人限期将应扣未扣、应收未收的税款补扣或补收。这样，扣缴义务人的赔缴责任也应当被追究。

第三，纳税担保人与纳税人均负有法律上的纳税义务。但两者存在明显不同：一是纳税人在

---

① 参见滕祥志：《税法确定性问题及其政策建议》，载《税务研究》2013年第3期。
② 见国税发〔2003〕47号文。

税收法律关系中普遍存在，没有纳税人，税收法律关系就无法最终实现，而纳税担保人只有在纳税人有逃避纳税嫌疑等特殊情况下才被要求设置。二是纳税人承担的纳税义务是税法直接规定的，属于法定之债；其他人只有在承诺作为纳税担保人，并且税务机关穷尽执法手段都不能追缴到税款时，才代为承担法律上的纳税义务，属于意定之债。三是从法律责任上讲，纳税人缴纳的税款最终只能由自己承担，而纳税担保人缴纳税款后，可以依法向被担保的纳税人追偿损失。

第四，纳税责任一般不能转移。一般情况下，如果商业交易的对方与纳税人达成合意，意愿承担税款，这种纳税人与商业伙伴之间形成的私法性质的契约，可以得到民法的承认和保护。而且这种民事合同在不损害税收利益时，税法也不应加以反对。但纳税责任并未因此而转移给对方，不能因民事上债权债务关系的成立而推翻税法上的债权债务关系。如果对方违背契约拒不缴纳承诺缴纳的税款，税务机关也无权对第三人采取任何法律手段强迫其缴纳，而只能要求纳税人依法承担纳税义务，否则可以追究纳税人的税收法律责任。当然，纳税人因此受到的损失可以依据事前的约定，以民事诉讼的方式向商业交易的对方追索，不过，这已经超出了税收法律关系的范畴。由此看来，由税法产生的法律纠纷，并非都是按照税收法律救济程序解决的。

二、税收法律关系的内容

（一）概述

比照法理学关于权利、义务的定义①，我们可以将税法中的权利和义务概括为：税法中的权利是指税收法律关系中主体的一方为了满足自己的利益而采取得到税法认可的，要求主体另一方作为或不作为的手段。税法中的义务是指税收法律关系中主体的一方以作为或不作为的方式，满足主体另一方的利益而采取的，得到税法认可的手段。对此，可以从以下三个方面进行理解：

第一，税法中的权利义务是一种具体的法律权利义务。它只存在于具体的税收法律关系中，超出这一范围，就不是税法中的权利义务。没有得到税法的承认，法外的权利主张和义务约束不产生客观的法律效力，而只能是一种主观诉求。

第二，税法中的权利是获取利益的手段，税法中的义务则是保障税收权利主体获得利益的手段。税法中权利义务的实质是国家通过税收获得的物质利益，权利与义务是其法律形式和实现手段。

第三，税法中的权力（权利）与义务互为界限。在多数情况下，对征税主体是权力，对纳税主体则是义务，纳税主体的权利与征税主体的义务也是这样的关系。纳税义务的设定是税收权利

---

① 参见马新福主编：《法理学》，吉林大学出版社 1995 年版，第 208 页。一种较为常见的权利义务的定义是：权利是指法律所允许的权利人为了满足自己的利益而采取的，由其他人的法律义务所保证的法律手段。义务是指法律所规定的义务人应当按照权利人的要求从事一定的行为或不行为，以满足权利人的利益的法律手段。

义务关系的重心,征税主体的权力与纳税主体的义务构成税收法律关系的基本方面。但同时征税主体的义务与纳税主体的权利也是税收法律关系的必要组成部分。

在税收法律规范中,如果权利义务处于模糊或不确定的状态,税法的作用与效力的发挥就会受到很大影响。因此,明确税法中的权利义务有重要意义:

一是规范税法的需要。权利和义务是法律的核心内容,全部法律问题都可直接或间接地归结于权利和义务。税法既然属于法律范畴,就必须明确其权利义务,否则,税法就不能成为法律。

二是发挥税法作用的需要。明确的权利义务是确定税收法律标准的关键。如果税法中的权利义务不明确,由此确定的税收法律标准就不是唯一的。这样,其指导就是盲目的,其评价就有失公正,其强制就缺少方向和力度,其教育功能将是有限的,其预测功能也不会准确。

三是协调征纳关系,提高税法效力的需要。从征税主体的角度讲,明确其权力,可以更好地行使征税权,并使其处于纳税人和公众的监督之下;明确其义务则有助于增强其对纳税主体的服务意识,变对立的征纳关系为合作信任关系。从纳税主体的角度讲,明确其权利,有利于提高其纳税人意识,加强对税务机关依法行政的监督;明确其义务,使其知道应当如何依法纳税,提高其对税法的尊崇程度,进而推动提高税收征收效率,降低税收成本,达到提升税法效力的目的。

(二)征税主体的权力与义务

征税主体的权力义务主要指税务机关在行政执法过程中的权力义务。各个国家税法赋予税务机关的具体权力义务有所不同,限于本书的篇幅,在此不能一一作出分析,以下着重讨论我国税务机关所拥有的法定权力与义务。

1. 税务机关的权力

从总体上讲,税务机关的权力即依法行政,实施税务管理,征收国家税款的权力。我们可以将其概括为15种权力:

(1)征税权。征税权指税务机关根据税法的规定要求纳税人缴纳税款的权力。只有税务机关拥有征税权,这是税务机关最基本的权力。税法赋予税务机关其他权力的核心目的就是确保其征税权的实现。征税权涉及征收税款、核准减税免税、延期纳税等方面。

(2)税收管理权。税收管理权指税务机关为征税而进行征收管理的权力,是征税权的派生,具体包括要求纳税人依法办理税务登记、设置账簿,合法使用记账凭证、发票,依法申报纳税,获得与纳税有关的资料等。

(3)税法解释权。税法解释权指税务机关按照税法规定和自身职权,在一定范围内对税法作出相应解释的权力,属于抽象行政行为的范畴。税法解释是税法规范的必要延伸,作用在于保持税法规范的可操作性和必要的灵活性。但税法解释不能替代税法的基本规范,不能超越和扭曲税法基本原则精神、基本规则,不能创设应由法律规范的内容。

(4)估税权。估税权指在纳税人的税基难以准确核定的情况下,税务机关可以按照一定的要求和方法估算其税基,或直接估算其税额的权力。我国《税收征管法》规定,纳税人出现下列六种情形,税务机关可以行使估税权:一是依法可以不设置账簿的;二是依法应当设置账簿但未设置的;三是擅自销毁账簿或者拒不提供纳税资料的;四是虽设置账簿,但账目混乱或者成本资料、收入凭证、费用凭证残缺不全,难以查账的;五是发生纳税义务,未按照规定的期限办理纳税申报,经税务机关责令限期申报,逾期仍不申报的;六是纳税人申报的计税依据明显偏低,又无正当理由的。从一定意义上说,估税权是征税权的一种特殊表现形式。

【探讨】关于税额确认与纳税评估制度

税务机关的估税权是通过税额确认制度(也称税收核定制度)落实的。该制度指在缺少直接账册凭证等证据资料的情况下,通过各种间接资料和方法推定计算纳税人应税收入等税基或应纳税额的计税方式。[1]其特征包括:(1) 税额确认制度建立在纳税人依法自我评定的基础之上。(2) 税额确认是风险管理流程和税收管理流程相融合的核心流程,纳税评估、税务审计、反避税调查都是在风险管理导向下的税额确认手段。(3) 税额确认具有确认效力,属于具体行政行为,而不属于纳税服务,具有可诉性。[2]

如前所述,纳税评估是税额确认的主要手段。我国的纳税评估制度,自 2001 年《国家税务总局关于加速税收征管信息化建设推进征管改革的试点工作方案》发布起逐步实施。2005 年,《纳税评估管理办法(试行)》发布。但在《税收征管法》及其实施细则中都没有任何关于纳税评估的文字,由此,纳税评估的法律依据、法律地位及合法性问题一直存有争议。

对纳税评估法律依据的质疑,主要集中在三个方面。一是认为纳税评估概念没有法律依据,在《税收征管法》及其实施细则,以及其他法律、行政法规中没有"纳税评估"的表述,"纳税评估"的依据只是国家税务总局的规范性文件。二是认为纳税评估程序没有法律依据,在现行《纳税评估管理办法(试行)》中,有关纳税评估中资料的提供、税务约谈、调查核实等程序没有法律依据,与《税收征管法》规定的税务检查有矛盾。三是认为纳税评估的结果处理没有法律依据,《纳税评估管理办法(试行)》中所称提请纳税人自行改正,以及实践中"只补税、不处罚"的做法没有法律依据,与《税收征管法》规定的法律责任部分不一致,甚至使纳税评估成为帮助纳税人逃避责任的模糊地带。

对纳税评估法律依据质疑的回应主要有三个方面。一是认为纳税评估事实上是一种"税收管理行为",或者说是一个"综合的税收征管业务",依据是《税收征管法》第 2 条和第 5 条明确规定的各级税务机关的征收管理权。二是认为纳税评估过程中的资料提供、税务约谈、调查核实属于税务检查的范畴,只是两者表述不同而已,无论是纳税评估还是税务稽查,为了达到各自的目的,都应充分运用《税收征管法》等有关法律法规赋予的征管手段,而不应自我限制、自缚手脚。三是认为纳税评估的结果处理应体现纳税服务的要求,通过纳税评估及时发现纳税人申报纳税中的问题,正确区分其问题的性质,采取对应的风险管理措施,如不构成偷税等违法行为、无须立案查处的,可通过约谈、辅导等方式,提请纳税人自行改正,将问题和矛盾解决在萌芽状态,尽量

---

① 参见李万甫、孙红梅主编:《〈税收征收管理法〉修订若干制度研究》,法律出版社 2017 年版,第 5 页。

② 参见陈玉琢、王明世:《税额确定若干制度研究》,载中国税务学会学术委员会第四研究部:《税收征管法律疑难问题研究——兼议〈税收征管法〉的修订》,经济科学出版社 2017 年版,第 149 页。

降低征纳双方的税收风险。

综上所述,我国现行的纳税评估主要是建立在纳税申报资料分析基础上的非强制性行政指导。根据现代行政法的基本原理,非强制性行为并不属于传统行政法上"法无授权即禁止"的范围,因此,不需要法律特别授权即可实施。国家税务总局根据《立法法》的授权,制发税务规章和规范性文件,如《纳税评估管理办法(试行)》,以规范此类对纳税人没有强制执行力的行政行为,具有法律上的效力。相应地,各级税务机关根据国家税务总局的要求实施纳税评估行为,也具有法律上的效力。①

(5)委托代征权。委托代征权指税务机关根据税法的授权,委托没有征税权的单位及个人代征某些税款的权力。被委托人只有在承诺代征后,才能在被委托的范围内行使代征税款的权力。被委托的单位及个人不因此而获得征税主体的身份,不因此而可以行使代征税款之外的其他税务机关的权力。我国《税收征管法实施细则》第44条规定:"税务机关根据有利于税收控管和方便纳税的原则,可以按照国家有关规定委托有关单位和人员代征零星分散和异地缴纳的税收,并发给委托代征证书……"

【思考】委托代征税款签订的代征协议属于经济合同还是行政合同?这一定性对委托代征税款制度的实施有哪些影响?

(6)税收保全权。税收保全权指税务机关依法在规定的纳税期之前采取限制纳税人转移或处理商品、货物或其他财产的权力。税收保全权是许多国家税法赋予其税务机关的一项权力,尽管其大小、范围和具体方法有所不同,但从本质上看都是属于行政强制措施,其功能在于为税款的征收提供一种有效的法律保障。

(7)行政强制执行权。行政强制执行权指税务机关对不履行纳税义务的单位和个人依法采取强制措施收缴税款的权力。税收保全能够改变被扣押财物的支配权状态,而只有行政强制执行才能改变被扣押财物的所有权状态。所以,从某种意义上说,行政强制执行是税收保全的继续,没有行政强制执行,税务机关课税的保障就不够充分和权威。在英美法系国家,按照司法权优先的传统,税收强制执行权一般要通过法院执行,而在大陆法系国家,税收强制执行权大多可以依法由税务机关自行行使,我国也是如此。

(8)行政处罚权。行政处罚权指税务机关对纳税人的违法行为依照法定标准予以制裁的权力。行政处罚权是税务机关的一项重要权力,属于具有自由裁量性质的制裁权,是实施税法最有力的保障。罚款是实施税务行政处罚的基本形式,对于违反税法的行为,如一般违章、欠税等都可以依照税法处以一定数额的罚款。

(9)税收检查权。税收检查权指税务机关为威慑不法纳税人,打击税收违法犯罪,依法对纳税人的账簿、纳税资料、生产经营场所等进行检查的权力。税收检查权是税务机关的重要权力,是实现其课税权的基本保障。税收检查权一般包括检查纳税人、扣缴义务人及相关人员的账簿、

---

① 参见钱俊文、韦国庆:《纳税评估的法律地位争议及其解决——兼议〈税收征管法〉与〈纳税评估管理办法〉的修订》,载《税务研究》2013年第1期。

收入凭证、银行账户及有关纳税资料、生产经营场所和货场,以及纳税人在车站、码头、机场、邮局留下的有关单据、凭证和有关资料等。

（10）获得相关信息的权力。获得相关信息的权力指税务机关为了依法征收税款和进行有效的征收管理,获得纳税人及第三方相关涉税信息的权力。就现有的税收征管模式与征管条件而言,征纳双方处于明显的信息不对称状态,因此,加强税务机关对纳税人及第三方掌握的涉税信息查证的权力无疑是必要的。《税收征管法》第 57 条规定:"税务机关依法进行税务检查时,有权向有关单位和个人调查纳税人、扣缴义务人和其他当事人与纳税或者代扣代缴、代收代缴税款有关的情况,有关单位和个人有义务向税务机关如实提供有关资料及证明材料。"

（11）税款追征权。税款追征权指对纳税人未缴或少缴的税款,税务机关在法定期限内予以追回的权力。对由于各种原因而未缴或少缴的税款,各国税法大多规定了追缴的期限,在该期限内,税务机关有权力也有义务将税款追缴。我国税法关于税款追缴时效的规定有三种情况:其一,一般情况下追缴期为 3 年;其二,漏缴税额超过 10 万元的,追缴期为 10 年;其三,因偷税或骗税少缴的税款,税务机关有权无限期追缴。与国外相比,我国税法规定的税款追缴期较长。

（12）代位权与撤销权。税收代位权是指当债务人（欠税纳税人）怠于行使其对第三人享有的到期债权而有害于债权人（税务机关）的债权（国家税收）时,债权人可以请求法院以自己的名义代位行使债务人的债权的权利。税收撤销权是指对欠税纳税人滥用财产处分权而对国家税收造成损害的行为,税务机关请求法院予以撤销的权利。在我国,《税收征管法》第 50 条作出了税务机关可以按照合同法①的相应规范行使上述两项权利的规定。

（13）阻止欠税纳税人离境的权力。阻止欠税纳税人离境的权力指对于没有缴纳税款的纳税人,税务机关通知边检机关阻止其出境的权力。根据我国《税收征管法》第 44 条的规定,欠缴税款的纳税人或者他的法定代表人需要出境而未能结清纳税款、滞纳金,又不提供担保的,税务机关可以通知出境管理机关阻止其出境。

（14）定期对纳税人欠缴税款的情况予以公告的权力。

（15）上诉权。上诉权指在行政诉讼第二审程序中,税务机关作为上诉人提起诉讼,控告对方的权力。按照我国行政法律救济制度的安排,由于行政执法过程中行政机关的权力较大,相对人的义务设定较多,为平衡权利义务的配置,在行政复议和行政诉讼的第一审程序中,税务机关一方都没有控告对方的权力。但因为行政诉讼实行两审终审制,第二审程序是最后的法律救济机会,因此诉权采取平衡配置的方式,双方机会均等。即税务机关在第二审程序中享有上诉权、反诉权和撤诉权。

2. 税务机关的义务

在税法的权利义务关系中,税务机关的义务是比较受忽视的一个方面,一般来说没有税务机关权力的规定充分、详尽,在履行义务的法律约束上,往往也不够完善。然而,税务机关的义务与纳税人的权利经常处于对应关系,强化纳税人的权利会带动税务机关义务的履行。从根本上讲,

---

① 《民法典》吸纳了代位权与撤销权的相关内容,《税收征管法》关于税收代位权与撤销权的规定必然也要相应作出修改。

税务机关的义务就是依法课税,实施税务管理。具体义务可以概括为如下方面:

(1)依法办理税务登记、开具完税凭证的义务。办理税务登记是对纳税人进行税务管理的基础性工作,是纳税人承担税收义务的起点。对税务机关而言,为纳税人办理税务登记,既是其执法权力,也是其应尽的义务。在税务机关征收税款和扣缴义务人代扣、代收税款时,税务机关须给纳税人开具完税凭证,作为其履行纳税义务的书面证明。

(2)保密的义务。税务机关必须为纳税人及其他税务管理相对人保守秘密,包括在进行税务管理,特别是税务检查中涉及的纳税人、扣缴义务人的商业秘密与个人隐私,第三方提供的涉税信息,以及为检举违反税法者保密等。

【思考】其一,2015年《税收征管法修订草案(征求意见稿)》第32条第2款规定:税务机关从银行和其他金融机构获取的纳税人信息只能用于税收目的,不得向第三方披露。怎样理解此规定的内涵与功能定位? 其二,许多地方的税务机关在年终都会对纳税大户排榜并在相应的媒体上宣传,有的还要列出每户企业缴纳企业所得税等税种的税额。你认为这是否有违为纳税人保密的义务? 其三,税务机关如何通过制度建设来尽到为纳税人保密的义务? 是不是在任何情况下税务机关都有义务为纳税人保密,在规定的保密范围内,是否应当有所例外? 其四,在表达的准确性和把握的尺度上,将为纳税人保密作为税务机关的义务与作为纳税人权利并不完全相同,对此,你有更多的思考吗?

(3)宣传税法,无偿地提供纳税咨询服务的义务。宣传税法,提供纳税咨询服务能够让纳税人更全面、更准确地了解税法,是税法得到有效贯彻、实施的必要前提,是税务机关应尽的职责之一。同时,税法宣传开支是税收征收成本的重要组成部分,不应成为纳税人的额外负担。为此,《税收征管法》第7条规定:"税务机关应当广泛宣传税收法律、行政法规,普及纳税知识,无偿地为纳税人提供纳税咨询服务。"

【思考】提出"无偿地"提供纳税咨询服务是有针对性的。但是真正做到这一点,不仅需要一般号召和纪律约束,还需要具体可行的制度规范。你对此有何思考?

(4)提供高质量纳税服务的义务。《税收征管法》第9条第2款规定:"税务机关、税务人员必须秉公执法,忠于职守,清正廉洁,礼貌待人,文明服务,尊重和保护纳税人、扣缴义务人的权利,依法接受监督。"

【思考】提供高质量的纳税服务是近些年对税务机关行政执法提出更高要求的一个侧面。对于其背后的理论支撑或许可以作如下的假设:由于"搭便车"现象的存在,公共产品与公共服务不能通过市场交易完成,只能采取课税的方式由政府提供。那么,纳税人作为因提供税收而享有公共产品与公共服务的"业主",当然有权利得到"供货商"更多的尊重与便利。由此,借鉴商业服务模式的纳税服务应运而生。从税收管理和税收行政执法的角度看,良好的纳税服务可以有效提高纳税遵从度,消缓征管阻力,因此应当成为税收管理的必要组成部分。我们认为,高质量的纳税服务应当是强调以人为本的,在此基础上要尊重纳税人,力争做到全面、公平、规范、高效率、高质量。你对此有何思考?

(5)依法进行回避的义务。《税收征管法》第12条规定:"税务人员征收税款和查处税收违法案件,与纳税人、扣缴义务人或者税收违法案件有利害关系的,应当回避。"

【提示】回避原本是为保障司法公正性而对司法人员提出的要求,现在越来越多地被引入到行政执法当中。从《税收征管法》的相关规定来看,以下三点应当注意:一是需要相关税务执法人员回避的是征收税款和查处税收违法案件,而不是所有的税务行政执法行为;二是回避人员的范围是与纳税人、扣缴义务人或者其法定代表人有夫妻关系、直系血亲关系、三代以内旁系血亲关系、近姻亲关系、可能影响公正执法的有其他利害关系的税务执法人员;三是与诉讼中公断人与双方当事人形成的三方关系不同,税务行政执法中并不存在能够就"利"提出回避要求的另一方当事人,而由纳税人一方来就"利"提出回避要求明显脱离实际。所以,通过具体的规范约束,更多地要求税务执法人员主动回避才是这一制度发挥应有作用的可行之策。

(6) 多征税款立即返还的义务。纳税人超过应纳税额缴纳的税款,税务机关发现后经核实无误有义务立即返还。

(7) 实施税收保全过程中的义务。税务机关实施税收保全措施不当,或者纳税人在期限内已缴纳税款,应立即解除税收保全措施;税务机关扣押商品、货物或其他财产时,必须开付收据;查封商品、货物或其他财产时,必须开付清单。

(8) 出示税务检查证明的义务。税务人员进行税务检查时,需要出示税务检查证件和税务检查通知书。其中对集贸市场及集中经营业户进行检查时,可以使用统一的税务检查通知书;查询存款账户须出具全国统一格式的检查存款账户许可证明等。

(9) 受理复议的义务。纳税人对税务机关的具体行政行为不服,申请行政复议,凡符合法定复议受理条件的,作为复议机关的税务机关都有义务受理,并在规定的期限内作出复议决定。

(10) 在税收行政复议和行政诉讼案件中承担举证责任的义务。即税务机关作为被申请人或被告,有义务提供作出具体行政行为的证据和所依据的规范性文件。

(三) 纳税主体的权利与义务

没有无义务的权利,也没有无权利的义务,两者存在着对立统一的关系。权利和义务不可能孤立地存在和发展,其存在和发展都必须以另一方的存在和发展为条件。这一点在税收法律关系中,不仅表现为权利义务的复合,即同一主体既有权利又有义务,而且表现在相对的主体的权利与义务相互对应,即征税主体的权利与纳税主体的义务相对应,征税主体的义务与纳税主体的权利相对应。

1. 纳税主体的权利

在较长的时期内,我们一直强调税法的强制性和税法作为义务性规范的特征,对纳税主体的权利重视不够。但在税收法定、民主立法与公共财政等思想的影响下,纳税人权利问题得到理论界和社会公众的广泛关注和热烈讨论,并在税法中得到直接的反映。2001 年修订的《税收征管法》专门规定了规范纳税人基本权利的条款(第 8 条),这是我国税法标志性的巨大进步。归纳起来,我国税法设定的纳税主体的权利主要包括:

(1) 知情权。纳税人、扣缴义务人有权了解税法的规定与自己应当缴纳税款的情况。

【思考】满足纳税人的知情权首先应当使其能够便捷地了解税法的有关规定。在税法比较完善,特别是互联网飞速发展的情况下做到这一点并不难,因此只能将其作为体现纳税人知情权的初步要求(不过,在这个问题上,目前纳税人可以详细、准确获得具体税法权威解释及确定自身应纳税款的渠道明显不足)。在一定的具体条件下,税务机关还应当主动向纳税人告知即将对其实施的具体行政行为。更高的要求则是让纳税人能够对自己尚未进行的生产经营活动应当如何纳税有比较准确的把握。对此,你有哪些思考?

(2)保密权。纳税人、扣缴义务人有权要求税务机关为纳税人、扣缴义务人的情况保密。

【提示】保密的范围包括纳税人、扣缴义务人的商业秘密及个人隐私。这里没有提到国家秘密,它应由其他法律来调节。商业秘密指不为公众所知,能为权利人带来经济利益,具有实用性并经权利人采取保密措施的技术信息与经济信息。一般来说,税务机关所能接触的商业秘密主要是财务信息和客户信息,个人隐私主要是其收入和财产情况。《税收征管法》第8条第2款规定:纳税人、扣缴义务人有权要求税务机关为纳税人、扣缴义务人的情况保密。这里应当注意,不能由此推论出纳税人、扣缴义务人的申请是税务机关为其保密的先决条件,因为这不利于充分保障纳税人、扣缴义务人的权益,而且此规定强调的是纳税人、扣缴义务人有要求保密的权利,对应的是税务机关有为纳税人、扣缴义务人保密的义务,而不是以纳税人、扣缴义务人申请保密作为实现这项权利的先决条件。

【思考】纳税人要求税务机关保密是否应当有例外?实际上,当其他相关行政机关提出获得相关涉税信息的要求时,当纳税人的委托人提出获得涉税信息的要求时,当纳税人出现涉税违法犯罪情况时,都涉及为纳税人保密的例外情况。对此,你有何思考?

【案例】2012年7月,葛某购买了某型号汽车,同年9月,他向税务机关申请公开"2012年5月汇总后并上传至国家税务总局的某型号车辆车价信息"。2012年11月,税务机关以"车价信息因涉及企业商业秘密,经发函征求权利人汽车生产厂商的意见,权利人不同意公开"为由,作出不予公开的答复。葛某于2013年2月诉诸法院。法院于2013年6月作出判决:支持税务机关的认定,驳回葛某的诉求。本案中,车价是公开信息还是商业秘密?车价与车辆购置税计税价格有何不同?最低计税价格是商业秘密,还是税务工作秘密?①

(3)陈述权与申辩权。纳税人、扣缴义务人对税务机关作出的行政决定,可以采用一定的方式表达自己的意见与不满,为自己的行为辩护。

【思考】陈述权与申辩权较早出现在《行政处罚法》中,但纳税人的陈述权与申辩权并不限于行政处罚,而是应当覆盖税务机关面对管理相对人的所有具体行政行为。落实纳税人的陈述权与申辩权需要一定的制度安排与保障,并非是纳税人到税务机关随意表达自己的意见即算作陈述权与申辩权的有效行使。其实,落实这两项权利最有效的办法就是建立听证制度。而税务管理中涉及的听证制度并非是由税法建立的,纳税人的陈述权与申辩权并没有得到全面的落实。对此,你有什么看法?

① 参见陈萱怡:《税务自由裁量基准信息的公开豁免》,载《中国税务报》2016年9月20日,第B03版。

（4）控告检举权。纳税人、扣缴义务人有权控告和检举税务机关、税务人员及其他涉税当事人违反税法的行为。从某种意义上讲，这项权利不是纳税人、扣缴义务人独有的权利，而是宪法赋予每个公民的基本权利。

（5）延期申报请求权。纳税人、扣缴义务人不能按期办理纳税申报或者报送代扣代缴、代收代缴税款报告表的，经税务机关核准，可以延期申报。

（6）延期纳税请求权。纳税人因有特殊困难，不能按期缴纳税款的，经有权的税务机关批准可以延期缴纳税款，但最长不得超过3个月。

（7）减税、免税、出口退税请求权。纳税人可以依照法律、行政法规的规定向税务机关书面申请减税、免税、出口退税，经法律、行政法规授权的税务机关审查批准生效。

（8）多缴税款退还请求权。纳税人超过应纳税额缴纳的税款，税务机关发现后应当立即退还；纳税人自结算缴纳税款之日起3年内发现的，可以向税务机关要求退还，税务机关查实后应当立即退还。

（9）取得凭证权。税务机关征收税款时，必须给纳税人开具完税凭证。扣缴义务人代扣、代收税款时，纳税人要求扣缴义务人开具代扣、代收税款凭证的，扣缴义务人也应当开具。

（10）拒绝检查权。税务人员进行税务检查时，未出示税务检查证和税务通知书的，被检查人有权拒绝检查。

（11）拒绝扣押权。在税务机关依法进行的税收保全与行政强制执行过程中，不管发生任何情况，纳税人个人及其所扶养家属维持生活必需的住房和用品都不得被扣押。

（12）委托税务代理权。纳税人、扣缴义务人可以委托有资格的税务代理人代为办理纳税事宜。

（13）请求法律救济权。纳税人、扣缴义务人、纳税担保人等纳税主体依法享有提起行政复议和行政诉讼，请求国家赔偿等权利。

【思考】我国税法对纳税人的权利有了更多的认同。但是，并非国外税法规定的所有纳税人的权利都得到我国税法的承认。例如，支付法律要求的最少量的税收、诚实推定、复议前不缴纳有争议的税款等纳税人的权利都没有出现在我国相关税法规范中，其原因各不相同。对此，你的观点是什么？

【探讨】对纳税人权利保护的国际比较

在税收法定原则的引领下，纳税人的权利保障受到越来越多的重视，成为学术界甚至社会关注的一个热点问题。这种关注必然会折射到各个国家税法对纳税人权利保护的规范上。以经济合作与发展组织（OECD）成员国为例，纳税人的主要权利包括：

（1）要求提供情报权。纳税人有权要求提供有关税制及如何运用税额测定方法的最新情报，以及要求告知包括诉讼权在内的纳税人的一切权利。

（2）诉讼权。纳税人对税务机关具体行政行为的合法性、适度性存有异议时，有权要求提起诉讼。

（3）只缴纳合理税金的权利。纳税人有权考虑个人的具体情况和收入多少并按税法规定只缴应纳税金,拒缴额外税金。这一权利是税收法定原则的具体体现。

(4)可靠性的权利。纳税人对自己的经营行为产生何种课税关系有权进行可靠性极高的预测。这在依法纳税的前提下,对于纳税人筹划自己的经济行为是十分重要的。

(5)隐私权。所有纳税人有权要求税务行政机关不要过分侵害纳税人的个人权利。这项权利被解释为纳税人有权拒绝税务行政机关无理搜查住宅及对于正常课税并不必要的情报的提供。

OECD的某些成员国,对于维护纳税人的权利作了更多的努力。例如,美国1988年颁布了《纳税人权利法案》,1996年6月30日又通过了新的《纳税人权利法案》,规定纳税人的权利包括权益受保障的权利、隐私权和机密权、享受专业和礼貌服务的权利、代理权、只缴纳应纳税款的权利、从解决问题办公室取得帮助的权利、上诉和行政复议权、取消某些处罚的权利。加拿大1985年发布的《纳税人权利宣言》被认为是最具代表性的纳税人权利法律规范,它将加拿大法典、普通法及人权与自由宪章中规定的作为纳税主体享受公正待遇所涉及的重要权利归结到一起,而不是另外公布的新法律。其主要内容是:

加拿大的宪法和法律赋予你许多权利,这些权利可以保护你处理所得税方面的问题;你有权知道你的权利;你有权坚持你的权利;你有权要求税务局听取你的申诉,并且公正地处理你的问题。

(1)在所有的问题上得到公平的对待,包括国家税收事务,你的权利是:

第一,信息资料。你有权期望政府将尽所有合理的努力使你能得到关于所得税法全面、精确、适时的信息,以及你的有关权利。

第二,不受歧视。你有权得到税务人员根据法律和事实所作出的征收不多不少的税收的这种不受歧视的决定。

第三,礼貌对待。在任何时候你都有权受到税务当局礼貌和得体的对待,包括在税务局要求你提供信息,或者接受审计的时候。

第四,诚实推定。你有权被视为是忠诚的,除非有证据证明你是不忠诚的。

(2)根据加拿大宪法和法律你得到公平对待的重要权利有:

第一,保密隐私和信息。提供给税务当局的个人和财务方面的信息,你有权要求他们仅仅用于法律允许的范围内。

第二,独立的审查。你有权在你认为法律没有被正确运用的情况下反对评估或再评估。为保护这项权利,你必须在90天内对估税或再估税提出复议申请书。复议申请书将由税务部门复议官员进行独立审查,如果他们对问题的解决不能使你满意,他们将向你说明如何到法院提起诉讼。

第三,缴税前的公正听证。在纳税以前,享有不受歧视的听证(调查)权。在你得到税务局或法院作出的公正的审查结论之前,你可以不缴纳在正式的复议申请书或起诉书中争议的税款,但这个复议申请书或起诉书必须是在1985年1月1日以后填写的。如果你向上一级法院提起诉讼,你可以提供相对应的担保,而不必支付有争议的税款。为了保证这些权利的实现,在立法上规定了某些例外,这些例外只适用于不足以向法院起诉等情况。

第四,你有权得到法律所允许的所有利益,你有权安排你的事务,以支付法律要求的最少量的税收。你也可以期望政府执行税法的一致性(无歧视性),并对那些试图逃避纳税义务的人保持严肃性。

这些国家对纳税主体权利的重视与法律上保障措施的加强,在相当程度上缓解了征纳双方的矛盾,有助于提高税务行政效率,最大的得益者最终还是国家。

我国 2001 年修订的《税收征管法》加强了关于纳税人权利的规定,该法第 1 条关于立法目的的规定中即有"保护纳税人的合法权益"的要求,并且为规范纳税人主要权利专门设置了一条(第 8 条)。与上述国家税法中保障纳税人权利的规定相比,尽管表述有所不同,在覆盖面上差别已经不大,但仍有几项规定不同:其一,体现"可靠性权利"的税收预先裁定制度对于提高纳税人经营活动的可预测性,正确进行经营决策是极有帮助的。这一制度在比较长的时期内,国内一直鲜有研究讨论,但后来列入 2015 年公布的《税收征管法修订草案(征求意见稿)》,其最终成为我国税法一项具体制度的概率较高。①其二,"你有权得到法律所允许的所有利益,你有权安排你的事务,以支付法律要求的最少量的税收"所隐含的一层意思是承认避税的合法性,这在我国还不被学界、政府、税收实务界的主流观点所接受,所以也不宜急于在税法中匆忙作出规定。其三,"诚实推定"是纳税人的基本权利之一,其背后支撑的是诚信(公众信任)原则。"诚实推定"与刑法中"无罪推定"的原则精神是相通的,它关系到对纳税人整体地位的基本设定与纳税人其他各项权利的落实,对于税收行政执法程序设计、举证责任分配、税务机关的税收检查权力限制及纳税服务等制度安排有很大影响。尽管有税务机关在此方面做过积极的探索,但或许是顾虑上述制度的完全落实、完善尚有困难,我国税法中一直没有考虑设定该项纳税人权利(包括新一轮《税收征管法》的修改),实在是一个遗憾。

【思考】纳税人的法定权利需要强有力的制度保障。例如,纳税人对使用税款具体支出的监督权,在一些国家是通过纳税人诉讼制度来落实的,即纳税人可以对政府涉及金钱花费的行政行为直接提起行政诉讼。这一制度在我国是否具有现实可行性?从法治建设的角度分析,其障碍何在?

2. 纳税主体的义务

鉴于税法属于义务性规范,设置纳税主体的义务一直是税法的重点与核心。实体税法的内容大部分确定的是纳税主体的基本义务,程序税法则从税收管理的角度提出纳税主体的义务,这也正是我们讨论纳税主体义务的出发点。与纳税主体的权利相比,我国税法关于纳税主体义务的规定是较为充分和全面的。首先,我国《宪法》第 56 条规定公民有依法纳税的义务。税法中唯一的直接宪法依据即是规范纳税义务的,表明其在我国税法体系中的核心位置。其次,与其他国家相比,我国税法关于纳税义务的规定没有大的遗漏,具备一定的操作性,且有一系列的管理制度作保障。我国税法关于纳税主体义务的具体规定,集中体现在《税

---

① 见该征求意见稿第 46 条。关于税收预先裁定问题,本书在第八章第二节中有比较详细的讨论。

收征管法》中。主要包括：

（1）按期办理税务登记的义务。从事生产、经营的纳税人应自领取营业执照之日起30日内，持有关证件，向税务机关申报办理税务登记。税务登记内容发生变化的，自工商行政管理机关办理变更登记之日起30日内或者申请办理注销登记之前，申报办理变更或注销税务登记。税务登记证件不得转借、涂改、损毁、买卖或者伪造。

（2）依法设置账簿、正确使用凭证的义务。从事生产经营的纳税人（个体工商业户确实不能设置账簿的除外）和扣缴义务人应按规定设置账簿，健全会计制度，根据合法有效凭证记账，进行核算；按照税法、法规的规定领购、开具、使用、保管发票；账簿、会计凭证、报表、完税凭证及其他有关纳税资料应保存10年；账簿、记账凭证及有关资料不得伪造、变造或擅自损毁。

（3）按期办理纳税申报的义务。纳税人必须在规定的期限内办理纳税申报，报送纳税申报表、财务会计报表及税务机关规定的有关纳税资料。相应地，扣缴义务人也必须在规定的申报期限内报送代扣代缴、代收代缴税款报告表以及税务机关根据实际需要要求扣缴义务人报送的其他有关资料。

（4）按期缴纳或解缴税款的义务。纳税人、扣缴义务人必须按法律、法规规定或税务机关依照法律、法规确定的期限，缴纳或解缴税款。扣缴义务人履行代扣、代收税款义务，纳税人不得拒绝。

（5）滞纳税款须缴纳滞纳金的义务。纳税人、扣缴义务人未按规定期限缴纳或解缴税款，也没有获得延期纳税许可的，从滞纳税款之日起，须按日缴纳万分之五的滞纳金。

（6）接受税务检查的义务。与税务机关拥有的税收检查权相对应，纳税人、扣缴义务人等纳税主体有义务接受税务机关依法进行的税务检查，与税务检查人员合作，如实反映情况，提供有关资料，不得拒绝、隐瞒，不得隐匿、转移被检查的货物、财产或设置其他障碍。

（7）向税务机关报告的义务。欠缴税款在5万元以上的纳税人在处分其不动产或者大额资产之前，应当向税务机关报告；纳税人有解散、撤销、破产情形的，在清算前应向其主管税务机关报告。

（8）离境前结清税款的义务。欠缴税款的纳税人或者他的法定代表人需要出境的，应当在出境前向税务机关结清应纳税款、滞纳金或者提供担保。

（9）申请行政复议前缴纳税款、滞纳金或提供担保的义务。纳税人、扣缴义务人、纳税担保人同税务机关在纳税上发生争议时，必须先依照税务机关的纳税决定缴纳或者解缴税款及滞纳金或者提供相应的担保，然后可以依法申请行政复议。

三、税收法律关系的客体

税收法律关系的客体是指税收法律关系主体双方的权利和义务所共同指向、影响和作用的客观对象。一般法律关系的客体包括国家权力、物、行为、智慧产品、人身和人格等，这些客体可以抽象为"利益"。

【探讨】税收法律关系客体的范围

对于税收法律关系而言,并非上述"利益"都可以成为构成税收法律关系客体的"税收利益"。第一,以国家权力为客体的情况只存在于有关政治、阶级的法律关系中,如有关政治选举的法律关系,它们与税收法律关系没有直接关系。第二,法人在某些民事、经济法律关系中,可以作为法律关系的客体,但在税收法律关系中,法人只能成为纳税主体,而不能成为客体。纳税人可以将法人的财产作为税款缴纳,而不能设想纳税人将一个完整的法人作为纳税的对象。第三,与此相似,在许多情况下,自然人的财产可以作为税收法律关系的客体,甚至在某些情况下自然人可以成为计税标准,如人头税。但是自然人在现代社会不是税收法律关系的客体,因为宪法等基本法律规定了人的基本权利,保证其不成为税收法律关系的客体。况且以自然人为客体,也不能满足税收法律关系主体的需要。

确定税收法律关系客体要考虑税收调节经济功能的实现、税收公平问题以及征收成本、纳税人的支付能力等因素。这样,现实存在的税收法律关系客体包括各种物质财富和某些能够量化的非物质财富以及主体的行为。在实体税法中,商品与劳务税涉及的税收法律关系客体是纳税人的商品、货物、劳务;财产税涉及的是纳税人的财产;所得税涉及的是纳税人的所得额;行为税涉及的是纳税人的某些经济及社会行为;在程序税法和诉讼税法中则涉及征税主体和纳税主体双方的行为。

从物质实体看,税收法律关系的客体与征税对象较为接近,但两者又有所不同:税收法律关系的客体是个法学范畴,侧重于其连接征税主体与纳税主体之间权利义务关系的作用,不注重其具体形态及数量关系,较为抽象;征税对象是个经济学范畴,侧重于表明国家与纳税人之间物质利益转移的形式、数量关系及范围,较为具体。税收法律关系的客体与征税对象在许多情况下是重叠的,但是有时两者并不一样,这在实体税法中表现得较为明显。例如,商品与劳务税的法律关系客体是纳税人生产、经营的商品、货物或从事的劳务,而征税对象却是其商品流转额或非商品流转额;财产税的法律关系客体是纳税人所有的某些财产,而征税对象却是这些财产的价值额。

第三节 税收法律关系的产生、变更与消灭

与其他社会关系一样,税收法律关系也是处于不断的发展变化之中的。它可以分为一般税收法律关系的变化和税收诉讼法律关系的变化,对于后者,我们将在以后的章节中予以讨论。税收法律关系的发展变化过程,可以抽象概括为产生、变更和消灭三个阶段。

【提示】法理学认为,法律规范和权利义务主体是法律关系存在的条件,但是没有法律事实的出现,法律关系就不会产生、变更和消灭。法律事实可以分为法律事件和法律行为。法律事件是指不以权利主体的意志为转移的客观现象;法律行为是法律关系主体在正常意志支配下作出的活动。

按照法理学的有关理论,对于税收法律关系的产生、变更和消灭的具体分析如下。

一、税收法律关系的产生

由于税法属于义务性规范,税收法律关系的产生应以引起纳税义务成立的法律事实为基本标志。那么,纳税义务成立的标志又是什么呢? 我们赞同税收法律关系的产生以纳税人符合税法规定的纳税条件,即发生应当纳税的行为为标志的观点。

【探讨】税收法律关系产生的标志

对此,国外有两种不同的观点:一种观点认为,"纳税义务于税收行政机关课赋处分时始才成立",其含义为税务机关征收税款时,纳税义务正式成立;另一种观点认为,"纳税义务于法律确定的课税要素满足之时成立"①。也就是说,自纳税人符合税法规定的纳税条件时,事实上也即自纳税人应当做出纳税的行为之时,纳税义务即产生。目前,多数税法学家支持"纳税义务于法律确定的课税要素满足之时成立"的观点,这一观点也在日本、韩国、德国等许多国家基本税法的立法精神中得到体现。其道理在于最能代表纳税义务产生的是纳税主体的行为,而不是征税主体的行为。从合理性上讲,税务机关的课税行为应与纳税人满足课税要素,如取得应税收入同步。课税行为的滞后,完全是税务管理上的需要,不能代表纳税义务成立的时间,更不能代表税收法律关系产生的时间。因此,税收法律关系的产生,应以纳税主体做出应当课税的行为,如销售货物、取得应税收入为基本标志。当然,如果将纳税人的出现,如新企业的开办、个人公民身份的确立作为税收法律关系产生的标志也是不正确的。因为这恰恰违背了只有权利义务主体,没有法律事实,法律关系不能产生的原理。

二、税收法律关系的变更

税收法律关系的变更是指由于某一法律事实的发生,使税收法律关系的主体、内容和客体发生变化。税收法律关系变更的条件要比其产生的条件更为宽泛。具体来讲,其变更的原因主要包括:

第一,纳税人自身组织状况发生变化。例如,纳税人发生改组、分设、合并、联营、迁移等情况,往往需要向税务机关申报办理变更税务登记或重新进行税务登记,从而导致税收法律关系变更。

第二,纳税人生产经营或收入、所得、财产情况发生变化。如"营改增"后营业税取消,提供劳务的企业由缴纳营业税改为缴纳增值税,从而导致税收法律关系变更。

第三,税务机关组织结构变化。如主管税务机关管辖范围发生变化,国税局与地税局合并

---

① 〔日〕金子宏:《租税法》之中译本《日本税法原理》,刘多田、杨建津、郑林根译,中国财政经济出版社 1989 年版,第267页。

等,都会引发纳税人变更税务登记,从而导致税收法律关系变更。

第四,税法修订或调整。如随着社会经济发展变化,税收政策频繁调整,使企业适用的税种与具体规定发生变化,从而导致税收法律关系变更。

第五,不可抗力造成破坏。如自然灾害等不可抗力的发生,往往给纳税人造成重大财产损失,迫使纳税人停产、减产。纳税人依法向税务机关提出减税、延期纳税申请得到核准,从而导致税收法律关系发生变更。

【探讨】税收法律关系变更的几个问题

从债务关系说的角度分析,税收法律关系的变更涉及债权人主体、债务人主体和税收债务内容的变更。有学者认为,税收债权人的变更包括课税主体的变更、税收征收权主体的变更和税收收益权的变更。税收债务人的变更问题集中在纳税义务是否可以继承上。日本学者金子宏认为,纳税义务是金钱债务,在性质上不属于非替代债务,所以适用于继承。但纳税义务是以税收负担能力来课征的,在这个意义上又强调了纳税义务的个别性。所以不应随意承认纳税义务的继承。日本现行税法是对上述两种考虑妥协的产物。税收债务人的变更可以分为法定变更和约定变更,原则上,税法承认法定变更而否认约定变更。

税收债务内容的变更包括清偿期的提前和延后两个方面。也有学者认为,税收债务内容的变更包括给付种类之变更和清偿期之变更,以及给付数额的变更、税收债务履行地点的变更等。

还有学者认为,税收债权债务具有不可变性,这是其法定性的一个体现,但是也不排除个别情况下的例外。[①]

三、税收法律关系的消灭

税收法律关系的消灭是指因一定法律事实的产生而导致税收法律关系终止,即其主体间权利义务的终止。税收法律关系消灭的原因主要有以下几个方面:

第一,履行。即通过纳税人履行纳税义务,而使税收法律关系消灭。这是最常见的税收法律关系消灭原因。

第二,抵销。即税务机关与纳税人互相欠债,税务机关多收税款与纳税人欠税并存,等值的多收税款与欠税可以互相抵销,如果没有余额,税收法律关系即告消灭。

第三,纳税义务因超过期限而消灭。例如,我国《税收征管法》规定,未征、少征税款的一般追缴期限为 3 年,超过 3 年的,除《税收征管法》规定的特殊情况外,即使纳税人没有履行纳税义务,也不能再追缴税款,税收法律关系因而消灭。

第四,纳税义务的免除。即纳税人符合免税条件,并经税务机关审核确定以后,纳税义务免除,税收法律关系消灭。但对于税法规定后不需税务机关审核确定,即自动生效的免税,通常不认为是纳税义务的免除,而是纳税义务自始即没有设定,自然不会引起税收法律关系的消灭。

---

① 参见刘剑文主编:《财税法学研究述评》,高等教育出版社 2004 年版,第 262—265 页。

第五,行政复议机关或者法院的裁定或判决。例如,法院判决没收财产或直接终止某一税收法律关系。

第六,纳税主体的消失。没有纳税主体,纳税即告终止。当纳税主体消失,且没有继承人时,税收法律关系直接因纳税主体的消失而消灭。

【探讨】关于税收法律关系消灭的几个问题

第一,从理论上归类,有学者认为,税收法律关系消灭的原因包括履行、抵销、免除、消灭时效、履行不能等。但实际上,并非这些形式都能构成税收法律关系消灭的原因。第二,履行包括纳税人依法如期履行纳税义务和税务机关采取必要的法律手段,使税收债权得到强制实现两种情况。对于后者,不应排除在履行之外。履行是最主要的税收法律关系消灭原因。第三,抵销能否适用于税法存在争议,赞同者认为,作为公法的税收之债可以援引民法上的抵销制度,作为一般法律原理加以引用;反对者则认为,抵销制度是私法所特有的制度,在公法上除有明文规定之外,不能在税法中适用。还有学者进一步分析了税法不能适用抵销制度的原因。但事实上,我国现行《税收征管法》中有条件地允许税务机关多征的税款与纳税人欠缴的税款相互抵扣,是抵销可以适用于税法的有力佐证。第四,免除只能在有法律依据,且满足法律所确定的要素时方为有效。第五,税收债权的消灭时效,是税收债权的绝对消灭原因,它与民法的规定不同,纳税人不必引用,而且不能放弃其利益。第六,当课税处分有瑕疵而被撤销时,税收债务也溯及既往归于消灭。①

思 考 题

1. 何为权力关系说和债务关系说? 其各自的存在价值何在?
2. 试分析成为税收法律关系主体应当具备的条件。
3. 如何理解纳税人、扣缴义务人的知情权?
4. 如何理解纳税人、扣缴义务人的陈述权和申辩权? 税务机关如何在执法中保证这两项权利的落实?
5. 如何理解税务机关依法进行回避的义务?
6. 税收法律关系消灭的原因有哪些?

即测即评

---

① 参见刘剑文主编:《财税法学研究述评》,高等教育出版社 2004 年版,第 266—270 页。

第三章 税法原则

本章要点

　　本章将税法原则分为基本原则与适用原则两个层面来研究,故与此相对应只设定了两节。其基本原则应当为所有税收立法与执法行为所遵循,体现税法的本质要求和精神实质。其中,税收法定原则作为现代税法精神的集中体现,是本章的重点。税法的适用原则是解决法律冲突,使税法能够得到贯彻落实的基本准则。由于税法结构上的原因,我国现行税法并未直接规范这些适用原则,但是税法中的相关规定表明,通用的适用原则已被税法接受,因此将其作为税法的适用原则来介绍并不为过。

第一节 税法基本原则

　　在讨论税法原则之前,我们不妨简要回顾一下什么是法律原则。一般认为,法律原则是指可以作为规则的基础,或本源的具有综合性、稳定性的原理和准则。它是构成法律规范的基本要素之一。

　　【提示】法律规范一般分为概念、规则和原则三个层次。法学上的概念是指对各种法律事实进行概括,抽象出它们的共同特征而形成的权威性范畴。[1]法律概念可以说是法律规范的砖瓦与细胞,对其要求是内涵与外延上的精准与明晰。就总体来看,在辅以大量的解释性规定(如相关税种的税目注释)的前提下,我国税法的概念基本上是符合要求的,在税收法律规范的三个层次上,对税法概念的处理应当说是最好的。法律规则是指具体规定权利与义务以及具体法律后果的准则。从一般法理的角度来看,规则从内容上可以分为义务性规则或授权性规则。[2]税法作为义务性规范,自然是以义务性规则为主。税收法律原则可以视为构建税法大厦的顶层设计与建筑任务书。

　　在法律规范中,原则之所以必不可少,是因为:第一,原则有使法律规则保持连续性、稳定性、

---

① 参见张文显:《法学基本范畴研究》,中国政法大学出版社 1993 年版,第 58 页。
② 参见张文显:《法学基本范畴研究》,中国政法大学出版社 1993 年版,第 51—52 页。

统一性、协调性的作用,同时还是后继立法的出发点。第二,原则作为法律体系的神经中枢,体现着法律的本质,是正确理解法律精神、准确适用法律的重要保证。第三,原则有较强的适应性,能够弥补规则的不足。第四,原则能将行政机关、司法机关的自由裁量权限制在法定与合理的范围内。

所谓基本原则,是在原则的基准之上更进一层。从法理学的角度来看,基本原则体现着法的本质要求和根本价值,决定着法的全局性指导思想和出发点,维系着法的稳定性与统一性,决定着一部法区别于其他法律制度的根本界限,是该项法律制度的精神内核所在。而税法基本原则,就是指指导一国有关税收法律文件的立法、执法、司法、守法诸环节的基础性法律理念。①

对于税法的基本原则,人们从不同的角度有不同的认识与归纳。我们认为其应当包括税收法定原则(税收法律主义)、税收公平原则(税收公平主义)与公众信任原则及实质课税原则。这些基本原则高于一般的税收法律原则,也有别于从经济学角度确立的税收基本原则。

【探讨】税法应有哪些基本原则

首先,税法基本原则应与税收基本原则区别开来。对税收的研究,显然经济学家要早于法学家,在这个过程中,许多经济学家都提出了自己的税收原则,比较著名的包括亚当·斯密的平等、确定、便利和最小费用四原则,瓦格纳的财政政策、国民经济、社会正义和税务行政方面的四原则,凯恩斯学派的收入分配、自动稳定器、相机抉择原则以及中性税收原则等。这些原则的内涵,有些可以被税法原则吸纳,但税收原则与税法原则的区别还是非常明显的。其一,从终极目标看,税收原则是围绕课税对经济效率的影响问题进行的,而税法原则更为关注课税带来的公平与公正问题。其二,两者着眼点不同,经济学对税收原则的研究着眼于课税的经济效果,借以总结政府运用税收手段调节经济的规律性;而法学对税法原则的研究则是税法在贯彻执行中需要遵循的法律理念与准则。其三,税收原则是学理性的,每个人都可以提出不同的学说,但都没有对他人的约束力。税法原则也有处于学理的阶段,但是一旦经过立法程序,就具有普遍的约束力,税收征纳双方都必须严格执行。其四,税收原则更多考虑的是其经济内涵,内容相对复杂,外延的边界不甚清晰,而税法原则正相反。如果说,在研究的早期,两者的区别不是很大,那么,随着经济学与法学的发展,特别是经济学大量引入数学模型作为分析研究工具后,两者的区别会越来越大。本书探讨的税法原则或者其基本原则不包含税收原则。

其次,税法学家们提出了许多税法原则,如日本税法学家金子宏提出税收法律主义、税收公平主义、税收自主财政主义;田中二郎认为,就形式而言,有租税法律主义与租税恒定主义二原则,就实质而言,则有公共性原则、公平负担原则、民主主义原则及确保税收与效率原则;新井隆一则称有租税法律主义原则、量能课税原则、正当程序原则、实质课税原则及否认租税行为原则。我国学者刘剑文、张守文、施正文、杨小强等则在税法法定原则、公平原则、实质课税原则、生存保障原则、诚实信用原则等方面作了积极探索。②从总体上看,这些主张构筑了税法原则研究的基

---

① 参见刘剑文主编:《税法学》(第二版),人民出版社 2003 年版,第 116、117 页。
② 参见杨小强:《税法总论》,湖南人民出版社 2002 年版,第 105、115、128 页。

础,但有些并不能上升到税法基本原则层面,有些则是含有更多税收经济学意义上的原则,有些不具备普遍意义,如所谓税收自主财政主义在我国就不适用。所以概括起来,我们认为,税法的基本原则应当包括税收法定原则(税收法律主义)、税收公平原则(税收公平主义)、公众信任原则(合作信赖主义)、实质课税原则。应当指出的是,"主义"是一个特别大的词汇,并且被赋予了特定的政治含义。所以,尽管在最初引入国外的税法学研究成果时,有学者将其直译为××主义,并被国内税法学术界所接受,且一度广泛使用,但就其实际含义而言,还是称作××原则更符合其本意,更为规范。不过,既然这些"主义"已经约定俗成地被接受,其名称的交叉使用也就在所难免。

一、税收法定原则

税收法定体现普世价值的基本法治理念,是公认的税法基本原则。其基本含义指所有的税收活动必须依照法律的规定进行。一方面,课税只能在法律的授权下进行,税务机关必须依法征税,纳税人必须依法纳税;另一方面,超越法律的课征是非法和无效的,税务机关没有法外课税的权力,纳税人也不承担法外纳税的义务。其精神实质是在为社会提供必要公共产品、公共服务而赋予政府课税权,与保护纳税人合法权益之间达到相对的平衡。

税收法定原则的形成可以追溯到欧洲进入资本主义社会前后国王与议会的斗争过程。1215年,横征暴敛的英国诺曼王朝约翰国王,在社会各阶层的巨大压力下,被迫在课税问题上作出妥协。在其签署的《大宪章》中提出"一切盾金或援助金,如不基于朕之王国的一般评议会的决定,则在朕之王国内不允许课征"①,此为税收法定原则的萌芽。1628年英国《权力请愿书》进一步将其表述为"没有议会的一致同意,任何人不得被迫给予或出让礼品、贷款、捐助、税金或类似的负担"②。这一规定,被许多人认为是税收法定原则形成的标志,它是当时资产阶级联合广大人民群众反对封建君主特权斗争的重要成果。以后经过深化,演变成"未经代表不得课税"的经典表述,逐渐为大多数国家所接受和引用,成为具有普世价值的基本法治理念和公认的税法基本原则。该原则的基本精神在许多国家的宪法中都有直接或间接的表述,成为一项宪法性基本原则。例如,1787年《美利坚合众国宪法》第1条规定,"一切征税议案首先应当由众议院提出","国会有权赋课并征收税收"。《法国宪法》第34条规定:"各种性质的赋税和征税基础、税率和征收方式必须以法律规定。"《日本宪法》第84条规定:新课租税或者变更现行租税必须有法律依据。《新加坡宪法》第82条规定:"除经法律批准者外,不得由新加坡或为新加坡之用,征收任何国家税和地方税。"《埃及宪法》也规定,"只有通过法律才能设置、修改或取消公共捐税"。可见,税收法定原则作为法治精神的重要体现,在宪法层面得到多数国家的确认。缘于历史和现实的各种

---

① [日]金子宏:《租税法》之中译本《日本税法原理》,刘多田、杨建津、郑林根译,中国财政经济出版社1989年版,第48页。

② 国家税务总局政策法规司:《比较税法》,税收法制培训班参考资料(未公开出版)。

条件限制,我国宪法并未直接提出这一原则。但党的十八大以来,依法治国作为治国理政的基本国策得到新的提升,税收法定原则融入依法治国—依法行政—依法治税(税收法定)的逻辑脉络中,并将其作为新一轮税制改革的指导思想,这是前所未有的。《立法法》第 11 条第 6 项的规定,在较大程度上描述了该原则的内涵。《税收征管法》更是在不止一个条款中表达了相近的含义。

【探讨】法治的实现条件

我们认为,税收法定原则与国内依法治税的提法内涵相通,差别主要在于提出问题的角度不同。什么是法治,其实现条件有哪些?徐显明教授的论述颇具特色。他认为,法治描绘了法律约束国家的权力,权利在人与人之间得到和谐配置的一种社会形态。法治的实现条件有三:一是精神要件;二是实体要件;三是形式要件。其精神要件的第一个理念是法治一定为善法之治;第二个理念是法律至上,即法律有至高无上的地位;第三个理念是法的统治理念,即实行法治就要排除人治;第四个理念是法治社会要奉行人道主义文化和权利文化。法治实体要件的第一个原则是一切公共权力都来源于法律,并且最终都受制于法律,没有法律授权的公共权力不得行使;第二个原则是国家责任的不可逃避;第三个原则是国家尊重和保障人权;第四个原则是国民义务的法定化,即公民不承担法律规定之外的义务。法治的形式要件包括:第一,要保障国家法制的统一性;第二,要有一支懂法、守法,并且对法律形成信仰的公务员队伍;第三,要有一个独立公正的司法系统,赋予法院以解决社会纠纷和矛盾的权威地位。[1]有学者进一步提出,判断税法是否为"良法"的标准有三个:税法的宪法和上位法依据,税法规范体系与客观经济规律的统一性,税法的合理性与可操作性。[2]

税收法定原则作为最基本的税法原则,有其深厚的历史渊源,体现着税法的核心要义。其理论阐释的中心即是关注和强调通过对国家课税权的必要限制,实现课税过程中对公民权利的保护,体现公平正义。从财政学的角度,从公共产品理论入手,同样能够为税收法定原则提供充分的理论支撑,并对其本质作出准确的解释:由于市场的局限性,存在对公共产品与公共服务的"搭便车"问题,公共产品与服务产品只能由国家负责以课税作为物质基础来提供,由此国家获得了课税权。但税收最终由公民负担,由此对公民财产权的侵害无法避免,不过这种侵害必须是有限度的。税收法定就是国家与公民以法律规定的形式对课税的约定,在此之外,公民不负担任何税收义务。税收法定是在国家行使课税权的前提下对公民财产权的必要保护。税收法定要求国家与公民在税收方面的权利义务保持平衡,就是在税法规定的前提下,纳税人必须依法纳税的义务与各级政府财政支出必须全部、高效、公平地提供公共产品与公共服务相联系并保持相对平衡。这种平衡并不局限在税法领域,即纳税人的权利更多地反映在对财政预算支出的监督上。在我国《预算法》的框架下要求所有政府支出进入预算,预算公开,预算确立、执行与决算的全过程法治化。站在财政角度,要求所有政府收入与支出法定,可以视为对税收法定原则的拓展。税法领

① 参见徐显明:《和谐社会中的法治》,载《文汇报》2006 年 11 月 5 日,第 6 版。
② 参见韩灵丽:《论税收法治》,载《税务研究》2006 年第 5 期。

域的纳税人权利,主要是纳税人不承担法外纳税义务并获得尊重和更多纳税服务的权利,同时有权获得充分的法律救济保障。由此,我们认为,倡导纳税人意识,较之单纯提出强化纳税意识,能够更好地平衡纳税人的权利与义务,更为公平、合理,更易为纳税人所认同,从而在实践中使税收法定原则精神得到更好的贯彻实施。

随着税法对社会经济生活的影响日益深远,社会各界对税收法定这一基本原则也逐渐达成了广泛认同,形成了基本共识,税收法定成为最重要的税法理念。在强化依法治国的大背景下,贯彻、落实税收法定原则具有很强的现实意义。

第一,税收法定原则是落实依法治国的重要支撑,是建设法治国家的客观要求和具体体现。依法治国要求更好地体现社会公正,平衡社会利益,调节社会关系。在市场经济条件下,税收是国家与民众物质利益最基本、最重要的切割点,处理好国家与纳税人之间的税收利益分配关系,是体现社会公平、公正,缓解社会矛盾,建设和谐社会的重要方面。只有在税收法定的基点上处理税收分配利益关系,才能最大限度地平衡双方利益,对双方形成有力的约束,避免政府过于与民争利或者提供的公共产品不足的偏向,为社会稳定提供重要基础。

法律是治国之重器,法治是国家治理体系和治理能力的重要依托。提升政府的治理能力,并非指提升政府治理的强制力,而是提升其为民服务的能力,这就要求政府在依法行政的轨道上治理国家,建设法治政府。在税收领域,只有坚持税收法定,才能使税务机关的税收征管行为有法可依,提供高质量的纳税服务,不给纳税人带来额外的侵扰,在保证纳税人合法权益的基础上实现税款的及时足额征收。依法治国要求完善国家治理结构,改进国家权力配置的方式与手段。税收问题的一个重要层面是不同层级政府间的税收利益分配,对此,要在税收法定的基础上使各级政府财政资源的获得更为稳定、均衡、充裕,提高各级政府人、财、物的匹配程度,实现真正的分税制,为政府提高治理能力提供财政基础。

第二,税收法定原则体现着"尊重和保障人权"的宪法精神,有利于提高税法的权威性。公共产品自身的特性决定其必须由政府采用税收形式提供,但从根本上说,税收是对公民和法人财产权的侵害。随着市场经济的发展,社会财富总量不断增加,这种侵害的触角涉及范围更广、程度更深,所以必须在法律层面进行有效控制,不得随意进行和过度侵害。税收法定实现了政府提供社会公共产品、公共服务而对税收的需求与对公民财产权最小侵害之间的平衡。在既有的政治与法律制度下,最大限度地反映人民的意愿,是人民当家作主、人民意志的集中体现,是在税收领域对《宪法》"尊重和保障人权"和"公民的合法的私有财产不受侵犯"条款的有力落实和基本保障,由此获得了课税的正当性与合法性。而且税法的制定程序更为严密、规范,质量更高,更为稳定,从而更具权威性、及时性、系统性、针对性、有效性,更易于为广大纳税人所接受和遵守。

第三,税收法定原则是完善税法体系的精神引领和理念支撑。全面推进依法治国,需要在新的高度和构架下完善整个法律体系,税法是国家法律体系的重要组成部分,不能脱离税收法定原则的要求。应当说,经过改革开放40多年的努力,我国税法体系趋于完整和基本稳定,但与依法治国、依法治税的要求仍然存在许多不适应之处。因此,我国今后的税法体系完善,必须以税收法定原则为最高指导原则,规范税收立法,提升立法层级,构建结构合理、科学有效的税收法律体系,正确处理税制改革与税收立法的关系,实现从形式法定到实质法定的转变。

此外,按照依法治国—依法行政—依法治税这样的逻辑脉络,在税收领域推进法治,我国税务机关提出的理念与口号是依法治税。经历 20 世纪 80 年代以来从"以法制税"到"依法治税"的演变,这四个字的浓缩,体现了我国在治税法律理念上的巨大进步。依法治税的基本思想、基本内涵与税收法定是相通的,没有矛盾,其核心就是面对涉税事宜,各相关方面都要依法办事。但比较而言,依法治税是从税务机关的角度,主要就税收行政管理,以约束纳税人守法、处理好税收征纳关系为核心提出的。而税收法定则是站在更高的层次上为构建完整的税收法律关系提供指导,其范围更宽,法理上的基础更为牢固。从世界范围看,税收法定更为深入人心,更具普世价值,更易于为纳税人接受乃至获得国际上的认同,某种意义上其已成为衡量一个国家是否实现税法现代化的标准之一。因此,应将税收法定代替依法治税作为基本的税收理念加以贯彻、推广,作为税法制定和税收行政执法中处理各类法律关系,特别是要求税务机关与纳税人共同遵循的最高准则。教育税务干部增强法治意识,特别是程序意识和证据意识,这是在更高层次上推进税收法治的需要,也是落实税收法定的应有之义和必要条件。

税收法定原则的内涵可以概括成这样几个方面:

第一,税制要素必须由税法直接规定。这里的税制要素应从更广的意义上去理解,它不仅包括税种、纳税人、征税对象、税率等,还应包括征税程序和税收争议的解决办法。所谓"税法"是取其狭义,即由国家立法机关制定的正式法律。以行政立法形式通过的税收法规、规章,如果没有正式的税收法律作为依据或者是违反税收法律的规定都是无效的。与此相关,税收委托立法只能限于具体和个别的情况,不能作一般的、没有限制的委托,否则即成为对税制要素法定性的否定。不过由于对具体、个别的委托与一般、无限制的委托区别的标准理解不同,各个国家对税制要素法定性的掌握有一定的弹性。一般来说,现代社会中任何一个权力主体的行为都应有法律依据,那么为什么要对政府的税收活动的法定性予以特别强调呢?这与税收的实质是国家依靠政治权力强制地占有原本不属于自己的财产或收益有很大的关系。为了实现国家的职能,这种强制性占有是不可避免、为社会所承认的,纳税人不能拒绝,反之,国家失去实现其职能的物质基础,受损的还是社会公共利益。但国家的征税权又不能不受到一定的限制,否则,纳税人的基本利益没有保障,国家过度索取反而会抑制生产,乃至破坏社会基本稳定与秩序,也就无法长期稳定地取得税收收入。在现代社会中,能对政府的行为起到限制作用的,只有法律。通过法律的规定,国家与纳税人的分配关系才得以确定。作为税收法律关系的一方,代表国家利益的政府不能超越法律的规定课税,但也不能随意放弃法律要求课征的税收,依法课税、严格执法是税收法定原则对其应有的要求;作为税收法律关系的另一方,纳税人不能拒绝纳税,但其仅就税法规定的限度承担义务。

【探讨】税制要素法定在我国的演变

我国税法在比较长的时期内距离税制要素法定的要求较远。能够称之为税收法律的只有《企业所得税法》《个人所得税法》和《税收征管法》,大量的实体税法采用的是委托立法的方式,依据的是 1984 年《全国人民代表大会常务委员会关于授权国务院改革工商税制发布有关税收条例草案试行的决定》和 1985 年《中华人民共和国第六届全国人民代表大会第三次会议关于授权国务院在经济体制改革和对外开放方面可以制定暂行的规定或者条例的决定》。这一委托立法是长期和全面的,而非个别和暂时的,显然不符合税制要素法定的要求。不过,近些年伴随着新一轮税制改革逐步展开,税制要素法定得到了有力的推进。截至 2021 年年末,已经有企业所得税、个人所得税、环境保护税、资源税、车船税、车辆购置税、耕地占用税、烟叶税、船舶吨税、城市维护建设税、契税、印花税这 12 个税种通过全国人大或其常委会立法正式成为税收法律,加上《税收征管法》,距离税种要素法定的目标已经比较接近。但仍有增值税、消费税、房产税等税种正式立法的难点需要攻克。另外,全国人大常委会将着手解决"空白委托"问题,适时收回委托给国务院的税收立法权,将其回归为一事一议性质的临时授权,并且授权期明确限定为 5 年。我们有理由相信,待此轮税法改革完成后,我国税制要素法定的目标能够基本达到。

第二,税制要素的法律规定必须明确。这是从立法技术层面提出的要求。即在税法体系中,有关税制要素、税款征收等方面的规定,必须保证对税法的需求有充分的表达;保证结构合理,逻辑完整、严谨,不存在前后矛盾,内容充实,没有漏洞、重复;保证使用的概念专业,语义内涵与外延明确而不出现歧义,语言表达精准。否则税法的实施,就会偏离立法的基本精神与意图。显然,完全实现这一目标存在较大的难度,对立法技术有很高的要求。

【思考】按上述标准考察我国现行税法,显然距税制要素明确的目标仍有较大的差距。一是我国税法仍然没有脱离行政立法的轨道,出于方便税务机关执法的考量,税法的规则制定过于原则、抽象、简单,语义与规则模糊不清的地方较多。二是我国税法脱胎于行政规定,在法律原则、规则、基本概念的确立上,向其他法律部门的学习不够,甚至法言法语的成色都有所不足。词不达意、逻辑不清仍是税法中需要认真解决的问题。三是有关征收管理的程序规则不完备、不系统、过于简化,法律程序与工作规程界限不够清楚。四是税法中赋予税务机关的自由裁量权偏多、偏大且边界模糊。税法的专业性与复杂性使任何人去设计起草一部税法都不敢确保没有任何疏漏,但也不能由此而反对人们对税法的批评,否则税法就无法起到应有的作用,也无法进步和完善。对此,你有哪些认识?

第三,税制要素的变动必须合法,也称合法性原则。这一要求,一是指税制要素的调整必须经过正式的法律程序,不能由税务行政执法机关自行决定。此规则是为了在立法上解决法律形式要求税收稳定,而税收与多变的社会经济生活密切相关,需要相对灵活的矛盾——税制变动不可避免,但必须按照法定程序,依法有序进行。二是指一种特殊情况,即在减税免税的处理上如何体现税收法定原则。减税免税是保持税法的灵活性与公平性所必需的,在此方面税务执法机关有一定的自由裁量权,但并没有任意减免税收以及延期纳税的自由,也没有放弃征税权的自由。减税免税的实施必须依照税法规定的要求、步骤和范围进行,税务执法机关不得就纳税义务的内容和征收日期及方法等,与纳税人达成某种协议,否则即是违法。但是,由于征收管理条件的限制,某些税额的确定与税款的征收,采用了征纳双方协议的形式,如对关联企业实施的预约定价制度等。但就这类协议征税的实质看,其基点是弄清真实的税额,提高税收征管效率,而不是对税法的规避,所以并不违背税收法定原则。

第四,税法的程序必须得以保障。系统的程序规则是法有别于其他社会规范的重要标志,是实现法的公平、公正目标的重要方式。税收的课征凌驾于私有财产权之上,对国家与人民的利益影响至深,因此需要慎重进行。其中,遵循完备而适当的程序,是确保课税不偏离预设的轨道而过度侵扰民众的必要制度安排。这就要求税收课征各环节,从登记、申报、计算、缴纳到检查以至处罚、诉讼都应有严格、系统、明确的程序保障。在法治建设较完备的国家,税收课征程序的保障作为体现税收法定原则的重要方面受到了相当的重视,程序性规则占较大的比重。相比之下,我国税法的程序保障从立法到执法都存在着较多问题。因此,完善税法的程序规则,既是税收法定原则的要求,也是税法建设的重要方面。当然,就相当长的历史长河来考量,也要防止事情走向另一个极端,即税收法律程序过于烦琐。

对于税收法定原则的内涵,上述四个方面的论述已经比较全面,但国内学者仍然对其内涵与外延作了很多探讨,如有学者认为税收法定原则应当包括税权法定、税种法定、课税要素法定、税收优惠法定、征税法定、税收管辖权法定、税收义务法定、纳税人权利法定、禁止不当追溯、禁止对税法作扩大解释及救济途径法定等。[①]税收法定原则作为调整国家征赋关系的基本原则,在界定中央和地方税权的界限上也应发挥基础性的作用,合理平衡两者之间的税收利益。[②]我们认为,这些观点不无道理。所以,所有的税收活动,都必须在法律的约束下进行,任何超出法律规定之外的税收活动都是违背税收法定原则要求的,这样或许能够更全面地反映税收法定原则的内涵。

对于税收法定原则的地位,一般将其视为税法最重要的基本原则。但也有学者认为应将其提升为税法的最高法律原则,因其是民主和法治原则等现代宪法原则在税法上的体现,对保障人权、维护国家利益和社会公益举足轻重。

【思考】你认为税收法定原则与我国税务机关提出的依法治税是什么关系?依法治税与依法治国又是什么关系?目前税收法定原则已经被提到了相当的高度,似乎成了税法唯一的准则,那么在处理各个税法基本原则的关系时,税收法定原则是不是绝对的、在任何情况下都不可退让的?

二、税收公平原则

税收公平原则也称税收公平主义。公平是经济与法律的共同要求,但比较而言,经济侧重于效率,法律则侧重于公平。从终极意义上讲,公平是法的宗旨和实质。税收公平原则是近代法的基本原理,即平等性原则在课税思想上的具体体现,与其他税法原则相比,税收公平原则渗入了更多的社会性要求。税收公平原则的含义,从总体上讲是指纳税人的法律地位是平等的,不得因种族、性别、文化程度、宗教信仰、经济性质等的差异对纳税人实行歧视性的税收政策。不同纳税

---

①　参见谭珩:《试论税收的基本原则》,载《税务研究》1997 年第 9 期。

②　参见刘剑文主编:《税法学》(第二版),人民出版社 2003 年版,第 125 页。

人之间的法律地位都是平等的,不承认有特殊法律地位的纳税人。其核心内容是税收负担的公平,即纳税人之间的税收负担必须根据纳税人的经济负担能力或称纳税能力来分配。负担能力相等,税负相同;负担能力不等,税负不同。衡量负担能力大小以纳税人获得收入(取得所得)的能力为基本标准,但当所得指标不完备时,财产或消费水平可作为补充指标。不过,这三种衡量标准各有其局限性。所得作为税收负担的衡量标准最为常见,因为一个人能够支配的实际收入最能反映其真实的负担能力。所得高的多课税,所得低的少课税或者不课税,比较接近税收公平的要求。但以所得作为衡量标准,也存在所得低但负担能力强的特殊情况(如有大额遗产继承)。财产虽然可以代表一种支付能力,但同样是不全面的,如对所得高而财产少者,以财产作为税负衡量指标并不能全面衡量,加之准确选择能够代表纳税人负担能力的财产作为课税对象较为困难,因此也很难体现公平原则。此外,对消费的课税存在容易产生累退性等问题。因此,体现税收公平原则的纳税能力衡量指标只能是相对的。根据纳税人的负担能力来决定课征税款的多少被单独总结为量能课税原则,这并无不可。但将其作为税法的基本原则提出则是不合适的,因为它不能体现税收公平原则的全部要求。

【探讨】税收公平原则的体现

与经济学意义上的税收公平相比,除去纳税人税收负担公平这个核心问题之外,税法上的公平原则还应包含其他方面:(1)纳税人得到的纳税服务、礼貌对待应当是平等的;(2)纳税人的程序权利应当是平等的;(3)纳税人的法律救济权利以及其他方面的权利应当是平等的;(4)纳税人承担的法律责任应当是平等的。法律上的税收公平与经济学要求的税收公平较为接近,其基本思想内涵是相通的。但两者也有明显的差别:第一,经济学意义上的税收公平往往是作为一种经济理论提出来的,可以作为政府制订税收政策的参考,但对政府、对纳税人尚不具备强制性的约束力,只有当其被国家以立法的形式采纳,才会升华为税法基本原则,在税收法律实践中得到全面贯彻。第二,经济学意义上的税收公平主要从税收负担带来的经济后果上考虑,而法律上的税收公平不仅要考虑税收负担的合理分配,而且要从税收立法、执法、司法各个方面考虑税收公平问题。纳税人既可要求实体利益上的税收公平,也可要求程序上的税收公平。第三,法律上的税收公平是有具体法律制度予以保障的。例如对税收行政执法、司法中受到的不公正待遇,纳税人可以通过税收行政复议、税收行政诉讼制度得到合理合法的解决。由于税收公平原则源于法律上的平等性原则,所以许多国家的税法在适用时都特别强调"禁止不平等对待"的法理,禁止对特定纳税人给予歧视性对待,也禁止在没有正当理由的情况下对特定纳税人给予特别优惠。因为对一部分纳税人的特别优惠,很可能就是对其他纳税人的歧视。这样,判定税收差别待遇的合理性就显得十分重要,其涉及的主要问题为:(1)是否为正式税收法律所规定;(2)其政策目标是否合理;(3)其实施效果如何;(4)对税收公平原则的侵害程度。为了确保公正性,其判定者通常是法院。由于税收公平原则在许多国家被写入宪法,当税法或其解释出现歧视待遇时,就可能要被判承担违宪责任。

还有学者认为,税收公平原则是税收公正价值的直接体现,它有三个层次的含义:形式正义,即税法的公平适用;实质正义,即税法的征收公平;本质公平,即税法的起源要公正。宪法上的税收公平体现为国家与公民之间税收利益的平衡,也表现为公民与公民之间法律地位的平等以及税收权利义务的平等对待和纳税义务的合理分担。[1]

三、公众信任原则

公众信任原则,也称税收合作信赖主义。公众信任原则是民法诚信原则在税收法律关系中的引用。在民商法中,诚信原则是最主要的法律原则,有"帝王条款"之称。在大陆法系中,诚信原则被视为制订、修改、解释法律的准则,其功能在于衡平法律,以实现最终的公平,建造实质之法治。其成立背后的直接原因是追求公平、正义的法律价值观;远因是人类对善良、公正的道德追求与评判;近因则是在市场经济条件下,降低交易成本的内在要求。[2] 诚信原则的基本含义为,在法律生活中,当事人应依善意的方式行使权利,以诚实信用的方式履行义务,对他人诚实不欺,恪守诺言,讲究信用,不得违背对方的合理期待和信赖。诚信原则实际上是以公平正义为目标,将人类最基本的伦理道德观法律化。在阐述此原则时,英美法系特别强调不得以已完成的言行是错误的为理由反悔,称之为"禁止反悔的法理"。诚信原则由作为处理债权债务关系的基本准则上升为民法的基本原则,继而有成为私法一般准则的趋势,并在公法范畴内有所适用。日本、德国和我国台湾地区不论在税法理论还是在税法实践中,都采纳了诚实信用原则。公众信任原则,在很大程度上汲取了民法诚信原则的合理思想,目的在于公平分配征纳双方的权利义务,实现纳税人利益与国家利益的平衡。一方面,税收征纳双方的关系就其主流来看是一种相互合作的关系,而不是对抗性的关系。税务机关有责任向纳税人提供完整的税收法律资料,征纳双方应建立起密切的税收信息联系和沟通渠道;纳税人应及时进行纳税申报,并按照税务机关的决定及时缴纳税款。税务机关用行政处罚手段强制征税也是基于征纳双方合作关系,目的是提醒纳税人与税务机关合作,自觉纳税。行政处罚与刑事处分有本质不同,前者仍以合作为目的,后者则是对抗性的。因此,税务机关在使用这些手段时必须十分慎重。另一方面,征纳双方的关系应当是相互信赖的。没有充足的依据,税务机关不能对纳税人是否依法纳税有所怀疑,纳税人有权利要求税务机关予以信任;纳税人也应信赖税务机关的决定是公正和准确的,税务机关作出的法律解释和预先裁定,可以作为纳税人缴税的根据,当这种解释或裁定存在错误时,纳税人并不承担相应的法律责任。甚至许多国家的税法认可因税务机关的解释或裁定不当,纳税人少缴的税款不必再补缴。公众信任原则的引用,要求征纳双方都必须按照一定的道德标准去规范自己的行为,并可据此对税法的漏洞加以补充,使税法得以适用。此外,公众信任原则还可以对法官在判案中的自由裁量权加以适当约束。

---

[1]　参见王世涛:《税收的宪政原则》,载《税务研究》2007 年第 6 期。

[2]　诚信原则的确立,并非基于传统意义上简单的道德追求,更多的是降低市场交易成本的现实需要。市场经济条件下,市场主体的各类交易增长迅速,如果交易双方缺少互信则交易成本巨大,这种互信仅仅靠道德说教维系往往难以奏效。但若将诚信上升为法律准则,假定交易者是守信的,失信者将受到法律的广泛惩治,代价巨大,辅以相应的诚信制度网络,可以将成本转嫁给失信者,从而使市场经济的效率得以维持。

【探讨】诚实信用原则是否可以在税法上适用

诚信原则是标准的民商法原则,但在不同法律的碰撞交融中扩散,从契约关系扩大至整个债权债务关系,从私法扩大到公法。德国最高法院 1930 年 10 月 2 日判词为:"诚实信用原则,对于一切法律,包括公法在内,皆得适用之。"①此后,现代国家大多在公法领域不同程度地引入诚信原则。诚信原则能够在公法领域有立足之地,其原因一是伴随着社会经济结构日益复杂化,政府行政管理渗入人民生活的范围更广、程度更深,公法、私法互相交融,公法的私法化倾向更加明显(税法在此方面非常突出)。越来越多的私法原则、规则向公法领域侵蚀、蔓延,甚至有些法律原则直接源于诚信原则(如法律保留原则、法律优先原则、比例原则等),由此需要作为私法最基本原则的诚信原则在公法领域得到确立。二是诚信原则体现出来的法律精神与法律价值,并非仅仅在私法领域需要,在公法领域同样需要,是人类文明进步、追求公平正义的必然要求。只不过诚信原则最早在私法领域得到确认,但这并不妨碍其扩展到公法领域。三是作为公法一方主体的行政机关在引领社会诚信方面有特别的责任。很难相信政府不诚信,整个社会能够形成基本的诚信环境。对其在此方面的要求需要从一般的道德约束进阶为标准更为严格、更为具体的法律原则。

税法是典型的公法,按照传统的税收权力关系说,课税是人民对国家权力的服从,由此自然无从解释诚信原则在税法中成立的必要性。但如果从税法的债权债务关系说入手则具备承认诚信原则的一般理由。其原因是债权债务关系说将税收法律关系视为公法上的债权债务关系,那么作为所有债权债务关系准则的诚信原则自然应当为税法所遵循,这在逻辑上是成立的。正是在税收债权债务关系说的引领下,私法的一些规范被越来越多地引入税法,客观上为诚信原则在税法内提供了一定的存在空间。此外,税法在公法领域中涉及经济利益再分配的特殊性,使其具备接纳诚信原则的特殊理由。即从公共财政的原理来阐述,税收的价值在于"搭便车"现象的存在使市场失灵,无法提供有效的公共产品与公共服务,只能依靠政府课征税收来实现。但课税是对私有权利的侵犯,必须严加控制,不可超出社会对公共产品与公共服务的必要需求,增加公众的负担。因此需要人民与国家以立法的形式事先约定,税收征纳双方都要在法律规定的平台上彰显诚信,不得违约。从国家方面来说,诚信表现在必须按照约定确立的税法执行,不得法外课税,必须将税收用于必要而有效率的公共产品与公共服务提供上;从纳税人一方来说,就是要在法律规定的范围内诚信纳税。由此看来,税收诚信要求与税收法定原则尽管在形式上存在某种对立、冲突,但在本质上是一致的。即从税收法定的内涵出发,其核心是人民与国家关于税款征收的约定,本身就含有契约性,在立法的最高层面上体现出对诚信的要求。目前,税收征纳双方失信行为频发,对税法的违背难以从根本上改变,或许从一个侧面提示我们税收法定与税收诚信应有内在联系。还应指出的是,税收的基本部分是由法律直接规定的,但税务机关自由裁量是不可避免的,也并不排除特定情况下需要征纳双方程度不同地约定课税条件,如预约定价制度、预

---

① 林孝元:《诚实信用原则与衡平法之性质及其功能》,载刁荣华主编:《现代民法基本问题》,汉林出版社 1981 年版,第49 页。

先裁定制度、核定税额等。此时双方的约定具有明显的契约性,对此引用诚信原则,与民商法的相关要求更为接近。

【案例】2016 年 11 月,北京 D 投资管理有限责任公司(以下简称北京 D 公司)向某旗税务局咨询新设立子公司的企业所得税税率及股权转让税率等问题,被告知新设立子公司可适用西部大开发企业所得税优惠政策的规定,可申请享受 15% 的优惠税率,子公司股权转让尚未发生,无法明确答复。该公司于 2016 年 11 月 30 日设立某旗 D 公司,并将涉案股权转让给这家新公司,后者将部分涉案股权对外转让,按 15% 税率缴纳了企业所得税。2018 年 12 月,税务机关通知某旗 D 公司对涉案股权转让应按 25% 税率缴纳企业所得税,要求补缴企业所得税。某旗 D 公司、北京 D 公司不服,请求法院判令某旗政府和税务局依法履行已作出的行政允诺,准予某旗 D 公司转让股权按 15% 优惠税率申报缴纳企业所得税。经过一审和二审,法院认为,被告税务局的有关答复仅表述为"同意你单位根据西部大开发企业所得税优惠政策的规定,可申请享受 15% 的优惠税率",并未明确承诺 15% 的西部大开发优惠税率。某旗 D 公司是否能按 15% 优惠税率申报缴纳企业所得税,取决于其是否符合税收征管法等相关法律法规的规定。故本案所指的行政允诺并非可以允诺的事项,上诉人的诉求缺乏合法性基础。[①] 结合税收法定原则与公众信任原则,你如何看待本案中的争议问题?

显然,将公众信任原则与税收法定原则相比较,可以发现两者是存在某种对立或矛盾的。如果坚持税收法定原则而放弃公众信任原则,不管什么原因造成的对税法的违反,都应坚决予以纠正,并给予相应的处罚,即使是税务机关已经向纳税人作出承诺,甚至是已经作出的执法行为也不例外。这势必给诚实的纳税人带来一定的损害,使其产生一种上当受骗的感觉,不利于税收法律关系和税收法律制度的稳定。反之,如果完全坚持公众信任原则,而置税收法定原则于不顾,则是很不现实的。由于许多国家税法同时采用上述两个原则,所以两者的矛盾必须解决,否则在法律适用上将无所适从。所以,这两个原则的关系必须明确,即两者不处于同一位阶:税收法定原则是作为一项宪法原则出现在税法中的,因此在税法中具有最高法律原则的地位;而公众信任原则是为了排除税收法定原则在适用上所产生的不合理性而被适用的,其目的在于平衡国家与纳税人的利益,实现税法的正义,是税收法定原则必要又有益的补充。[②]故此,多数国家的税法都对公众信任原则的适用作出了一定的限制。

四、实质课税原则

实质课税原则是指在适用税法确认的各个要素时,须从实际出发,从事物的本质而不是根据其外在形式或表面现象去审查确认。也就是说,在判断某个具体的人或事件是否满足课税要件,

---

① 参见卢慧菲:《2020 年度几个涉税司法案例分析》,载《中国税务报》2021 年 1 月 5 日,第 7 版;内蒙古自治区高级人民法院(2019)内行终 429 号行政判决书。

② 参见包子川、李初仕、陈光宇:《诚实信用原则与税收法定主义原则》,载《税务研究》2002 年第 8 期。

是否应当承担纳税义务时,不能受其外在形式的蒙蔽,而要深入探求其实质,如果实质条件满足了课税要件,那么就应当按实质条件的指向确认纳税义务。反之,如果仅仅是形式上符合课税要件,而实质上并不满足,则不能确定其负有纳税义务。①有学者认为,从含义上归纳,实质课税原则大意有三:(1)法律行为或非法律行为,不因其违反法律之强制或禁止规定,或违背公共秩序或善良风俗,或因其他原因自始无效或嗣后无效而影响其课税;(2)虚伪的法律行为隐藏他项法律行为者,依他项法律行为课税;(3)纳税义务人依不合常规的安排而与实质的经济效果不相当者,按该与实质经济效果相当之法律关系课税。②

　　实质课税原则的提出主要是针对两个方面的问题:一是出于反避税的目的,即避免纳税人出于少缴税的目的,而利用某些外在的形式来规避税法设定的纳税义务。二是受某些客观条件的限制,纳税人无法提供准确的纳税信息,需要税务机关采用特殊的方法去核定,使之接近真实的应纳税额。我们认为,实质课税原则的应用不应包括对偷税的预防,因为偷税已不是对税法的规避而是直接违反,它不像避税那样还有一个合法的外在形式。对偷税的处理,也不是一个简单的对计税依据调整的问题。以利用转让定价避税为例,纳税人即使是以避税为目的的定价也是合法的,税务机关所不能接受的不是定价本身,而是利用定价减少应纳税额,所以才需要利用实质课税原则在确定计税依据时重新核定价格。在许多国家,实质课税原则在税法中有所阐述。例如,德国《税收基本法》第41条第2款规定,“虚伪表示以及其他的伪装行为对于征税不具有任何意义。以虚伪表示或者其他方法规避法律行为的,以被规避的法律行为作为课税的标准”。该法第42条还规定,“不允许滥用民法的形式以及形成可能性以逃避或减轻纳税义务;当出现滥用行为之时,税法必须按照适合经济上的行为、事实等诸关系因素的法律形式征收应征的税款”③。韩国《国税基本法》第14条规定,“成为课税对象的所得、收益、财产行为或交易之归属仅仅是名义而事实上另有归属人时,以事实上的归属人为纳税人并适用税法;税法中关于计算课税标准的规定不拘于所得、收益、财产行为或交易的名称或形式,按实质内容适用之”④。我国现行税法并没有关于实质课税原则的相应表述,但是由这一原则引发的主要规定是存在的,它集中体现在《税收征管法》第35条税务机关核定纳税人应纳税额的规定中。

　　实质课税原则从形式上看似乎是与税收法定原则的要求不相吻合,但从本质上看,恰恰是体现了税收法定原则的本质要求。因为在税务机关不能有效把握纳税人准确信息的情况下,所谓“严格依法纳税”是一句空话,这时教条地按照一般的法条规定进行课税,只能是离纳税人的实际情况更远。而采用某些间接的办法,实际上反而会更接近税收法定原则的要求。例如,我国《税收征管法》第35条关于税务机关有权重新核定纳税人应纳税额的规定,尽管赋予税务机关一定的自由裁量权,其核定的税额与规范的按账簿记载确定计税依据,依率计征有一定的距离,但其出发点正是要尽力缩短这一距离,而不是对其给予照顾或者是出于其他目的。当然,达到这一

---

① 参见马林主编:《税收法制基本知识》,东北财经大学出版社2000年版,第53页。
② 参见杨小强:《税法总论》,湖南人民出版社2002年版,第54页。
③ 《外国税收征管法律译本》组译:《外国税收征管法律译本》,中国税务出版社2012年版,第1685页。
④ 顾明主编:《外国经济法·南朝鲜卷一》,吉林人民出版社、中国经济法制音像出版社1991年版,第269页。

目的,还需要具备一些条件,如税法上的明确规定与对税务机关自由裁量权的合理限制等。在讨论实质课税原则时,我们经常关注的是纳税人实际应纳税款高于其表面应纳税款的情况。不过,完整地理解实质课税原则,也应当注意到其另一个侧面,即纳税人表面应纳税款高于其实际应纳税款的情况。否则会构成对纳税人合法权益的侵害,这也是对实质课税原则的片面理解。

【案例】林某以隐名股东身份向某外商独资企业出资,并参与经营管理。后因纠纷,双方约定林某在获返本金,并额外获得30万美元后退出该企业,以上事实已在双方的民事判决书中得以确认。针对上述交易,2017年,A市地税局对外税务分局经过检查作出税务处理决定:林某额外获得的款项为股权转让溢价收入,应缴纳相关税费。

林某不服此处理决定,提起行政诉讼,辩称其投资行为未取得相关部门的批准及认可,其并不具备法定的股东身份,由无效投资行为获得的返还,不应认定为应税所得。

一审法院支持了被告税务机关的主张;二审法院则支持了原告林某的主张,认定林某的投资行为是无效投资,其取得的补偿金不应认定为股权转让溢价收入,并以"事实不清"为由,判决撤销被告税务机关所作的税务处理决定和一审判决。[①] 你如何看待本案中税收法定原则与实质课税原则的关系?

第二节 税法适用原则

税法适用原则是指税务机关和司法机关运用税收法律规范解决具体问题所必须遵循的准则。其作用在于为法律规定具体化提供方向性的指导,判定税法之间的相互关系,合理解决法律冲突与纠纷,保障法的顺利实现,以达到税法认可的各项税收政策目标,维护税收征纳双方的合法权益。税法适用原则并不违背税法基本原则,而是在另一层面上体现着税法基本原则,是税法基本原则的具体化。但是与其相比,税法适用原则含有更多的法律技术性准则,更为具体化。税法应当遵循哪些适用原则,多数国家的税法中并没有集中明确规定,而是散布在有关法律条款中。少数国家的税法中规定的税法适用原则更强调其实用性,与学理上的税法适用原则相差较远。例如,韩国《国税基本法》第18、19、20条规定的税法适用原则,除去"禁止溯及课税"外,"税法解释的基准""税务公务员的裁量界限""尊重企业会计",都不是我们通常认为的税法适用原则,但其在税法适用上的价值是肯定的。按照我国立法习惯,适用原则往往并不是在具体法条中以法律原则的形式明确提出,而往往是由学界通过对具体条文含义的提炼,提出某个适用原则的名称,最后约定俗成地被大家接受。例如《行政处罚法》中的一事不再罚、罚款可以折抵罚金等适用原则即是如此。我国现行税法并没有明确规范税法的适用原则,但某些税收规范性行政命令和税务机关在执法过程中作出的具体行政行为符合具有普遍效力的一些基本的法律适用原则。这样,我们可以反推我国税法是遵守这些基本的法律适用原则的,只是还没有合适的税法予

---

① 参见陈萱怡:《隐名股东:税收法定与实质课税的博弈》,载《中国税务报》2017年8月30日,第B03版。

以吸纳、规范。这些适用原则主要包括：

一、法律优位原则

法律优位原则也称行政立法不得抵触法律原则,其基本含义为法律的效力高于行政立法的效力,行政立法与法律相抵触的无效。法律优位原则在税法中的作用主要体现在处理不同级次税法之间或税法与其他法的关系上,即解决其间的法律冲突与适用问题。与一般法律部门相比,税法与社会经济生活的联系十分紧密,为了适应市场经济条件下社会经济生活的复杂多变性,税法体系变得越来越庞大,内部分工越来越细密,立法的层次性越来越清晰。不同层级税法之间在立法、执法、司法中的越权或空位也就更容易出现,因此界定不同层级税法的效力关系十分必要。法律优位原则明确了税收法律的效力高于税收行政法规的效力。效力低的税法与效力高的税法内容规定发生冲突,即是对该原则的违背,从立法上来说是无效的。

【思考】法律优位原则含义明确,但在我国税法范畴内,违背这一原则的现象并不鲜见。显然,仅仅依靠现有的备案制度不能很好地杜绝对抗上位法的下位法仍然有效实施的问题,需要更为强力的纠错机制。对此你有何思考? 一些国家采用的违宪纠错制度是否可以为我国所借鉴? 另外,在我国法的效力关系中,行政规章与地方性法规之间的效力关系不够明确,当二者对同一事项的规定不一致时,不能确定如何适用时,由国务院提出意见。国务院认为应当适用地方性法规的,应当决定在该地方适用地方性法规的规定;认为应当适用行政规章的,应当提请全国人大常委会裁决。对此,你如何看待其背后的立法考量?

二、法律不溯及既往原则

法律不溯及既往原则是多数国家法律所遵循的法律程序技术原则。其基本含义为一部新法实施后,对新法实施之前人们的行为不得适用新法,而只能沿用旧法。在税法领域内,坚持法律不溯及既往原则的出发点在于维护税法的稳定性和可预测性,使纳税人能在知道纳税结果的前提下作出相应的经济决策。否则,有违公众信任原则和税收公平原则。

然而,法律不溯及既往原则在税法领域的运用往往受到诸多限制:首先,国外有学者认为,"此原则将会妨碍法律的任何修改,因为税法任何的变化,即使其效果仅仅体现在将来,也将影响到现存财富的价值"[①]。这样,对于税法的某些技术性修正,往往允许追溯效力的存在,法律不溯及既往原则失效。例如,1991年我国停征建筑税而代之以固定资产投资方向调节税时,对在建项目原来享受的建筑税"政策性减免"按新税法办理。其原因在于将在建项目以新法实施时间为准分别实行不同的减免税政策,在技术上比较困难。其次,在某些特定情况下,立法者出于一定的目的而放弃法律不溯及既往原则。例如,为防止税法修订引起纳税人改变经营决策,带来税

---

① 国家税务总局政策法规司:《比较税法》(未公开出版),第9页。

收收入波动,在税法对外宣布到正式实施这段时间可以溯及既往;再如,一些西方国家的议会在党派斗争中为使自己的税收政策得到最广泛的运用,而规定税法具有追溯效力。最后,从税收公众信任原则出发,在税法溯及既往的规定中,对纳税人有利的予以承认,对纳税人不利的则不被允许,此即"有利溯及原则"。

【探讨】关于税法溯及力的原则

关于溯及力的问题,各国税法适用的原则包括如下几类:(1) 从旧原则,新税法没有溯及力;(2) 从新原则,新税法有溯及力;(3) 从轻原则,新旧税法比较,适用对纳税人有利的税法;(4) 从新兼从轻原则,原则上新税法有溯及力,但旧税法对纳税人有利的,从旧税法,此时,新税法没有溯及力;(5) 从旧兼从轻原则,原则上新税法没有溯及力,但新税法对纳税人有利的,从新税法,此时,新税法有溯及力。此外,还包括将程序法与实体法分开,实体从旧,程序从新原则等。目前多数国家的税法一般采用从旧原则,但多半承认溯及既往的例外;在承认税法具有溯及力的国家,通常采用从旧兼从轻原则。我国税法没有明确一般情况下溯及力问题适用的原则,但特定情况下仍有所规范。例如,2019 年修正的《税务部门规章制定实施办法》第 5 条第 3 款规定:税务规章不得溯及既往,但是为了更好地保护税务行政相对人权益而作出的特别规定除外。同时,《立法法》的相关规定应当具有普遍的指导意义。《立法法》第 104 条规定,法律、行政法规、地方性法规、自治条例和单行条例、规章不溯及既往,但为了更好地保护公民、法人和其他组织的权利和利益而作的特别规定除外。由此可见,《立法法》确立的是从旧兼从轻原则,这也应当是我国税法在溯及力问题上适用的一般原则。

【案例】老刘于 2007 年 5 月存入银行一笔一年期定期存款,银行方面解释,2007 年 8 月 15 日以前发生的利息仍按照 20% 的税率征收利息所得税,这一时间以后发生的利息才能按照 5% 的税率征收利息所得税。其法律依据是什么?

【思考】关于税法的溯及力问题,你认为是否有必要在税法中作统一明确的规定,应当选择上述哪一个具体的适用原则更适合我国? 为什么?

三、新法优于旧法原则

新法优于旧法原则也称后法优于先法原则,是得到广泛运用的一项基本法律适用原则。其含义为当新法、旧法对同一事项有不同规定时,若旧法或其相关规定并未明示终止,则新法的效力优于旧法。新法优于旧法原则与法的时间效力即生效与失效时间有直接的关系,其作用在于避免因法律修订带来新法、旧法对同一事项有不同的规定,而给法律适用带来的混乱,为法律的更新与完善提供法律适用上的保障。新法优于旧法原则的适用,以新法生效实施为标志,新法生效实施以后准用新法,新法实施以前包括新法公布以后尚未实施这段时间,仍沿用旧法,新法不发生效力。但对于某些程序性内容则可以例外,即新税法公布实施之前,仍准用旧税法,此即为实体从旧、程序从新原则。新法优于旧法原则,在税法中无论是实体税法、程序税法还是诉讼税法都普遍适用。

四、特别法优于普通法原则

特别法优于普通法也是一项普遍适用的法律原则。其含义为,当两部法处于一般法与特别法的关系时,对同一事项特别法作出的特殊规定效力高于一般法作出的带有普遍性的规定的效力。特别法与普通法是一组相对的概念,对某一事项 A 法是普通法,B 法是特别法,而对另一事项则可能 B 法是普通法,而 C 法是特别法。其差别主要看对于同一内容,其规范是对一般人、一般事或是在更大范围内有效还是相反。特别法优于普通法原则的功能主要在于处理法的稳定性与灵活性的关系,避免效力上的冲突。当对某些税收问题需要作出特殊规定,但又不便于普遍修订税法时,即可以通过特别法的形式予以规范。凡是特别法中作出规定的,即排斥普通法的适用。但这种排斥仅就税法中的具体规定而言,并不是说随着特别法出现,原有的居于普通法地位的税法即告废止。

五、实体从旧、程序从新原则

实体从旧、程序从新原则处理的仍是法的溯及力问题。其含义包括两方面:一是实体税法不具备溯及力,所谓"从旧",即在新法生效前的事务遵从旧税法的相关规定,在此之前发生的税收债务,当时有效的旧税法仍具支配力;二是程序税法在特定条件下具备一定的溯及力,即对于一部新税法公布实施以前发生的税收债务在新税法公布实施以后进入税款征收程序的,原则上新税法具有约束力。此原则的适用仅限于一笔税收债务的发生与征收跨越程序性的新税法与旧税法交替时期的特殊情况,而不是说新的程序性税法普遍具有溯及力。例如,我国现行《税收征管法》于 2015 年 4 月 24 日起实施,假如在此之前发生了一项纳税义务,税款报缴期限却在 2015 年 4 月 24 日之后,则按新的《税收征管法》的要求征税,修改前的《税收征管法》不发生效力。在一定条件下允许"程序从新",是因为程序税法规范的是程序性问题,不应以纳税人的实体性权利义务的发生时间为准,来判定新的程序税法与旧程序税法之间的效力关系。而且程序税法主要涉及税款征收方式的改变,其效力发生时间的适当提前,并不构成对纳税人权利的实质性侵犯,也不违背公众信任原则。

六、程序优于实体原则

程序优于实体原则不是关于实体税法与程序税法的一般准则,而是处理税收行政复议与行政诉讼关系的特殊适用原则。其基本含义为,在诉讼时税收程序法先于税收实体法适用。即纳税人通过税收行政复议或税收行政诉讼来寻求法律保护的前提条件之一是必须事先履行税收行政执法机关认定的税收债务,而不管其税收债务实际上是否发生或是否全部发生。否则,税收行政复议机关或司法机关对纳税人的申诉不予受理。我国税法全面体现了这一原则,《税收征管法》第 88 条第 1 款规定："纳税人、扣缴义务人、纳税担保人同税务机关在纳税上发生争议时,必须先依照税务机关的纳税决定缴纳或者解缴税款及滞纳金或者提供相应的担保,然后可以依法申请行政复议;对行政复议决定不服的,可以依法向人民法院起诉。"

【探讨】程序优于实体原则的具体运用

这一原则实际上是要解决一个逻辑循环的难题。即按照实体法来看,只有存在税款征收错误才应受理行政复议,但是否存在征收错误恰恰是要由以后的行政复议程序来裁定的。为了避开这一矛盾,税法设置了一个程序性的规则,即不管是否存在事实上的征收错误,只要就此存在争议就必须按税务机关的征税决定先缴纳税款,才能进行行政复议。这样,程序性规定是优先于实体性规定执行的。

在税法中实施程序优于实体原则,牵涉征纳双方利益关系的平衡,不过事实上很难做到完全的不偏不倚。因为将有争议的税款完全按照税务机关的决定在提起行政复议之前缴纳,可以确保国家课税权的实现,不因争议的发生而影响税款的及时、足额入库。不过站在纳税人的角度看待这一原则,却是不公平的,因为毕竟存在着有争议的税款确实是税务机关错误地适用税法或其他失误造成的可能性和实际事例。其实,规定行政复议前缴纳有争议的税款,是有着明确的法理依据的。即站在行政法理论的层面,强调行政行为的效力(确定力、拘束力、公定力、执行力)先定性。行政行为一经作出,就事先假定其符合法律规定,在未被国家有权机关依法宣布为违法无效之前,对行政机关本身和行政相对方以及其他国家机关具有约束力。但随着国内外保障纳税人权益的呼声日益高涨,在立法上从有争议税款必须无条件在行政复议前缴纳,到可以以提供纳税担保作为替代,进而可以在行政复议结束、纳税人提起行政诉讼之前缴纳有争议的税款或提供纳税担保。天平逐渐向纳税人一方倾斜。其他国家税法的规定也有类似的倾向。例如,加拿大税法规定,在 1985 年 1 月 1 日以后,纳税人提起行政复议之前不必缴纳有争议的税款,直至税收行政复议机关作出复议决定或法院要求纳税人缴纳这部分有争议的税款;如果纳税人向法院起诉,只需提供相应担保,而不必缴纳有争议的税款;直至纳税人对法院一审判决不服,提起上诉时,才必须缴纳有争议的税款。[①]加拿大税法的上述规定,向纳税人一方倾斜得最多,似乎已经无法再后退了。日本税法对这一原则的把握则比较灵活,直接授权税收行政复议机关或司法机关依具体情况决定在行政复议或行政诉讼之前是否有必要将有争议的税款先行缴纳。这样处理,赋予公断人更大的自由裁量权,可能更便于从实际出发作出平衡,或许结果更为公平(当然,在这样的制度设计之下,行政复议机关或司法机关裁定是否预先缴纳有争议的税款,直接预示着最终的裁判结果),是对程序优于实体原则的更好体现。

---

① 参见国家税务总局政策法规司:《加拿大税务司法体系考察报告》(未公开出版),第 10 页。

思 考 题

1. 应当从哪几个方面理解税收法定原则？
2. 怎样看待税收法定原则与公众信任原则的冲突？
3. 怎样理解实质课税原则？
4. 试举例说明我国税法对溯及力问题的处理。
5. 试举例说明特别法优于普通法原则在税法中的适用。
6. 怎样理解程序优于实体原则？

即 测 即 评

第四章 税法的渊源、效力与解释

本章要点

　　法律要发挥应有的作用,需要明确其依据,还需要能够具体适用。本章讨论的三个问题紧密相连,任何法律都无法回避,税法也不例外。第一节介绍税法的渊源,包括宪法、税收法律、税收法规、税收规章、国际税收条约或协定等。第二节阐述税法的效力,它由时间效力、空间效力、对人的效力三方面构成。第三节讨论税法的解释。按照解释权限划分,税法解释可分为立法解释、执法解释和司法解释。按照解释范围划分,它又可以分为文义解释与目的解释。

第一节　税法的渊源

　　法律渊源又称法源,一般指法的效力来源,即根据法的效力来源而表现的法的不同形式。因此,我们可以说税法的渊源是与税法有关的法的存在形式。税法是成文法,其渊源主要包括宪法、法律、法规、规章等国内法渊源和税收双边协定、国际公约等国际法渊源。

一、宪法

　　如前所述,宪法是指在一个国家法律体系中处于最高地位,具有最高法律效力的根本法律文件,它通过规定国家的根本任务和根本制度而建立一种经常起作用的稳定而有效的政治社会结构。宪法规定了国家的性质、任务、基本制度,国家主要立法、司法、行政机关的组成、任期、权限,公民的基本权利和义务等根本性问题。宪法作为税法的渊源表现在两个方面:一是直接的渊源,即宪法中关于税收的直接规定。由于税收涉及公民的基本权利,所以各个国家一般都将税收列入宪法,作为最重要的问题直接规范,例如,我国现行《宪法》专设一条(第56条),规定公民有依法纳税的义务。二是间接的渊源,即宪法中的各项原则性规定,在税收立法、司法、执法中必须严格遵循,不得违背。宪法作为税法的这种间接渊源作用是巨大的和多方面的。

二、税收法律

税收法律是指由享有国家立法权的国家最高权力机关,依照法定程序制定的规范性税收文件,其法律地位和效力仅次于宪法。在联邦制国家和部分单一制国家,由于税收立法权的分工和分税制的实行,税收法律形成了由中央立法机关立法的中央税法体系和由地方立法机关立法的地方税法体系。在我国,全国人大及其常委会制定的规范性决定、决议,也是税收法律的组成部分。

【探讨】我国税收法律范围界定的几个问题

第一,经过不断努力,我国现行税法体系已经从只有 3 部税收法律增加到 13 部税收法律,即《税收征管法》《企业所得税法》《个人所得税法》《环境保护税法》《城市维护建设税法》《资源税法》《烟叶税法》《车辆购置税法》《契税法》《船舶吨税法》《车船税法》《印花税法》和《耕地占用税法》。立法上的进步巨大,距离税收法定原则精神与《立法法》的具体要求已经比较接近,但还须按照立法规划如期完成其他税种的法律化。第二,按照《立法法》的相关规定,基本法律由全国人大制定,非基本法律由全国人大常委会制定。目前只有《企业所得税法》和《个人所得税法》是由全国人大直接制定的,其他税收法律(包括《税收征管法》)则是由全国人大常委会制定的。由此可以得出《企业所得税法》和《个人所得税法》是基本税法,其他税收法律是非基本税法的结论。第三,未来如果制定税法通则乃至税法典,其地位应高于一般税法,但仍然属于税收法律。

三、税收行政法规

税收行政法规是指由国家最高行政机关制定的规范性税收文件。税收行政法规的效力低于税收法律而高于税收规章。我国税收行政法规的形式主要有税收条例(包括暂行条例)、由国务院制定的税收法律的实施细则,以及由国务院制定的规范性文件。借助委托立法,税收行政法规一直是我国税收立法的主要形式,但伴随着税收法律化进程,税收行政法规将回归到主要以条例的形式为税收法律配套制定税收实施细则(办法)的位置上来。

四、地方税收法规

地方税收法规指按照我国宪法规定,省、自治区、直辖市以及省会城市和经国务院批准的较大城市的人民代表大会及其常委会在不同宪法、法律、行政法规相抵触的前提下,制定的规范性税收文件及其规定。不过,由于我国税收立法权的高度集中,到目前为止,实体税法尚无事实上的地方税收法规,但存在程序税法性质或规范由税务机关征收的非税收入的地方性税收法规。例如,2010 年山东省人大常委会制定的《山东省地方税收保障条例》(已失效),2015 年四川省人大常委会通过的《四川省非税收入征收管理条例》,2020 年陕西省人大常委会批准的《陕西省实施〈中华人民共和国资源税法〉授权事项方案》等。此外,少数民族地区依据宪法确立的民族区域自治制度可以制定地方性税收法规。

五、税收行政规章

税收行政规章指国务院税收主管部门为执行税收法律、税收行政法规而制定的规范性文件及其规定。按照我国现行税收管理体制,国务院税收主管部门指财政部和国家税务总局。税收行政规章是税收法律的具体化,很多是对税收法律、税收行政法规的解释性规定,其作用在于提高税法的可操作性。就目前实际情况看,税收行政规章占整个税法的比重比较大,影响到税法体系的效力。虽然税收行政规章的法律效力不够高,但也是广义上税法的组成部分,属于税法的渊源。

六、地方税收规章

地方税收规章指省、自治区、直辖市以及省会城市和经国务院批准的较大城市的人民政府依照法律、法规的规定制定的规范性税收文件及其规定。按照税权的划分,我国现行的地方税收规章主要是对地方性税种制定的实施办法。

【探讨】税收规范性文件是否构成税法的渊源

按照国家税务总局《税收规范性文件制定管理办法》的界定,税收规范性文件指县以上税务机关依照法定职权和规定程序制定并发布的,影响税务行政相对人权利义务,在本辖区内具有普遍约束力并反复适用的文件,一般指各种以"规定""规则""规程"等名称命名的文件,但大量的"国税发""国税函""财税字"等名称的文件亦符合上述税收规范性文件的定义要求,因此也应纳入其范围。[①] 这些税收规范性文件大多是解释性的,数量过大,边界过宽,但在税收立法与税权配置的既有格局之下,仍是解决税法的适用与操作性问题不可缺少的层级,因此应当视为税法的渊源。不过,税收规范性文件虽然在税收行政执法中有普遍约束力,但对司法机关没有效力,所以为了避免在司法诉讼中的尴尬,要保持应有的谨慎与谦抑,将税收规范性文件定位于税法的补充性渊源,避免越界创设法律内容,避免与上位法相矛盾。

七、国际税收条约或协定

国际税收条约或协定也是税法的渊源之一。我国参加的国际多边协定牵涉税收内容的,最为典型的就是我国加入世界贸易组织后,签署的《关税及贸易总协定》,税收问题特别是关税成为《关

---

① 参见李东楷、杨媛:《冲突与平衡:对我国税收规范性文件若干问题的思考》,载刘天永主编:《中国税务律师评论》(第4卷),中国税务出版社 2017 年版,第 74 页。

税及贸易总协定》的重要内容。随着国际经济贸易日益发展，为防止国际双重课税，国与国之间签订双边税收协定的情况越来越多。这些双边税收协定大多是参照《联合国发达国家与发展中国家间避免双重征税协定范本》和《经济合作与发展组织关于对所得和财产避免双重征税的协定范本》制定的。截至2020年4月底，我国与107个国家签订了"避免双重征税协定"。这些双边税收协定虽然不属于国内税法，但是，按照国际法优于国内法的原则，其法律效力优于国内税法的相关规定。按照《税收征管法》的提法，即"中华人民共和国同外国缔结的有关税收的条约、协定同本法有不同规定的，依照条约、协定的规定办理"。随着经济国际化和我国参与国际经济交往与合作增多，来自国际税收条约、协定的税法渊源还会更多。此外，"换文"（依据正式条约或协定，为补充条约或协定的某项规定，当事国之间以文书交换达成一致意见的形式）也是一种广义上的条约或协定，属于税法的国际法渊源。但与正式条约不同，换文不需要国家立法机关的承认，因而从数量上看，许多国家换文占税法之国际法渊源的比例一般较大。在我国，此类换文也称"换函"，目前也开始逐渐采用。例如，1996年7月中国、新加坡两国政府"换函"规定：新加坡企业在中国享受的"外商投资企业和外国企业所得税"减免税，回到新加坡后视同已在中国纳税抵减税金。

【探讨】国际税收条约或协定的效力

国际税收条约或协定的效力主要指国际税收条约或协定与国内法的关系。一般而言，前者优于已有的国内法，甚至优于以后实施的国内法。然而，在一些联邦制国家，中央政府受宪法授权和确立已久的传统限制，不得签订限制下级政府征税权的协定。相应地，此类联邦政府的税收协定仅适用于联邦税收，美国即是如此。同时，在一定条件下，"条约被优先"，即可以由"一国国内立法否定在国内有效的某一个或所有条约的条款"。1989年《OECD条约优先报告》肯定的有意的"条约被优先"情况包括：（1）上位的条约取代税收协定；（2）新法优于旧法。非有意的"条约被优先"情况包括：（1）法院判决可能与条约的其他缔约国的共同解释相悖。但国家具有推翻这一结果的立法权，并且经与其他缔约国协商的推翻性立法将是一种合适的补救。（2）国家可按照国内法重新界定未予定义的条约术语，其国内法可以有效地优先于条约。国内法中的此等修改是允许的，但要求它们不与条约的上下文相矛盾。（3）国家可能无意地无视或否认条约的规定。此外，美国、奥地利、丹麦、巴西、韩国等国家将国际税收条约或协定视作与国内立法具有相同的地位。两者相抵触时，按照新法优先于旧法的原则处理。①

【探讨】判例、习惯是否能成为税法的渊源

英美法系国家适用判例法，即按照遵循先例原则，上级法院或本级法院先前所作判例，对所有法官均有拘束力。这样，判例（包括税法上的判例）成为其正式的法律渊源。例如在美国，大多数税收案例来自税务法院。当税务机关败诉时，通常其会对是否默认判决发表声明。如果默认该判决，就意味着该判决将对税务人员在处理其他案件时是否遵循该判决提供参考。如果不默认该判决，无论税务机关是否上诉，其在处理其他案件时都不会遵循该判决的原则，并会在同样的问题再次出现时再次提起诉

---

① 参见国家税务总局税收科学研究所：《主要国家税收法律体系简介》（未公开出版），第8—10页。

讼。① 但大陆法系国家不承认判例的普遍拘束力,法院的裁判只是针对个案的,其裁判结果虽然对其他案件的审理有一定的影响,但尚不能提升到法源的高度。我国法律属于大陆法系,同样不承认判例法的效力,税法作为整个法律体系的组成部分,自然也不例外。最高人民法院发布的有关判例,不是税法的渊源,只能在审判实践中作为参考。但这一问题也可能随着税法修订有所松动。例如,2015年公布的《税收征管法修订草案(征求意见稿)》中提出设立预先裁定制度,其发展很可能从私人裁定走向公共裁定,那么作为公共裁定的案例,实际上已有判例法的性质。

所谓习惯法,在税法中是不存在的,因为课税即是对私人财产权的侵犯,只有在国家强制力的保障下课税才能进行,按照税收法定原则的要求,只有形式意义上的法律才能作为课税的依据,没有法律规定的约束,所谓纳税习惯是不存在的。至于将习惯分为对纳税人有利与不利两类,有利于纳税人的习惯不违反税收法定原则,可以被税法承认的观点是令人怀疑的。因为就实体税法来看,课税的数额只能由成文税法直接规定,税务机关并无多少自由裁量的空间,否则不是侵害国家税收利益,就是侵害纳税人的合法利益,实际上没有"承认有利于纳税人的习惯,并不违反税收法律主义"的可能。在税收管理的具体方法上,税务机关是可以在没有税法直接依据的前提下作出自己的选择并将该选择相对固定下来的。不过这里有两个问题:一是税务机关选择的具体管理方法是不能违背税法精神和原则,不能损害国家税收利益的,它实际上是成文税法的一种延伸;二是这种选择主动权在税务机关,它可能上升不到法律的层次,但是必然要形成相应的管理制度,而不是什么约定俗成的习惯。

第二节 税法的效力

税法的效力是指税法对一定范围的主体在一定时空范围内的适用所产生的法律上的约束力和强制力②,表现为空间的效力、时间的效力和对人的效力,即税法在什么地方、什么时间、对什么人有法律上的约束力。

一、税法的空间效力

税法的空间效力指税法在特定地域内发生的效力。按照域内效力原则,一个主权国家制定的税法,必然适用于该国家主权管辖的全部领域,包括领陆、领水、领空,原则上也包括其延伸领土,即驻外使馆和领域外的本国船舶及飞机。以上结论,是将税法作为一个整体而言的,如作具体分析,有些税法的效力并不及于该国的全部领域。以我国为例,税法的空间效力的差别大致包括以下两种特殊情况:

---

① 参见国家税务总局税收科学研究所:《主要国家税收法律体系简介》(未公开出版),第6页。
② 参见刘剑文主编:《财税法学研究述评》,高等教育出版社2004年版,第199页。

第一,由全国人民代表大会及其常务委员会制定的法律,国务院颁布的税收行政法规,财政部、国家税务总局制定的税收行政规章,包括税收处罚法、税收程序法、税收实体法的大部分内容,在部分地区不发生效力:(1)依据《香港特别行政区基本法》和《澳门特别行政区基本法》,在我国恢复对香港、澳门行使主权后,维持原有法律制度基本不变,两地保持财政独立,其财政收入不上交中央政府,中央政府也不在两地征税,因而国家制定的税法在香港特别行政区、澳门特别行政区不发生效力;(2)国家的课税权尚不能在台湾地区发生效力;(3)为特定经济政策的实施而设立的保税区属于关境之外,国家制定的基本税法原则上对其不发生效力;(4)自由贸易试验区①内豁免关税,故被视为关境之外,不实施国内的普通税法;(5)按照有关国际法的规定,外国政府或国际组织驻华使领馆、办事处等外交机构住所,虽在我国境内,但我国税法对其不发生法律效力。

第二,属于普通法性质的税收法律、法规中的特别规定,具有特别法性质的税收法规以及由地方及少数民族地区制定的地方性税收法规、规章,只适用于特定的地区。例如,企业所得税对西部地区国家鼓励类产业企业实施15%的优惠税率等倾斜政策。由于税收政策更加偏重公平要求,因此,国家针对特殊地区或区域的鼓励政策有所减少。

【探讨】税法是否具有域外效力

从税收体现国家主权这一角度去分析,税法似乎不应有域外效力。但是,由于地域管辖权与公民(居民)管辖权的交叉使用以及国际经济贸易同盟的出现,税法在一定条件下是可能实现域外效力的。例如,对境外居住或设立的有来自中国所得的外国公民和法人,我国税法对其具有法律效力。再如,国际上某些经济贸易同盟的出现,使其税法具有一体化的趋向,例如欧盟早已在其所有成员国范围内实现了关税的统一。这样,就关税而言,税法的空间效力已不限于一个国家主权管辖的全部领域了。而且,欧盟这种税法空间效力的拓展有从关税向其他实体税法扩大的趋势。

二、税法的时间效力

税法的时间效力是指税法何时开始生效,何时终止效力和有无溯及力的问题。由于税法属于成文法,因此其时间效力总是能够确定的。

(一)税法的生效

不同国家、不同法律部门处理法律生效的方式不同,就税法而言,其生效时间可分为以下几种类型:

---

① 自2013年9月至2020年9月,我国已经分多批次批准成立了21个自由贸易试验区,分布在上海市、广东省、天津市、福建省、辽宁省、浙江省、河南省、湖北省、重庆市、四川省、陕西省、海南省、山东省、江苏省、河北省、云南省、广西壮族自治区、黑龙江省、北京市、湖南省、安徽省。

1. 税法发布一段时间后生效实施

这是最常见的一种税法生效方式,其优点在于可以使广大纳税人和税务行政执法人员事先学习、了解和掌握税法的具体内容,便于其准确地理解,认真地贯彻、执行。我国目前实施的主要实体税法如《企业所得税法》和《税收征管法》等都是在其发布一段时间后开始实行的。一部税法从公布到生效时间间隔的长短,与其重要程度、内容复杂程度及修改幅度相关。一般来说,越是地位重要、内容复杂、对纳税人影响大的税法从发布到实施的时间间隔越长。当然,这也与立法者对该法实施难度的判断有一定关系。实体税法发布与实施的时间差多在几个月内,如2018年修正的《个人所得税法》于2018年8月31日发布,2019年1月1日起实施。此外,国外税收立法还有一种罕见的生效方式,如德国《税收基本法》自1977年2月1日起生效,但其第50条至第55条要自1984年1月1日起施行;《日本国税通则法》自1963年4月1日起生效,但其第八章(不服审查与诉讼)的规定自1963年10月1日起施行。

2. 税法自发布之日起生效

一般来说,仅涉及个别条款的修改,或者内容较少,税务行政执法人员和纳税人易于理解、掌握,实施前也不需要更多准备的税法大多采用这种生效方式,以兼顾税法实施的及时性与准确性。例如,2015年4月24日,《税收征管法》由第十二届全国人民代表大会常务委员会第十四次会议修正通过后即在当日实施。我国在1994年及随后几年进行的税制改革中,相关小税种采用这种生效方式的较多。但在新一轮税制改革中,即使是小税种也在发布与实施之间留有较短的时间间隔,这样更为科学合理,如《耕地占用税法实施办法》于2019年8月29日发布,自同年9月1日起实施。国外税法也有类似的情况,如韩国的《税务士法》《国税与地方税调整法》。韩、日两国绝大部分税法的实施令(相当于我国的实施细则),都属于发布与实施同步的类型。这种税法生效方式具体又分为两种情况:一是自公告或张贴之日起生效;二是以税法文件落款之日为生效日期。[①] 一般来说,第二种情况更多地出现在税收规章及规章以下的税法文件中。发布即生效的方式简便快捷,但是,如果不分情况,将此种类型扩大使用,也会带来新法、旧法更替没有时间差,税法发布之初征纳双方措手不及,难以得到切实贯彻执行的问题。

3. 税法发布后授权执法机关自行确定实施日期

即在税法公布之后,由地方政府或下级税务机关自行确定税法在当地实施的具体日期。1988年《筵席税暂行条例》(已失效)即规定其"施行日期由各省、自治区、直辖市人民政府确定",其结果是同一税种在不同地区的实施日期可能是不同的。这种情况的出现与该税种执法权限下放给地方,省级人民政府可以自行决定是否征收该税种有关。不过,对于全国统一立法的税种,采用这种生效方式不够规范,容易造成一个国家、一个地区的执法不平衡、不统一,影响税法的权威性和严肃性,因此不会成为常态。但按照分税制的要求,由地方自行立法的税种由各地自行确定生效日期则是十分正常的,因此在各国地方税立法中普遍采用。

---

① 参见刘剑文主编:《财税法学研究述评》,高等教育出版社2004年版,第199页。

4. 税法的实施日期先于发布日期

在这一生效方式之下,税法已经具有溯及力。采用这一税法生效方式的主要原因是税法公布日期不是纳税年度的开始,如果新税法从公布之日起生效,就会出现一个纳税年度内需要适用新旧两部税法的情况或者产生实施细则与对应税法无法配套实施的问题。对某些税种而言,这会给税额计算和征收管理带来较多的麻烦,所以才将实施日期提到公布日期之前。例如,《城市维护建设税暂行条例》于 1985 年 2 月 8 日发布,但要求自同年 1 月 1 日起开始实施。从某种程度上说,这一生效方式是一种不得已的做法,不是一种规范的法律生效方式,随着税收立法的完善将会逐渐减少乃至消失。

5. 税法文件到达税务机关之日起生效

这是一种较为传统的习惯做法,对规章及规章以下税法使用得较多。其原因一是在电子计算机和电子网络系统普及之前,依托行政机关层层下发文件相对比较及时、稳妥,二是当时习惯于将较低级别的税法混同于党和政府的一般文件来处理。其弊端主要是税法传达到各级各地税务机关的时间不等,客观上造成了同一税法实际生效的时间并不完全一致,在法律上不够严肃、严密。

此外,我国与其他国家签订的双边税收协定的生效与普通税法又有所不同。其通常的做法是双方政府代表签字后各自履行必要的法律程序,由各自国家的立法机关所承认。双边税收协定一般在承认之后的第 30 天生效,在生效年度的次年 1 月 1 日才开始执行。例如,《中华人民共和国政府和印度共和国政府关于对所得避免双重征税和防止偷漏税的协定》由双方政府代表于 1994 年 7 月 18 日在新德里签署,在我国的生效日期为 1994 年 11 月 19 日,执行日期为 1995 年 1 月 1 日。

此外,税法生效还要考虑其效力等级,即下位税法与上位税法相抵触,则下位税法不能生效;对于相关的配套税法,由于下位税法是依据上位税法制定的,所以,上位税法生效的时间一般要早于或等于下位税法。①

(二) 税法的失效

税法的失效表明其法律约束力的终止,各个国家基本上都采用明示废止的方式,可以将其归纳为规定失效、抵触失效以及替代失效三种基本方式。规定失效即通过税法规范明文固定税法失效的时间,其具体方式可以包括以下三种:

1. 以新税法代替旧税法

这是最常见的税法失效宣布方式,即在新税法的附则中明确该税法的生效日期为旧税法的失效日期。存在新法与旧法接续关系的税法一般会采用这种失效方式。例如,2007 年通过的《企业所得税法》最后一条即规定:"本法自 2008 年 1 月 1 日起施行。1991 年 4 月 9 日第七届全国人民代表大会第四次会议通过的《中华人民共和国外商投资企业和外国企业所得税法》和

---

① 参见刘剑文主编:《财税法学研究述评》,高等教育出版社 2004 年版,第 200 页。

1993 年 12 月 13 日国务院发布的《中华人民共和国企业所得税暂行条例》同时废止。"《资源税法》第 17 条规定："本法自 2020 年 9 月 1 日起施行。1993 年 12 月 25 日国务院发布的《中华人民共和国资源税暂行条例》同时废止。"国外税法的失效采用新法代替旧法的情况也比较多见。例如韩国《国税基本法》附则规定，"国税审查请求法，在本法第七章（审查和审判）规定的施行日予以废除"。作为其中的一种特殊情况，是修订后的税法代替修订前的税法，但这只是部分条款被替代，而不是整部税法以新代旧。

2. 直接宣布废止某项税收法律、法规

当税法结构调整，需要取消某项税收法律、法规、规章，又没有新的相关税收法律、法规、规章设立时，往往需要另外宣布取消准备废止的税法。例如，1994 年税制改革后，《国务院关于取消集市交易税牲畜交易税烧油特别税奖金税工资调节税和将屠宰税筵席税下放给地方管理的通知》宣布原有的《集市交易税试行规定》《牲畜交易税暂行条例》《关于征收烧油特别税的试行规定》《国营企业奖金税暂行规定》《国营企业工资调节税暂行规定》《集体企业奖金税暂行规定》《事业单位奖金税暂行规定》自 1994 年 1 月 1 日起废止。而在新一轮税法改革中，没有取消既有的税种，因此也就没有出现此类税法的失效。

3. 税法本身规定终止生效的日期

即在税法的有关条款中预先确定废止的日期，届时税法自动失效。鉴于这种方法较为死板，易使政府财政收入陷于被动，因此各国在税收立法实践中极少采用此类方法。我国税收立法也未曾有这样的先例。但是，对于双边或多边税收协定，不同国家出于各自的税收利益考虑，可以在协定中直接规定其失效的日期。

税法的失效还应包括暂停执行制度。即税法在规定的时间内失去效力，但并没有被正式取消。例如，1999 年年底经国务院批准，国家税务总局和国家发展计划委员会（现国家发展和改革委员会）联合发布通知，自 2001 年 1 月 1 日起，在全国范围内暂停征收固定资产投资方向调节税。[①] 这种暂时停征的税种大多是为调节经济的周期性波动而征收的，经济过热时征收，经济疲软时停征，这样要比反复进行废止再重新开征要方便得多。但由于对经济的周期性波动难以进行准确的预测，所以也无法事先预定停征，特别是无法预定重新开征的具体时间。不过，鉴于固定资产投资方向调节税已经停征 20 余年，从宏观经济形势分析，原来意义上投资过度导致的经济过热一定时期内难以再现，因此，自 2013 年 1 月 1 日起，固定资产投资方向调节税被取消。

此外，所谓抵触失效即下位税法与上位税法相矛盾而被废止。其中一种情况指新税法直接规定，其生效后下位税法凡与其抵触的，在新税法生效的同时自动失效，但有时对哪些条文失效、哪些条文没有失效作出及时、准确且没有争议的判断并非易事；另一种情况是，下位税法在上位税法之后设立，其与上位税法相矛盾，失效不能自动实现，它需要一定的法律程序规则予以保证。否则，就会出现下位税法与上位税法相抵触，而仍然有效适用的现象。

替代失效即根据新法优于旧法效力原则，新税法和修改过的税法开始实施，旧税法就自行废

---

① 参见刘剑文主编：《税法学》（第二版），人民出版社 2003 年版，第 48 页。

止,而不再在新法条文中明文规定旧法无效。① 这种税法失效方式常常出现在税法个别条款的修改过程中,即直接明确规定以哪些修改过的具体条款代替原有的条款,原有的条款同时失效。

【提示】(1)税法的生效以实施之日为准,税法虽经发布,但是未到实施日期或者没有明确实施日期,仍不发生效力。(2)税法以规定的生效时间为其实际效力的起点,即不溯及既往,如果其效力的起点早于规定的生效时间,即溯及既往。(3)"废止"与"停止"不同,"停止"只是在规定的时间段内暂时失去其效力,这个时间段结束之后,其效力得到回复,而"废止"则是永久失去其效力。但是废止税法的效力与溯及力没有关系。②

(三)税法的溯及力问题

【思考】对于税法的溯及力问题,前已作过讨论,在此不再重复。但值得考虑的是,溯及力问题不仅是一个税法适用问题,也涉及法律的时间效力问题。因为税法如果溯及既往,实际上等于将其生效时间提前,但是提前到何时为止?许多允许税法溯及既往的规定并没有予以明确,由此带来的问题值得研究。

三、税法对人的效力

税法对人的效力,也称税法的主体效力,即指税法对什么人适用,能够约束和管辖哪些人。由于税法的空间效力、时间效力最终都要归结到对人的效力,因此对人的效力十分重要。在处理税法对人的效力时,国际上通行的税收管辖权原则包括:

(一)属人原则

属人原则,也称居住国原则,指一国政府以人员范围作为行使课税权力所遵循的原则。依此原则,凡是本国的公民或居民,不管其身居国内还是国外,都要受本国税法的管辖。依据属人原则确立的税收管辖权,称为居民管辖权或者公民管辖权。确定自然人居民(公民)的标准:一是法律标准,即看其国籍;二是户籍标准,包括住所标准与居住时间标准。对于法人居民身份的判定,则包括登记注册地标准、实际管理与控制中心标准、总机构所在地标准、控股权标准、主要经营活动所在地标准等。

【提示】公民指具有本国国籍的自然人;居民指居住在本国境内享有一定权利并承担一定义务的法人与自然人。国籍通常根据出生地和血统以及法律许可的加入与退出来确定;住所标准是指一个人在实施税收管辖权的国家内是否拥有永久住所;居住时间标准是指跨国纳税人在一

---

① 参见刘剑文主编:《财税法学研究述评》,高等教育出版社 2004 年版,第 200 页。

② 参见刘剑文主编:《财税法学研究述评》,高等教育出版社 2004 年版,第 200 页。我们不赞同"废止的法律没有拘束将来所发生的行为的能力,只有因溯及既往而适用的旧法的情况例外"的观点。因为溯及既往是指对法颁布生效之前的行为事实有效力,而不涉及废止的法是否能延长其效力的问题。

个国家内居住是否达到规定的时间。例如,我国《个人所得税法》规定,在一个纳税年度内住满183 天,即为我国居民纳税人;登记注册地标准是指以法人的工商注册登记所在地在哪一个国家来判断其居民身份;实际管理与控制中心标准是指以法人在本国是否有管理与控制中心来判断其居民身份;总机构所在地标准是指以法人在本国是否设有总机构来判断其居民身份;控股权标准是指以控制公司选举权股份的股东是否为本国居民来判断其法人居民公司身份;主要经营活动所在地标准强调的是一个公司的主要经营活动若在一国境内,即为该国的居民公司。

(二) 属地原则

属地原则,也称来源国原则,指一国政府以地域范围作为其行使课税权力所遵循的原则。依此原则,凡是本国领域内的法人和自然人,不管其身份如何,都适用本国税法。依据属地原则确立的税收管辖权称为地域管辖权。适用该原则,关键是判断纳税人的收入来源地,来源于境内的所得可以课税,来源于境外的所得则不能课税。针对纳税人所得的性质不同,其来源地的判断标准也不尽相同。

(三) 属人、属地相结合的原则

属人、属地相结合的原则,也有学者称其为折中原则。[①] 依此原则,凡是居住在本国领域内的本国公民、外籍人员,在本国注册登记的法人,或虽未在本国设立机构但有来源于本国收入的外国企业、公司,一律适用本国的税法;在本国领域外居住的本国公民,有来自本国收入的外国人,也要适用本国的税法。

就单一的税收管辖权来说,一般作为资本和技术输出国的发达国家选择属人原则更为有利,作为资本和技术输入国的发展中国家选择属地原则更为有利。不过对于税收管辖原则的选择,并没有国际法上的限制,所以,为充分保障国家税收利益的实现,目前,世界上绝大多数国家都是属人与属地原则并用,我国亦不例外。由于不同国家分别采用不同的对人效力原则或者都采用折中原则,可能出现因税收管辖权的交叉进而对同一纳税人的跨国所得进行双重课税的情况,这对于相关国家经济贸易的长远发展不利。为此,需要相关国家通过税收协定达成妥协,减少乃至消除双重课税的发生,这时,相关国家税法的效力是有所缩减的。

我国税法对人的效力,就法人来说,包括在我国境内或境外从事经营活动的中国法人以及在我国境内设立机构或没有设立机构但有来自我国所得的外国法人;就自然人来说,包括我国公民、来我国居住的外国人以及没有来我国居住但有来自我国所得的外国人。如果对方国家与我国签订了互免关税协定或对所得避免双重征税和防止偷漏税的协定,则外国法人或自然人适用我国税法时以签订的双边税收协定为准。

此外,鉴于我国对香港、澳门、台湾地区实行"一国两制"的特殊情况,中央政府制定的税法,除有来自内地(大陆)收入的情况外,对上述地区的法人和自然人不具效力。同时,我国境内享

① 参见刘剑文主编:《税法学》(第二版),人民出版社 2003 年版,第 45 页。

有外交豁免权的纳税人在一定范围内不受我国税法的管辖,或者说我国税法对其没有约束力。

【案例】2004 年 3 月 17 日,英国高等法院法官加西·莱特曼作出裁决,要求美国著名网球明星阿加西补缴他 5 年前来英国比赛时所欠下的个人所得税款。法官认为,征收这笔个人所得税的依据并不是因为阿加西在比赛中获得了奖金,而是因为他从赞助公司那里获得的巨额广告收入,虽然不是由英国公司提供的,但是在英国获得和实现的。对于莱特曼法官的判决,阿加西不服,英国国内也有一些争议,但是许多人对此表示支持,并认为这一裁决在法律上具有判例意义,堵住了税法中的漏洞,以后再遇到这种情况可以援引,这一裁决开辟了一条向运动员和演员征税的新途径。[①]

第三节　税法的解释

法律解释即由特定的机关、社会组织和个人对法律、法规等法律文件或其部分条文、概念、术语予以说明,以揭示其中表达的立法者的意志和法的精神,进一步明确法定权利和义务及其界限或补充现行法的规定。法律解释其实是在承认成文法具有局限性的背景下,以遵循法的精神为前提条件解决法律的适用问题。有学者将税法解释的意义总结为:第一,税法规范必须经解释才能付诸实施;第二,税法解释可以弥补税法规范的局限性;第三,税法解释是完备税收立法的重要手段;第四,税法解释对于维护税法统一、协调各税法规范之间的关系必不可少。[②]

【提示】法律解释依解释主体的权限不同,可以分为学理解释和法定解释。学理解释一般是指没有法定解释权的机关或个人对有关法律或法律条文进行的理论性、宣传性的解释。学理解释不具有法律约束力,但其对推动法学研究,对广泛宣传法律,对后继立法具有借鉴、推动作用,因此也有一定的价值。法定解释,也称有权解释,一般指具有法定解释权的机关,在法律赋予的权限内,对有关法律或法律条文进行的解释。按照解释权限不同,从法律运行和操作的角度,可以将法定解释分为立法解释、执法解释和司法解释。另外,从解释原则不同可以将法定解释分为文义解释、目的解释、合宪性解释;按照解释尺度不同可以分为字面解释、限制解释和扩充解释。

一、税法立法解释、税法司法解释与税法执法解释

一般来说,法定解释应严格按照法定的解释权限进行,任何有权机关都不能超越权限进行解释,因此,法定解释具有专属性;只要法定解释符合法的精神及法定的权限和程序,这种解释就具有与被解释的法律、法规、规章相同的效力。因此,法定解释同样具有法的权威性;法定解释大多是在法律适用、实施过程中进行的,是对具体的法律条文、具体的事实或案件作出的,所以具有针对性,但其效力不限于具体的法律事件或事实,而具有普遍性和一般性。

---

① 参见《穿件衣服也要缴税?》,载《中国税务报》2004 年 4 月 2 日,第 6 版。
② 参见刘剑文主编:《税法学》(第二版),人民出版社 2003 年版,第 210 页。

我们讨论的税法解释是指其法定解释。其内容包括立法目的解释、概念解释、逻辑关系解释、法律效力解释等。从范围看,包括全面的解释,如税法的实施细则;包括个别解释,如解释某一规则、概念,甚至是一个词或字。税法法定解释之所以必要,首先是由于现实经济生活千差万别,且复杂多变,税法具有概括性、稳定性,不可能对每一需要征税的经济活动都作出具体、明确的规定,为准确适用税法,就必须有权威的税法解释。只有经过解释,才能将具有普遍性的税法规范运用到具体而复杂的社会生活中去,使之成为具体行为的规范标准。① 其次,对于一些新出现的情况,需要相应修改或设立新税法,但在此之前必须有相应的对策,对原有税法作出新的解释往往能解决这一问题。例如,对证券交易课税原本是计划通过设立"证券交易税"来解决的,但在正式立法之前,我们采取暂时征收印花税的办法,将印花税的征税范围解释为包括证券交易。再次,税法解释之所以必要,其原因还在于税法中使用的语言,既有大量的法律语言,又有很多税收专业术语,还有不少普通语言。由于这些语言本身就是多意的,有些语言十分抽象,再加上立法技术的限制,税法中许多语言含义不够具体、明确,因此对税法的理解十分容易发生分歧。为了消除分歧,准确执法,减少纠纷,就需要有权威性的税法解释。最后,由于不同的法律立法目的、立法精神的差异,可能出现税法之间或者税法与其他法律之间竞合的问题,法定解释可以在一定程度上对此加以解决。

从广义上讲,税法的法定解释可以分为立法解释、司法解释和执法解释。

(一)税法立法解释

税法立法解释是税收立法机关对所设立税法的正式解释。按照税收立法机关不同,我国税法立法解释可分为:(1)由全国人大常委会对税收法律作出的解释。具体形式包括在税收法律中对条文的解释,起草者对税收法律草案的说明,以及专门作出的补充性解释规定等,全国人大常委会的法律解释同法律具有同等效力。(2)由最高行政机关制定的税收法规,由国务院负责解释。其形式主要是各类税收法律的实施细则。(3)地方税收法规,由制定相应法规的地方人大常委会负责解释。由于目前地方税收立法权较小,因此这类立法解释仅限于少数经济特区或民族地区对个别税种适用进行的解释和对程序性地方税法法规进行的解释。税法立法解释包括事前解释和事后解释。事前解释一般是指预防税收法律、法规的有关条款或概念在执行和适用时产生疑问,而预先在税收法律、法规中加以解释,这种解释通常包含在税收法律、法规的正文或附则中。事后解释是指税收法律、法规在实际执行和适用时产生疑问而由制定税收法律、法规的机关所作的解释。我们通常所说的税收立法解释多指事后解释。

(二)税法司法解释

税法司法解释是指司法机关依法对税法所作的解释。在我国,目前所谓税法的司法解释是指最高司法机关对如何具体办理税收刑事案件所作的具体解释或正式规定。税法司法解释可进

---

① 参见刘剑文主编:《税法学》(第二版),人民出版社2003年版,第10、209页。

一步划分为:由最高人民法院作出的审判解释,如 2002 年《最高人民法院关于审理骗取出口退税刑事案件具体应用法律若干问题的解释》;由最高人民检察院作出的检察解释;由最高人民法院和最高人民检察院联合作出的共同解释。根据我国宪法和有关法律的规定,司法解释的主体只能是最高人民法院和最高人民检察院,司法解释具有法律效力,可以作为办案和适用法律法规的依据。其他各级人民法院和人民检察院均无解释法律的权力。在适用法律的过程中,如果审判解释和检察解释有原则分歧,则应报请全国人大常委会解释或决定。"两高"在审判工作中具体应用法律的解释不产生一般解释的效力。上述这些规定,也适用于税法的司法解释。在我国,直接的税法司法解释仅限于涉税犯罪范围,占整个税法解释的比重很小。而在一些国家,税法的司法解释往往成为税法解释的主要部分,并且司法解释权不限于最高法院,内容也不限于涉税犯罪,以确保在税法领域内司法的独立性及与立法、行政执法机关的权力制衡。这种差异主要源于各国对司法制度及司法功能认识上的差异。

【思考】你认为我国的税法司法解释是否可以延伸到实体税法,其利弊与现实可能性如何?

(三) 税法执法解释

税法执法解释也称税法行政解释,是指国家税务机关在行政执法过程中对税收法律、法规及规章如何具体应用所作的解释。有学者将税法的行政解释形象地比喻为"环绕税收法律金字塔四周的草坪"①。在我国,税法行政解释是税法解释的主要部分,由国家税务行政主管机关下达的税收行政规章及大量具有行政命令性质的文件、函、通知构成。税法的规范性行政解释在行政执法中具有普遍的约束力。但其不能作为法庭判案的直接依据,这一点在世界各国已达成共识。对于具体案例,税务机关的个别行政解释不得在诉讼提起后作出,或者说不得为一个已经实施的具体行政行为寻求法律依据的目的而对税法作出解释。

【思考】"不得为一个已经实施的具体行政行为寻求法律依据的目的而对税法作出解释"的目的与作用何在?

二、文义解释与目的解释

(一) 文义解释

文义解释是以法律条文所使用字、词、句的本来含义作为法律解释的起点,通过文字、语法分析来确定法律条文的含义,而不考虑立法者的意图或法律条文以外其他要求的方法。从技术层面上讲,文义解释是税法解释的基本方法,税法解释首先应当坚持文义解释。文义解释涉及四个层次的问题:一是税法条文所使用文字取汉语的通常含义,税法解释即解释其汉语语义的内涵。但实际上,除去个别内涵与外延不是很清楚的词语,需要作这种解释的时候并不很多。二是税法越来越多地使用各类法律

---

① 国家税务总局税收科学研究所:《主要国家税收法律体系简介(中文)》(未公开出版),第 157 页。

及各相关学科的术语,不过税法在对其加以引用时并没有附加特别的含义,不作出与其所在学科不同的解释。三是对于某些专门用语与专业术语,如果税法在引用时,附加了特别的含义或限制,那么税法的解释就要体现这种差别。例如,我国《个人所得税法》规定的"居民",即附加了一个纳税年度内在我国境内住满 183 天的条件,需要税法解释加以明示。但对于税法没有特别规定的内容,不能通过税法解释来改变其原有含义。四是对于税法固有的概念,应当按照税法的本意要求加以解释,而不能受其他学科或法律解释的干扰。

文义解释走向极端,可能反而违背其立法意图甚至得出荒谬的结论。所以,文义解释的一个底线为:不得脱离法律条文,一般在进行文义解释时也要参考其他的解释方法。

(二) 目的解释

目的解释指从法律文本的目的角度寻找法律文本的真实含义的解释方法。它是当从法律条文文字本身难以确定法律的具体含义,或根据法律条文的具体含义适用法律将导致荒谬的结果时,允许解释者通过对立法过程中的有关资料的分析来了解立法背景,在此前提下确定出立法者的目的、理由和初衷,并以此为根据得出解释结论。所谓法律文本的目的,直接的可以理解为立法者的意图,间接的则可以理解为基本的法律原则。就税法而言,立法者的意图通常是实现基本的税收职能,如增加财政收入,调节宏观经济,降低税收成本,规范征纳行为等;基本的法律原则包括税收法定原则、税收公平原则、公众信任原则、实质课税原则等。

【探讨】税法解释的原理

税法解释的终极目标是征纳双方利益的平衡。因此,作为税法解释的原理,日本税法学者提出了"有利国库推定"和"有利纳税人推定"两种主张。其差别在于,当对税法某些规定产生歧义而可以有多种理解时,是作出有利于国家的解释还是作出有利于纳税人的解释。有学者将其概括为"有疑则课税"和"有疑则不课税"。从体现税收法定原则和保障纳税人基本权利的目的出发,国外多数学者倾向于坚持"有利纳税人推定"。我国税法虽然对此没有明确的表述,但在国内税法学术界已经获得多数人的认同,2015 年国务院公布的《税收征管法修订草案(征求意见稿)》亦体现出这种倾向性。不过,也有学者认为上述两种主张都是不妥的。日本税法学者金子宏教授认为:当法律规定的意义和内容不明确而造成理解不同时,明确其意义和内容才是法的解释所应有的作用,以法律规定的意义和内容不明确所出现的法律被怀疑的情况为理由而中止解释,只能是一种放弃义务的行为。如果出现即使采用税法上允许的解释方法,仍不能把握其法律意义的法律规定时,则可解释为该规定因违反了税收法律主义而无效。[①]

目的解释并非脱离法律条文文义所作的解释,所以仍须以文义为基础,是以对法律文本的意思提出正确或正当解释为前提进行的。如果法律条文的规定并没有不明确之处,则仍须以文义解释为主而无须再探求立法目的。不过,既然目的解释的基准是法律文本的目的,就难免有文义不能很好地体现立法意图或法律原则的时候。这时,偏离文义作扩大或缩小的解释

---

① 参见[日]金子宏:《租税法》之中译本《日本税法原理》,刘多田、杨建津、郑林根译,中国财政经济出版社 1989 年版,第 76 页。

就是需要的。所谓税法的扩大解释与缩小解释就是以目的解释为基准,在技术层面上对文义解释的适度偏离。

税法的限制解释是指为了符合立法精神与目的,对税法条文所进行的窄于其字面含义的解释。这种解释,在我国税法中时有使用。例如,我国《个人所得税法实施条例》第2条规定:"个人所得税法所称在中国境内有住所,是指因户籍、家庭、经济利益关系而在中国境内习惯性居住……"而国家税务总局相关文件进一步将"习惯性居住"解释为"不是指实际居住或在某一个特定时期内的居住地",其范围明显窄于"习惯性居住地"的字面含义。

税法的扩充解释是指为了更好地体现立法精神,对税法条文所进行的大于其字面含义的解释。由于解释税法要考虑其经济含义,仅仅进行字面解释有时不能充分、准确地表达税法的真实意图,故在税收法律实践中有时难免要对税法进行扩充解释,以更好地把握立法者的本意。例如,我国《个人所得税法》第11条规定,劳务报酬所得按次征收。但这样会引起纳税人将取得劳务报酬次数无限分割,逃避纳税,减少税收收入的问题,故《个人所得税法实施条例》第14条第1项将劳务报酬按次征税扩充解释为:"劳务报酬所得、稿酬所得、特许权使用费所得,属于一次性收入的,以取得该项收入为一次;属于同一项目连续性收入的,以一个月内取得的收入为一次。"税法的扩充解释以体现税法本意为出发点,但是如果不加以适当限制,往往会走向反面,即违背税法本意。所以,扩充解释尽管在税法中存在,但一般不将其作为一项方法去使用。

【思考】税法的限制解释与扩充解释有其存在的价值,但是若不加限制则会被滥用。那么将其限制在一个合理的区间内应当有哪些标准或者限制条件?

除去上述解释方法之外,还有系统解释法、历史解释法与合宪性解释法等。第一,系统解释法是指以法律条文在法律体系中的地位,即依其编、章、节、条项之前后关联位置,或相关法条之法意,阐明其规范意旨的解释方法。它要求必须将税法的法律条文放到整个法律体系中去理解,才能确保解释含义的一致和法律体系的统一。第二,历史解释法是指从立法者制定该法律时所处的背景、所考虑的因素和价值判断,以及赋予该法律的原意和所欲实现的目的,来确定法律文本的真实含义。第三,合宪性解释法是指依宪法及位阶较高的法律规范,解释位阶较低的法律规范的一种法律解释方法。上述解释方法的适用,文义解释法具有优先适用的效力,当其适用遇到困难时,可首先考虑运用历史解释法进一步划定字面解释的范围,其后可诉求系统解释法明确文义的具体含义,在上述两种解释方法都无法正常适用时,诉诸目的解释法,并以合宪性解释作为最后的衡量标准。[①]

【思考】法律解释的方法很多,有些划分只是学者们思考角度不同带来的,例如,合宪性解释应当视为目的解释的一种,不过是其依据的是宪法性原则,高于一般的法律原则。而且,不是上述所有解释方法都适用于税法。对此,你有何思考?

---

① 参见刘剑文主编:《税法学》(第二版),人民出版社2003年版,第224、226、228页。

三、我国税法解释存在的问题与对策

税法解释是税法顺利运行的必要保证,是提高税法灵活性与可操作性的基本手段之一。完善税法解释可以弥补立法的不足,例如,通过行政解释可以解决税法没有规定到的具体问题,解决立法前后矛盾、立法不配套、立法滞后等问题。反过来,累积起来的税法解释也是下一步修改或设立税法的准备和依据。此外,税法解释对于税收行政执法、税收法律纠纷的解决都是必不可少的。

我国税法解释目前存在的主要问题包括:一是税法解释权限的划分不够明确。虽然《立法法》对法律解释的解释权限、对象、内容、程序、效力等问题作了规定,但其范围实际上仅限于立法解释,对于行政法规、行政规章如何划分解释权并无明确而详尽的规定。二是税法解释权的分配不够均衡。即在税法立法解释、司法解释和行政解释中,我国税法的行政解释一家独大。细数改革开放40余年来的税法解释文件,立法解释、司法解释屈指可数,实际上由税务行政机关主导的行政解释成为税法解释的基本方式,而且在一定程度上替代了法律层面应有的基本规定。相应地,立法、司法机关的监督作用在税法领域被严重削弱。三是税法的行政解释泛滥,随意性大,超越税收法律创制新内容的比较多。我国目前税法行政解释数量大,越权解释普遍,前后矛盾、上下矛盾的情况较多,超出税法含义作扩大解释的多。税法的适用与操作实际上是依赖法律地位不明确的税法解释而不是税收法律与行政法规。这样,大量的违背税法立法精神的扩大与变更解释拖带着整个税法体系偏离了税法原有的方向与立法目标。四是税法的行政解释不规范。即经常出现没有严格按照《立法法》规范的解释权限、对象、内容、程序、效力进行解释,税法行政解释文件的名称混乱,时间效力不清,法律地位模糊等情况,这些情况在行政执法中经常受到质疑,产生争议。

改进我国的税法行政解释工作,应当在如下几个方面作出努力:

一是在立法解释、行政解释与司法解释之间形成基本的平衡。首先,伴随着全国人大及其常委会收回税收委托立法权和税法层级的逐渐提升,应当增加对基本税收法律进行立法解释的数量。其次,司法机关应当针对司法审判中遇到的税收问题进行必要的司法解释(不仅限于就涉税犯罪问题对相关刑法规定进行解释)。最后,应明确各级税务机关对税法的解释权限,制定各级税务机关解释税法的"权力清单",适度限制其行政解释权。

二是税法解释要遵循税收法定原则,税法行政解释必须依法进行。税务机关可以在法定权限内,按照法定程序对税法作出符合其立法意图的解释,但是不得通过解释创设税法,更不得作出与税收法律对立、抵触的解释,不得违背立法精神与法律条文规定作扩大或缩小解释。税法的行政解释要在征纳双方之间达成利益平衡,特别是不得通过行政解释限制纳税人权利或者增设纳税人义务;不得为一个已经实施的具体行政行为寻求法律依据的目的而对税法作出解释;对税法的行政解释不具有溯及力。此外,虽然我国法律属于成文法体系,税法也是通过一定的立法程序创制出来的,但在税法整体上较为空泛、操作性不强的情况下,应当考虑将

一些经过税务机关或司法机关处理的典型案件整理、编纂出来,由国家税务总局权威发布,作为行政先例,使其对相同或相似的税法问题具有指导作用。这样尽管会使我国税法在某种程度上具有判例法的影子,可能在理论上会产生争议,但可以在很大程度上指导基层税务机关执法,避免在同一情况下课税、处理的偏差,一定程度上解决了税收行政执法中无法可依的窘境。

三是解释权要集中,以制定税收行政规章为核心构筑税法的行政解释体系。即对税收法律的行政解释原则上通过制定税收行政规章进行,来不及通过制定行政规章解决,或者制定行政规章处理不好的问题再以“红头文件”的形式解决。但需要注意的是:“红头文件”在发文数量与所处地位上只能是制定行政规章的补充;税法行政解释的权限须明确,即主要由国家税务总局行使税法的行政解释权,对省级税务机关的解释权限和范围加以严格限制,取消市县级税务机关制定“红头文件”解释税法的权力;应将税收规范性文件的制定管理列入税务机关重大决策范围内,建立税收规范性文件集体审议制度。

四是对税法行政解释建立有效的审查机制。(1)加强对税收规范性文件的备案审查和监督。国家税务总局发布的《税收规范性文件制定管理办法》对规范性文件的权限设定、制定规则、制定程序、裁决机制、公告发布、定期清理、异议处理、备案审查等方面作出了一系列的制度创新,是税收法制建设的一个里程碑,在很大程度上推动了税收行政解释的规范化。(2)完善税收规范性文件的清理与有效期管理制度。对现行的税收行政规章和各类行政命令的清理应当常态化、制度化、规范化,避免集中运动式清理,要坚持日常清理、定期公布。一般税收规范性文件应当明确设定有效期限,有效期届满,规范性文件自动失效;对于没有明确设定有效期限的规范性文件,其有效期可为 5 年,标注“暂行”“试行”的,有效期可为 2 年,有效期届满同样自动失效。为了保持工作的主动性,规范性文件的制定机关可以在其自动失效前的 6 个月内启动评估程序,决定是否需要重新公布或修改。此外,鉴于目前信息传递非常迅速、便捷,为提高效率、分清责任,其实际生效时间不应以税务机关内部接到文件为准,而应当以公布之日后延迟若干日(按照基层税务机关落实文件要求的复杂程度,在文件中直接规定)为实际生效日。失效时间应当在接替文件中明确规定。(3)探索建立税收规范性文件异议处理与问责机制。通过将税收规范性文件在规定的媒体上予以公布,为社会监督与提出异议提供必要条件;任何公民都可以向制定税收规范性文件的上一级机关提出异议而进入异议处理程序,该机关必须对异议审查结果给予书面答复;审查期间,被审查的规范性文件效力不变,对审查结果不服的,通过内部的申诉程序处理。(4)建立健全税收规范性文件评估机制。即从合法性、合理性、有效性、规范性、协调性几个方面,建立事前、事中、事后全方位的税收立法质量评估机制。通过对评估结果的及时反馈,为税法的设立与进一步修改完善提供依据,推动税收立法与执法质量的不断提升。

【思考】我国税法解释存在的诸多问题的根源在哪里? 应当如何解决?

思 考 题

1. 我国税法的渊源包括哪些？低于规章的税收行政命令是否可以构成税法的渊源？
2. 我国税法的空间效力包括哪几种情况？
3. 我国税法的失效包括哪几种方式？
4. 按照属人原则如何确定居民纳税人的身份？
5. 税法的法定解释包括哪几种？如何规范我国税法的行政解释？
6. 怎样合理把握税法的扩充解释？

即测即评

第五章 税法的建立与发展

本章要点

　　本章的重心是以评说的方式概括总结我国各个历史时期及西方国家税法在税权、税法原则、税法结构等方面的主要特征，希望借此引发读者思考。其中，第一节介绍中国古代和近代的税法发展。第二节介绍新中国的税法发展，重点是对改革开放以来，特别是对党的十八大以来我国税法建设的成就与不足加以介绍和评析。第三节简要介绍和评析西方国家税法的发展。

第一节　中国历史上的税法

一、中国古代的税法

（一）奴隶社会的税法

1. 夏、商、周时期

　　税法的设立总是与国家的建立相伴。夏朝是我国第一个奴隶制国家，历史上有记载的税法就是从这个时候开始的。夏朝及以后的商朝及周朝，是我国历史发展的第一个重要时期，这时的税法制度被概括成贡、助、彻。

　　夏朝的贡（赋）法。按《广雅》的解释，"贡"是指居民向上进奉土地所出产的物品。贡法规定，税率为1/10。征收原则是：（1）必须是各地的土地出产物品；（2）以实物缴纳；（3）必须照顾各地的运输条件和距离远近。这种规定被认为是合乎税收公平原则的。

　　商朝的助法。《孟子》有云，"殷人七十而助"。即把定量土地（一"井"）分成九块，将周围的八块分给八家作"私田"（份地），由八家自己耕种，收入归各家，国家不收税；中间一块为"公田"，由八家共同耕种，公田收入全部上交国家，具有力役税的性质。

周朝的彻法。什么叫彻法？史学界没有一个统一说法。郑玄认为,彻法是畿内用夏朝贡法,税夫,公田;邦国用殷之助法。通贡助之法为彻。郑玄所说,比较接近西周的实际情况。周武王灭商后,并未立即统一田赋制度。对原属商朝统治区仍行助法。以后逐步加以改革,实行彻法,即对百亩之田所收之物,按什一税率征税。①

2. 春秋战国时期

春秋战国时期是个社会激变的时代。统一的集权国家被分封的奴隶制国家取代,战争不断,井田制遭到破坏,社会思想比较活跃,同时社会生产力发展较快,税法也发生了许多变化。这一时期较大的税法变革如下:

第一,鲁国实行"初税亩"。鲁宣公十五年(公元前594年),改革旧有田赋征收制度,不论公田和私田,一律按田亩多少征税。"初税亩"是国家以私田合法化为代价换取对私田的课税权,成为中国奴隶制经济向封建地主制经济过渡的标志。

第二,秦国商鞅变法。第一次变法在秦孝公三年(公元前359年),涉及税收的内容主要是奖励耕织,鼓励分家立户,扩大税源。第一次变法规定,凡努力从事农业生产,使所产粮食和布帛超过规定数量的,可免除本人徭役和赋税;一家凡两个儿子以上,儿子到成年必须分家,自立门户,耕地出赋税,否则,罚出双倍的赋税。在第一次变法取得初步成功后,秦孝公十二年又进行了第二次变法,涉及税收的主要内容包括:(1)废井田,承认土地私有,但是私有土地必须课税,以扩大税源;(2)统一度量衡,便于统一赋税征收尺度,统一俸禄颁给标准;(3)秦孝公十四年,"初为赋",按户(人)征军赋,《秦律》称为户赋,《七国考》称为口赋。《秦律》规定:(1)凡男子成年后,必须到官府登记,分立门户,按规定纳户赋;(2)凡隐匿户口,逃避赋税者,要加重处罚;(3)男子成年不分家立户者,要加倍征户赋。商鞅变法有力地促进了秦国农业生产的发展,充实了国家财政,增强了军队战斗力,同时也使社会秩序得到稳定,为秦国日后兼并六国、统一全国奠定了政治和经济基础。②

【探讨】对中国奴隶制社会税法的评析

奴隶制社会是我国税收的雏形阶段,在这一阶段,税法的特征并不鲜明。但仍有这样几点值得关注:

第一,从夏朝的贡开始,税法就是由奴隶制国家制定的。由此可以推论,从税法的雏形阶段开始,税法就是制定的而不是认可的。

第二,我国自古以来即实行君主制,皇权至高无上,皇帝一言九鼎,是神不是人。在这样的背景下,税收立法必然是专制的,民主立法不存在可能性。

第三,在税收的课征上,阶级压迫非常突出,但是也不能不在较低的层次上考虑税收公平问题。

第四,虽然当时的史料很多是后人的推测,不够全面和准确,但也能看出,按照今天的标准,

---

① 参见孙翊刚、王文素主编:《中国财政史》,中国社会科学出版社2003年版,第45、46页。

② 参见孙翊刚、王文素主编:《中国财政史》,中国社会科学出版社2003年版,第21、22页。

税法规定集中在实体法方面,还不能顾及其他方面。

第五,与当时的生产力水平和社会结构与社会矛盾相适应,主要采用古老的直接税形式。对土地课征,既采用实物税形式,也采用力役税形式。

第六,到了奴隶制社会的后期,从商鞅变法的内容看,税法规定的内容已经比较细致,并且开始以"罚"作为保障税法执行的强制手段。

(二) 封建社会的税法

封建社会是我国历史上发展得最为充分、最为完备的社会形态。这一时期大约跨越 2 000 年的历史长河,是中华文明形成与发展的主要时期。与封建制度相适应的税法制度在调整中逐渐稳定下来,并不断完备。但在不同的朝代也发生着不同的变革,体现着时代的特征。

1. 秦汉时期

秦始皇统一中国,开始了漫长的封建专制时代。秦朝先后颁布了《田律》《仓律》和《徭律》,以主要征收田赋、户赋和口赋,奠定了封建社会税法的基本模式。公元前 216 年,秦始皇发布律令,"使黔首自实田",即命有产之民向国家自报土地数量,政府据以征税。据史书记载,秦的田赋征收达到总收入的 2/3,十分苛重。

西汉前期,赋役制度大体沿用秦制,但因长期战争导致社会生产力遭到巨大破坏,为了休养生息,汉朝统治者规定了较低的田赋税率,并且保证征收有定制。此后,汉朝又在秦律的基础上增加了《田租税律》和《盐铁税律》等税法,形成了一定规模的税法体系。[1] 这一时期,除了田赋外,还有人头税、力役税、财产税等性质的税收。秦汉时期是我国封建社会的幼年时期,但这一时期形成的税法制度对后世影响较大。

2. 三国魏晋南北朝隋唐时期

东汉后期战争频发,国库空虚,统治者除征收田租外,还按户征调财产和物品,称为"调"。建安九年(204 年),曹操改革赋税制度,将按田收租和按户征调固定化,正式颁布户调制,并废置汉代征收的口赋和算赋。

北魏时为了恢复生产、稳定社会,魏文帝实行均田制改革,鼓励农民开荒并向地广人稀之处迁徙,将依附于世家大族的荫户独立出来成为国家编户,使农民和土地重新结合起来,人均税负有所降低,而国家的总体税收有所增加,在一定程度上推动了社会发展。[2]

唐朝是我国封建社会发展的巅峰时期,社会经济空前繁荣,税源相对丰足,但在唐初,统治阶级还比较注意征收有度,缓解社会经济矛盾。当时征收的税种主要包括以下几种:

(1) 田赋—租庸调制。李渊父子于武德七年(624 年)"定均田、租庸调法"。凡授田者,丁岁输粟二斛、稻三斛,谓之租。丁随乡所出,岁输绢二匹,绫绝二丈,布加五之一,绵三两,麻三斤,非蚕乡则输银十四两,谓之调。用人之力,岁二十日,闰加二日,不役者日为绢三尺,谓之庸。有事

---

①   参见张晋藩主编:《中国法制史》,群众出版社 1991 年版,第 226 页。

②   参见本书编委会:《公开选拔和竞争上岗学习指南》(下册),中国税务出版社 2007 年版,第 258、352 页。

而加役二十五日者免调,三十日者租、调皆免。租庸调制是在均田制基础上实行的赋役制度,是我国历史上具有重大影响的赋税制度改革。

(2)户税。户税始征于武德六年(623年),"令天下户量其资产,顶为三等"。武德九年(626年),又以三等办法不能反映户等升降,改为九等。

(3)地税。唐初,地税实为义仓收入,在"田租"外按田亩或户等缴纳。凡王公以下以其垦田所产粟、麦、稻之类,每亩缴纳二升,存贮州县义仓,以备凶荒年使。①

唐朝中期税法最大的改革是实行"两税法"。"两税法"的具体内容可归纳为以下几点:第一,国家取得财政收入按照"量出制入"的原则,采用配赋税的形式。即在确定第二年的财政征收总额时先要对国家各项经费开支进行估算,以此确定征收总额,再按一定比例下达全国,组织征收。第二,以各地现居人口(不分主、客户)为纳税人。行商无固定地点,则在所在州、县征收。第三,税率的确定是:户税,按九等分摊;地税,以大历十四年(779年)的垦土数为基准按比例分摊;不分丁男中男,一律按资产多少摊征,商人按其收入税1/30权信征。第四,税款分夏、秋两次缴纳,夏税不得晚于6月底;秋税不得迟于11月底。第五,实物税与货币税并重,但以实物税为主。原则上户税交钱,地税交实物,但在实际缴纳时再按国家规定或折钱,或折物。第六,鳏寡孤独及赤贫者免征。第七,原来的租庸调和一切杂徭、杂税的征收制度作废。第八,如在两税外擅自加征者,以违法论处。②

两税法是我国赋税史上的重大改革,它对于平衡税负、合理负担,促进经济发展,巩固中央财政都曾起到积极作用。杨炎因事被贬不久罪死后,两税法即有其名而无其实。封建社会的改革因人而兴,因人而灭,难有善终,不能不说是历史的悲剧。

3. 宋元时期

宋朝建立了一套庞杂的赋税制度,仅田赋就分为五类:(1)公田之赋,即向农民出租官庄、屯田、营田等国有土地而收取的地租收入;(2)民田之赋,即对私有土地课征的出赋收入;(3)城郭之赋,税于城市店宅和园地;(4)杂变之赋,指赋以外的奇杂收入;(5)丁口之赋,即人头税。纳税物品则分为谷、帛、金铁和物产四类,分夏、秋两次征收。北宋政府还把人民日常必需的生活资料如盐、茶、酒等垄断在自己手里,控制生产,实行专卖。另外,商业的发展和封建政府财政需要的增加使宋代的商税在其财政收入中占据重要地位。当时赋役重负的承担者是广大农民和中小地主,杂税很多,税负不均的问题比较突出。

北宋王安石执政后推行方田均税法,每年9月由县官派人丈量土地,以东、西、南、北各千步为一方,按地势、土质分等定税,即各县原定赋税总额分派,并设置方账、庄财、甲帖、户帖等作为凭证,以达均税目的。

宋元时期还形成了被称为"买扑"的包税制度,在纳税人缴纳了买扑人的保证金后,统治者

① 参见孙翊刚、王文素主编:《中国财政史》,中国社会科学出版社2003年版,第149、150页。
② 参见孙翊刚、王文素主编:《中国财政史》,中国社会科学出版社2003年版,第154、155页。

即可向其征税,向纳税人所征税款超过承包税额之数,即为所得。[1]

南宋王朝的领土虽然不及北宋的 2/3,人口也大为减少,但每年赋税收入超过了北宋,封建统治者于正税之外,巧立名目,税上加税。除经总制钱、月桩钱等新立税目外,还征收各种工商杂税。南宋政府"虚价"纸币,于重税之外,进一步榨取民财。

元朝的赋税,主要有税粮和科差两项,南北相异,贯彻着严格的民族歧视政策和阶级压迫原则。中原地区的田赋征收始于建元之前的耶律楚材辅政时期,田赋制度与唐代的租庸调无共同之处,制度规定得比较详细,尚能照顾到各方面纳税人的负担能力,说明元代赋税制度经多年经营已经逐步完善起来。元朝行于江南的田赋制度基本上沿用了宋代的旧制,征夏、秋两税,称"夏税秋粮"。田赋的征收实行包征制,又称"扑买",即商人以较低的数额把国家的税额部分或全部地承领包办,一次缴纳,然后再以较高的税额征收。

科差原始于宋代,是一种役钱。但发展到元代,已成为一项纯粹的赋税。科差在中原和江南也各不相同。科差之外还有徭役。元政府垄断了盐、酒、菜、醋等主要生产部门,实行官营。

元代商税,采用三十取一之制,并以银 45 000 锭为定额,有溢额者,作为羡余,规定增羡者赏,亏短者罚。

4. 明清时期

明清时期已是我国封建社会的后期,封建社会的腐朽性更加凸显,虽经数次较大的土地税制调整,在一定时间内缓解了当时的政治经济危机,缓和了阶级矛盾,一定程度上促进了社会经济发展,但再也无法挽回封建社会走向末路的预势,减轻的税负不可避免地出现反弹,最后成了"压死骆驼的最后一根稻草"。

明朝赋役制度的改革主要是实行著名的一条鞭法。

为了缓解严重的政治与经济危机,巩固明王朝的统治,神宗万历九年(1581 年),内阁首府张居正提出赋役制度改革方案,在查实土地数量的基础上,实行一条鞭法:(1)把明初以来分别征收的田赋和徭役合并为一,总编为一条,并入田赋的夏、秋二税中一起征收。(2)每一州县每年需要的力役,由官府从所收的税款中拿出钱来雇募,不再无偿调发平民。(3)把以前向地方索取的土贡方物,以及上缴京库备作岁需和留在地方备作供应的费用,都在一条鞭中课征。(4)课征对象为田亩,纳税形态是以银折办,即所谓"计亩征银"。(5)赋、役、土贡等合并后,国家的课税总额不得改变,国家财政收入得到了保证。(6)盐税、酒税、茶课、商课、矿课等税收,仍然继续分别课征。[2]

一条鞭法的出现,是我国封建社会赋税史上的一件大事,其积极意义表现在增加了课税,均平了税负,简化了税制,由历代对人征税转为对物征税,由缴纳实物转为缴纳货币,有利于促进社会分工和商品经济的发展。当然,与历史上任何改革一样,一条鞭法也有其局限性,但毕竟在一定时期、一定程度上推动了经济的发展。

---

① 本书编委会:《公开选拔和竞争上岗学习指南》(下册),中国税务出版社 2007 年版,第 353 页。
② 参见孙翊刚、王文素主编:《中国财政史》,中国社会科学出版社 2003 年版,第 275—278 页。

清朝实行的主要税法改革即实行摊丁入亩制度。其基本做法是,将康熙五十五年(1716年)各省应征丁银数与各省应征田赋数相除,得出每田赋银一两应摊丁银若干(或粮食若干)。各省也以此计算各州负担的丁银数。

摊丁入亩是明代一条鞭法的继续与发展,也是我国赋税史上的一次重大改革,主要做法是将清朝前期实行的丁银摊入地亩合并征收田赋。其积极意义是使税负得到均平,税制得到简化,税收收入得到增加,促进了社会经济发展。据统计,康熙五十年的人口为2 462万,乾隆六年(1741年)的人口(包括男女老幼)为14 341.15万;乾隆二十七年,人口突破2亿。不到30年增加1亿人口,应当说这在当时是一项了不起的成就。①

【探讨】对中国封建社会税法的评析

第一,专制课税不断强化,征什么税、征多少税完全取决于皇帝的决断,不仅普通老百姓,就是大多数高级官吏,也没有多少话语权。所谓纳税人权利,更是无从谈起。如果皇帝开明,尚能考虑到保持税负的适当水平来缓解社会经济矛盾,延长其统治,否则,横征暴敛会使人民不堪重负。千古兴衰多少事,中国历史上任何一个朝代的终结,都有税负过重的影子。一个朝代的更迭,往往从轻征薄赋开始,伴随着统治阶级队伍人数激增与对贪婪奢靡的追求,不断累加的负担绝大部分压在农民身上和土地上面。当农民和土地终于背负不起重压,生产关系与生产力的调整以战争的激烈形式进行,新一轮改朝换代终将完成。

第二,税种的课征,采用了法的形式,并且规定得愈加细致周密,便于征纳双方遵守和惩治违法者。在个别时候,统治者从维护长远统治的目的出发,还能提出征税者不得随意课税,否则即是违法的要求。

第三,从缓解社会经济矛盾、维护统治的目的出发,多数朝代在初期和税法改革中能够注意税法的公平问题,包括纳税人的整体税负水平与横向公平。应当说,历次税法改革,都不同程度地收到了改善税收公平的效果。但是豪强地主阶层往往享有不被课税的特权,这是税负不公的重要表现与直接原因之一,直到封建社会后期,这一特权才被取消。由于历次改革几乎都要触犯豪强地主阶层的利益,因此,往往不能得到很好的执行,负责为皇帝制定税法的大臣多不能得到善终,待其被罢免或死后,税法改革的成绩就被消磨殆尽。

第四,为适应封建社会生产力的发展水平,实体税法部分是以田赋为中心构建的。我国漫长的封建社会基本处于农耕时代,土地产出构成主要的社会财富,因此,田赋成为主要的税收形式。整个封建社会的税制改革基本上是在保证国家税收不断增长的前提下,朝向整合田赋,降低普通农民税收负担的方向努力的。但其前提为耕地的准确丈量、核实。所以,每次税制改革都是从改革者努力准确丈量、核实土地开始。此后,随着豪强地主势力反扑,对土地的丈量核实失准,税制改革的效果也就逐渐衰减乃至消失,不得不寄希望于下一次税制改革。在封建社会后期,随着商品经济萌芽,对商品流通的课税增加,力役税基本取消。专卖作为税收的一种特殊形式,在一些朝代的税法中占有一定位置。为了镇压老百姓的反抗,税法中的罚则得到强化,并有所加重。

---

① 参见孙翊刚、王文素主编:《中国财政史》,中国社会科学出版社2003年版,第294、295页。

二、中国半殖民地半封建社会的税法

1840 年以后,中国逐步成为半殖民地半封建社会。社会矛盾不断激化,国家主权部分丧失,但同时现代工商业兴起,税源结构发生了很大变化,税法也受到世界列强的影响而逐步走向现代。

1. 清朝末期

为了应对大量赔款、军费开支和洋务运动带来的财政压力,清政府在加重田赋、盐税等旧税的同时,陆续开征了关税、厘金税等新税种。

田赋由正税与附加构成。正税有两种:一为地丁,是摊丁入亩后田赋正税的名称;一为漕粮,是由向京师供应粮食的省份所交。田赋附加的名称在各地有所不同。当时的工商税收有盐税、茶税、矿税、当税等各种税。

在鸦片战争失败,被迫"五口通商"后,清政府新开征了海关税,包括进口税、出口税、子口税、复进口税、吨税等。进口税、出口税一律值百抽五。[①] 关税主权部分丧失。

2. 北洋政府时期

1913 年,北洋政府财政部订立了《国家地方税法草案》,规定中央税包括田赋、盐税、关税、常关税、统捐、厘金、矿税、契税、酒税、茶税、糖税和渔业税等,地方税包括田赋附加税、商税、牲畜税、粮米捐、土膏捐、油捐及酱油捐、店捐等。[②] 其中,关税、盐税、烟酒税等在国家财政收入中占有重要地位。田赋的财政地位虽然在不断下降,但是除田赋正额外,还有最苛扰的田赋附加与田赋的预征。加在农民头上的另一沉重负担是兵差,它是古代徭役的转化。兵差的征调,包括力役和实物两种形式。[③] 这一时期,北洋政府虽然颁布了一些税法文件,但是由于连年军阀混战,并没有形成真正统一有效的税法制度。

3. 国民政府时期

这一时期,税法制度与北洋政府时期相比,最大的不同点是田赋划归地方,中央岁入主要靠工商税。这固然是迁就北洋政府时期以来田赋尽为地方所截留这一既成事实,但也反映了这一时期商品货币关系的继续扩大,有可能在流通和分配领域,特别是国内外商品流通中不断产生大量的收益。1935 年通过的《财政收支系统法》规定,中央税包括关税、盐税、统税、烟酒税、印花税、矿税、交易所税及收益税、所得税等税种,而以关税、盐税、统税三税为支柱。

抗日战争时期,由于沿海沿江大城市、工业和财富集中地区以及重要盐区相继沦陷,关、盐、统三税锐减,课税收入在国库总收入中的比重急剧下降。

抗日战争发生后,国民党政府看到所得税在战时各国租税中所占地位的重要,也着手加以推

---

① 参见刘剑文主编:《税法学》(第二版),人民出版社 2003 年版,第 56 页。
② 参见郑学檬主编:《中国赋役制度史》,厦门大学出版社 1994 年版,第 672 页。
③ 参见中国财政史编写组编著:《中国财政史》,中国财政经济出版社 1987 年版,第 495—505 页。

广。直接税收入在 1945 年度已占当年税收收入的 14.5%,在抗日战争中期发展成为工商税收的四大体系之一,居抗日战争后期工商税收的第三位,但在国家税收收入中的地位,仍居于盐税和货物税之后。至于直接税中的遗产税则因权势者享有免税的特权,收效甚微。

到了国民党政府总崩溃之前,其各税种的地位有所变化,货物税跃居税收的首位;关税随着国际贸易恢复而升居第二位;国民党政府虽对直接税寄予厚望,但因直接触及以"四大家族"为代表的统治阶层利益,征收始终打不开局面;盐税则江河日下,退居末位。1946 年 7 月 1 日,国民党政府下令恢复田赋征实,而且税负较以前更重。1949 年,国民党政府军事、政治、经济、财政总崩溃前夕,又于 2 月 23 日通过《财政金融改革案》,其中有关税制方面的主要内容是:(1) 营利所得税改采用同业分摊包缴办法,估定税额,令各同业公会限期催收缴纳。(2) 货物税、盐税必要时恢复专卖。(3) 关税改收关元。每元合美金四角,须以金银及外币购买。1949 年 3 月 13 日又规定以"税元"作为缴纳各种税款之用,每元合黄金一市分。凡此都说明了当时币值已近崩溃,因而国民党政府只得不断变换花样以加强掠夺。[①]

【探讨】对中国半殖民地半封建社会税法的评析

第一,清王朝被推翻以后,专制课税从形式上转为民主课税,税法的制定要由国家立法机关通过一定的法律程序完成。所采取法的形式与现代已经没有大的差别,税法体系的结构与模式大量借鉴西方国家的做法,实现了税法从古代向现代的转变,这应当被视为一种进步。但是由于战争不断,军阀割据,实际上在大部分时期并没有形成统一的税收法律制度。而且在当时的政治、社会经济背景下,也不可能真正实现税收法制化。

第二,关税主权受到破坏。表现在中国独立自主的关税变为"协定关税";海关关长(税务司)长期由外国人担任;关税收入要首先抵押偿还赔款、外债,关税税率过低,根本起不到保护作用。到了国民政府时期,国民党政府虽然从形式上收回了关税主权,但是仍然在一定程度上受到帝国主义国家的控制。

第三,由于承受外敌入侵与国内战争的破坏,国力衰退,政治腐败,社会经济政治矛盾激化,国家财政压力巨大,新税不断开征,人民的税负不断加重。国民党政府甚至创了提前数年预征税款的天下奇闻,税负的公平性也就无从体现。

第四,税法结构发生较大的变化。一方面,由于帝国主义的侵略打破国门,中国传统的自给自足的农村自然经济解体,但资本主义经济尚未发展起来,所以田赋在国家财政中的地位下降,但是货物税尚无可靠的税源,所以盐税、关税等税种充当了国家财政的中坚力量,直到国民党统治的中后期这种情况才有所改变;另一方面,除去实体税法之外,其他税法开始成为税法的组成部分。

第五,在现代国家的构架下,中央与地方的税收利益分配,开始成为税法调整的一个重要方面。不过由于军阀割据,国家税法难以具备应有的权威,政府间的税收利益分配,往往要靠"枪杆子"说话。

---

① 参见中国财政史编写组编著:《中国财政史》,中国财政经济出版社 1987 年版,第 535—559 页。

第二节   新中国税法的建立与发展

我国税收法制建设始终与税收制度的建立发展相伴。本节所作的分析,侧重于从法律的角度总结新中国成立以来各个历史时期税收工作的利弊得失,以求为我国税收法制建设的变化发展勾画出较为清晰的轨迹。

我国税法的建立与发展,可划分为以下四个大的历史时期。

一、新中国成立初期税法的建立与修订

(一)革命根据地税法的简单回顾

应当说,新中国税法主要的原则精神来源于革命根据地的税收制度。早在中国共产党建立革命根据地之初,为了巩固红色政权的需要,即建立了相应的税收制度。1930 年赣西南根据地制定并颁布了《赣西南苏维埃政府土地法》,对土地税作了专门规定。[①] 按照 1931 年 11 月 17 日颁布的《中华苏维埃共和国宪法大纲》、1931 年 11 月 28 日颁布的《中华苏维埃共和国中央执行委员会第一次会议关于颁布暂行税则的决议》、1931 年 12 月颁布的《中华苏维埃共和国暂行税则》以及 1933 年颁布的《中华苏维埃共和国农业税暂行税则》的规定,征收农业税、商业税、工业税,此外还在根据地与其他地区交界处征收关税,[②]苏维埃政府应豁免红军、工人、乡村与城市贫苦群众家庭的纳税,另定统一的土地累进税则,由富农及资产阶级负担。[③]

抗日战争时期,根据新的政治经济与军事形势,农业税主要采取救国公粮制度。1937 年 10 月,陕甘宁边区政府颁布了《救国公粮征收条例》,规定按照带免征额的全额累进税率征收,总体负担较轻,在征收上采用民主分配任务与政治动员相结合的方式,纳税人对分配的税额不服的,还可以申请复议。除去救国公粮外,抗日根据地还征收盐税、货物税、商业税、烟酒牌照税和牲畜买卖税等。[④]

解放战争时期,各解放区制定了能够体现党的政策,适合自己情况的税收制度。1947 年 12 月,东北解放区制定了关税、屠宰税、牲畜交易税、货物税等暂行条例,设立了较为完整的税务机构,1948 年在全东北范围内实现了农业税的统一。1948 年 11 月,在石家庄召开的华北首届税务工作会议通过了 14 种税收条例和规章制度,包括一些程序性规则,决定征收货物税、工商所得

---

① 参见唐滔默编著:《中国革命根据地财政史》,中国财政经济出版社 1987 年版,第 50 页。

② 参见刘隆亨:《中国税法概论》(第三版),北京大学出版社 1995 年版,第 1—7 页。

③ 参见李成瑞:《中华人民共和国农业税史稿》,中国财政经济出版社 1962 年版,第 71 页。

④ 参见北京经济学院财政教研室编:《中国近代税制概述》,北京经济学院出版社 1988 年版,第 190—193 页。

税、农业税、临时营业税、矿业税、烟类税等十几个税种。①

概括当时的税法特征:其一,尽管战争年代革命斗争环境非常险恶,但是人民政府非常重视税收法制建设,制定的税种法律依据比较充分,即使是拿今天的眼光看,亦是值得肯定的;其二,与当时革命根据地处偏远农村,没有更多财源的实际情况相适应,税收主要来源于土地与农业;其三,税收政策非常注意与党的农村与土地政策相一致,实行累进税率,贫苦农民税负较轻,富裕农民税负相对较重,从矫正社会不平等的角度体现税收公平;其四,比较注意立法的民主化;其五,鉴于当时各革命根据地被分割包围,各根据地的税法规定并不统一。

（二）新中国成立初期税法的建立

税法体系的建立总是与国家政权的建立相联系。新中国成立之初,解放战争尚未完全结束,大批投降的国民党军政人员需要安置,国民党政府遗留下来的物价飞涨的经济形势亟待改变,经济建设亟须恢复,这一切都需要强有力的税收支持。因此,设立新税法的工作受到党中央的高度重视。早在新中国成立前夕,由中国人民政治协商会议第一届全体会议通过的、起临时宪法作用的《中国人民政治协商会议共同纲领》(简称《共同纲领》),即对税收问题作出了明确的规定,"国家的税收政策,应以保障革命战争的供给、照顾生产的恢复和发展及国家建设的需要为原则,简化税制,实行合理负担"(《共同纲领》第40条第2款)。这一原则规定成为当时我国税收法制建设最基本的指导思想和最高法律依据。此后,经过1949年11月全国首次税务工作会议的准备,政务院于1950年1月发布《关于统一全国税政的决定》的通令,并附发《全国税政实施要则》《全国各级税务机关暂行组织规程》和货物税、工商业税等实体税法的暂行条例。《全国税政实施要则》成为当时的基本税法,其内容共12条,规定了合理负担,统一税法、税政,一切纳税人必须照章纳税等基本原则;明确了中央与各级地方政府的立法权限;设置了货物税、工商业税、盐税、关税、薪给报酬所得税、存款利息所得税、印花税、遗产税、交易税、屠宰税、房产税、地产税、特种行为消费税、车船使用牌照税和契税等全国统一开征的税种。但限于当时的实际情况,薪给报酬所得税和遗产税并没有实际征收。根据当时新老解放区土地改革完成与否的情况不同,对老解放区继续沿用革命根据地制定的征税办法,采用比例税制;新解放区根据1950年9月发布的《新解放区农业税暂行条例》,实施差额较大的全额累进税率。② 政务院于1951年12月公布的《税务复议委员会组织通则》规定,税务复议委员会由财委、工商局、税务局、工商联、工会的代表和有关人士组成,任务是传达政府的税收政策法令,调解处理税务机关与纳税人的争议和有关申请复议等事项。该通则建立了适应当时情况的税收行政复议制度,具备了税收法律救济制度的雏形。

（三）新中国成立初期税法的修订

此后,随着我国大规模经济建设逐步展开,经济结构有了较大变化,以流转税为主体的税制

---

①　参见刘志城主编:《中华人民共和国工商税收史长编》(第一部),中国财政经济出版社1988年版,第27—29页。
②　参见刘隆亨:《中国税法概论》(第三版),北京大学出版社1995年版,第9页。

模式不适应商品流通环节的变化,加之不法商人借机偷税、漏税,出现了"经济日益繁荣,税收相对下降"的不正常情况。为此,根据"保证税收、简化税制"的精神,为满足进行大规模社会主义改造的要求,贯彻"公私区别对待,繁简不同"的税收政策,实体税法在1953年作了较大的调整。主要内容包括:试行商品流通税,简化货物税,修订营业税,取消特种消费行为税,停止征收药材交易税,将粮食、土布交易税并入商品流通税征收。经过1953年的修正,全国共有14个税种,包括商品流通税、货物税、工商业税、盐税、关税、农(牧)业税、印花税、屠宰税、牲畜交易税、城市房地产税、文化娱乐税、车船使用牌照税、利息所得税、契税。

1956年,生产资料私有制的社会主义改造基本完成,原来针对私营经济利用、限制、改造的税收政策不再适应单一的公有制经济,为此,实体税法又作了进一步简化。将原来的商品流通税、货物税、营业税、印花税合并为工商统一税,进一步简化了纳税环节,调整了税负。

1958年,实体税法先后作了一些调整,合并了一些税种,税制进一步简化。1958年调整后征收的主要税种包括工商统一税、工商所得税、关税、盐税、牲畜交易税、城市房地产税、车船使用牌照税、屠宰税、契税、农业税等。能够代表这一时期税法建设成就的工作主要有:

(1)1954年《宪法》第102条规定:"中华人民共和国公民有依照法律纳税的义务。"这一规定确立了税法最直接的宪法依据。

(2)1956年《文化娱乐税条例》(已失效),以中华人民共和国主席令的形式颁布,是我国最高立法机关正式建立后首次通过的税收法律。

(3)1958年《农业税条例》统一了全国农业税法,原来在新老解放区分别实行的农业税征收办法同时废止。《农业税条例》是我国修改最少、执行时间最长的一部税收法规,该条例自公布实施后一直未作大的修改,直至2006年1月1日废止,在我国课征了几千年的农业税终于退出了历史舞台,这应当是我国税收历史上一个划时代的标志性事件。

(4)1958年《国务院关于改进税收管理体制的规定》(已失效)下放了部分税收立法权,这是我国税收立法权的首次调整。下放的税收立法权主要包括:省、自治区、直辖市可以对某些土特产品、副产品开征地方税;开征印花税、屠宰税等地方税;省、自治区、直辖市在中央统一规定的税收条例基础上,有权对这些税种的税目、税率作必要的调整。各自治区如认为全国统一税法与本自治区实际情况不相适应,可以制定本自治区的税收办法,报国务院备案。1958年以后,随着政治环境的变化,极"左"思潮泛滥,"非税论"思想逐渐抬头,认为对国有经济不能采用税收的方式参与其利益分配,税收的调节范围逐步缩小,税收法制建设出现曲折,税制越来越简化。特别是经过"文化大革命"的浩劫,我国国民经济受到严重摧残,整个法律制度受到严重破坏,税法也不例外。在此背景下,1973年进行的税法修订,其中心仍是简化税制。经过此次改革,我国对国营企业只征收工商税,对集体企业只征收工商税和所得税。1975年《宪法》取消了1954年《宪法》中仅有的"中华人民共和国公民有依照法律纳税的义务"的税收条款。这一阶段,全国人民代表大会作为国家立法机关有名无实,国务院负责制定的税收行政法规层级低、不规范,按较严格的标准讲,税法已名存实亡。

【探讨】对新中国成立初期税法建设的评析

抛开"文化大革命"这一特殊历史时期不谈,应当说新中国成立初期的税法建设是卓有成效的,某些方面即使用今天的眼光去审视,仍然有较高水平。

第一,税法体系较为完整。既有起基本税法作用的《全国税政实施要则》,又有起实体税法作用的各个单行税种,还有作为税务机关组织法的税务机关组织规程,以及有关的征收管理办法。税法体系从设计上看,考虑得比较周全。

第二,立法依据明确。每一税法的基本法律渊源明确,整个税法体系的法律关系、逻辑关系较为清晰。例如,《全国税政实施要则》指明是依据起临时宪法作用的《中国人民政治协商会议共同纲领》第40条制定的;《农业税条例》第1条即规定"……根据中华人民共和国宪法第一百零二条'中华人民共和国公民有依照法律纳税的义务'的规定,制定本条例"。此外,当时税法的建立是按照先基本税法,后一般税法,再税收法规,即按照法律由高到低的层级进行的,符合一般立法的逻辑与惯例,也有助于立法依据的明确。

第三,税收立法权得到了较为合理的划分。首先,在国家立法权与行政立法权的划分上,可以分为两个阶段来考察。在我国税法体系的初建阶段,所有税法都采用行政立法形式,由政务院制定颁布,这符合当时建立税法体系的时间紧迫,正式立法机关尚未建立的实际情况;在随后1953年和1958年的税法修订过程中,则逐步形成了主要税法由全国人大及其常委会立法,一般税法由最高行政机关立法的格局。其次,对于中央与地方税收立法权的划分,在保持中央集权的前提下,开始尝试给予省级地方一定的税收立法权。

第四,注意保护纳税人的合法权益。《税务复议委员会组织通则》确立了当时颇具特色的税收行政复议制度,即复评委员会由不同部门的代表和专家构成,须经半数委员同意,才能形成复评委员会的决议。这较之目前完全由税务机关进行的税收行政复议更能照顾纳税人的合法权益。因而,在当时没有税收行政诉讼制度的条件下,税收行政复议成为保护纳税人合法权益的基本制度,这一点是难能可贵的。

当然,如果按照较严格的标准考察,当时的税法体系并非没有问题。例如,有关税法的程序性内容较少,且分布在各税种中,没有形成统一、完整的程序性税收法律或法规;税法内容简单、抽象,税收立法技术较为粗糙,不注意税法的法律属性,税收法律、法规、规章的界限与区别不够清晰;税收执法建设尚处于低水平,税收司法制度基本是空白的等。这些问题,有些是当时的社会大环境造成的,有些则是技术性的问题。如果税收法制建设能够按照正常的轨道运行,上述问题是不难解决的。可惜,由于"文化大革命"的发生,税收法制建设遭受重大挫折,陷于停滞乃至出现了倒退,直至党的十一届三中全会后,才重现生机。

二、20 世纪 80 年代税法的重建与改革

党的十一届三中全会以后,我国社会主义建设事业进入一个崭新的历史发展时期。以经济建设为中心,实行对外开放政策,经济体制改革从农村到城市全面展开,各项法律制度得到恢复和发展。我国1982年《宪法》恢复了"中华人民共和国公民有依照法律纳税的义务"的税收条款。"非税论"思想禁忌被打破,税收的作用得到重新评价与重视,税法体系的改革也逐步展开。

应当说明的是,这次税法的改革从 1980 年开始,到 1993 年才基本结束,周期较长,但 1984 年实行的第二步"利改税"才是其核心。我国在 20 世纪 80 年代前期,比较偏重实体税法的改革,20 世纪 80 年代后期及 20 世纪 90 年代初期,则加大了程序税法和税收救济法(或称争讼税法)改革的力度。

(一)实体税法的改革

20 世纪 80 年代初,为了尽快适应改革开放的新形势,将吸引外资与维护国家税收权益结合起来,迫切需要有一套符合国际惯例、相对完整规范、立法层次较高的税法体系。但在当时,国内经济体制改革尚未展开,税制改革的方向并不明确。故此,我国采用了涉外税法与国内税法相分离的独特立法方式,率先建立了涉外税法体系。1980 年 9 月 10 日,第五届全国人民代表大会第三次会议通过了《中外合资经营企业所得税法》和《个人所得税法》。同年 12 月,国务院颁布了这两部税法的实施细则。1981 年 12 月 13 日,《外国企业所得税法》通过,1982 年经国务院批准,财政部发布了该法实施细则。此后,《国务院关于鼓励外商投资的规定》《财政部关于沿海经济开放区鼓励外商投资减征、免征企业所得税和工商统一税的暂行规定》等法规对上述 3 部涉外所得税法作了补充,其总的趋向是扩大税收优惠的范围与程度。这 3 部涉外所得税法的实施,对吸引外资起到了重要作用。然而,内外分设所得税法,税法不统一,违背国民待遇原则,税负不公的矛盾越来越突出。因此,税法的完善走向建立内外统一的企业所得税法。作为第一步,1991 年 4 月 9 日,《外商投资企业和外国企业所得税法》通过,将两部涉外企业所得税法合二为一。

在涉外税法的建立基本完成后,国内税法的改革也逐步展开。鉴于当时经济体制改革正处于摸索阶段,发展方向尚不明朗,为适应不断发展变化的经济形势,国内税法体系尚不适合采用税收法律的形式。故此,1984 年 9 月 18 日,《全国人民代表大会常务委员会关于授权国务院改革工商税制发布有关税收条例草案试行的决定》通过。自此,各项工商税制改革,基本上都是国务院按照全国人大常委会的授权,以制定税收行政法规、颁布有关税种的条例草案或暂行条例的形式完成的。先后颁布的主要法规包括:

1983 年 4 月 29 日,《财政部关于对国营企业征收所得税的暂行规定》发布,自 1983 年 6 月 1 日起实行,此项改革被称为"第一步利改税"。1984 年 9 月,国务院批转了财政部拟订的《国营企业第二步利改税试行办法》;9 月 18 日,国务院发布《国营企业所得税条例(草案)》和《国营企业调节税征收办法》,正式对国营企业由原来的上缴利润改为征收所得税,此项改革被称为"第二步利改税"。同时,国务院将原来的工商税一分为四,制定发布了《产品税条例(草案)》《增值税条例(草案)》《营业税条例(草案)》《盐税条例(草案)》4 部税收行政法规及其实施细则。此外,先后通过、实施的税收条例(草案)或暂行条例的税种还有烧油特别税(1982 年)、资源税(1984 年)、城市维护建设税(1985 年)、集体企业所得税(1985 年)、国营企业工资调节税(1985 年)、国营企业奖金税(1985 年)、集体企业奖金税(1985 年)、事业单位奖金税(1985 年)、城乡个体工商业户所得税(1986 年)、房产税(1986 年)、车船使用税(1986 年)、个人收入调节税(1986 年从个人所得税中划出)、耕地占用税(1987 年)、私营企业所得税(1988 年)、印花税(1988 年)、城镇土地使用税(1988年)、筵席税(1988年)、固定资产投资方向调节税(1991年)等。1989年以税收规章的形式制定了"特别消费税"。1985年,国务院颁布了《进出口关税条例》和《海关进出口税则》。为适应改革开放后对外贸易迅速发展的经济形势,1987年,第六届全国人民代表大会常务委员会第十九次会议通过了《海关法》,关税税法体系得到恢复和发展。

此外,从1983年9月6日起至2018年12月止,我国先后与日本、美国、法国、韩国等107个国家正式签署了避免双重征税的双边税收协定(已在99个国家正式生效),这些双边税收协定也是我国税法体系的组成部分。

(二)程序税法与税收处罚法、税收救济法体系的建立

随着税制改革的进行,加强税收管理法治建设的重要性凸显出来。1986年4月21日,国务院发布《税收征收管理暂行条例》,我国税收管理有了独立、统一的行政法规,此举被视为我国税法建设上的一个里程碑,标志着我国税收管理开始走上法治的轨道。这一行政法规实行6年之后,被1992年通过的《税收征管法》取代。《税收征管法》对税收征收管理方式、程序、税务检查、法律责任等都作了较明确的规定。《税收征管法》的颁布实施,标志着我国税法建设登上了一个新的台阶。为了保证税法的有效实施,1979年《刑法》第121条对涉税犯罪中偷税罪与抗税罪的定罪与刑罚作出了规定:"违反税收法规,偷税、抗税,情节严重的,除按照税收法规补税并且可以罚款外,对直接责任人员,处三年以下有期徒刑或者拘役。"第124条还规定了伪造税票罪。这些规定虽然在严密性、规范性、可操作性上都存在一定的不足,但在当时还是起了积极作用的。为了加大打击税收犯罪的力度,提高有关法律的可操作性,1992年3月16日,最高人民法院、最高人民检察院联合颁布了《关于办理偷税、抗税刑事案件具体应用法律的若干问题的解释》。同年9月,《全国人民代表大会常务委员会关于惩治偷税、抗税犯罪的补充规定》通过,对偷税罪进行了修改。进入20世纪90年代以后,随着《行政诉讼法》和国务院制定的《行政复议规则》的颁布实施,税收救济法的建设也提上了日程,法院开始按照规定的法律程序受理税收行政诉讼案件。国家税务总局组成了税务行政复议委员会,在县以上税务机关也建立了相应的机构,并印发了《税务行政复议规则》,将税收行政复议作为税收行政诉讼的前置程序。

(三)税收法治思想逐渐形成

随着税收改革深入,政府税收主管部门的税收法治思想也逐渐形成。1988年全国税务工作会议提出"以法治税"的口号。此后连续两年,这一思想被反复强调。进入20世纪90年代后,"以法治税"被修正为"依法治税",成为税收法治的主导思想。

【探讨】对20世纪80年代税法建设的评析

20世纪80年代的税收改革,不是20世纪50年代、60年代税法建设的延续,而是全新税法体系的构建。评价这一时期的税法建设,我们注意到了这样几点:

第一,这一时期的指导思想逐步认识到税收不仅是一项经济制度,而且是一项法律制度,税收法治建设逐渐进入实质性阶段:立法上,体现为开始注意到税法与其他法律制度的协调,注意

到发挥税法体系的整体功能,因此,税收程序法的建设越来越受到重视;在行政执法上,体现为"依法治税"这一鲜明口号的提出,为将征税纳入法治的轨道作出了种种努力;在司法上,体现为重视对税收违法犯罪的打击,为保护纳税人合法权益而设置的税收行政复议、行政诉讼制度也基本建立完成,并开始探索建立税收司法体系的路子。

第二,鉴于当时处于改革开放之初"摸着石头过河"的特殊情况,税收立法采取了一些有违常规的方法。一是没有总体立法规划,采用了从立法要求最为迫切的涉外所得税开始,逐步扩大到其他税种,再从制定实体税法到制定程序税法、税收救济法的立法顺序。二是实体税法的立法周期过长,从1980年《中外合资经营企业所得税法》到1991年《外商投资企业和外国企业所得税法》,立法周期近于该实体税法体系的实际有效时间,这种情况是不多见的。三是采用了涉外税法与国内税法分设这一不符合国际上税收立法惯例的方式。这些做法或多或少地为以后的税法建设留下了隐患。例如,从税法结构上看,各单行税法并列,相互之间联系不够紧密,缺少一部统领整个税法体系的基本税法,内、外资企业税负不均,企业所得税的最终统一难度较大等。但是,这些做法又是当时权衡利弊之后作出的适当选择。例如,在20世纪80年代初,制定税收立法的总体规划,争取立法一步到位是极不现实的,其结果只能是将税法的改革推后若干年。再如,对外开放要求有正式的税收法律,但是如果设立统一的企业所得税法,对内又难以预测改革的方向,难以保证税法的稳定性。因此,内、外分设税法是当时最佳的选择。所以,对当时的做法,我们应作出历史的、公正的评价,而不能全盘否定。

第三,一般来说,主要的实体税法应采用正式法律形式,由国家最高立法机关行使税收立法权。但在当时的情况下,全国人大及其常委会难以全面承担繁杂的立法任务,只能直接负责最基本、最重要法律的立法。同时,由于改革方向、步骤尚不确定,税制难以稳定,大部分实体税法采用正式法律形式难度较大。所以,全国人大在1984年授权国务院改革工商税制和发布试行有关税收条例(草案)。此后,我国税收立法主要是由国务院主持,采用委托立法的形式进行的。尽管这样降低了税收立法的层次,在一定程度上影响了税法的效力,但是在当时是十分必要的,其法律依据也很充分。不过,这一时期中央与地方的税收立法权划分始终没有相应的法律规范,造成了税收执法中的一些混乱和矛盾。

第四,与20世纪五六十年代的税法相比,其规范化开始受到重视。税法的一些基本原则,如税收法定原则、税收公平原则、实质课税原则等在各个类型、各个层次的税法中得到越来越多的体现。税法的立法技术水平也有所提高。例如,不同层次税法的名称、立法机关、公布机关、内容结构都有明显的区别,并各自形成了一定的模式和风格;缺少法律含义的空泛语言已很少使用等。这些改进与我国整个法治环境的改善和与国际上法律制度的接轨有很大的关系。

三、1994 年税法的改革与完善

首先,进入 20 世纪 90 年代以后,随着经济体制改革不断深化,我国对社会主义经济性质的认识,由"有计划的商品经济"转向"市场经济",改革目标更加明确。按照"有计划的商品经济"理论设计的税收制度已不适应市场经济的要求,存在着税法不统一、税负不公平、税制复杂、不够规范等问题。其次,随着我国参与国际经济分工程度的加深,我国经济制度需要与相关国际法、国际惯例全面接轨,这就要求我国税收制度与法律作出进一步的改革与完善。再次,与经济高速发展不相适应,中央政府的税收利益在相对缩小,宏观调控能力相对下降,需要对税收收入划分作出偏向中央财政的适度调整。最后,市场经济也是法治经济的理念对整个税法的法治化程度提出了更高的要求。在此背景之下,从1993年下半年开始,按照"统一税法,公平税负,简化税制,合理分权,理顺分配关系,保障财政收入,建立符合社会主义市场经济要求的税收体系"的指导思想,我国实体税法又一次进行了新一轮全面改革。其主要内容包括:

(一) 流转税法以实行全面的增值税为核心

1993年11月26日,《增值税暂行条例》《消费税暂行条例》《营业税暂行条例》和《资源税暂行条例》通过,并自1994年1月1日起施行。1993年12月25日,财政部发布了上述4部税收法规的实施细则,规范原增值税、产品税、营业税、盐税、特别消费税的相应税收条例及其实施细则同时废止。根据《全国人民代表大会常务委员会关于外商投资企业和外国企业适用增值税、消费税、营业税等税收暂行条例的决定》,流转税法首先实现了对内外资企业的统一,原有的工商统一税及其施行细则废止。我国流转税法形成了以实行全面的增值税为主,在征收增值税基础上选择少数消费品交叉征收消费税,对不实行增值税的劳务交易征收营业税的新格局。

(二) 所得税法最终实现了统一

即将原有的国营企业所得税、集体企业所得税、私营企业所得税合并为企业所得税。1993年11月26日,国务院通过了《企业所得税暂行条例》,1994年2月4日,财政部发布了该暂行条例的实施细则。1993年《全国人民代表大会常务委员会关于修改〈中华人民共和国个人所得税法〉的决定》将原有的个人所得税、个人收入调节税、城乡个体工商业户所得税合并为新的个人所得税,1994年1月28日,《个人所得税法实施条例》颁布。1991年4月9日通过的《外商投资企业和外国企业所得税法》继续实行。2007年3月16日,《企业所得税法》通过,并自2008年1月1日起实施,《企业所得税暂行条例》和《外商投资企业和外国企业所得税法》同时废止。经过20多年的历程,我国企业所得税最终完成了统一。

(三) 其他实体税法也相应进行了调整、规范

为了达到有效约束房地产过快增长,消除宏观经济泡沫,合理调节土地增值收益,维护国家利益的目的,1993年12月13日,国务院发布了《土地增值税暂行条例》。此外,我国立法对固定资产投资方向调节税、印花税、土地使用税、耕地占用税等予以保留;对城市维护建设税、屠宰税等予以修订。为了改革车辆收费制度,理顺税费关系,我国自2001年1月1日开始征收车辆购置税,自2007年1月1日起原车船使用税更迭为车船税。修订后的耕地占用税从2008年1月1

日起实施,其纳税人包括外商投资企业和外国企业。《农业税条例》自 2006 年 1 月 1 日起废止,由此,国家不再针对农业单独征税,一个在我国存在 2 000 多年的古老税种宣告终结。

(四) 为了与加入世界贸易组织相适应,关税法进行了一系列的调整

为加入世界贸易组织准备必要的条件,从 1992 年起,我国数次下调关税税率,关税总水平(优惠税率的算术平均水平)由 1992 年的 42% 降至 2002 年的 12%,并对《海关法》《海关进出口税则》进行了修订。在关税不断减让的背景下,面对国外商家的不正当竞争,为保护民族工业,体现涉外法律的对等原则,2001 年 10 月 31 日,国务院通过了《反倾销条例》和《反补贴条例》。

(五) 其他税法得到进一步完善

新的实体税法实施后,税收管理也要进行相应改革。为此,全国税务机关分设为国家税务局和地方税务局(经常被简称为国税局和地税局),国家税务总局提出"促进征管查相协调,专业化与信息化相结合,全面强化管理"的要求,进行了征、管、查相分离的征管改革,税收征管模式由税务人员上门收税转化为纳税人申报纳税。与此相适应,2001 年,我国对《税收征管法》进行了全面修订,该法于 2001 年 5 月 1 日开始实施。修订后的《税收征管法》较原《税收征管法》增加了 32 条,内容更加全面、规范、充实,操作性有所增强,是我国税收法治建设的重大成就,标志着我国税收法治提升到一个新的高度。国家税务总局还以落实《税收征管法》为契机,通过制定《税收执法过错责任追究办法(试行)》(已失效)、《税务人员执法资格与执法能级认证暂行办法》等措施推进税收行政执法水平的提升。

在 1989 年 4 月通过的《行政诉讼法》、1990 年 12 月国务院发布的《行政复议条例》的基础上,税收救济法建设开始走上正轨。1999 年 4 月《行政复议法》通过,自同年 10 月 1 日起开始实施,1999 年 9 月 23 日,国家税务总局配套印发了《税务行政复议规则(试行)》(已失效)。为配合 2001 年《税收征管法》的修订,国家税务总局重新制定了《税务行政复议规则(暂行)》(已失效),自 2004 年 5 月 1 日起施行。

实行新的实体税法体系后,利用增值税专用发票偷税、骗税的犯罪活动有所抬头,对新税法的实施和国家财政收入的稳定构成严重威胁。为此,国家采用一系列法律手段,严厉打击利用增值税专用发票偷税、骗税的犯罪行为,相关法律得到加强。1993 年 12 月 23 日,财政部发布了《发票管理办法》,同年 12 月 28 日,国家税务总局发布了其实施细则。国家税务总局还制定了《增值税专用发票使用规定》,对增值税专用发票的使用管理作了严格规定。1994 年,《最高人民法院、最高人民检察院关于办理伪造、倒卖、盗窃发票刑事案件适用法律的规定》发布,1995 年,《全国人民代表大会常务委员会关于惩治虚开、伪造和非法出售增值税专用发票犯罪的决定》公布,对利用增值税专用发票犯罪的定罪量刑作了比较明确、详细的规定。对伪造并出售伪造的增值税专用发票数量特别巨大,情节特别严重,严重破坏经济秩序的,处以无期徒刑和死刑的最高刑罚,这在历史上是没有过的。1997 年修订的《刑法》将有关纳税主体涉税犯罪的内容归结为第二编第三章第六节"危害税收征管罪","形成了集 12 个罪名于一体的罪群,丰富了我国刑法的

罪名体系,反映了我国刑事立法技术的进步,进一步适应了危害税收征管罪的犯罪事态"①。1996 年《刑事诉讼法》修正后,涉税案件的刑事侦查工作由公安机关负责,有关部门之间的分工更为明确。税务部门与公、检、法机关密切配合,从重、从严、从快查处了一批大案要案,有力地震慑了犯罪分子,遏制住了利用增值税专用发票犯罪的蔓延趋势,保障了新税制正常运行。

此外,随着相关学术研究的展开和深入,治税思想也得到深化。2001 年 8 月,国家税务总局专门召开了全国税务系统依法治税工作会议,明确提出了"一个灵魂、五个目标、四项机制"的工作指导方针("一个灵魂"即把依法治税作为税收工作的灵魂贯穿始终;"五个目标"是指税收法制基本完备、执法行为全面规范、执法监督严密有力、执法保障明显改善、队伍素质显著提高;"四项机制"是指规范的行政立法机制、科学高效的税收征管机制、以执法责任制为核心的考核管理机制、严密的内部执法监督机制)。依法治税被提升到前所未有的高度,表明税务行政机关对税收法治的认识上了一个新的台阶,而且逐渐从确立指导思想走向法律制度落实。此间前后 10 多年,尽管有几届国家税务总局领导班子的更迭,有许多新鲜一时的口号不再被提起,但是"依法治税"的提法更为响亮和频繁,逐渐成为我国税收法治思想最浓缩的概括,表明税务工作领导者的思想观念在转变、在进步,大多数税务人员的法律意识正在逐步形成和加强。

【探讨】对 1994 年税法改革的评析

1994 年税法改革的实践表明,"统一税法,公平税负,简化税制,合理分权,理顺分配关系,保障财政收入,建立符合社会主义市场经济要求的税收体系"的总体目标已经基本实现。但是,这次税制改革的总体设计是从经济和财政的角度入手的,较少考虑税法体系的完善和法律效力的发挥。因此,从法律的角度看,新税制实行后,我国现行税法体系仍然不能说是较为理想和完善的。

第一,税法体系不够完善,各单行税法松散排列,相互之间协调性差的情况没有根本性改变,缺少一部能够对各单行税法起统领、约束作用的基本税法。

第二,中央与地方的税收立法权与税收管理权划分没有从法律上得到明确,新税制在增加中央税收收入的同时,没有建立相对完整的地方税法体系,这成为中央与地方一系列税收利益摩擦的重要原因。

第三,新税制仍以委托立法为主,国家立法机关没有发挥应有的作用,行政立法的弊端较为明显,绝大多数单行税法级次较低、效力差,不能适应市场经济对税收高度法治化和税制与国际惯例接轨的要求。

第四,税收立法技术有待进一步提高,税法的可操作性有待增强,税收法规有待规范,税法与有关法律的衔接需要更为紧密和协调。

第五,随着税收日益深入人们的社会经济生活,一方面,在增值税使用专用发票以后,偷税与反偷税的斗争越来越尖锐;另一方面,通过司法手段保障纳税人基本权利的呼声也越来越高,而

---

① 曹康、黄河主编:《危害税收征管罪》,中国人民公安大学出版社 1999 年版,第 13 页。

现行税收制度尚未健全与此相适应的税收司法救济体系。

第六,税务机关的执法水平尽管已经有较大的提高,但是与依法治税的目标仍然有较大的差距。

上述问题表明,完善我国税法仍然有很多工作要做。尽管实体税法和税收管理体制的改革已经取得了较大的成绩,但应当将从立法上完善我国税法体系建设作为我国税收改革的一个重要方面。其基本思路应当包括:

(1) 完善税法体系。完成税收基本法(或称税法通则)的立法,逐步形成以税法通则为核心,各类实体税法、程序税法、诉讼税法、税收组织法相配套的税收法律体系。

(2) 合理划分税权,并使之法律化。一是改变目前在税收立法上中央过度集权的倾向,适度分解税收立法权和税收管理权,确立中央与省级地方两级税收立法体制;二是逐步纠正行政立法的偏向,使国家立法机关在税收立法中发挥主导作用。

(3) 努力提高税法的层级。缩小税收委托立法的范围,将税制的进一步完善与税法效力等级的适当提高结合起来,适时将增值税、消费税等主要税种升格为税收法律。同时要努力提高立法技术水平,努力提高税法的可操作性。

(4) 进一步提高税务机关的执法水平。通过规范、压缩税法的行政解释,强化程序税法,提高税务人员法律意识与法律知识等措施提升税务人员的执法水平。

(5) 进一步完善税收救济法律体系,为纳税人提供公正、高效、低成本的法律救济服务。

四、党的十八大以来的税法改革与完善

进入 21 世纪以后,国内外经济社会形势发生了深刻变化,既有的依靠压低劳动力成本、拼资源、拼出口的经济发展路径已经难以为继,扩大国内市场,升级产业,鼓励企业科技创新,转换发展道路成为新的改革发展支撑点,各项改革进入深水区。同时,美国不能容忍中国经济社会发展对其世界霸主地位构成的挑战,在各个方面开始高调打压中国,中美关系进入紧张对峙阶段。在此大背景下,党的十八届三中全会通过了下一步深化改革的纲领性文件,即《中共中央关于全面深化改革若干重大问题的决定》,对各个方面深化改革进行了全方位的顶层设计。其中,将财政纳入国家治理层面对待,称"财政是国家治理的基础和重要支柱",税制改革是关乎国家治理体系和治理能力现代化实现的关键性改革,计划在 2020 年前后完成新一轮的税收改革。此后,逐次推进的各项税制与税法建设改革主要包括:

第一,税制改革全面推进。主要的税制改革工作包括:2012 年在上海启动"营改增"改革,2016 年 5 月在全国全面推开,2017 年取消营业税,将其并入增值税;2014 年 12 月 1 日,煤炭资源税已经由从量计征改为从价计征,2016 年全面推进资源税改革,2019 年完成资源税立法;环保税经过反复酝酿,于 2016 年正式立法,完成费改税的目标,是此番税制改革唯一新增设的税种;2018 年 8 月,个人所得税增加 6 项专项扣除项目,进行了第 7 次修法。此外,一些地方性小税种借修法的契机,实现了对相关内容的调整。目前,尚在进行的税制改革工作包括增值税的进一步

改革完善直至正式立法,完成消费税、房产税的进一步改革、完善等。

第二,税法体系得到升级。2015 年修正的《立法法》规定,税种的设立、税率的确定和税收征管等税收基本制度只能通过法律制定。税收法定原则在《立法法》的层面得到确认。2016 年,《环境保护税法》通过。此后,全国人大常委会积极推进税收实体法的升级工作,一大批税种由暂行条例升级为正式的法律,包括企业所得税、个人所得税、环境保护税、印花税、资源税、车船税、车辆购置税、耕地占用税、烟叶税、船舶吨税、城市维护建设税、契税等,这一工作仍在继续推进。与此相配合,全国人大常委会还计划收回税收委托立法权,使其回到"就个别涉税事项进行临时授权"的正常状态。

第三,修订《税收征管法》。该法自 2001 年大幅度修订后,已经有 20 年未作大改,与税收征管的现实需要差距越来越大,因此修法的呼声很高。实际上,此轮修法自 2009 年前后即已启动,其间各相关部门做了大量工作。同时,国家税务总局制定修改了《税收票证管理办法》《税务登记管理办法》《税务行政处罚裁量权行使规则》《税务检查证管理办法》《税务部门规章制定实施办法》《税收规范性文件制定管理办法》《税收违法行为检举管理办法》等税收征管类行政规章。

第四,修订《刑法》,将偷税罪改为逃税罪。2009 年,《刑法修正案(七)》审议通过。其中一项重要修改即将该法第 201 条规定的偷税罪改为逃税罪。其内容的主要变化包括将逃税手段由列举式改为概括式;将"经税务机关通知申报而拒不申报"修改为"不申报",不再要求"经税务机关通知申报",而要求纳税义务人主动申报;增设了免责条款等。此外,针对发票犯罪猖獗的情况,《刑法》补充增加了虚开发票罪、非法持有发票罪等罪名。

第五,与《行政复议法》(2017 年)与《行政诉讼法》(2014 年、2017 年)的 3 次修改相衔接。国家税务总局分别于 2015 年、2018 年修正了《税务行政复议规则》。此外,国家税务总局于 2017 年制定了《税务行政应诉工作规程》。

我国税务机关自 1994 年分设国税局与地税局。按照新时期深化税收征管改革的总体设计,国税局与地税局 2018 年又重新合并,形成统一的税务机关。

第三节 西方国家税法的建立与发展

税收制度与税收法律体系的建立与完善,总是与一定的经济社会发展相联系的。西方各国现代税收法律体系是在走上资本主义道路之后才逐渐发展起来的。在此之前,其生产力水平较低,税收的作用有限,其税法及税收法律体系的特征可以概括为如下几个方面:其一,君主实行专制课税,但是经常要受到贵族、宗教势力的影响,其斗争有时会影响国家的稳定乃至兴衰;其二,税种以古老的简单直接税为主,人头税、土地税占有重要地位;其三,税收的征收形式主要是实物税;其四,贵族享有免税特权,人头税的征收使税法的公平性较差;其五,财政收入中特权收入占较大比重,税收收入只起辅助作用;其六,尚没有形成现代意义上的税法及税法体系;其七,当时的生产力水平决定国家间的经济往来比较少,征税对象一般不发生跨国转移,国家的税收管辖权一般尚限于一国领土之内。

资本主义社会税法的萌芽实际上早于资本主义制度的建立,为了对抗封建君主的横征暴敛,英国首先形成了"未经代表不得课税的思想"。1215 年英国《自由大宪章》规定:一切盾金或援助金,如不基于朕之国王的一般评议会的决定,则在朕之王国内不允许课税。1628 年《权利请愿书》又进一步表述为:"没有议会的一致同意,任何人不得被强迫给予或出让礼品、贷款、捐助、税金和类似的负担。"法国 1789 年《人权宣言》采纳了这一原则,其第 14 条规定:"所有公民都有权亲自或由其代表来确定赋税的必要性,自由地加以认可,关注其用途,决定税额、税基、征收方式和时期。"①这就是所谓的税收法定原则,该原则的确立,实际上奠定了资本主义税法体系,乃至现代税法体系的基础。此后,主要资本主义国家相继在其宪法中就这一原则作出了规定。例如,《法兰西共和国宪法》第 34 条规定:"征税必须依据法律规定。"1787 年《美利坚合众国宪法》规定,"国会应有权赋课并征收各种直接税、间接税、进口税和货物税"(第 1 条第 8 款)和"所有筹集收入的议案应由众议院提出"(第 1 条第 7 款)。②《意大利宪法》第 23 条规定:"不根据宪法,不得规定任何个人税或财产税。"③日本在明治时期制定的宪法对税收法定原则也作了明确规定。④ 这样,税收法定原则在宪法层面得到了全面确认。

随着资本主义生产关系建立,商品经济取代小农经济成为生产力发展的方向,社会财富由土地向工业生产与商品流通聚集。与之相适应,间接税相继成为主要资本主义国家的主体税种。例如,1871 年法国首创营业税,对工业制造业和商业销售收入进行一定比例的课征。又如,英国通过征收高额关税,保护本国新兴资本主义工商业的发展,等等。⑤ 日本在明治后期消费税大体上已占税收总额的 57%。⑥ 所得税在 18 世纪末期起源于英国,并陆续在一些欧洲国家开征,但是限于当时的生产力发展水平,税源有限,所得税一直处于次要地位,远没有成为"大众税"。

在资本主义社会早期,虽然与封建的生产关系相比较,资本主义生产关系对生产力发展的巨大促进作用尚未充分反映出来,但与资本主义生产关系相适应的税法已经显现出与前资本主义社会完全不同的一些特征。其一,由专制课税转为立宪课税,课税权由资产阶级国家的议会把持,任何税收都必须经过法定的程序来制定,君主、国家元首或政府首脑不得擅自决定征税,税收法定原则得到广泛的承认。同时,国家与地方的税收利益关系得到确认和稳定。例如,日本在1879 年制定的地方税规则即对地方税首次进行了统一性规定。其二,与当时的商品经济发展相适应,课税重心由土地转到商品流通上,以货物税、消费税为代表的间接税成为主体税种。所得税虽已开征,但是税源有限,法律依据尚不够充分,开始只是在战争期间充当筹措军费的临时税。

---

① 中国国家税务总局科研所:《主要国家税收法律体系简介(中文)》(未公开出版),第 145 页。
② 刘剑文主编:《税法学》(第二版),人民出版社 2003 年版,第 79 页。
③ 武汉市地主税务局课题组:《我国税收法制化建设的国际借鉴研究》,载《税务研究》2004 年第 2 期。
④ [日]金子宏:《日本税法》,战宪斌、郑林根等译,法律出版社 2004 年版,第 34 页。
⑤ 刘剑文主编:《税法学》(第二版),人民出版社 2003 年版,第 81 页。
⑥ [日]金子宏:《日本税法》,战宪斌、郑林根等译,法律出版社 2004 年版,第 39 页。

这一进程是与各个国家现代化进程相匹配的。例如,作为后起的资本主义国家,日本直到明治初期 1878 年的地租仍占其国税收入的 60% 以上。① 其三,与逐渐发展起来的商品经济相适应,税收的征收形式转为货币税,实物税退居次要地位,并在一些国家逐渐绝迹。其四,普遍课税的原则为更多的立法者所接受,较之原有的人头税、土地税,间接税更为公平。其五,税收特别是各种间接税,已经成为资本主义国家的主要财政来源,税收的地位大为提升。其六,现代税法与税法体系在主要资本主义国家逐步得到确立。其七,随着商品经济发展和技术进步,国家之间的贸易大量增加,主要资本主义国家开始瓜分世界市场,为了维护国家权益,税收管辖权开始超出地域管辖的范畴,属人原则与属地原则作为基本的税收管辖权标准得到确立。进入 20 世纪以后,资本主义生产关系得到巩固,其对生产力发展的促进作用开始释放出来,主要资本主义国家的税法体系也逐步走向完善。

【探讨】对西方国家税法制度的简要评析

经过 200 多年的不断修改、完善,许多国家税法的法治化程度、现代化程度已经比较高,具体来说,可以从以下几个方面进行评析:

首先,税法体系已经相当完备。以美国为例,其税权在宪法中即得到了与其国情较为适应的明确划分,税收立法需要经过总统提案,众、参两院审议,总统颁布等严密的立法程序,形成了以多达 9 042 节的税法典(也称《国内收入法典》或 IRC,目前实行的是以里根政府时期经《1986 年税收改革法案》作了实质性修改的《国内收入法典》)为核心,以包括税收法律、财政部规章、国内收入局裁定、判例法作为补充的税法体系。德国制定了起核心税法作用的《财政法典》。② 法国也在 1948 年制定了作为核心税法的税收总法典,1981 年制定了颇具特色的税收程序法典。日本形成了包括《国税通则法》《税收征管法》《国税违章取缔法》和规范各税种的单行税法的税法体系。

其次,涉税司法制度日臻完善。在美国,纳税人不服税务机关的行政决定,可以选择向税务法院、地方法院和申诉法院提起诉讼,其程序规则、判案先例各异,赋予纳税人更多的程序选择权。法国设有普通法院和行政法院两套司法审判体系,都可以对涉及税收的行政案件进行审判,不过其划分较为繁杂,诉讼程序的差别也比较大。除去普通法院之外,德国还建立了从地方税收法院到联邦税收法院的完整税收法院体系,负责对绝大多数税收行政争议案件的审理。在日本,除了法院之外,还形成了隶属于最高税务当局,但与各级税务机关没有横向隶属关系,构成相对独立的税收行政复议机关。

再次,主体税种由一般间接税转向所得税和增值税。随着生产力发展和世界市场瓜分完毕,投资需求下降,富裕阶层的剩余收入增加,资本主义国家已经能够从对所得的课税中取得更多的收入,并且期望通过所得税的征收实现稳定和调节宏观经济的目的。同时,一般间接税推动成本增加,价格提高,不利于商品流通的正常发展。因而在一些资本主义国家,所得税(主要是个人所

① ［日］金子宏:《日本税法》,战宪斌、郑林根等译,法律出版社 2004 年版,第 33 页。
② 对德国该部税法名称的汉语翻译差别较大,包括德国的《税收基本法》《德国财政法典》《德国税收通则》等。

得税)逐渐成为主体税种。其中最具代表性的国家是美国。美国早在 1861 年即开征了个人所得税,但是 1866 年才征收到 7 300 万美元税款,1872 年,因公平性问题的争议,该税种被取消。1894 年,美国重新制定了《个人所得税法》,但因美国宪法禁止对个人所得征收联邦税收,该法由联邦最高法院宣布"违宪"而废止。直至 1913 年美国通过宪法第 16 次修正案,该税才得以重新开征。经过近半个世纪的发展,个人所得税成为美国最主要的税种,占美国联邦税收的近一半。[1] 90 年间,美国联邦个人所得税法迅速"膨胀",从 1913 年 400 页的小册子增加到 2003 年长达 5 万页的大部头的鸿篇巨帙。当时个人所得税申报也是用今天仍在使用的 1040 税表,但当初的申报表只有 3 页,另外有一页介绍性附页。而今天,1040 税表虽然只有两页,后面却附有一个长达 126 页的介绍性小册子。[2] 而早于美国实现工业化的英国,1922 年所得税即占其税收收入总额的 45%。[3] 日本虽然在明治时期即开征了所得税,但直到"二战"后由美国人主持制定的"夏普税制"才最终确立了所得税的核心地位。不过也有些国家走了另外的道路,即在传统间接税的范畴探求消除其固有弊端的途径,改良出全新的增值税,通过凭发票扣税解决重复课税、增加成本与提高价格的矛盾,其代表国家是法国。从 1954 年法国首先实行增值税至今,已有 100 多个国家实行增值税。同时,几乎在所有西方国家,社会保障税(有些国家名义上是在收费,但实质上是在收税)都占有越来越重要的地位,在美国,其甚至成为个人所得税之后的第二大税种。

最后,国家间税收管辖权的协调与避免国际双重课税更加重要。为此,1963 年和 1977 年先后形成了经济合作与发展组织《关于对所得和财产避免双重征税的协定范本》和联合国《发达国家与发展中国家避免双重征税协定范本》,国际税法得到较大发展。其中,欧盟的税收一体化进程颇为引人注目。其成员国之间禁止征收关税及一切具有同等作用的税费。对同盟以外国家的贸易实行共同的关税政策。为了确保内部市场的良好运行,欧盟部长理事会可以采取对各成员国有关间接税的法律规定的措施。[4] 经过数十年的努力,欧盟已经在关税和增值税方面完成了一体化,正在为实现所得税的一体化而努力。

现代西方国家税法的主要特征可以概括如下:其一,税收法定原则深入人心,成为税法建设最基本的准则和判断一个国家是否具有现代税法体系的主要标志之一;其二,税种结构发生变化,形成了以美国为代表的将所得税作为主体税种和以法国为代表的以增值税为主体税种的实体税法模式;其三,纳税人的纳税意识不断增强,纳税人的权利受到越来越多的重视与保护;其四,由实体法、程序法、救济法等构成的综合性税法体系日臻完善,有些国家还完成了税法体系的法典化,采用单行税法形式的国家也大多完成了税种的法律化,税法的权威性大为提高,税法的宪法依据更加充分;其五,税收立法与执法的程序性规则更加完备;其六,随着国际经济交往的加深,国家间税收利益的碰撞与妥协增多,相应地,以一系列双边与多边税收协定为标志的国际税法框架已搭建起来。

---

① 参见孙仁江:《当代美国税收理论与实践》,中国财政经济出版社 1987 年版,第 13、14 页。
② 参见田文:《美联邦个人所得税开征 90 年税法增至 5 万页》,载《中国税务报》2003 年 10 月 24 日,第 7 版。
③ 参见刘剑文:《国际税法学》(第二版),北京大学出版社 2004 年版,第 39 页。
④ 参见中国国家税务总局科研所:《主要国家税收法律体系简介(中文)》(未公开出版),第 52 页。

思 考 题

1. 请分析总结中国封建社会税法的主要特征。

2. 请分析总结中国半殖民地半封建社会税法的主要特征。

3. 如何评价新中国成立初期的税法建设成就？

4. 如何评价 1994 年我国税制改革以后税法建设的成就？

5. 如何评价党的十八大以来我国税法建设的成就？税法建设的基本方向如何把握？

6. 如何评价现代资本主义国家税法建设的成就？

即测即评

第六章 税收立法

本章要点

对于大多数人而言,了解税收立法的基本规范是为了深入、准确理解和把握税法的精神与原则,促进依法治税,保障自身合法权益。这也是本书专设一章介绍税收立法的主要目的。税收立法中值得讨论的议题很多,我们有针对性地选择了税收立法的概念原则、税收立法权问题、税法体系与立法技术、税法立法程序加以介绍。在内容安排上,第一节介绍税收立法的一般概念、原则。第二节讨论税权问题。其中,税权分配的不平衡是长期困扰我国税法建设的大问题,值得深入研究、思考。第三节从名称、结构安排、语言使用几个方面讨论了税收立法技术。这是经常被忽视而又对税收立法质量影响较大的方面,值得给予更多的重视。第四节讨论各个层次的税收立法程序。多数立法程序并非税法所独有,其对税法的合法性有直接的影响。

第一节 税收立法概述

一、税收立法的概念

我国法学界习惯于将一些基本法律概念作狭义与广义两种解释,如法、法律等。立法这一概念的解释也有广义与狭义之分。广义的解释认为,立法是一切权力机关依据法定权限和程序制定、认可、修改、补充和废止规范性文件的活动;狭义的解释则认为,立法是最高国家权力机关及其常设机关依据法定权限和法定程序制定、认可、修改、补充和废止规范性文件的活动。可以看出,这两种定义的主要差别在立法的主体与范围上,而不在内容上。有学者将立法的内涵概括为以下几点:(1) 立法是由特定主体所进行的活动;(2) 立法是依据一定职权所进行的活动;(3) 立法是依据一定程序所进行的活动;(4) 立法是运用一定技术所进行的活动;(5) 立法是制定、认可、修改、补充和废止法的活动。①

税收立法是国家整个立法活动的组成部分,具有一般立法的共性。税收立法也可以作广义和狭义的划分。广义的税收立法指有权的国家机关依据法定权限和程序,制定、修改、补充和废止规范性税收文件的活动;狭义的税收立法则是指国家最高权力机关制定税收法律的活动。在我国,税收立法活动就是指全国人大及其常委会制定税收法律及法律性文件的活动。理解税收立法的概念,应注意这样几点:(1)税收立法不是孤立的个别活动,而是以国家最高权力机关为核心构成的覆盖整个税收领域的完整体系,同时它又是国家立法活动的一个子系统;(2)税收立法权限的划分是税收立法的核心问题,立法权限不清,税收立法必然会出现混乱,税收执法也将出现困难;(3)立法必须经过法定程序,这是法的现代化的基本标志之一,税收立法也不应例外,并且,税收立法与一般立法在程序上的差异较少;(4)制定税法是税收立法的重要部分,但不是其全部,修改、补充、废止税法也是其必要的组成部分。一般来说,在国家政治、经济发生较大变化的时期,税收政策调整频繁,税法的制定、废止较多,而在政治、经济发展较平稳的时期,修改、补充税法占税收立法的比重较大。

立法是确立税收法律身份、实现税收职能必不可少的步骤。从法的运行过程来看,立法是第一个环节,没有立法,税收执法就失去了依据。我国税收行政执法中存在的问题,不能不说与税收立法的不完善有直接的关系。没有税收立法,税收司法就失去了标准,税收分配过程中的矛盾无法解决,税收将失去其相对的公正性。没有税收立法,纳税人的守法也就成为没有约束力的空谈。从法律实践来看,税收作为一柄"双刃剑",其功能的合理发挥,总是与税收立法的完善相联系,这一点可以从税收发展的历史上找到很多证据。目前,我国税制建设有了长足的进步,但从将税收作为市场经济中一项必不可少的法律制度的高度看,税收立法相对滞后,仍然是个薄弱环节。同时,在我国已经深深融入国际经济发展的洪流中,国外法治化程度越来越高的今天,没有较完善的税收立法是不可想象的。我国经济发展要与国际接轨,税收立法的完善必须先行。

二、税收立法的原则

税收立法必须坚持一定的原则,它是税收立法思想的具体化和规范化,是税收立法的基本要素,是"构成一定立法的内在精神品格的主体框架"②。税法的基本原则当然要在税收立法过程中得到遵循和体现,但与其他立法活动相比,税收立法的内容、范围是特定的,应当有独特的适用原则。以我国税收立法为基点来考察,税收立法应包括如下原则:

(一)税法统一的原则

税法统一是国家主权的体现,因此为各国所共同遵循,在我国宪法中也能找到直接的依

---

①　参见周旺生:《立法论》,北京大学出版社1994年版,第58页。

②　周旺生:《立法论》,北京大学出版社1994年版,第241页。

据。没有统一的税法,国家的尊严和法律的权威必将受到损害,税法的协调性也难以保证。坚持税法统一的原则,至少含有这样几层意思:第一,立法权要统一。尽管由于分税制及税收管理等原因,最高行政机关和地方立法机关可能分享部分税收立法权,但它们并不具有独立的、自成体系的税收立法权。第二,立法依据要统一。尽管不同的单行税法的直接依据有所不同,但其最高的、一致的依据只能是宪法,违背宪法,即使其立法程序完全合法,也是无效的。第三,税法体系要统一。即在一个国家中可以有中央税、地方税等划分,但它们只能在一个税法体系中存在。

(二) 民主立法的原则

在许多国家,民主立法形成了一定的制度保证。我国是社会主义国家,人民群众是国家的主人,应在立法上享有更大的权力;对于税收立法,以民主的形式进行,更有特殊的意义。一是税法与人们的利益关联度越来越大,对税法公平性的要求越来越高,税法的制定与实施需要每一个公民的支持。民主立法的过程,实际上不仅仅表现为个人参与的权利,而且是人们了解、认同、支持税法的过程。它使税法宣传从税法公布生效提早到税法的起草阶段,显然要比完全由少数人立法更易被人们接受。二是税收具有较强的专业性和技术性,由少数人去设计税法很难尽善尽美,采用民主立法的形式,可以更广泛地吸取各有关方面的意见,更全面、更充分地对税法进行推敲,使之较为成熟,避免在税法公布生效之后频繁修改、屡屡打"补丁"的弊端。因此,税法草案制定完成之时就应公开让全民参与讨论,广泛听取各方面意见,以便税法在最大限度内代表广大人民群众的意志,获得其支持。

【思考】2015 年《税收征管法修订草案(征求意见稿)》和 2020 年《增值税法(征求意见稿)》公布,向社会各界广泛征求意见,这是税收民主立法的一大进步。但显然仅仅如此是不够的,你认为在此方面还应作出哪些努力?

(三) 实事求是、从实际出发的原则

实事求是、从实际出发是马克思主义的精髓。法律是建立在社会物质条件之上的,自然也要遵循这一原则。在税收立法中,并不因实事求是、从实际出发这一原则的普遍意义而降低其作为税收立法原则的价值。以我国为例,现阶段如果将所得税,特别是将个人所得税作为主体税种则不适应我国社会生产力发展水平和人民群众纳税意识不强的现状,有违实事求是的原则;反过来,当立法的条件具备时,不积极通过立法来完善税法同样是错误的。可见,税收立法必须反映实际经济情况,实事求是的原则必须始终坚持。

【思考】在税收立法中讨论实事求是、从实际出发似乎有些空泛,但实践证明,凡是符合这一原则的税法执行起来就比较顺畅,反之则障碍重重。改革开放以来的税收立法活动在此方面有很多值得反思的地方,如增值税的引入、国税局与地税局的分设等。对此,你有哪些思考?

第二节 税收立法权的分配

一、税收立法权概述

研究税收立法,税收立法体制是个重要问题。税收立法体制主要解决的是什么机关有税收立法权和税收立法权在相应的各级机关之间如何配置的问题。关于税收立法体制,我们重点剖析我国的税收立法权分配问题,因为这是改革开放以来对我国税收管理困扰最大的问题之一。

立法权,是指由特定的国家机关依法所行使的,通过制定、认可、修订、废止规范性法律文件,调整一定社会关系的综合性权力体系。按照获得立法权的依据和拥有立法权的机关不同,立法权分为如下几种类型:

(1)国家立法权。国家立法权又称中央立法权,是由国家最高权力机关行使的立法权。国家立法权调整的对象,是国家和社会最基本的、带有全局性的社会关系。依据国家立法权制定的宪法和法律,是行使其他立法权立法的依据和基础。与其他形式的立法权相比,国家立法权最具完整性、独立性和权威性,是国家主权的核心内容,集中体现国家意志。根据我国宪法规定,由国家最高权力机关即全国人大及其常委会行使立法权。

(2)专属立法权。专属立法权,指一定范围内只能由特定国家机关制定法律规范的权力,在此范围内,其他任何机关未经授权,不得立法。按照我国《立法法》的规定,只能由全国人大及其常委会行使专属立法权制定法律的事项包括 11 个方面:① 国家主权的事项;② 各级人民代表大会、人民政府、人民法院和人民检察院的产生、组织和职权;③ 民族区域自治制度、特别行政区制度、基层群众自治制度;④ 犯罪与刑罚;⑤ 对公民的政治权利的剥夺、限制人身自由的强制措施和处罚;⑥ 税种的设立、税率的确定和税收征收管理等税收基本制度;⑦ 对非国有财产的征收、征用;⑧ 民事基本制度;⑨ 基本经济制度以及财政、海关、金融和外贸的基本制度;⑩ 诉讼和仲裁制度;⑪ 必须由全国人大及其常委会制定法律的其他事项。其中,有关犯罪和刑罚、对公民政治权利的剥夺和限制人身自由的强制措施和处罚、司法制度等事项不得委托立法。

(3)委托立法权。委托立法权又称授权立法权,指有关行政机关由立法机关委托而获得的一定的立法权。委托立法权通常受到较多的限制,完整性较差。例如现行《立法法》第 13 条第 2款规定:"授权的期限不得超过五年,但是授权决定另有规定的除外。"委托立法权主要是指国家最高权力机关授权最高行政机关行使的立法权,但从广义上讲,也应包括由国家最高权力机关向地方权力机关,国家最高行政机关向其主管部门和地方行政机关授予的部分立法权。关于委托立法权,最高的法律依据是我国宪法中关于全国人大常委会可以行使国家立法权,以及关于国务院行使全国人大及其常委会授予的其他职权的规定。

【思考】从某种意义上说,委托立法权的设立是对国家权力机关在技术与精力上立法能力不足的一种弥补,但是其必须受到严格的限制,否则就会形成对税收法定原则的破坏,你对此有何思考?

(4) 行政立法权。行政立法权是指依据宪法的直接规定,由行政机关行使的立法权。行政立法权的完整性、独立性不及国家立法权,其效力低于国家立法权和相应的委托立法权。在我国,行政立法权主要是指国务院制定行政法规和国务院部委制定行政规章的权力。在以行政立法为主的背景下,其涉及的领域和立法数量在各类型立法权的行使中是较多的。

(5) 地方立法权。地方立法权指特定的地方权力机关与行政机关,依据法律的规定,在本行政区域内行使的立法权。地方立法权包括地方立法机关制定地方性法规和省级地方政府制定地方规章两部分,地方立法权在立法体制中起着执行国家立法权的作用。从我国的法律规定来看,地方权力机关不能制定宪法、法律和签订国际条约,只能制定地方性法规与地方规章,而且不得同宪法、法律和行政法规相抵触,其效力级别较低。

税收立法权是立法权的有机组成部分,指特定的国家机关依法所行使的,通过制定、认可、修改、废止规范性税收法律文件,调整一定税收法律关系的综合性权力体系。税收立法权的特征主要包括:第一,从属性。税收立法权从属于国家主权,尽管这种权力是人民赋予的,但只能通过国家来行使,否则就不被承认。第二,法律性。国家对税收立法权的行使必须在法律规范范围内,符合税收法定原则的要求,现代国家没有法律规范之外的税收立法权。第三,统一性。在一国范围内,国家主权是统一的,从属于它的税收立法权也应是统一的。

税收立法权是税收立法的一个核心问题,其关键是立法权在国家权力机关与最高行政机关之间,国家与地方之间如何合理配置的问题。首先,按照税收法定原则的要求,税收立法权的归属应当法定,鉴于其重要性,这一问题应当在宪法层面解决。其次,税收立法权的定位与国体、政体有直接关系。一般来说,中央集权制国家由国家最高权力机关把握的税收立法权多,地方把握的税收立法权少;联邦制国家则相反。再次,税收立法权的配置与一个国家经济发展的方式与程度有关。例如,构建统一的大市场需要打破地区封锁,为此,某些税收立法权需要直接由国家来掌控。最后,要考虑中央政府和各级地方政府的功能划分,包括政府应当提供公共服务的范围与深度和各级政府间的分工,人、财、物等资源的整合与协调等。从财政的视角分析,就是在分税制的构架下如何划分税收利益。

二、我国税收立法权的合理配置与完善

税收立法权基本形成了相互连接的体系,但它并不是独立于国家一般立法权之外的特殊立法权。税收立法权也分为上述5种基本类型,研究税收立法权的划分问题不能将其与国家一般立法权割裂开来。在我国,划分税收立法权的直接法律依据主要是《宪法》与《立法法》的原则规定。

首先,根据《宪法》第58条和第62条第3项关于由全国人大及其常委会行使国家立法权和制定基本法律的规定,第67条第2项全国人大常委会制定一般法律的规定,《立法法》第11条第

6 项关于税种的设立、税率的确定和税收征收管理等税收基本制度只能制定法律的规定,主要税种应当采用法律形式,由全国人大及其常委会制定、修改或废止。

其次,根据《宪法》第 89 条关于国务院可"根据宪法和法律,规定行政措施,制定行政法规,发布决定和命令"的规定,《立法法》第 12 条关于"本法第十一条规定的事项尚未制定法律的,全国人民代表大会及其常务委员会有权作出决定,授权国务院可以根据实际需要,对其中的部分事项先制定行政法规"之规定,以及 1985 年《第六届全国人民代表大会第三次会议关于授权国务院在经济体制改革和对外开放方面可以制定暂行的规定或者条例的决定》,可以对没有制定税收法律的税种,按照全国人大常委会的授权,由国务院制定行政法规,以暂行条例的形式发布,制定税收法律的实施细则、实施条例、实施办法以及专门规定。

再次,根据《宪法》第 100 条的规定,省级地方人大及其常委会在不违背宪法、法律、行政法规的前提下,行使制定地方性法规的权力。但实际上,我国税收立法权高度集中,除去少数经济特区和少数民族地区根据宪法和有关法律制定了部分地方税收法规外,一般地方的税收立法权仅限于个别小税种的取舍权和制定具体实施办法以及具有税收管理性质、规范程序性规则的税收规章。

最后,全国人大及其常委会、最高人民法院和最高人民检察院根据宪法和有关法律,制定具有法律效力的以税收行政诉讼和税收刑事诉讼为主要内容的法律解释。

【探讨】税收立法权的划分与配置

不同国家之间国体不同、政体不同,由此带来立法体制的差异,税收立法权的划分也有一定的差异。这种差异体现在税收立法权的横向分配与纵向分配两个方面。在美国,其国体为邦联制,按照三权鼎立的原则,国家立法权由国会行使,联邦税法由国会制定,但州和地方都有独立的税收立法权,行政机关分享税收立法权只能基于立法机关的委托与授权,三级政府共享税基,但实际上仍有所分工。美国的税收立法经常被概括成"地方分权模式"。法国实行共和制,是中央集权制国家,税收立法权主要集中于中央,不过政府通过制定条例和接受授权立法分享一定的税收立法权。在税收立法权的分配上,法国被认为是"集权与分权兼顾型"。俄罗斯税收立法权集中于中央,地方不能决定是否开征新税种,在税收立法权的配置上属于"中央集权型"。对于税权与税收立法权配置的规律,有学者总结如下:其一,联邦制国家的联邦政府和州政府都有制定宪法和法律的权力。州政府具有相对独立的行政管理权,甚至还具有国家的性质。在税收上,联邦政府与地方政府各据事权划分税权及其分配范围,各自制定相应的税法,但基本税法由联邦政府制定。其二,单一制国家权力高度集中,中央政府与地方政府的事权也比较明确,但不如联邦制国家具有较强的法定性;税权高度集中在中央政府,地方政府没有制定税收法律的权力。其三,无论联邦制国家还是单一制国家,税权的划分与分配模式是与国家政体性质相一致的,不可能出现联邦制国家实行集权式的税权划分与分配模式,也不可能出现单一制国家实行分散的税权划分和分配模式。这是由税权是国家政体重要组成部分这个性质所决定的。①

---

① 参见吉林省国家税务局课题组:《建立与国家政体相一致的税权划分及分配模式》,载《税务研究》2005 年第 2 期。

目前,我国税收立法权的配置仍然存在较多问题和矛盾:

第一,税收立法权的配置缺少宪法依据,行政决策起主导作用的税收立法权配置稳定性与公平性不足。

第二,关于税收立法权横向分配的具体法律界限仍不够清晰。首先,按照《宪法》和《立法法》的规定,基本法律由全国人大制定,除基本法律之外的其他法律由全国人大常委会制定。但在税法领域,哪些属于基本法律,哪些属于一般法律,应当明确。我们认为,只有《企业所得税法》《个人所得税法》和未来可能设立的税法通则、增值税法可以作为基本税法,其他税种都应当视为一般税法。其次,我国税收立法已经具备以实施国家立法权为主的条件。与之相对应,税收的"空白"授权立法并不是一个正常状态,应当回归到其"就个别事项进行临时规定"的状态。《立法法》第13条对授权立法期限的规定,已经在此方面迈出了一大步,但在税收立法中还缺乏具体的安排。最后,在上述两个方面的问题解决后,国务院在税收立法中的任务主要是以条例、实施细则、实施办法的形式制定解释性税收行政法规。

第三,在税收立法权的纵向分配中,权力过分集中于中央,地方税收立法权近于有名无实。例如,从实体税法的角度看,省级地方仅在城镇土地使用税、契税等几个小税种中有在中央规定的税率幅度内决定本行政区域适用税率的权力。地方没有相应的税收立法权,不利于调动地方积极性,不利于地方在区域经济的框架下掌握地方性税源,发挥税收调节作用,不利于地方税体系的形成与完善。事实上,中央将税源较小税种的税收立法权下放给地方,是不会影响到中央财政收入和税收立法权的统一的。其原因一是这些税源本身有限,即使立法权在中央,税款也都作为地方税划归地方政府,立法权的变化不会影响相应税收收入的归属;二是有些区域性、地方性税源,中央不便于统一立法征税,地方若有立法权,就会减少税源的流失,增加地方财政收入,减少中央财政对不发达省份的转移支出,这从某种意义上也变相增加了中央财政收入;三是地方为了满足基本的财政需要,即使没有相应的地方税收立法权,仍然可以以收费、土地财政、地方债等形式与中央争税源,一样可以达到增加收入的目的。税收之外获得地方财政收入的方式尽管可能也以地方法规或地方规章的形式出现,但较之税收法律,其不够规范,效力差,影响税收立法权的统一。反之,税收立法权的适度下放,却能收到较好的效果。因为这种放权是以不违背或抵触宪法、税收法律、税收行政法规为前提的,并受到最高立法机关和行政机关的监督。

解决上述问题,关键在于理顺合理划分我国税收立法权限的思路,明确税收立法权配置的基本界限,然后在充分讨论和研究的基础上,将其上升为法律规范。

我国税收立法权配置的基本界限应是:

第一,解决税收立法权配置的宪法依据问题,在宪法中明确税权配置的基本原则。

第二,明确必须由全国人大而不是其常委会通过的税法,划清基本税法与一般税法的界限。

第三,适时收回委托给国务院的税收立法权限。主要税种,包括增值税、消费税、企业所得税、个人所得税等都由全国人大及其常委会通过发布,成为正式的税收法律,借以提高税法体系的权威性。

第四,地方税收立法权应限于在不违背国家统一税法,不影响中央对宏观经济的调控,不妨碍全国市场统一、畅通的前提下,根据本行政区域内地方性税源分布和基本财政需要,由省级立法机关自行制定发布地方性税种,作为地方税收法规,省级政府可以制定相应的实施办法。同时,中央立法机关和税收行政主管机关,必须加强对地方税收立法的监督,当地方税收立法违背国家有关法律时,有权要求其修改直至撤销不适当的地方税收法规或规章。

【思考】我国税收立法权的分配问题始终没有得到很好的解决,你认为根本原因是什么?

第三节　税法的结构与立法技术

周旺生教授指出:"所谓立法技术,就是制定和变动规范性法律文件活动中所遵循的方法和操作技巧的总称。"①从宏观上讲,立法技术涉及立法过程的各个方面,如立法时机的选择、立法精神与立法原则的确立等;从微观的角度看,立法技术则是比较单纯的操作性技巧,如法的结构安排、法的规范构造、法律语言的使用等。立法技术的研究和运用,可以提高立法水平,使立法更加科学,有利于法律的通过与执行。本节主要立足于我国税法的完善,讨论微观立法技术层面的一些具体问题。

一、税法的名称

法的名称不仅仅是个代号,更是法的内部结构中第一层次的、每个法必备的要件,法的规范性首先是从法的名称中表现出来的。一般认为,规范化的法的名称应当包括三个要素:一是反映法的适用范围的要素;二是反映法的内容的要素;三是反映法的位阶的要素。可见,法的名称设计中是有技术可言的。考察一下我国的税法名称,可以发现其主要包括法、条例、实施条例、暂行条例、条例(草案)、实施细则、规则、办法、决定等。

【探讨】我国税法名称设计上存在的技术性问题

在改革开放过程中,特别是20世纪八九十年代,税法变动频繁,其名称一度较为混乱,存在的问题也比较多:

第一,不能清楚表明税法的适用范围。例如,《国务院关于对农业特产收入征收农业税的规定》(已废止)适用的地域范围从名称上看不出来。但就整个税法来看,这种情况还不算严重。

第二,不能表明税法的位阶。这是普遍存在的问题。例如,在税收规章中较多采用的"决定"一词,在具有税收法律效力的文件中也被使用(见1995年《全国人民代表大会常务委员会关于惩治虚开、伪造和非法出售增值税专用发票犯罪的决定》)。而在20世纪80年代实行的具有税收法规效力的"特别消费税",却采用税收规章甚至是行政命令的形式(如《国家税务局关于对小轿车征收特别消费税有关问题的规定》《国家税务局关于对彩色电视机征收特别消费税的

---

① 周旺生:《立法论》,北京大学出版社1994年版,第181页。

若干具体问题的通知》）。

第三，税收法规后常冠以"（草案）"的字样，似乎借以表明税法不够完善，有待进一步修改。但就本意来讲，"草案"是准备提交审议的法律文本，不具法律效力，将已通过的税收法规冠以"草案"显然是不合适的。

第四，名称过多过杂。例如，同样为税收规章，即有"办法""规定""决定""规则"等名称，其间是否有区别、区别是什么，难有人能说得清楚，明显不够规范。

第五，我国一些与国际上通用的税法名称，其效力大相径庭，影响外籍纳税人对我国税法严肃性、规范性、权威性的认识。例如，"条例"在许多国家是从属于立法机关制定的法律，而在我国，作为行政法规的"条例"在大多数国家相当于其所称的"规定"。[1]

应当说，经过不断努力，我国税收法律名称已经相当规范，如《中华人民共和国企业所得税法》，其适用范围是中华人民共和国，法的内容是企业所得税，法的位阶是法律。其名称清晰、明确且规范。但存在于税收行政法规和行政规章中的上述问题，除去不再在税法名称中出现"草案"的字样，其他问题多数仍然没有大的改观。

改进我国税法的名称设计，有赖于我国法律名称整体上的规范化。在此之前，税收立法中对法的名称设计也不是无所作为的，例如，统一不同等级税法的名称，规范税法名称中适用范围的表述等，都是可以考虑的。

二、税法的体系结构

税法的结构可以分为单个税法之间的结构与单个税法内部结构两个层次。税法对此并没有统一规范的称呼。我们从其基本含义出发，将前者称为税法的体系结构，后者称为税法的内部结构。税法的体系结构可以从不同的角度去分类，如分为实体法、程序法、救济法，分为中央税法与地方税法等。从立法的角度讲，各个国家税法的体系结构大致有三种模式：

第一种是宪法加税收法典的模式。即将主要的税收共同性问题直接在宪法中规定，其他税收问题基本上由体系庞大、结构复杂、包罗万象的税收法典来规范。这一模式的代表国家是美国和法国。其优点是有利于排除重复或矛盾的条款，从总体上减少税法的篇幅，更容易做到不同税法内容之间的协调。编纂税收法典首先要有较好的宪法基础，最基本的税收问题已经在宪法中得到规范。例如，美国宪法及其修正案对税权的划分原则、立法程序、开征的税种及其法律限制都作了明确的规定。其宪法及修正案规定"有关征税的所有法案应在众议院中提出；但参议院得以处理其他法案的方式，以修正案提出建议或表示同意。国会有权规定并征收税金、捐税、关税和其他税赋，用以偿付国债并为合众国的共同防御和全民福利提供经费；但是各种捐税、关税和其他赋税，在合众国内划一征收。除非按本宪法所规定的人口调查或统计之比例，不得征收任何

---

① 参见国家税务总局：税收法制培训班参考资料之四——《中国税收与法制——国际货币基金组织考察报告》（未公开出版），第 7 页。

人口税或其他直接税。对各州输出之货物,不得课税"。其次,编纂税收法典对立法技术的要求很高。与一个国家整个法律体系的庞大繁杂相对应,没有相当的法律基础,立法工作是难以完成的。因此,一些已经实现了法典化的国家又重新走向单行法时代。① 此外,法典化后还必须解决的一个问题是,如何使修改条文变得工作量较小且不至于破坏税法典固有的结构。

【探讨】美国税法的基本结构

美国的实体税法及程序税法是由作为税法典的《国内收入法典》(简称 IRC,排序为第 26 部法典,许多人直称其为美国联邦税法典)来规范的。目前实施的美国《1986 年国内收入法典》,是在 1939 年和 1954 年《国内收入法典》的基础上,经 1986 年美国总统里根签署的《1986 年税收法案》对数百个条款进行了实质性修改后制定的。② 美国联邦税法典厚达 3 000 多页,分为 9 042节,其内部结构庞大,可以分为如下几个层次:(1) 分篇(Subtitles),例如 A 分篇是专门关于所得税的,B 分篇是专门关于遗产与赠与税的。(2) 章(Chapters),例如,第一章是有关正税和附加税的内容,第十一章是有关遗产税的内容。(3) 分章(Subchapters),例如,第一章的 A 分章是关于如何确定应纳税额的内容,S 分章则是有关某些小企业所选择不同纳税方式的内容。(4) 部(Parts),例如第一章中 Q 分章第 I 部,专门讨论所得平均问题,P 分章第 IV 部则专门讨论在决定资本增益或亏损时的一些特殊规定。(5) 分部(Subparts),例如有一个简称叫作"F 分部"的内容,专门讨论受控外国公司问题。这个分部的全称应当是"A 分篇第一章 N 分章第 III 部 F 分部"。(6) 节(Sections),例如第 1221 节是专门为资本资产下定义的一节,第 6012 节则是专门用来描述哪些人必须申报其所得的一节,等等。③

第二种是宪法加税法通则(或称税收基本法)加各单行税法的模式。即在宪法与各单行税法之间设立一部居于宪法之下,各单行税法之上,对各单行税法起统领、指导、制约、协调作用的税法通则,将共同性的税收基本问题在税收基本法中加以规范。通过设立税法通则,可以将宪法与各单行税法有效地连接起来。一方面,可以使宪法确定的基本税收立法原则和立法精神得以具体化,保证课税有宪法依据。同时也避免了宪法容量有限,不能过多设立税收条款,宪法对税法指导不力的矛盾,无论在立法内容的覆盖面,还是在适用性与可操作性上都较宪法直接指导单行税法前进了一大步,具有较大的优越性。另一方面,税法通则作为税法之母法地位的确立,使税法内部结构层次较为分明,分工更加合理,可以消除平行的独立税法之间不够协调、每个税种各自发展自己特殊的程序和解释规则,使税制复杂化的弊端。

第三种是宪法加各单行税法的模式。这也是大多数国家采用的税法体系模式,其优点是立法上较为简单、灵活。但是,由于缺少一个中间层次,依靠宪法和各单行税法,难以形成较完整的税法基本规范。宪法对税法的指导,各单行税法之间的衔接、协调都比较困难,整个税法的权威性往往受到影响,因此不是一个较为理想的税法体系模式。

---

① 参见杨小强:《税法总论》,湖南人民出版社 2002 年版,第 314 页。
② 参见中国国家税务总局税收科研所:《主要国家税收法律体系简介》(未公开出版),第 4 页。
③ 参见孙仁江编著:《当代美国税收理论与实践》,中国财政经济出版社 1987 年版,第 236 页。

【思考】我国目前税法体系的模式属于第三种,即宪法加各单行税法的模式。其弊端较多,发展趋势是走向设立税法通则乃至税法典,应当说,《民法典》为税法走向法典化提供了精神鼓舞和经验借鉴。当然其中的困难和阻碍还比较多。那么,你认为上述困难与阻碍有哪些? 我国税法体系能够跨越第二种模式直接采用第一种模式吗?

三、税法的内部结构

单个税法的内部结构是指总则、分则、附则与章、节、条、目的安排,我们将前者称为一部税法的内部总体框架结构,后者称为其内部具体结构。从宏观上讲,一部现代法律的内部结构是由这个国家经济社会发展的程度和该法律干预社会经济生活的深度决定的。具体而言,一部税法的内部结构更多地受到立法的总体设计、立法规模、税法结构、立法习惯的影响。

(一)内部总体框架结构

一般来说,在比较复杂的税法中,总则、分则、附则大多采用明示的方式,标出总则、分则、附则的标题,使之条理清楚,一目了然;比较简单的税法中往往采取默示的方式,不直接标出总则、分则、附则的标题,以便其结构更加协调,但这三部分结构仍然是存在的。我国税法的篇幅在逐渐增大,但内容复杂的单行税法仍然不多,只有《企业所得税法》《税收征管法》及其实施办法以及《增值税法(征求意见稿)》等的总体框架采用明示的方式,其他税法(《个人所得税法》等①),无论属于哪一位阶,其框架结构多仍然采用默示的方式,没有直接列出总则和附则的标题。下文将对总则、分则、附则分别加以讨论。

第一,总则。总则是法中具有统领性的条文,其内容一般可以包括:(1)立法目的;(2)立法依据;(3)法的原则;(4)法的效力;(5)法的适用等。不同的税法不一定必须具备上述每一项内容,但是一般来说,越是位阶高、内容多的税法,总则的规定越全面、细致。不管哪一类法,总则一定居于其开篇的位置。

【探讨】我国对税法总则进行立法设计的优点与不足

我国税法总则的立法设计有这样几个优点:一是越来越重视总则在税法中所起的作用,新公布的税法较已经失效的旧税法,总则的内容更为充实、规范。二是内容取舍较为灵活,不强求内容的一致,而是根据税法的不同类型去设置相应内容。三是基本形成了规模较大、内容较综合的税法以明示的方式设置总则,内容较少的税法不直接标出总则的模式。其间的分界点是设"章"的税法,第一章即为总则,不设"章"的税法一般不标出总则。从现行税法看,总则设计存在的不足主要是:第一,有些必要的内容没有在总则中得到充分的反映。例如,《税收征管法》作为我国

---

① 实际上,由于行政机关主导税收立法等原因,《个人所得税法》及其实施条例的内容被大量压缩,而个人所得税法的大量具体规定以行政规章及行政命令的形式存在。其法律条款较少,确实没有在框架结构上采用明示方式的必要。在此方面,《个人所得税法》的设计安排不如《企业所得税法》,希望在下一次《个人所得税法》修订中有大的改观。

目前综合性最强的税法,没有明确规范税收征管原则的内容,而《税务行政复议规则》对税务行政复议的原则作了比较精练、准确的表述。第二,有的税法对立法目的作了表述,有的则没有,其间缺乏规律性。例如,作为最主要的税种,且采用法律形式的《企业所得税法》《个人所得税法》《资源税法》《城市维护建设税法》《契税法》《车辆购置税法》等都没有立法目的的表述,但《税收征管法》《环境保护税法》《耕地占用税法》则有立法目的的表述,其间的规律性不够明确。第三,立法依据的表述不够系统。只有各税收法律的实施细则明确了立法依据,而税收法律自身却没有明确其立法依据。从总体上规范,应统一确定税收法律的立法依据为我国宪法,但实际上明确提出这种宪法依据的只有作为修订草案由国务院法制机构向社会公布的《税收征管法修订草案(征求意见稿)》。第四,除去立法目的作为第 1 条得到统一之外,其他内容的排序缺少规律性。

第二,分则。我国税法的分则习惯采用默示的方式,在很多情况下,总则与附则之间的内容即为分则。分则是总则的具体化。从内容数量上看,分则是税法的主体部分。例如《税收征管法》共计 6 章 94 条,分则即占了 4 章 64 条。实体税法的分则主要规范的是纳税人、税率、征税对象、计税依据、税收优惠、纳税期限等税制要素,程序税法的分则规范的是税务管理、税务检查、法律责任等内容。

第三,附则。附则规定的是辅助性内容,位于法的最后。不同类型的法,其附则的内容可以有所不同,但有些内容是必不可少的,主要包括税收法律、法规的解释权,该税法的废止及其生效日期,与外国政府签订相关税收协定的效力等。

【探讨】我国对税法附则进行立法设计的优点与不足

我国对税法附则进行立法设计的优点可以概括如下:一是附则内容比较简练,一般只有几条,几十个字。二是附则都安排在最后一章,已成规律,便于查找,逻辑性强。存在的不足一是将一些本应属于总则或分则的内容放在附则中,像《税务行政复议规则》将应置于分则中的税务行政复议文书的类型列在附则中就是不恰当的。三是规范性还有待加强。例如,解释权有的在税法附则中作了规定,有的没有规定,类似的情况还比较多。此外,还应当指出的是,日本、韩国等国家在处理税法的附则时,也将其列在最后,但不作为一章,主要是将每次修订税法的内容及生效时间按修订时间的顺序作为附则排列,使读者对该税法的历史与全貌一目了然,这种技术处理值得我们借鉴。

(二) 内部具体结构

在上述框架结构之下,是一部税法的内部具体结构安排。我国《立法法》第 65 条第 1 款规定,法律根据内容需要,可以分编、章、节、条、款、项、目,此外,还应包括目录以及附录的安排。税法的内部具体结构安排,实质上就是将税法的内容用一定的符号加以排列、组合,形成一个逻辑清晰的有机整体。

目录居于法的正式内容之前,也是法的组成部分,其作用在于人们能据此把握法的总体结构,便于查找想要了解的条目。我国税法都没有设置目录,其理由主要是篇幅较小,且我国税法章下大多不设节,如果设目录,仅有各章的标题,意义不大。不过,我国税法由简到繁,篇幅越来越大是必然趋势。其中,《企业所得税法》已达 8 章 60 条,其实施条例 8 章 132 条;《税收征管法》有 6 章 94 条,其实施细则有 9 章 113 条。我国已经具备了对内容较多的税法就章、节设置目录的条件。国外有些税法目录可以列至条,因为每一条即可有几百字乃至上千字的内容,《德国税收基本法》就是如此。不过,限于篇幅,今后较长时间内,我国税法最多也只能将目录列至节。需要注意的是,目录是税法的组成部分,如果其公布时有目录,各种税法的汇编就不应将其省略,反之,如果税法没有目录,也不应另外自编目录。

一般情况下,编是税法中采用的最大结构单位,只有像美国《国内收入法典》、德国《税收基本法》这样的鸿篇巨帙才需要以编为单位。我国税法还没有采用编的形式,其原因仍在于篇幅小,没有设置的必要。我国曾经进入立法程序最终无疾而终的《税收基本法》,在草拟编写提纲时曾计划写成 6 编 27 章,然而随着内容的调整,该法(草案)讨论第一稿又把编这一单位删掉了。

章是我国现行税法中的最大结构单位。我国税法中,50 部以上的税收法律、法规都设了章,使用频率逐渐增高。周旺生教授说,"章的设置是否妥当,宏观上关系到法的整体框架是否科学,中观上关系到法的结构中各组成部分是否和谐,微观上关系到各个具体条文、规范是否得以妥善安排"[①]。这一论述是较为独到和精辟的。在章的设置上,税收立法在两个方面展示出我国立法技术的独到处理:一是在排列顺序上形成第一章为总则、最后一章为附则、倒数第二章为法律责任的惯例;二是各章按统一序数连贯排列、中间不断开。而德国《税收基本法》按照"编"来重复编排各章顺序,每一编都是从第一章开始顺序排列,使读者一时无法知道这部税法有多少章,离开"编"也说不清这一章的位置。相比之下,还是我国税法的处理方式更好一些。不过,我国税法在设置各章时,还要更加注意章的标题与内容的协调性;同时,各章之间的字数也要相对均衡。

节是法中居于章和条之间的一个结构单位。节依章而设置,没有章就没有节,节可以使章的内容逻辑性更强,条理更清晰。如果章的篇幅很短,自然就没有节的容身之地,这正是节在我国税法中使用频率较低的原因;如果章的内容很多,在章内、节下、条上往往还设小节,德国《税收基本法》就是如此。节的设置比较灵活,一部税收法律或法规,可以在内容多的章设节、内容少的章不设节。例如,我国《税收征管法》第二章有 3 节,其他章则没有设节。设不设节,也和一章中的内容能不能分解为几个相对独立的内容有关。仍以《税收征管法》为例,其第二章共有 13 条,分为 3 节,但是第四章共有 6 条,没有设节,道理就在于此。

一般来说,章、节都要设置标题,当内容较多时,甚至条也可以有标题,德国《税收基本法》就是如此。不过,条是否加标题要慎重,过多的标题会适得其反,使法的具体结构显得混乱且头重脚轻。标题的作用在于归纳、总结章或节的内容,便于读者快速、准确地把握其真实含义,也会约束立法者,使其所设置的内容与章节的标题相对应,避免将不相关的内容写入。标题的设计是很能反映立法技术水平的。在我国税收立法中,有些标题的设置仍有值得进一步推敲的地方。

---

①   周旺生:《立法论》,北京大学出版社 1994 年版,第 639 页。

条是构成法的最基本的结构单位,具有相对独立性和完整性。没有条,法就失去了存在形式。我们虽然不能说每一条都形成一个规则,但规则是通过条来直接体现的。条是结构设计与内容设计的连接点,是最见立法者功力的部分。条的内容有短有长,短的不过 10 个字左右,例如《企业所得税法》第 59 条规定"国务院根据本法制定实施条例",只有 13 个字;长的如《个人所得税法》第 6 条的内容已达 600 余字。再如,德国《税收基本法》第 171 条"期限展期"的规定,翻译为汉语已达 1 500 个字。一条只能规定一个内容,将不同内容放在同一条中,是我国立法普遍存在的一个弊端,在税收立法中也不难找到类似的例子。例如,我国《税收征管法》第 50 条将代位权与撤销权放在一起来陈述,致使许多人不能分清两者的范围。所以,要注意避免条文内容的人为膨胀。一般来说,条是按照顺序自然排列的,条理非常清楚,但是当税法作出修订,必须增减条目时,则较难作出合理的安排。对此,美国《国内收入法典》的做法是采用间隔的数字排序,法案的每个部分间预先空出几个序号不用,如果需要添加新的条,就可以使用那些预留的序号。例如,第一部分的条序号是从 1 到 14,第二部分的条序号是从 20 开始。[①] 这样做虽然不同部分的条序号互不连接,令人感觉突兀,却十分方便税法的修订,值得我们借鉴。

款是条文之下,隶属于条文的结构要件。一般来说,条文内容多的才需设款,但内容多却不是设置款的先决条件,只有条文的内容可以分出不同层次时才设款,款用来表示条文中的一层意思。我国税法习惯于用自然段表示款,这在每一条文的内容不是很多时未尝不可。但当条文的内容较多时,容易显得条理不够清楚,比较混乱。同时,条有序号,款下的项也有序号,单单居中的款没有,是不合逻辑的。所以考虑到日后税法容量的扩大,款还是直接以一定的序号来表示为好。

对于条以下结构单位的名称,各国税法的处理是不一样的。例如,日本税法将我国称为"款"的结构单位称作"项"。而其称作"款"的,实际上对应的是我国法中的"节",其"款"下称作"号"。我国《立法法》则明确规定"款"之下为"项","项"之下为"目",这样,"目"就成为最小的法律结构单位,我国现行税法还没有涉及"目"的。《立法法》第 65 条第 2 款规定,编、章、节、条的序号用中文数字依次表述,款不编序号,项的序号用中文数字加括号依次表述,目的序号用阿拉伯数字依次表述。

讨论税法的结构设计技术,还应提到附录或称附件的设置。附录是部分法的正文后附加的有关资料,附录不是法的正文,不属于任何章、节、条、目,也不是附则的内容,但却是法的组成部分。对于有些法而言,附录是必不可少的,附录也不能在立法程序之外随意增删或改动。税法的附录主要是税率表。我国税法目前的处理方式是税率的基本规定在相关条款中直接规范,但较为复杂的税率在最后以附录的形式附表,如《个人所得税法》即是如此。在新一轮税法改革中,对税率表的处理在形式上已经逐渐统一起来,但仍然存在一些问题。一是应当在表头标明附或附表,以表明其在法律中的位置。《个人所得税法》《资源税法》虽然附有税率表,但都没有作出

---

① 参见 V.图若尼主编:《税法的起草与设计》(第一卷),国际货币基金组织、国家税务总局政策法规司译,中国税务出版社 2004 年版,第 82 页。

这样的标示。二是列在附录中的税率表没有作相应的技术处理,例如,个人所得税税率表没有给出速算扣除数,无法据此直接计算应纳税额。三是应注意将统一的附录名称用突出标示标出,以防读者误以为附录属于附则的内容,这样,附录的设置就得到了规范。

四、法律语言的使用

法律语言的使用是立法技术的一个重要方面,它不同于一般文学语言,具有较强的专业性。好的法律语言能够降低税法遵从成本,提高税法的效率。立法者运用法律语言水平的高低,对法律的严肃性以及法律的正确实施有重要的影响。税法涉及面广、专业性强、涉外的内容较多,立法中注意语言技巧更为必要。使用法律语言基本的要求是准确、具体、严谨、简明、易懂。准确是指表达的含义要清楚,能够清晰地反映立法意图,概念的内涵与外延界限要分明,语义要确定,避免歧义;具体是指语言描述不能过于笼统、抽象,这一要求对于不同位阶的税法标准是不同的;严谨是指其内容含义必须确切,逻辑严密,结构完整,避免语法上的错误;简明则是指法律语言在具体严密、易于理解的前提下,尽可能简明扼要,保证条文中的每一个字都是必不可少、不能删除的,必须避免语意和文字的重复;易懂的标准应当是每个有一定文化知识的人都能正确理解每个税法条文的含义,即能够读懂字面意思就能正确理解其含义。按照这些要求,税收立法的语言技术运用应注意:(1)要处理好上述要求之间的关系,例如为了简洁而陈述过简,使条款变得晦涩难懂就是语言运用的失败。(2)尽量减少法律和税收专业术语的使用,因为这些术语大都冗长、晦涩,很难理解[1],不够通俗,但对此不能绝对化地理解,因为有些术语使用广泛,语义确切,通俗易懂,且难以替代,合理使用可以使法律表达得更为精确和简短。[2](3)对人、物、事的表述尽量运用已经形成惯例的文体结构和表达方式。(4)避免使用过长的句子,因为句子过长往往不易于理解。(5)对"多于""少于""超过""不超过"等特殊词语的使用必须十分严格、准确。(6)慎用修辞,用陈述的方式表达语意,不能使用问号、感叹号、破折号、省略号等标点符号,括号不宜用得过多。当然,这不是说法律语言不追求文字的优美,除去容易理解之外,更优美的陈述使法律的含义能够更好地表达法律的政策目标。[3]

【探讨】我国现行税法的法律语言

对照上述标准,与20世纪八九十年代相比,我国税法在语言运用上的进步是明显的。但是,按照更高的标准,我国税法在语句处理和特殊词语的运用上仍存在着一些问题:第一,不够专业、严谨。例如,现行《税收征管法》第38条第2款在谈到纳税人在规定限期内缴纳税款后,税务机关需要及时解除税收保全措施时,用了"立即"一词,然而,从法律语言的使用上看,"立即"不是一个法律术语,其时间概念模糊,当事人双方的相应权利义务无法准确认定。不得已,该法实施细则对"立即"作了"24小时"的扩大解释。第二,不够精练。例如关于禁止扣押的规定在《税收

---

①②③　参见 V.图若尼主编:《税法的起草与设计》(第一卷),国际货币基金组织、国家税务总局政策法规司译,中国税务出版社2004年版,第78—80页。

征管法》第 38 条、第 40 条、第 42 条被反复提及。另外,如果其他法律已经有了相关规定,税法也不需要修改其含义,那么直接表述为相关内容适用某某法、某某条款的规定就可以了,没有必要将需要规范的内容重新描述一遍,这样有益于法律语言的精练和准确,能够更好地处理相关法律的交叉与衔接问题。在这方面,《税收征管法》第 50 条的规定带了一个好头儿。第三,不够明确。例如,《税收征管法》第 37 条、第 38 条、第 40 条、第 68 条对相关当事人的描述,让读者很难分清其间的界限。第四,不够准确。例如,《税收征管法》第 5 条第 2 款规定:"地方各级人民政府……支持税务机关依法执行职务……"此处应为"执行公务"或"依法行政"。这些问题的存在,表明我国税收立法的语言技术水准仍有待进一步提高。

第四节 税收立法程序

税收立法程序是指有关国家权力机关在制定、修改和废除税收法律规范的活动中必须履行的法定步骤和方法。税法的制定、修改、废止必须依法定程序进行,才具有法律效力。税收立法程序的完善程度,是税收立法民主化、科学化的体现,对于维护税法的尊严和权威、提高立法水平有重要意义。由于税收法律与税收行政法规、行政规章的立法程序有所不同,因此,下文分开进行讨论。

一、制定税收法律适用的立法程序

除去宪法确定的基本原则之外,与其他法律的创制一样,我国税收立法的主要依据是《立法法》。在立法程序上,税法与其他法律是一致的。税法的制定是从其起草准备廾始的。

(一) 税收法律的起草准备

税收立法的准备阶段是指从提出立法决策到法律案拟订的阶段。它并不是法定的程序,也不具有确定性,但因其作为进入正式法定程序前必经的过程,许多实质性工作是在这一阶段完成的,是立法工作的基础阶段,所以了解税收立法程序,不能不对立法准备阶段有所把握。

从较微观的角度讲,立法准备阶段是以法律案的起草为线索进行的。周旺生教授将其归纳为十大步骤[①],即:(1) 作出法案起草决策;(2) 确定法案起草机关;(3) 组建法案起草班子;(4) 明确立法意图;(5) 进行调查研究;(6) 拟出法案提纲;(7) 正式起草法案;(8) 征集有关方面的意见并协调论证;(9) 反复审查和修改法案草稿;(10) 形成法案正式稿。这十大步骤基本上概括出了一般法律起草应有的过程,税收法律的起草也大致如此,这十大步骤对税收法规、规章的起草也有较大的借鉴意义。

---

① 参见周旺生:《立法论》,北京大学出版社 1994 年版,第 540 页。

【探讨】我国税法起草工作中的问题

我国税收立法的起草准备工作，至少有如下几个方面的问题值得研究：

一是路径依赖严重。按照《立法法》的规定，全国人民代表大会主席团、全国人民代表大会常委会、国务院、中央军事委员会、最高人民法院、最高人民检察院、全国人民代表大会各专门委员会、一个全国人大代表团或者30名以上全国人大代表联名，都可以向全国人民代表大会提出法律案。但事实上，到目前为止，税收法律案的提出只有一个路径，即由国家税务总局列出相应税收立法规划，经全国人大常委会列入其立法规划而确定。由于税法的专业性较强，因此，其起草工作一直是由国家税务总局负责，并由全国人民代表大会有关委员会、财政部、国务院法制机构参与协调的。尽管在这一过程中，全国人民代表大会有关委员会、国务院法制机构参与相关税法起草的程度在逐渐加深，但国家税务总局负责、主导税法起草工作，即所谓行政立法的基本性质没有改变。国家税务总局起草税收法律草案的工作通常由政策法规司协调有关业务司以及一些省、市、自治区税务机关的业务骨干共同组成起草班子，拟出提纲，反复征求有关部门的意见。经过调查研究后，往往数易其稿，才能形成正式稿，报送国务院法制机构审议。国务院法制机构接手后，税收法律案还要反复征求意见，修改补充。国务院法制机构在2015年公布了《税收征管法修订草案（征求意见稿）》，2019年公布了《增值税法（征求意见稿）》。这两次公开征求意见在民主立法方面迈出了重要的一步，值得肯定。当然，这与《立法法》"列入常务委员会会议议程的法律案，应当在常务委员会会议后将法律草案及其起草、修改的说明等向社会公布，征求意见……向社会公布征求意见的时间一般不少于三十日。征求意见的情况应当向社会通报"的要求有直接的关系。国务院法制机构将税收法律案修改定稿后，交由国务院常务会议审议通过，以国务院的名义报送全国人大及其常委会审议。至此，税收立法的准备工作基本完成。

二是行政立法的本质没有得到改变。税收法律案的起草班子完全由国家税务总局以及省、市、自治区的税务工作人员组成，其优点在于起草班子熟悉税收业务，工作方便，配合默契，因此草拟的税收法律案一般较为贴近实际，且针对性强。但其也存在明显的弊端，即容易出现从本部门利益出发或为方便以后执法工作而影响税法的公平性，回避一些需要解决的问题，会产生偏离立法目标的倾向。目前《税收征管法》《企业所得税法》《个人所得税法》直接规定的内容较少，大量的内容留待其实施细则，甚至更低层级的行政规章、规范性行政命令去规范，法律的许多漏洞要等到通过后在正式实施阶段才被发现，又以国家税务总局文件的形式加以弥补，影响了税法的严肃性和权威性，不利于立法技术水平的提高，这种现象或许可以从一个侧面印证行政立法的偏差。而后续的征求意见、审议都是修修补补，无法对既有的法律作颠覆性的修正。

三是立法准备工作的参与面较窄。税法起草班子基本由税务专业人员构成，一方面，在税收法律案形成阶段，不能很好地吸纳相关经济学家、法律专家、立法专家、律师、会计师与纳税人的意见；另一方面，缺乏制度化的措施以鼓励公众参与立法，更广泛地吸纳社会各个阶层的意见，将民意融入税法。当然，将相关税收法律征求意见稿向社会公布并征询意见是一个良好开端，但仅仅是一个开始，还不够普遍和规范。

四是针对性的学术支撑仍较匮乏。应当说，改革开放以来几次大的税法修订高潮中，相关的理论准备是具备的,对税法修订的方向把握乃至税法宣传都起到了一定的作用。但对立法带来的税收收入变化的科学测算、对税收申报表通过问卷抽查和走访调查方式的实务调研以及专家咨询等方面还不能说已经很到位。

所以,由全国人民代表大会专门委员会负责组织专家小组起草税法应成为今后税收立法努力的方向。这个小组应由经济学家、法律专家(包括立法专家)、税务及有关方面的专家组成。甚至也可以考虑将部分相关法律案的起草工作委托给有声望的民间学术团体,形成有参考价值的法律案参考版本。这样就可以更好地集思广益,在较大程度上避免上述弊端的出现,也不影响吸收税务机关的正确意见。如果因为税法业务性强的原因,全国人民代表大会专门委员会短时间内尚不能承担起组建税法起草班子的责任,那么,由国家税务总局组建的起草班子也应注意吸收有关方面的专家,以扩大专家的代表性,减少前述弊端。

(二)税收法律的创制

我国税收立法与其他法律一样,都是经过法律案的提出、审议、通过和公布四个法定环节才能生效成为法律。但由全国人大审议通过的法律与由全国人大常委会审议通过的法律在程序上又有所不同。

1. 全国人大审议通过的法律

(1)税收法律案的提出与列入议程。按照我国《立法法》的规定,有提案权的部门可以向全国人大提出法律案,由主席团决定列入会议议程;一个代表团或者 30 名以上的代表联名提出的法律案,可先交有关专门委员会审议,决定是否列入会议议程;向全国人大提出的法律案,在其闭会期间,可先向全国人大常委会提出,由其审议后,决定提请全国人大审议,由全国人大常委会或提案人向大会全体会议作说明。

(2)税收法律案的审议。列入全国人大会议议程的法律案,大会全体会议听取提案人的说明后,由各代表团进行审议。同时,还要由有关专门委员会进行审议,向主席团提出审议意见,并印发会议。在交付表决前,提案人要求撤回的,应当说明理由,经主席团同意,并向大会报告,对该法律案的审议即行终止。法律案在审议中有重大问题需要进一步研究的,经主席团提出,由大会全体会议决定,可以授权全国人大常委会根据代表的意见进一步审议,作出决定,并将决定情况向全国人大下次会议报告。法律草案修改稿经各代表团审议,由法律委员会根据各代表团的审议意见进行修改,提出法律草案表决稿。

(3)税收法律案的表决。税收法律案的表决决定其能否成为法律,因此在立法程序中是具有决定意义的一环。税收法律案的表决有通过与未通过两种结果。按照我国《宪法》《立法法》及《全国人民代表大会组织法》的相关规定,法律案表决稿由主席团提请大会全体会议表决,由全体代表的过半数通过。表决方法包括举手表决、无记名投票、按表决器等。目前全国人大表决采用按表决器的方式。

(4)税收法律的公布。税收法律案通过后,已经成为法,但必须经过公布后,才能生效。因此,税收法律的公布,成为税收立法的最后一道程序,不能省略。根据我国《宪法》第 80 条、《立法法》第 25 条的规定,全国人大表决通过的法律由国家主席签署主席令予以公布,正式生效成为法律。我国公布法律的法定书面形式是在全国人大常委会公报上全文公布,同时其他新闻媒体也可转载。我国税法公布的时间一般为税收法律通过的当日或次日。

2. 全国人大常委会审议通过的法律

(1) 税收法律案的提出与列入议程。对于一般法律案,由全国人大常委会负责审议通过。对有权部门提出的法律案,由委员长会议决定列入常委会会议议程,或先交有关的专门委员会审议、提出报告,再决定列入常委会会议议程。如果委员长会议认为法律案有重大问题需要进一步研究,可以建议提案人修改完善后再向全国人大常委会提出。不列入常委会会议议程的,应当向常委会会议报告或者向提案人说明。

(2) 税收法律案的审议。列入常委会会议议程的法律案,一般应当经三次常委会会议审议后再交付表决:第一次审议,在全体会议上听取提案人的说明,由分组会议进行初步审议;第二次审议,在全体会议上听取法律委员会关于法律草案修改情况和主要问题的汇报,由分组会议进一步审议;第三次审议,在全体会议上听取法律委员会关于法律草案审议结果的报告,由分组会议对法律草案修改稿进行审议。列入常委会会议议程的法律案,由法律委员会根据各方面提出的意见,对法律案进行统一审议,提出修改情况的汇报(或者审议结果报告)和法律草案修改稿,对重要的不同意见应当在汇报或者审议结果报告中予以说明。法律案有关问题存在重大意见分歧或者涉及利益关系重大调整,需要进行听证的,应当召开听证会,听取有关基层和群体代表、部门、人民团体、专家、全国人大代表和社会有关方面的意见。全国人大常委会工作机构应将法律草案发送相关领域的全国人大代表、地方人大常委会以及有关部门、组织和专家征求意见。

(3) 税收法律案的表决。列入常委会会议议程的法律案,各方面意见比较一致的,可以经两次常委会会议审议后交付表决;调整事项较为单一或者仅涉及部分内容修改的法律案,各方面的意见比较一致的,也可以经一次常委会会议审议即交付表决。法律草案表决稿,由委员长会议提请全体会议表决,由全国人大常委会全体组成人员的过半数通过。列入常委会会议审议的法律案,因各方面对制定该法律的必要性、可行性等重大问题存在较大意见分歧搁置审议满两年的,或者因暂不付表决经过两年没有再次列入常委会会议议程审议的,由委员长会议向全国人大常委会报告,该法律案终止审议。对多部法律中涉及同类事项的个别条款进行修改,一并提出法律案的,经委员长会议决定,可以合并表决,也可以分别表决。

(4) 税收法律的公布。全国人大常委会通过的法律由国家主席签署主席令予以公布。

【探讨】中外税收法律立法程序比较

税收立法程序是国家立法程序的组成部分之一,与所在国家的国体、政体以及历史文化传统有直接的关系。以美国为例,其税收法律案通过的程序主要包括:首先由财政部根据总统的意图制定税收改革政策(大多数时候是对已有税法的修订,牵涉最多的问题是增税还是减税),经总统修改批准后,向国会正式提交,由国会向全国公布,展开全民性的大讨论。众议院筹款委员会负责就税收提案举行听证会,往往要进行反复的激烈辩论,各种利益进行平衡后,由筹款委员会负责组织有关专家起草税法草案或者修订草案。筹款委员会经内部多数同意后,形成法律草案及其报告,然后将该草案及其报告提交众议院全体会议讨论。众议院全体会议表决通过后,众议院将该草案作为众议院提案提交给参议院,反之则退回给筹款委员会。由于已经经过了反复的内部妥协,因此提案通常会通过。参议院接手该草案后,由其参政委员会具体负责,经过大致的程序,最后进行表决。当参、众两院形成的税收法律不一致时,则要组成两院联合委员会,以求达成两院能一致接受的提案。经两院共同批准的提案交到白宫之后,由总统考虑 10 天,决定是否最终批准。如果总统认为税法提案让步过多,有违自己提出税法提案的初衷,则会行使否决权,由国会重新讨论修改,在众议院或参议院有 2/3 的议员表决通过的情况下,总统的否决权也能被推翻;否则,该提案经总统签署后生效。

在英国,税收立法是从财政大臣向下议院提交税收改革计划开始的,然后由下议院议会顾问办公室负责将其转换为法律议案。此后,财政大臣将议案提交下议院就具体条款展开辩论,这个辩论主要是在下议院的常务委员会上进行的,经过 10 次辩论之后,提交下议院进行表决。根据 1911 年的议会法案,上议院无权反对或修改财政议案,但自 2003 年起,上议院下属委员会成立,对财政议案进行有限的审查。英国财政税收立法中最受欢迎的一项改革是与财政议案同时进行的“法律条款解释的出版”①。

在德国,政府、联邦议院各党派的议员团或州议院都有权提出立法提案。立法提案如果由政府提出,则经过内阁投票通过后由政府公布。立法提案在形成税法草案后,首先被提交州议院听取意见,州议院有权在 6 个星期内提出修正案;如果税法草案是由州议会提交的,则须在 3 个月内提交联邦议院,经过 3 次听证会后,由联邦议院进行表决,此后税法草案被提交给州议院。如果州议院反对该草案或者要求进一步修正,则由州议院和联邦议院组成协调委员会,起草联合草案,经联邦议院表决通过,州议院有权在两周内否决,该否决可以被联邦议院推翻。实际上,对于大多数税法,州议院会通过而不轻易动用否决权。经过上述程序,草案由总统签署并颁布公告,在规定日期或公告两周以后生效。②

上述 3 个发达资本主义国家的立法程序有共性也有差异,但总的趋向是比较注意各方权力的平衡,基本上能够反映出税收立法的严密与烦琐。

我国与上述 3 个发达国家的税收立法程序相比,税法议案实际上主要是由最高行政机关提起的,经过严格的法定程序才能生效,这是其共性。但两者的差异也是明显的:第一,从程序上看,我国税收法律的确立主要由立法机关决定,而上述国家比较注意立法机关之间、立法机关与行政机关之间的权力制衡;第二,我国税收立法程序相对简化,立法周期较短,而上述国家正好相反,即立法程序的烦琐浪费较多的时间与精力,而且当税收法案通过生效后,宏观经济形势往往已经发生了较大的变化,从而容易产生宏观财政税收政策滞后的问题;第三,鉴于上述国家的实际情况,其税收立法较多受到各大利益集团的影响,而我国的税收立法则能更多地体现国家的整

---

① 国家税务总局税收科学研究所:《主要国家税收法律体系简介》(未公开出版),第 80 页。
② 参见国家税务总局税收科学研究所:《主要国家税收法律体系简介》(未公开出版),第 213 页。

体利益需求;第四,上述国家的税收立法程序透明度高,通过大量举行的听证会、辩论会,可以更广泛地听取公众的意见,以减少立法和执法过程中的阻力,也有助于减少立法中的漏洞,而我国税收立法在此方面还有较大的改进空间;第五,我国税收立法参与者人数极少,代表性不足,而上述国家在这一方面做得相对好一些,如在美国,一项重大的税收法案出台,要有数千名专业学者、政策分析家、律师、会计师、经济学家甚至普通公民的参与[①];第六,上述国家比较注意将立法过程中各种讨论意见记录在案并及时传达给公众,既尊重了公众的知情权,也宣传了即将出台的税法,加深了公众对其理解,缩短了公众接受新税法的时间,也有助于新税法的正确适用,实在是一举多得的事情。此种做法很值得我们借鉴。

二、制定税收法规适用的立法程序

(一) 制定税收行政法规适用的立法程序

税收行政法规的制定由国务院负责,涉及的主要程序包括:

1. 税收行政法规的起草准备

国务院制定的《行政法规制定程序条例》要求:国务院法制机构负责拟订国务院年度立法工作计划,报党中央、国务院批准后向社会公布。税收法规立法项目列入立法规划后,即由国务院负责组织,国家税务总局具体负责起草,由国务院法制机构组织协调和监督指导。涉及社会公众普遍关注的热点难点问题和经济社会发展遇到的突出矛盾,减损公民、法人和其他组织权利或者增加其义务,对社会公众有重要影响等重大利益调整事项的,应当进行论证咨询。起草专业性较强的行政法规,可吸收相关领域的专家参与,或委托有关专家、教学科研单位、社会组织起草。起草行政法规,起草部门应当将行政法规草案及其说明等向社会公布,征求意见,但是经国务院决定不公布的除外。向社会公布征求意见的期限一般不少于 30 日。

2. 税收行政法规的审查

报送国务院的行政法规送审稿,由国务院法制机构负责审查。国务院法制机构应当将行政法规送审稿或涉及的主要问题发送国务院有关部门、地方人民政府、有关组织和专家等各方面征求意见。国务院法制机构可以将行政法规送审稿或者修改稿及其说明等向社会公布,征求意见(期限一般不少于 30 日)。行政法规送审稿涉及重大利益调整或者存在重大意见分歧的,对公民、法人或者其他组织的权利义务有较大影响、受人民群众普遍关注的,国务院法制机构应当进行论证咨询或举行听证会。经过充分协调不能达成一致意见的,国务院法制机构、起草部门应当将争议的主要问题、有关部门的意见以及国务院法制机构的意见及时报国务院领导协调,或者报国务院决定。

---

① 　参见 V.图若尼主编:《税法的起草与设计》(第一卷),国际货币基金组织、国家税务总局政策法规司译,中国税务出版社 2004 年版,第 78—80 页。

3. 税收行政法规的决定与公布

行政法规草案由国务院常务会议审议,或者由国务院审批。国务院法制机构应根据国务院对行政法规草案的审议意见,对行政法规草案进行修改,形成草案修改稿,报请总理签署国务院令公布施行。行政法规签署公布后,及时在国务院公报(为标准文本)和中国政府法制信息网以及在全国范围内发行的报纸上刊载。行政法规应当自公布之日起 30 日后施行。但是,涉及国家安全、外汇汇率、货币政策的确定以及公布后不立即施行将有碍行政法规施行的,可以自公布之日起施行。行政法规在公布后的 30 日内由国务院办公厅报全国人民代表大会常务委员会备案。

【探讨】我国税收法律与税收行政法规立法程序的差异

将我国税收法律与国务院主持制定的税收行政法规的立法程序相比较,可以发现两者有明显的不同:

第一,两者的范围不同。税收行政法规的立法程序包括了以法案的起草为核心的立法准备工作,便于更全面地规范立法程序。而税收法律的制定则没有将立法准备工作列入正式立法程序,这或许是因为立法准备活动具有某种不确定性,不便作十分具体、严格的规范,但这样会将整个立法活动割裂开来,影响到立法的科学性。故将立法准备作为立法程序的第一步,就其基本步骤作出规范还是必要的。

第二,两者的提起方式不同。税收法律案可以由多个法定的机关乃至全国人大代表团及全国人大代表联名提起,而税收行政法规议案只能由相关主管部门提起。

第三,两者的通过方式不同。税收法律的通过实行少数服从多数的表决制,而税收行政法规则是由总理根据国务院常务会议组成人员的意见,在民主集中制的原则下最后作出决定。这种差别主要是由于税收法律与税收行政法规地位与功能定位不同决定的。

第四,为了保证税收行政法规不与宪法、法律相抵触,对其规定了向全国人大常委会备案的制度。

(二) 制定地方税收法规适用的立法程序

对于地方法规的制定,《立法法》并没有具体的立法程序规范,但多数省级地方有"制定地方性法规条例",如北京、上海、广东、辽宁等省市均设有类似的条例,这些条例与《立法法》有直接的承继关系,且与《立法法》设定的制定法律的立法程序有较大相似性。例如,《北京市制定地方性法规条例》要求:制定地方性法规应当遵守法制统一原则,不同宪法、法律和行政法规相抵触,保证宪法、法律和行政法规在本行政区域内的贯彻和执行。立法立项论证工作由常委会主任会议负责,由市人民政府统一组织起草法规案。列入市人民代表大会会议议程的法规案,大会全体会议听取提案人的说明后,由各代表团进行审议。列入市人民代表大会会议议程的法规案,由有关专门委员会进行审议,向主席团提出审议意见,并印发会议。法规草案修改稿经各代表团审议后,由法制委员会根据各代表团的审议意见进行修改,提出法规草案表决稿,由主席团提请大会全体会议表决,由全体代表的过半数通过。市人民代表大会通过的法规由大会主席团发布公告予以公布。列入常委会会议议程的法规案,一般应当经 3 次常委会会议审议后再交付表决;各方面意见比较一致的,可以经两次常委会会议审议后交付表决。常委会组成人员 5 人以上联名,可以在法规草案表决稿交付表决前,书面提出对法规草案表决稿的修正案,由主任会议决定是否提请常委会会议审议。不提请常委会会议审议的,应当向常委会会议报告并向提案人说明。常委会通过的法规由常委会发布公告予以公布。

三、制定税收规章适用的立法程序

(一) 制定税收行政规章适用的立法程序

制定税收行政规章的主要依据是国务院制定的《规章制定程序条例》和国家税务总局制定的《税务部门规章制定实施办法》。其主要程序规则包括:税务规章由主管司局负责起草。除依法需要保密的外,起草司局应当将税务规章征求意见稿及其说明向社会公开征求意见,期限一般不少于 30 日。依法需要听证的,起草司局应当举行听证会。起草专业性较强的税务规章,可以吸收相关领域的专家参与,或者委托有关专家、教学科研单位、社会组织起草。国家税务总局政策法规司应会同起草司局对税务规章送审稿进行修改,形成税务规章草案和草案说明,报局务会议审议。税务规章草案经局务会议审议通过后,国家税务总局政策法规司应当根据局务会议审议意见进行修改,形成草案修改稿,报请局长签署国家税务总局令公布。税务规章应当自公布之日起 30 日内报国务院备案,签署公布后,应当及时在《国家税务总局公报》(标准文本)、国家税务总局网站以及《中国税务报》上刊载。

(二) 制定地方税收规章适用的立法程序

税收规章的制定没有统一规范的立法程序,《规章制定程序条例》对地方规章的制定提出:省、自治区、直辖市和设区的市、自治州的人民政府所属工作部门或者下级人民政府认为需要制定地方政府规章的,应当向其所在人民政府报请立项,并由其所在人民政府组织起草,具体可以确定由其一个部门或者几个部门具体负责起草工作,也可以确定由其法制机构起草或者组织起草。地方政府规章应当经政府常务会议或者全体会议决定,公布地方规章应载明省长、自治区主席、市长、自治州州长署名以及公布日期。地方政府规章签署公布后,应及时在本级人民政府公报、中国政府法制信息网以及在本行政区域范围内发行的报纸上刊载。在此基础上,各省、自治区、直辖市分别制定自己的地方规章制定办法或规定。例如山东省政府制定了《山东省政府规章制定程序规定》,对地方制定规章的立项、起草、审查、决定和公布等程序进行了规范。

四、制定税收规范性文件适用的立法程序

税收规范性文件指县以上税务机关依照法定职权和规定程序制定并发布的,在本辖区内具有普遍约束力并反复适用的税收文件。税收规范性文件级别较低,但数量较多,因此对于税务机

关依法治税影响较大。为此,国家税务总局专门制定了《税收规范性文件制定管理办法》,对其设立加以规范和约束。其主要要求包括:税收规范性文件不得设定税收开征、停征、减税、免税、退税、补税事项,不得设定行政许可、行政处罚、行政强制、行政事业性收费以及其他不得由税收规范性文件设定的事项。经国务院批准的设定减税、免税等事项除外。县税务机关制定税收规范性文件,应当依据法律、法规、规章或者省以上税务机关税收规范性文件的明确授权;没有授权又确需制定税收规范性文件的,应当提请上一级税务机关制定。县以下(不含本级)税务机关以及各级税务机关的内设机构、派出机构、直属机构和临时性机构,不得以自己的名义制定税收规范性文件。税收规范性文件由制定机关负责解释。税收规范性文件由制定机关业务主管部门负责起草。未经政策法规部门审查的税收规范性文件,办公厅(室)不予核稿,制定机关负责人不予签发。起草税收规范性文件,应当明确列举拟被该文件废止的文件的名称、文号以及条款,避免与本机关已发布的税收规范性文件相矛盾。税收规范性文件应当以公告形式发布;未以公告形式发布的,不得作为税务机关执法依据。制定机关应当及时在本级政府公报、税务部门公报、本辖区范围内公开发行的报纸或者在政府网站、税务机关网站上刊登税收规范性文件,不具备上述条件的应当通过公告栏或者宣传材料等形式,在办税服务厅等公共场所及时发布税收规范性文件。省以下税务机关的税收规范性文件应当自发布之日起 30 日内向上一级税务机关报送备案。省税务机关应当于每年 3 月 1 日前向国家税务总局报送上一年度本辖区内税务机关发布的税收规范性文件目录。

思考题

1. 如何理解税收立法的概念?
2. 税收立法应坚持哪些原则?
3. 试分析我国立法权配置存在的主要问题。
4. 各国税法主要有哪几种模式?
5. 试举例分析我国税法的具体结构安排。
6. 试比较我国制定税收法律、税收行政法规、税收行政规章在程序上的差异。

即测即评

第七章 税收征收的基本程序

本章要点

　　本章和第八章讨论的内容以我国现行《税收征管法》为法律渊源。这部分内容较多,我们将其分为征收税款必经的程序与税收行政执法行为(权力)两部分来阐述。前者偏重于从征收税款应当经历的法定程序来组织相关内容,可以分解为税收确定程序、税收征收程序和税务检查程序三个基本部分。第一部分为税收确定程序,解决的是确定纳税人身份和明确、落实纳税义务的问题。第二部分为税收征收程序,即要完成在确定应纳税额的基础上将税款及时、足额地征收入库的任务。第三部分为税务检查程序,这个程序是在税法执行中由于各种原因难免出现错误的前提下设置的纠错程序。可以说,确定纳税人身份和落实纳税人义务是税收征收的起点,税款的征收入库是其核心任务,税务检查是税款征收的基本保障。比较而言,本章内容更多的是将税务管理自身的要求法律化。

　　【思考】本章及第八章的内容绝大多数与《税收征管法》有直接的关系。该法作为税务机关课税依据的基本程序法,如何修订争议颇多,可以说每个人都有自己心中的一部税收征管法。本书认为,该法的修订应当体现四个转变:第一,由税收管理行政化向税收管理法治化转变;第二,由强调税收管理向兼顾纳税服务转变;第三,由突出征税主体权力向征纳双方权利义务平衡转变;第四,由偏重原则性向增加可操作性转变。对此,你有哪些思考?

第一节 税收行政执法程序概述

　　程序正义体现着法律公平正义的终极目标,在一定意义上赋予法律以合法性与正当性。从行政法的角度看,行政执法程序是规定行政主体实施各种执法行为所应遵循的方式、步骤、顺序和时限。[①] 违反行政程序法规范与违反行政实体法规范一样,都将影响行政行为的效力。

　　我们一直在强调程序的重要性,那么,在一般情况下,行政法律程序是由哪些基本制度支点

[①] 参见全国税务师职业资格考试教材编写组编:《涉税服务相关法律》,中国税务出版社2020年版,第21页。

支撑的呢？从行政法的视角可以大致列出以下 10 项具体制度。这些具体制度虽然在税法中没有得到明确确认，但在各项税法规则中都能找到具体的对应，只是可能名称不同，具体规则亦有差别。税收行政程序的基本制度，是税务机关实施具体行政行为、行使行政权力的支点，这些程序制度的链接，勾画出依法征收的法律边界与路线图，一定程度上体现出对行政权力限制的轨迹。

（一）信息公开制度

信息公开指所有政府信息，除去涉及国家秘密、商业秘密和个人隐私外都应当向社会公开，即所谓公开为常态，不公开为例外。信息公开是行政公开原则的重要体现与制度抓手，行政执法主体、具体行政行为、行政执法程序、执法结果等信息都应当公开，并通过各种媒体使公众和纳税主体及时、方便地接收、了解、掌握。

【探讨】税务工作秘密是否可以得到信息公开豁免

在税收征管工作中，经常遇到一类信息，既不属于纳税人的商业秘密和个人隐私，也不能构成国家秘密，例如国家税务总局 2012 年发布的《税务工作秘密管理暂行规定》第 14 条第 4 款，将"未公开的税收统计、税收分析、税收风险排序、纳税评估及处理事项"归类为"工作秘密"不予公开。税务自由裁量基准信息或可归于"税务工作秘密"。但"工作秘密"并不是《政府信息公开条例》规定的公开豁免（政府信息公开的例外）事项。

根据《政府信息公开条例》第 14 条的规定，行政机关公开政府信息不得危及国家安全、公共安全、经济安全和社会稳定。根据该条例第 15 条的规定，行政机关不得公开涉及商业秘密、个人隐私的政府信息。这些公开豁免的原则性规定较为抽象，缺乏可操作性，容易引起税务行政机关和纳税人的理解分歧，既不利于对纳税人知情权的保护，也不利于税务机关对信息公开原则的贯彻落实。

结合税收执法工作实务，本书建议：首先，立法应明确信息公开豁免税务执法信息的内涵。对税务机关在行政管理过程中收集的有关税务登记、申报征收和税收违法行为处理等各类税务经济数据信息，应予以分类，并采用概括和列举的方式，规定涉及信息公开豁免的事项。其次，增加"税务自由裁量基准信息"公开豁免原则性条款。对预期公开可能泄露税务执法技术、程序和策略，损害正常税务行政管理秩序的自由裁量基准信息，建议参照《美国信息自由法案》中关于"可能妨碍执法的信息"的相关规定，列入税务信息公开豁免的立法考量。[①]

（二）回避制度

回避制度是保持执法公正的制度设计，指在行政执法中，与当事人有利害关系的行政执法人员应当避免参与具体行政行为的实施。回避源于司法审判制度，但逐渐被引入行政执法中，成为行政执法程序的一个制度支点。税法同样引入回避制度，现行《税收征管法》第 12 条规定："税

---

① 参见陈萱怡：《税收自由裁量权基准信息的公开豁免》，载《中国税务报》2016 年 9 月 20 日，第 B03 版。

务人员征收税款和查处税收违法案件,与纳税人、扣缴义务人或者税收违法案件有利害关系的,应当回避。"

【探讨】行政回避与司法回避的差异

如前所述,回避源于司法审判制度,其聪明之处在于针对不公正概率较高的情况(如执法人员与一方当事人存在近亲属等利害关系),不是按照通常思路,通过证据证明其存在不公正的问题,而是借助回避制度直接加以排除,在很大程度上节约了司法成本,提高了司法效率。司法制度中类似的制度设计比比皆是,税法中企业所得税制度特别强调的纳税调整等制度设计与之有异曲同工之妙。但是,司法中的回避制度与行政执法中的回避制度有明显的不同,即司法中的回避制度面对的是三方关系,包括公断人与产生诉讼争议的当事人双方。任何一方当事人与公断人之间的违法勾连,对方当事人都可以借助回避制度加以阻断,从而在一开始就避免法律公平、公正的原则要求被破坏。而当回避处于行政执法程序之中时,三方关系变成了两方关系,平衡被打破。例如在税收征收管理中,只有税务人员与纳税人。当纳税人一方要求违反税法求得不法利益时,可以约束、监督的第三方没有了,回避制度发挥作用的空间大大缩小。那么,如何使回避制度在税收行政执法中不成为无用的摆设? 大概唯一的出路就是,制定更为严格、细化的规定,要求税务人员在遇有法律限定的情况(如与纳税人存在近亲属等利害关系)时,主动提起回避。但似乎我国现行税法对此并没有作好相应的准备。

(三)行政调查制度

行政调查制度指行政机关依法获得管理相对人及相关第三方信息和相关证据材料的制度。行政调查是进行行政执法决策和实施具体行政行为的基础和前提。在税法中,行政调查还有一层意义,即通过事后调查对纳税人违法行为进行威慑与监督,保障税款能够及时、足额收取,税收秩序得到维护。所谓税收检查与稽查即是这个意义上的行政调查制度。

(四)告知制度

告知制度指行政机关作出具体行政行为前通知当事人所依据的法律、事实、理由及其所享有的权利。告知制度是保持程序正当与合法的一个不可或缺的制度支点,更是当事人知情权更进一层次的表现。在税法中,税务机关作出的多数具体行政行为都要以书面的形式告知纳税人等纳税主体。

(五)催告制度

催告制度指在行政执法中的一定节点上,行政机关督促当事人在一定期限内履行其法定义务的程序规则,不经此程序,具体行政行为不能合法完成。催告制度在行政强制执行中的作用最为突出,在一定程度上决定着行政强制执行能否落实。在税法中,《税收征管法》第40条规定的纳税期满后设定期限对欠税纳税人进行"告诫",即所谓的催告制度。

（六）听证制度

听证制度指行政机关在作出行政决定之前,以一定的方式和程序,与当事人之间交换意见的程序制度。听证是对当事人陈述权、申辩权的制度保证,其在某些方面借鉴了司法庭审的程序,能够在一定程度上减少双方的争议,降低法律成本,促进相关法律的依法实施。税法没有直接规定听证制度,但税务机关在执法中涉及《行政处罚法》《行政许可法》《行政复议法》的,会应用相关法律规定的听证制度。

（七）行政案卷制度

行政案卷制度指行政机关实施具体行政行为所依据的证据、记录和法律文书等,根据一定的顺序组成书面材料的制度,是一项基本的行政管理制度。行政案件保留的资料,是行政执法的证据、档案,书面记录着行政执法的历史。行政案卷制度的意义在于,使行政决定建立在按照法定程序形成的法律事实之上,规范认定程序和认定结果的权威性,排除外界对行政决定的不当影响和干预,提高行政透明度,建立行政公开机制,同时也便于对行政行为的司法审查和有效监督。①由于税收涉及征纳双方的核心经济利益,且税法复杂模糊,争议较多,因此税务机关的行政案卷的证据属性较强。

（八）说明理由制度

说明理由制度指行政机关在作出行政决定前将所依据的法律、事实与其间的逻辑关系向当事人加以说明的制度。在税法中,说明理由是多数税务执法文书必有的内容,但所依据的法律与发生事实之间的逻辑关系往往被有意无意地忽略,而这恰恰是一个高质量说明理由制度的核心内容。说明理由制度至少有两方面的现实意义:一是行政机关对作出影响行政相对人权利义务的决定应持慎重态度,抑制其随意性,保障和提高其公正性;二是便于行政相对人认清其所受不利影响的决定的确切理由,并可以为其申请行政复议或提起行政诉讼提供方便。②

【探讨】关于说明理由制度

说明理由制度是法定行政程序中应有的制度支点。说明理由制度的功能在于,体现自由裁量权行使动机的正当性,保证其基本方向没有大的偏差,在一定程度上抑制其随意性,维护其公正性,从而达到约束自由裁量权,防止其被滥用,进而保障当事人合法权益的作用。在税收程序法治建设中,说明理由制度并未缺项。但在各类税收行政执法文书中体现的说明理由,主要是与合法性问题直接相关的法律依据与事实依据,对于税务人员依法行使行政自由裁量权时对适当性的考量,即执法人对裁量合理性的判断依据,其作出决定时法律价值判断层面的原始动机,从纳税人的角度则无从判断,因此,自由裁量权的滥用仍有空间。例如,当税务机关对一个纳税人

---

①②　参见全国税务师职业资格考试教材编写组:《涉税服务相关法律》,中国税务出版社 2020 年版,第 24 页。

作出罚款 10 000 元的处罚,而另一情况相近的纳税人只被处以罚款 5 000 元时,就应当说明前者的处罚重于后者的原因。所以,对税务管理中说明理由制度的一个基本的改进要求即:税务机关为行使行政自由裁量权而说明理由时,在法律依据与事实依据之间,还需要对作出自由裁量的动机作比较仔细与准确的描述。

(九) 教示制度

教示制度指行政机关对当事人作出某种不利决定时,应当将法律救济的权利与实现途径告知,指导其实现法律赋予的相应权利的制度。这一制度是对当事人实现法律救济权利的指引。在税法中,对于税务机关实施的征税、行政处罚等具体行政行为,都有应告知当事人可以行使提起行政复议、行政诉讼等法律救济权利的规定。

【提示】教示制度与告知制度、催告制度有相近的地方,但也有区别,其涉及范围与目标指向明显不同。告知制度需要告知的事项比较全面,涉及依据的法律、事实,享有的权利等;催告制度关注的是督促当事人履行法定义务,且告知其不履行义务将导致的不利法律后果;教示制度强调的则是当事人法律救济权利的实现。

(十) 时效制度

时效制度是对行政机关实施具体行政行为的权力与义务予以一定时间限定的程序制度。就一般意义而言,没有绝对的权利也没有绝对的义务,因此无论是赋予权利还是设定义务,都应当有一定的时间限定,否则极易引起法律上的争议与纠纷。在一定意义上讲,所谓法律意识应当包括时效意识。鉴于税法纷繁复杂且牵涉各方经济利益的程度较深,因此时效规定也是其相当复杂而重要的一个方面。

【思考】在税法类考试领域有一个有意思的现象,就是各项税率规定在各类考试(包括国家考试)中并不作为考试内容,但同样繁杂的时效规定从来没有被排除在考试范围之外。其理由是什么?

【探讨】关于正当程序原则

正当程序原则源自西方一些自然公正的理论。简单地说,正当程序就是以一个有理智的、正常的、没有利害关系的人的判断为标准,如果这样的人都认为某一行为是不应该、不合理、不正确的,就可以认定该行为是不正当的。这是一个公众判断标准。正当程序应该是一个总的、基础性原则,法定程序必须遵循正当程序原则。上述程序制度设计,一定程度上体现了正当程序原则。

我国之所以强调正当程序,一是因为我国还缺乏完善的行政程序制度,较完整的程序规定只体现在行政处罚法中,这只能解决部分问题,而法院审查行政行为的程序是否合法需要有完善的行政程序制度作为标准。二是因为制定法永远难以穷尽所有的情形,我国需要用正当程序原则审查行政行为的合法性。三是因为程序法具有独立的价值,是实体法治的保障,但是我国还没有把程序法治放到应有的重要位置。[①]

【案例】2010 年 10 月 22 日和 2011 年 10 月 22 日,YT 公司先后与 HX 公司签订两份《委托代理出口协议》。2010 年 10 月至 2012 年 4 月,双方又签订 119 份《工矿产品购销合同》。这些合同项下的货物出口后,YT 公司申报获得出口退税款 2 561.54 万元。2014 年 2 月 21 日,属地税务机关稽查局(以下简称稽查局)作出《税务处理决定书》,认定 YT 公司构成外贸出口"真代理、假进销"的违规操作,依据《国家税务总局、商务部关于进一步规范外贸出口经营秩序切实加强出口货物退(免)税管理的通知》(国税发〔2006〕24 号)第 2 条和《财政部、国家税务总局关于出口货物劳务增值税和消费税政策的通知》第 7 条的规定,对该公司已获得的出口退税款 2 561.54 万元予以追缴。2014 年 11 月 28 日,稽查局向 YT 公司登门送达《税务处理决定书》被拒收,遂按规定对该文书留置送达。次年 11 月 10 日,YT 公司就上述税务处理决定向市税务局申请行政复议,未获支持后向法院提起行政诉讼。

YT 公司诉称:被诉税务处理决定作出前,稽查局未能保障 YT 公司的实质性陈述、申辩权,所作决定程序违法;形式上存在"双合同"与"真代理、假进销"的违规操作无必然联系;YT 公司作为出口退税主体应当享有出口退税权。

稽查局辩称:(1) 检查程序合法。本案严格依照税务行政处理程序进行处理;此类案件法律法规并未设定听证程序,被诉税务处理行为依法无须进行听证;稽查局在作出被诉《税务处理决定书》前,已充分保障 YT 公司的陈述申辩权利。(2) YT 公司与 HX 公司双方实际履行的为《委托代理出口协议》,是假借"进销"名义而行"代理"之实。(3) 依据国税发〔2006〕24 号文件有关"双合同不能退税"的规定,追缴 YT 公司已获得的有关出口退税款合法。

该案历经法院一审、二审和再审,省高级人民法院于 2020 年 6 月作出终审判决。

一审法院认为:正当程序原则是行政法的基本原则,也是行政机关实施行政行为的基本要求。根据该原则,行政机关在作出影响相对人权益的行政决定时,应当履行事前告知义务,充分保障相对人陈述申辩的权利。本案中,稽查局作出的追缴 YT 公司 2 000 多万元出口退税款的处理决定,对该公司的权益产生重大影响,在作出该处理决定前,未举行听证,未充分保障 YT 公司陈述申辩的权利,违背了正当程序原则,程序违法,应予撤销。

二审法院认为:(1) 本案无直接法律规定应适用听证程序,但鉴于涉案追缴退税数额巨大,依照行政执法的正当程序原则,应保障 YT 公司在处理决定作出过程中程序参与、陈述申辩的权利。本案在处理过程中,YT 公司多次通过有关部门与税务部门沟通,向有关部委反映情况,稽查局也是在有关部委作出答复后才留置送达税务处理决定书的,给予 YT 公司足够时间表达意见。综上,应认定稽查局虽未组织正式听证,但 YT 公司相关实质性陈述申辩权利已得到保障。(2) YT 公司和 HX 公司签订两份《委托代理出口协议》和 119 份《工矿产品购销合同》,YT 公司关于其与 HX 公司之间不存在代理与购销双合同的主张,本院不予采信。稽查局适用双合同规则追回退税的处理决定,事实认定清楚。综上,《税务处理决定书》认定事实清楚,适用法律基本

---

① 参见卢慧菲:《一个再审案引发热烈讨论:如何把握税收行政正当程序?》,载《中国税务报》2021 年 1 月 19 日,第 7 版。

正确,程序合法。

再审法院认为:稽查局在作出有关处理决定的过程中,应当按照正当程序原则要求,依法告知并充分保障 YT 公司的陈述申辩权利。但稽查局在原审法定期间内提交的证据显示,其在作出该处理决定前,未举行听证,亦未充分保障 YT 公司陈述申辩的权利。在有关部门进行协调时,被诉税务处理决定已经作出,YT 公司已无法进行陈述申辩。稽查局作出被诉税务处理决定后,时隔 9 个月才进行送达,程序明显违法。综上,被诉税务处理决定程序违法,应予撤销。[①]

你如何看待该案中反映出的正当程序原则问题?

第二节　税收确定程序

一、税务登记

税务登记,是税务机关对纳税人的开业、变更、歇业以及生产、经营情况进行登记管理的法定程序。税务登记的作用在于掌握纳税人的基本情况和税源分布情况,正是从税务登记开始,纳税人开始进入税务管理的视野,纳税人的身份及征纳双方的法律关系得到确认。我国税法始终是将税务登记作为税收行政执法程序的起点来把握的,这与我国法治基础仍较为薄弱和纳税人数量众多等有直接的关系。

现行税务登记制度包括设立税务登记、变更税务登记、注销税务登记、外出经营报验税务登记和停业、复业税务登记,以及非正常业户的处理、税务登记证件的使用与管理等。

【思考】税务登记是纳税人的户口簿,设立税务登记制度与税务机关对纳税人信息掌控能力不足有直接的关系。那么,随着信息化时代的到来,是否还需要税务登记制度承担以往的任务,其替代制度如何构建?

(一) 设立税务登记

设立税务登记是指纳税人依法成立并经工商管理登记后,为确认其纳税人身份、纳入税务管理体系而进行的登记。

从事生产、经营的纳税人,向生产、经营所在地税务机关申报办理税务登记:(1) 从事生产、经营的纳税人领取工商营业执照的,应当自领取工商营业执照之日起 30 日内申报办理税务登记;(2) 从事生产、经营的纳税人未办理工商营业执照但经有关部门批准设立的,应当自有关部门批准设立之日起 30 日内申报办理税务登记;(3) 从事生产、经营的纳税人未办理工商营业执

---

① 参见卢慧菲:《一个再审案引发热烈讨论:如何把握税收行政正当程序?》,载《中国税务报》2021 年 1 月 19 日,第 7 版。

照也未经有关部门批准设立的,应当自纳税义务发生之日起 30 日内申报办理税务登记;(4) 有独立的生产经营权、在财务上独立核算并定期向发包人或者出租人上交承包费或租金的承包承租人,应当自承包承租合同签订之日起 30 日内,向其承包承租业务发生地税务机关申报办理税务登记;(5) 境外企业在中国境内承包建筑、安装、装配、勘探工程和提供劳务的,应当自项目合同或协议签订之日起 30 日内,向项目所在地税务机关申报办理税务登记。上述几种情况,都是在申办税务登记后,由税务机关发放税务登记证及副本。①

已办理税务登记的扣缴义务人应当自扣缴义务发生之日起 30 日内,向税务登记地税务机关申报办理扣缴税款登记。税务机关在其税务登记证件上登记扣缴税款事项,税务机关不再发放扣缴税款登记证件。根据税收法律、行政法规的规定可不办理税务登记的扣缴义务人,应当自扣缴义务发生之日起 30 日内,向机构所在地税务机关申报办理扣缴税款登记,税务机关发放扣缴税款登记证件。

纳税人提交的证件和资料齐全且税务登记表的填写内容符合规定的,税务机关应当日办理并发放税务登记证件;不符合规定的,税务机关应当场通知其补正或重新填报。

【提示】这里有两个时限需要注意:第一个时限是纳税人申报领取税务登记证的时限,它不以纳税人提出申请税务登记的时限为准,而是以税务机关接受其申报为准;第二个时限是税务机关审核发给税务登记证件的时限。②

(二)变更税务登记

变更税务登记指纳税人办理开业税务登记后,因登记内容发生变化,需要对原有登记内容进行更改,而向原主管税务机关申请办理的税务登记。变更税务登记的主要目的在于及时掌握纳税人的生产经营情况,减少税款的流失。

纳税人应自工商行政管理机关变更登记之日起 30 日内办理变更税务登记;纳税人按规定不需要在工商行政管理机关办理变更登记,或者其变更登记的内容与工商登记内容无关的,应当自税务登记内容实际发生变化之日起 30 日内向原税务登记机关申报办理变更税务登记。符合规定的,税务机关应当日办理;不符合规定的,税务机关应通知其补正。

(三)停业、复业税务登记

停业、复业税务登记指实行定期定额征收方式的纳税人,因自身经营的需要暂停经营、恢复经营而向主管税务机关申请办理的一项税务登记手续。

实行定期定额征收方式的个体工商户需要停业的,应当在停业前向税务机关申报办理停业登记。纳税人的停业期限不得超过 1 年。

纳税人在申报办理停业登记时,应如实填写停业申请登记表,说明停业理由、停业期限、停业

---

① 后三种情况是发放临时税务登记证及其副本。
② 参见国家税务总局征收管理司编:《新征管法学习读本》,中国税务出版社 2001 年版,第 60 页。

前的纳税情况和发票的领、用、存情况,并结清应纳税款、滞纳金、罚款。税务机关应收存其税务登记证件及副本、发票领购簿、未使用完的发票和其他税务证件。

纳税人在停业期间发生纳税义务的,应当按照税收法律、行政法规的规定申报缴纳税款。纳税人应当于恢复生产经营之前,向税务机关申报办理复业登记,如实填写《停、复业报告书》,领取并启用税务登记证件、发票领购簿及其停业前领购的发票。纳税人停业期满不能及时恢复生产经营的,应当在停业期满前向税务机关提出延长停业登记申请,并如实填写《停、复业报告书》。

(四)外出经营报验税务登记

外出经营报验税务登记指从事生产经营的纳税人到外市县进行临时性的生产经营活动时按规定向经营地税务机关申报办理的一种法定税务登记手续。其目的是掌握这部分纳税人的情况,防止其脱离税务管理。

纳税人到外县(市)临时从事生产经营活动的,应当在外出生产经营以前,持税务登记证向主管税务机关申请开具《外出经营活动税收管理证明》(也称《外管证》)。税务机关按照一地一证原则核发《外管证》,其有效期限一般为 30 天,最长不得超过 180 天。纳税人应当在《外管证》注明地进行生产经营前向当地税务机关报验登记,并提交税务登记证件副本和《外管证》。纳税人在《外管证》注明地销售货物的,除提交税务登记证件副本和《外管证》外,应如实填写《外出经营货物报验单》,申报查验货物。纳税人外出经营活动结束,应当向经营地税务机关填报《外出经营活动情况申报表》,并结清税款、缴销发票。纳税人应当在《外管证》有效期届满后 10 日内,持证回原税务登记地税务机关办理《外管证》缴销手续。

(五)注销税务登记

注销税务登记是指纳税人由于法定的原因终止纳税义务,向原税务机关申请办理的取消税务登记的手续。办理注销税务登记后,该当事人不再接受原税务机关的管理。纳税人发生解散、破产、撤销以及其他情形,依法终止纳税义务的,应当在向工商行政管理机关或者其他机关办理注销登记前,持有关证件和资料向原税务登记机关申报办理注销税务登记。按规定不需要在工商行政管理机关或者其他机关办理注册登记的,应当自有关机关批准或者宣告终止之日起 15 日内,持有关证件和资料向原税务登记机关申报办理注销税务登记。纳税人被工商行政管理机关吊销营业执照或者被其他机关予以撤销登记的,应当自营业执照被吊销或者被撤销登记之日起 15 日内,向原税务登记机关申报办理注销税务登记。纳税人因住所、经营地点变动,涉及改变税务登记机关的,应当在向工商行政管理机关或者其他机关申请办理变更、注销登记前,或者住所、经营地点变动前,持有关证件和资料,向原税务登记机关申报办理注销税务登记,并自注销税务登记之日起 30 日内向迁达地税务机关申报办理税务登记。境外企业在中国境内承包建筑、安装、装配、勘探工程和提供劳务的,应当在项目完工、离开中国前 15 日内,持有关证件和资料,向原税务登记机关申报办理注销税务登记。纳税人办理注销税务登记前,应当向税务机关提交相关证明文件和资料,结清应纳税款、多退(免)税款、滞纳金和罚款,缴销发票、税务登记证件和其他税务证件,经税务机关核准后,办理注销税务登记手续。

(六) 非正常业户的处理

已办理税务登记的纳税人未按照规定的期限申报纳税,在税务机关责令其限期改正后,逾期不改正的,税务机关应当派员实地检查,查无下落并且无法强制其履行纳税义务的,由检查人员制作非正常户认定书,存入纳税人档案,税务机关暂停其税务登记证件、发票领购簿和发票的使用。纳税人被列入非正常户超过 3 个月的,税务机关可以宣布其税务登记证件失效,其应纳税款的追征仍按《税收征管法》及其实施细则的规定执行。

(七) 税务登记证件的使用与管理

除按照规定不需要发给税务登记证件的之外,纳税人必须持税务登记证件办理的事项包括:(1) 开立银行账户;(2) 领购发票。纳税人办理其他税务事项时,应当出示税务登记证件,经税务机关核准相关信息后办理手续。

纳税人遗失税务登记证件的,应当自遗失税务登记证件之日起 15 日内,书面报告主管税务机关,如实填写《税务登记证件遗失报告表》,并在税务机关认可的报刊上作遗失声明,凭该遗失声明向主管税务机关申请补办税务登记证件。纳税人应按照国务院税务主管部门的规定使用税务登记证件。税务登记证件不得转借、涂改、损毁、买卖或者伪造。

【探讨】关于自然人税收征管制度与自然人纳税识别号制度

自然人税收征管制度原本应当是包含在一般的税收征管制度之中的,但我国现有的税收征管制度是基于企业纳税人建立的,自然人纳税人虽然人数很多,但税额占比并不大,税收征管主要依托个人所得税中的纳税申报与代扣代缴制度。但当自然人纳税人不断增加,形成一个庞大群体,需要加强对其税收征管时,既有的税收征管制度有很多不适应的地方。正是在这个意义上,我们才提出相对独立的自然人税收征管制度。其中,自然人纳税识别号制度是其核心。

自然人纳税识别号是指税务机关依法为自然人纳税人编制的确认其身份的数字与字母代码标识,是自然人纳税人的"身份证",该数字代码标识是统一的、唯一的、终身不变的。自然人纳税识别号与企业纳税人税务登记证的作用类似,但显然其更适应自然人纳税人管理的需要。纳税人识别号制度是管理自然人纳税人的国际通行做法,多数国家都设有相应的制度规定。我国也将其作为下一步自然人税收征管制度完善的核心工作,2019 年修正的《税务登记管理办法》第 6 条对此作出了规范:"税务局(分局)执行统一纳税人识别号。纳税人识别号由省、自治区、直辖市和计划单列市税务局按照纳税人识别号代码行业标准联合编制,统一下发各地执行。已领取组织机构代码的纳税人,其纳税人识别号共 15 位,由纳税人登记所在地 6 位行政区划码+9 位组织机构代码组成。以业主身份证件为有效身份证明的组织,即未取得组织机构代码证书的个体工商户以及持回乡证、通行证、护照办理税务登记的纳税人,其纳税人识别号由身份证件号码+2

位顺序码组成。纳税人识别号具有唯一性。"

不过,对于如何建立该制度却产生了较大的争议,即纳税人识别号是依托身份证还是社会保障证建立,或者是由税务机关另外单独设立?我们的看法是,从长远看,最终的理想目标是自然人只持有一个证号,可以包含身份证、社会保障证与纳税人识别号所有的功能,这是适应网络和大数据技术发展,行政管理行为利民、便民的一个基本趋势。另外,依托身份证或者社会保障证设立纳税人识别号,可以利用已有基础从总体上节约成本,只是站在税务管理的角度在一定时间段内增加了工作量和不同行政机关之间协调的复杂性。由税务机关另外单独设立纳税人识别号是与这个大趋势背道而驰的。所谓依托身份证或社会保障证建立纳税人识别号不如税务机关单独设立纳税人识别号的理由实际上是立不住的:其一,对于哪一种方式更有利于纳税人隐私权的保护,实际上并没有技术上的差别,只是身份证出现得较早,对保密的要求也不高,借助更换身份证对其技术升级以达到识别自然人纳税人身份的要求并非难事。其二,身份证由公安机关管理,严格程度比较高,至于存在部分自然人没有身份证或一人有多个身份证的问题,换作由税务机关制作、管理单独设立的纳税人识别号能否做得更好,令人怀疑。其三,至于"个人身份信息与税收信息混为一谈",实际上按照目前的信息技术加以解决也不是一个难题。①

【案例】2011 年 3 月 3 日,林某到 A 区地税局 B 税务分局缴纳自有轿车 2010 年度的车船税。受理人员审核后发现林某的车辆于 2009 年 3 月 3 日入户,已缴纳 2009 年度的车船税,2010 年度应缴车船税 420 元,但林某未按规定及时申报缴纳。之后,受理人员经口头告知,对林某征收税款 420 元,同时就其逾期申报缴纳行为加收滞纳金 12.81 元,并处罚款 420 元。林某当天按要求缴纳了所有款项。不久,林某对 B 税务分局的行政处罚提出行政复议,指出该局在作出有关行政处罚决定的过程中,未履行行政处罚告知义务,未出具《税务行政处罚决定书》,违反了行政处罚法的有关规定,严重违反法定程序,要求复议机构撤销原行政处罚决定,退还罚款。

复议机关审核后认为,B 税务分局对林某的有关处罚决定认定清楚,证据确凿,符合《税收征管法》的规定,适用法律依据正确,但实施处罚时未按规定发出《税务行政处罚事项告知书》和《税务行政处罚决定书》,违反了法定程序。最终,复议机关撤销了有关行政处罚行为,要求 B 税务分局退回 420 元罚款及利息,并责令其对林某的逾期申报行为重新作出处罚。②

自然人纳税人一般无须办理税务登记,我国税务机关对这类纳税人的税收管理比较粗放,不按程序办事,压缩工作流程,流程倒置等情况经常发生,是导致个人涉税争议多发的重要因素。这或许从一个侧面反映出加强自然人纳税管理的必要性。请就此对该案例加以评析。

---

① 此部分内容参照了李万甫、孙红梅主编的《〈税收征收管理法〉修订若干制度研究》一书第 105 页,原江苏省徐州市地税局、辽宁大学财税法研究中心《自然人纳税识别号制度研究》一文,对此两种制度设计优缺点的归纳。

② 参见辜鹤澄、邢小华、况淑敏:《如何化解自然人涉税争议》,载《中国税务报》2017 年 1 月 17 日,第 7 版。

二、账簿、凭证管理

账簿是纳税人连续地登记各种经济业务的账册或簿籍,凭证是纳税人记录经济业务、明确经济责任的书面证明。账簿、凭证的根本作用在于核算企业经济效益,反映企业经营成果。但站在税务的角度,账簿、凭证管理的主要作用在于为课税提供基础计算依据,保证税务机关进行有效的财务监督与税务检查。因此,账簿、凭证管理成为税收管理的基础性工作,在税收管理中占有十分重要的地位。

(一) 账簿的设置

《税收征管法》要求纳税人、扣缴义务人应按照有关法律、行政法规和国务院财政、税务主管部门的规定设置账簿,根据合法、有效凭证记账,进行核算。账簿设置的范围包括:

(1) 从事生产、经营的纳税人应当自领取营业执照或者发生纳税义务之日起 15 日内,按照国家有关规定设置账簿。

(2) 生产、经营规模小又确无建账能力的纳税人,可以聘请经批准从事会计代理记账业务的专业机构或者经税务机关认可的财会人员代为建账和办理账务;聘请上述机构或者人员有实际困难的,经县以上税务机关批准,可以按照税务机关的规定,建立收支凭证粘贴簿、进货销货登记簿或者使用税控装置。

(3) 扣缴义务人应当自税收法律、行政法规规定的扣缴义务发生之日起 10 日内,按照所代扣、代收的税种,分别设置代扣代缴、代收代缴税款账簿。

账簿设置的形式传统上采用纸质,但是随着财务会计电算化的发展,利用计算机记账成为越来越多纳税人的选择。与此相适应,《税收征管法实施细则》规定:

(1) 纳税人、扣缴义务人会计制度健全,能够通过计算机正确、完整计算其收入和所得或者代扣代缴、代收代缴税款情况的,其计算机输出的完整的书面会计记录,可视同会计账簿。

(2) 纳税人、扣缴义务人会计制度不健全,不能通过计算机正确、完整计算其收入和所得或者代扣代缴、代收代缴税款情况的,应当建立总账及与纳税或者代扣代缴、代收代缴税款有关的其他账簿。

(3) 纳税人建立的会计电算化系统应当符合国家有关规定,并能正确、完整核算其收入或者所得。

(二) 财务会计制度的备案制度

为了正确计算税额,保证税款的依法征收,税务部门需要及时掌握纳税人适用的具体财务会计制度,财务会计制度的备案制度就是为此而设置的。《税收征管法》及其实施细则中的相关规定包括:

(1) 从事生产、经营的纳税人应当自领取税务登记证件之日起 15 日内,将其财务、会计制度或者财务、会计处理办法报送主管税务机关备案。

（2）纳税人使用计算机记账的，应当在使用前将会计电算化系统的会计核算软件、使用说明书及有关资料报送主管税务机关备案。

（3）纳税人、扣缴义务人的财务、会计制度或者财务、会计处理办法与国务院或者国务院财政、税务主管部门有关税收的规定抵触的，依照国务院或者国务院财政、税务主管部门有关税收的规定计算应纳税款、代扣代缴和代收代缴税款。

（三）账簿、凭证的使用与保管

站在税法的角度，账簿、凭证的保存具有特别的意义。因为它构成了税务机关征税、纳税人纳税的基本证据。另外，纳税人存在的违法问题，很多都是从保存下来的账簿、凭证发现蛛丝马迹的。并且保存的账簿、凭证最终又成为对不法纳税人定罪或合法纳税人证明自己无罪的原始证据，因此对征纳双方都是十分重要的。所以，税法对账簿、凭证不仅规定了保管期限，而且确立了账簿、凭证等涉税资料的使用必须合法、真实、完整的原则。具体的规定包括：

（1）账簿、记账凭证、报表、完税凭证、发票、出口凭证以及其他有关涉税资料应当合法、真实、完整。

（2）账簿、记账凭证、完税凭证及其他有关资料不得伪造、变造或者擅自损毁。

（3）账簿、会计凭证和报表，应当使用中文。民族自治地方可以同时使用当地通用的一种民族文字。外商投资企业和外国企业可以同时使用一种外国文字。

（4）账簿、记账凭证、报表、完税凭证、发票、出口凭证以及其他有关涉税资料应当保存10年。但是，法律、行政法规另有规定的除外。

【探讨】账簿、凭证等相关涉税资料的合理保管期限问题

《税收征管法实施细则》规定账簿、记账凭证、报表、完税凭证、发票、出口凭证以及其他有关涉税资料应当保存10年，又以但书的方式承认其他法律的相关规定，即法律、行政法规另有规定的除外。目前来看，上述有关涉税资料的保存期限主要是在会计法律、法规中规定的，其中，会计报表、会计凭证的保存期限从3年、5年、15年直至永久保存不等。此外，按照《发票管理办法》的规定，发票的保存期限为5年，与《税收征管法实施细则》的规定也不一致。这样就使《税收征管法实施细则》的规定仅对完税凭证和出口凭证有效，范围过窄。而且当5年保存期已过，发票已不存在，仅靠账簿、记账凭证在法律上对纳税人的行为定性，证据也不够充分。所以，关于账簿、凭证、发票等涉税资料的保存期期限，应保持《税收征管法实施细则》的规定与会计法规的某一主要规定相一致。

（四）税控装置

税控装置，是指运用高技术手段保证纳税人有关涉税数据正确生成、安全传递、可靠存储并进行有效监控的管理系统。其功能在于实现对税源的有效监控，提高税收征管效率，规范税收征纳行为，也是税收征收管理实现信息化、电子化的一个重要方面。目前，我国税收管理中推广使

用的税控装置主要有税控加油机、税控收款机和出租车计价器等。鉴于税控装置的应用有逐渐扩大的趋势,《税收征管法》及其实施细则对此作了原则规定:国家根据税收征收管理的需要,积极推广使用税控装置。纳税人应按照规定安装、使用税控装置,不得损毁或者擅自改动税控装置。纳税人应当按照税务机关的要求安装、使用税控装置,并按照税务机关的规定报送有关数据和资料。

三、发票管理

(一)发票管理概述

发票是记录经营活动的一种书面证明,是在购销商品、提供或者接受服务以及从事其他经营活动中开具、收取的收付款凭证,是经济交往中基本的商事凭证。发票的作用在于:(1)促进企业正确进行财务会计核算,保护其正当合法利益;(2)为打击税收违法、犯罪活动,维护国家税收利益提供基础依据;(3)有利于加强财务监督,严肃财经纪律,打击腐败与贪污、受贿等经济犯罪行为,维护经济秩序。正是由于发票的管理与税收有密切的关系,所以形成了以税务机关为主的发票管理体制。《税收征管法》对发票管理只作了原则性规定,指出税务机关是发票的主管机关,负责发票印制、领购、开具、取得、保管、缴销的管理和监督。更为直接、具体的法律依据是财政部制定的《发票管理办法》及其实施细则和国家税务总局制定的《增值税专用发票使用规定》。

【思考】税务机关进行税务管理、征收税款的一个基础性条件即是对纳税人的涉税信息有全面、及时的把握,但无疑这是最困难的。以往,掌握纳税人信息、实施税务管理主要有两个路径:一是以美国为代表的模式,主要是借助发达的金融业,依托银行,同时大力压缩现金交易,其优点是所有资金流都是"雁过留痕",为税务机关进行管理提供了较好的基础条件,但对银行系统的依赖较大;二是以我国为代表的模式,依托纳税登记和发票作为管理手段,税务管理对发票的依赖无以复加,相对来说管理效率较低,成本较高,准确性较差。大数据时代的到来,可能彻底颠覆以往这两种税务管理模式。对此你有哪些思考?

(二)普通发票的管理

发票的基本联次包括存根联、发票联、记账联。存根联由收款方或开票方留存备查;发票联由付款方或受票方留存作为付款原始凭证;记账联由收款方或开票方作为记账原始凭证。省以上税务机关可根据发票管理情况以及纳税人经营业务的需要,增减除发票联以外的其他联次,并确定其用途。

发票管理内容主要包括:

1. 发票的印制

税务机关以招标方式确定印制发票的企业,并发给发票准印证。发票印制企业应当:(1)取得印刷经营许可证和营业执照;(2)设备、技术水平能够满足印制发票的需要;(3)有健全的财务制度和严格的质量监督、安全管理、保密制度。印制发票应当使用国务院税务主管部门确定的全国统一的发票防伪专用品。禁止非法制造发票防伪专用品。发票应当套印全国统一发票监制章。全国统一发票监制章的式样和发票版面印刷的要求,由国务院税务主管部门规定。发票监制章由省、自治区、直辖市税务机关制作。发票实行不定期换版制度。除增值税专用发票外,发票应当在本省、自治区、直辖市内印制;禁止在境外印制发票。

2. 发票的领购

需要领购发票的单位和个人,应当持税务登记证件、经办人身份证明、按照国务院税务主管部门规定式样制作的发票专用章的印模,向主管税务机关办理发票领购手续。主管税务机关在5个工作日内发给发票领购簿。单位和个人领购发票时,应当按照税务机关的规定报告发票使用情况,税务机关应当按照规定进行查验。需要临时使用发票的单位和个人,可以凭购销商品、提供或者接受服务以及从事其他经营活动的书面证明、经办人身份证明,直接向经营地税务机关申请代开发票。依照税收法律、行政法规规定应当缴纳税款的,税务机关应当先征收税款,再开具发票。税务机关根据发票管理的需要,可以按照国务院税务主管部门的规定委托其他单位代开发票。

临时到本省、自治区、直辖市以外从事经营活动的单位或者个人,应当凭所在地税务机关的证明,向经营地税务机关领购经营地的发票。税务机关对外省、自治区、直辖市来本辖区从事临时经营活动的单位和个人领购发票的,可以要求其提供保证人或者根据所领购发票的票面限额以及数量缴纳不超过1万元的保证金,并限期缴销发票。按期缴销发票的,解除保证人的担保义务或者退还保证金;未按期缴销发票的,由保证人或者以保证金承担法律责任。

3. 发票的开具与保管

销售商品、提供服务以及从事其他经营活动的单位和个人,对外发生经营业务收取款项,收款方应当向付款方开具发票;特殊情况下,由付款方向收款方开具发票。发票应当按照规定的时限、顺序、栏目,全部联次一次性如实开具,并加盖发票专用章。

任何单位和个人不得为他人、为自己,让他人为自己,介绍他人为自己开具与实际经营业务情况不符的发票。任何单位和个人不得有下列行为:(1)转借、转让、介绍他人转让发票、发票监制章和发票防伪专用品;(2)知道或者应当知道是私自印制、伪造、变造、非法取得或者废止的发票而受让、开具、存放、携带、邮寄、运输;(3)拆本使用发票;(4)扩大发票使用范围;(5)以其他凭证代替发票使用。

除国务院税务主管部门规定的特殊情形外,发票限于领购单位和个人在本省、自治区、直辖市内开具,任何单位和个人不得跨规定的使用区域携带、邮寄、运输空白发票。禁止携带、邮寄或者运输空白发票出入境。

开具发票的单位和个人应当建立发票使用登记制度,设置发票登记簿,并定期向主管税务机关报告发票使用情况。开具发票的单位和个人应在办理变更或者注销税务登记的同时,办理发票和发票领购簿的变更、缴销手续。开具发票的单位和个人应按照税务机关的规定存放和保管发票,不得擅自损毁。已经开具的发票存根联和发票登记簿,应当保存5年。保存期满,报经税务机关查验后销毁。

4. 发票的检查

税务机关在发票管理中有权进行下列检查:(1) 检查印制、领购、开具、取得、保管和缴销发票的情况;(2) 调出发票查验;(3) 查阅、复制与发票有关的凭证、资料;(4) 向当事各方询问与发票有关的问题和情况;(5) 在查处发票案件时,对与案件有关的情况和资料,可以记录、录音、录像、照相和复制。税务人员进行检查时,应当出示税务检查证。税务机关需要将已开具的发票调出查验时,应当向被查验的单位和个人开具发票换票证。发票换票证与所调出查验的发票有同等的效力。被调出查验发票的单位和个人不得拒绝接受。税务机关需要将空白发票调出查验时,应当开具收据;经查无问题的,应当及时返还。单位和个人从中国境外取得的与纳税有关的发票或者凭证,税务机关在纳税审查时有疑义的,可以要求其提供境外公证机构或者注册会计师的确认证明,经税务机关审核认可后,方可作为记账核算的凭证。税务机关在发票检查中需要核对发票存根联与发票联填写情况时,可以向持有发票或者发票存根联的单位发出发票填写情况核对卡,有关单位应当如实填写,按期报回。

(三) 增值税专用发票的管理

增值税专用发票管理的特殊要求是 1994 年我国税制改革后,针对增值税一般纳税人实行凭发票扣税的需要提出的。增值税专用发票不仅是收付款凭据和商事凭证,而且是扣税的凭据。

1. 增值税专用发票的印制与内容

增值税专用发票由国家税务总局指定的企业印制,发票票样由国家税务总局统一制定,其他单位和个人不得擅自变更。

增值税专用发票由基本联次或者基本联次附加其他联次构成,基本联次为三联:发票联,作为购买方核算采购成本和增值税进项税额的记账凭证;抵扣联,作为购买方报送主管税务机关认证和留存备查的凭证;记账联,作为销售方核算销售收入和增值税销项税额的记账凭证。其他联用途由一般纳税人自行确定。

2. 增值税专用发票的领购

原则上,增值税专用发票只限于增值税一般纳税人领购使用。增值税小规模纳税人和非增值税纳税人,以及一般纳税人中不能按规定领购使用增值税专用发票,经税务机关责令限期改正仍未改正者,销售的货物全部属于免税项目者不得领购使用增值税专用发票。

增值税一般纳税人申请领购增值税专用发票,应当提出购票申请,提供经办人身份证明,加盖有"增值税一般纳税人"确认专用章的税务登记证副本、财务印章或者发票专用章的印模,经主管税务机关审查后,核发专用发票领购簿。纳税人可凭领购簿按核准的数量、领购方式领购增值税专用发票。

3. 增值税专用发票的开具

一般纳税人销售货物、应税劳务以及按规定应当征收增值税的非应税劳务,必须向购买方开具增值税专用发票。但下列情况不得开具增值税专用发票:(1) 向消费者销售应税项目;(2) 销售免税项目;(3)销售报关出口的货物、在境外销售应税劳务;(4)将货物用于非应税项目;(5)将货物用于集体福利或个人消费;(6)提供非应税劳务、转让无形资产或销售不动产;(7)向小规模纳税人销售应税项目。

增值税专用发票的开具必须符合下列要求:(1)字迹清楚;(2)不得涂改;(3)项目填写齐全;(4)票、物相符,票面金额与实际收取的金额相符;(5)各项目内容正确无误;(6)全部联次一次填开,上、下联的内容和金额一致;(7)发票联和抵扣联加盖财务专用章或发票专用章;(8)按照规定的时限开具专用发票;(9)不得开具伪造的专用发票;(10)不得拆本使用专用发票;(11)不得开具票样与国家税务总局统一制定的票样不相符合的专用发票。开具的增值税专用发票不符合上述要求的,不得作为扣税凭证,购买方有权拒绝。

为了避免增值税一般纳税人从小规模纳税人购进货物不能取得增值税专用发票而对后者的正常经营活动产生负面影响,规定凡能够认真履行纳税义务的小规模企业,经县(市)税务机关批准,可由税务机关为其代开增值税专用发票。但销售免税货物、将货物销售给消费者的和小额零星销售,不得代开增值税专用发票。

4. 增值税专用发票的保管

一般纳税人应按规定和税务机关的要求保管增值税专用发票,确保发票安全。要建立健全增值税专用发票管理制度,设置专门存放增值税专用发票的场所,设专人负责保管增值税专用发票,不得丢失、损毁或擅自销毁增值税专用发票。对取得的税款抵扣联要按税务机关的要求装订成册,加装封面,妥善保管。

【思考】发票改革的一个方向是电子发票。关于电子发票的功能定位仍有不同意见。但我们可以预见的是,电子发票不是简单的发票电子化,它是依托网络与大数据、区块链技术及纳税人识别号制度设置的电子凭据制度,其唯一且不可伪造,依托网络便捷、低成本、透明地反映各种资金流动,可以在很大程度上改变税收征纳双方信息不对称的状况。对此,你有哪些思考?

四、纳税申报

(一)纳税申报的基本内涵

税务登记是对纳税人的户籍管理或者说是身份管理,要确定纳税人纳税的具体税种、税目、计税依据乃至税额,还需要更为具体的税收管理制度。对此,大多数国家是依靠纳税申报制度来完成的。

所谓纳税申报是纳税人按照税法规定的期限和内容向税务机关提交有关纳税事项书面报告的法律行为,是纳税人履行纳税义务、界定纳税人法律责任的主要依据,是税务机关税收管理信息的主要来源和税务管理的重要制度。[①]

---

① 参见国家税务总局征收管理司编:《新征管法学习读本》,中国税务出版社 2001 年版,第 132 页。

一般认为,申报纳税有助于依法治税,符合税收公平和效率要求,有助于提高国民的纳税意识和权利意识,有利于税务机关及时掌握、分析税源。[①]

【探讨】两种纳税模式的差异

申报纳税与课赋纳税(直接依据税务机关的行政决定来确定应纳税额,一些国家称之为课赋纳税方式)代表着两种不同的税务管理模式。在法律上,申报纳税完全由纳税人承担相应的法律责任,而课赋纳税则由税务机关分担了部分本应由纳税人负担的法律责任。这种法律责任模式的转换与边界清晰的划分,对于建立新的、更符合法治精神、更为高效的税收征管体制具有实际意义。一般认为,申报纳税符合民主治税的思想,能够更好地体现税收公众信任原则与法律程序具备正当过程、中立化、高效率的要求。但是申报纳税也要求纳税人普遍具有较高的纳税意识,税务机关具有较高的管理、监督水平。1994年税制改革以后,我国税收征管改革确立了"以纳税申报为基础,以计算机网络为依托,集中征收,重点稽查"的总体思路,税收征管模式完成了由课赋纳税方式向申报纳税方式的转变,并在《税收征管法》中得到了确认。但是,课赋纳税方式并未完全被取消,在一定范围内仍然发挥着积极作用。例如,"查定征收""定期定额征收"以及符合《税收征管法》第35条规定的税务机关有权核定纳税人应纳税额规定情况的,还是采用课赋纳税的方式。所以,对课赋纳税方式加强规范管理还是十分必要的。

(二)纳税申报的主体

按照《税收征管法》及其实施细则的规定,我国纳税申报的主体包括纳税人和代扣代缴、代收代缴义务人两类;纳税人在纳税期内没有应纳税款的,也应当按照规定办理纳税申报;纳税人享受减税、免税待遇的,在减税、免税期间应当按照规定办理纳税申报。

(三)纳税申报的内容

纳税申报需要报送的报表主要包括纳税申报表,财务会计报表,代扣代缴、代收代缴税款报告表(以下简称扣缴报告表)以及税务机关根据实际需要要求纳税人、扣缴义务人报送的其他纳税资料。其中,纳税申报表根据税种不同分别设计。税种不同,需要报送的纳税资料也有所不同。

纳税申报表和扣缴报告表是纳税人和扣缴义务人依法计算应纳与实际缴纳税款和扣缴应代扣代收税款的主要凭证,也是税务机关审核计算应征税款或应解缴税款、开具完税凭证的重要依据。所以,《税收征管法》第25条特别强调其真实性。上述两表的主要内容包括:税种、税目,应纳税项目或者应代扣代缴、代收代缴税款项目,计税依据,扣除项目及标准,适用税率或者单位税额,应退税项目及税额,应减免税项目及税额,应纳税额或者应代扣代缴、代收代缴税额,税款所属期限,延期缴纳税款,欠税,滞纳金等。

纳税人进行纳税申报需报送的证件、资料包括:(1)财务会计报表及其说明材料;(2)与纳

---

① 参见刘剑文主编:《税法学》(第二版),人民出版社2003年版,第410页。

税有关的合同、协议书及凭证;(3) 税控装置的电子报税资料;(4) 外出经营活动税收管理证明和异地完税凭证;(5) 境内或者境外公证机构出具的有关证明文件;(6) 税务机关规定应当报送的其他有关证件、资料。

【探讨】修正与更正申报的必要程序

在《税收征管法》及其实施细则关于纳税申报的规定中,有一个问题是没有考虑到的,那就是:纳税人、扣缴义务人申报的内容发生错误是否可以修改、更正? 由于税法日趋复杂和纳税人水平的差异,纳税人不能熟练掌握税法规定的所有课税细节,申报内容发生差错在所难免。如果不允许对错误的申报作出修改、更正是不近情理的。但若不对申报内容的修改、更正作出必要的限制,必然会为逃税留下空子,损害税法的严肃性。这就需要通过一定的修正或更正程序消除申报中的错误,保证申报乃至征税的准确性。

接下来的问题是,对于增加申报税额和减少申报税额的不同诉求,是否应当在税法上作出不同的程序安排? 借鉴日本税法的提法,通常将纳税人意欲使申报向不利于自己的方向变化,即增加税额的修改称为申报的修正。包括纳税人在税务机关作出征税决定之前的修正和税务机关已作出征税决定之后,对税务机关决定的修正。修正申报的结果是税额的增加,是在原已确定之纳税义务基础上对漏失部分的补充或追加,而不是重新确定其纳税义务。修正申报是纳税人主动依法履行纳税义务的意思表示,与确保实现国家税收收入的目标是一致的。因此,其程序上的要求可以比较简单,一般只是将符合要求的纳税申报表在纳税之前交主管税务机关即可。

纳税人意欲使申报内容向有利于自己的方向变化,即减少税额的修改,称为申报的更正。申报的更正对国家课税权的实现有直接的影响,纳税人也易于借此机会逃税,因此其程序规则往往更为严密复杂。以日本税法为例①,其申报的更正包括两个不同类别的更正请求,即因纳税申报表记载的税额或计税标准有误而进行的普通更正请求,和因诉讼裁决等后发原因导致税额或计税标准变动而进行的更正请求。前者的更正期为 1 年,后者的更正期为 2 个月。依据日本税法,税务局长接到纳税人提交载有法律规定事项的更正请求书后,应就请求内容进行调查,在认为事实理由成立时,进行必要的更正,如认为该请求的理由不成立,应将其意见通知该纳税人。对此通知,纳税人可提起行政复议,乃至提起税收行政诉讼。此外,当申报内容与税务机关的调查结果不一致时,税务机关可以根据自己的调查结果,主动对税额及课税标准等予以更正,这种更正可以反复进行,在日本税法中称为再更正。税务机关的更正决定应在调查的基础上进行,其正式的程序包括制作记载更正内容并附记更正理由的更正通知书,然后将该通知书送达申报纳税的纳税人。

在 2001 年我国对《税收征管法》的大幅度修订中,没有涉及修改与更正申报的必要程序问题,2015 年国务院法制办公室公布的《税收征管法修订草案(征求意见稿)》对此有所规范。

---

① 参见[日]金子宏:《租税法》之中译本《日本税法原理》,刘多田、杨建津、郑林根译,中国财政经济出版社 1989 年版,第 308 页。

（四）纳税申报期限

纳税申报期限受纳税期限或扣缴税款的期限限制,由规范各具体税种的税收法律、法规规定:(1)增值税法、消费税法、资源税法规定,纳税人以1个月为一期纳税的,自期满之日起10日内申报纳税;以1日、3日、5日、10日或者15日为一期纳税的,自期满之日起5日内预缴税款,于次月1日起10日内申报纳税并结清上月应纳税款。(2)企业应当自月份或者季度终了之日起15日内,向税务机关报送预缴企业所得税纳税申报表,预缴税款。企业应当自年度终了之日起5个月内,向税务机关报送年度企业所得税纳税申报表,并汇算清缴,结清应缴应退税款。(3)个人所得税纳税人一般应在次月7日内向主管税务机关申报所得并缴纳税款;纳税人一次性取得承包经营、承租经营所得的,自取得收入之日起30日内申报纳税;从中国境外取得所得的纳税人,其来源于中国境外的应纳税所得,在境外以纳税年度计算缴纳个人所得税的,应在所得来源国的纳税年度终了,结清税款后的30日内,向中国主管税务机关申报纳税;在取得境外所得时结清税款的,应在次年1月1日起30日内向中国主管税务机关申报纳税。

此外,申报期限的确定与申报方式有一定的联系。例如,邮寄申报以寄出的邮戳日期为实际申报日期;以数据电文方式办理纳税申报的,申报日期为税务机关计算机网络系统收到该数据电文的时间。其与数据电文相对应的纸质申报资料的报送期限由主管税务机关确定。还应指出的是,所谓简并征期(实行定期定额缴纳税款的纳税人,经税务机关批准,可以采取将纳税期限合并为按季、半年、年的方式缴纳税款,具体期限由省级税务机关根据具体情况确定)相当于延长了纳税期限,本身并不是一种纳税申报方式。

纳税人、扣缴义务人按照规定的期限办理纳税申报或者报送扣缴报告表确有困难,需要延期的,应当在规定的期限内向税务机关提出书面延期申请,经税务机关核准,在核准的期限内办理。纳税人、扣缴义务人因不可抗力,不能按期办理纳税申报或者报送扣缴报告表的,可以延期办理。但是,应当在不可抗力情形消除后立即向税务机关报告。税务机关应当查明事实,予以核准。

【提示】第一,不可抗力造成申报困难的,纳税人、扣缴义务人无须申请即可延期申报,但须事后报告,纳税人、扣缴义务人遇有其他困难难以按时申报的,要先向税务机关提出延期申请,应在税务机关核准后才能延期申报;第二,延期申报与延期纳税没有必然的联系,不能认为被核准延期申报就意味着可以直接延期缴纳税款。

（五）纳税申报方式

按照《税收征管法》的规定,直接申报是基本的申报方式,邮寄申报与数据电文申报作为特殊的申报方式,须经税务机关批准才可以采用。另外,国家税务总局的相关文件还规定了简易申报、简并征期等申报方式。

直接申报指纳税人、扣缴义务人在规定的申报期限内,直接到主管税务机关报税大厅报送纳税人报表,扣缴报告表及相关资料。

邮寄申报是指纳税人、扣缴义务人经税务机关批准后,通过邮政部门以邮寄的方式向主管税务机关办理纳税申报的方式。纳税人采取邮寄方式办理纳税申报的,应当使用统一的纳税申报专用信封,并以邮政部门收据作为申报凭据。这种申报方式特别适宜边远地区的纳税人。

数据电文申报是指以税务机关确定的电话语音、电子数据交换和网络传输等电子方式进行纳税申报。这种方式运用新的电子信息技术,代表着纳税申报方式的发展方向,应当逐步推广扩大,与直接申报一样成为基本的申报方式。同时,鉴于采用数据电文申报方式数据的可靠性尚不够稳定,所以应当按照税务机关规定的期限和要求保存有关纸质资料,并定期书面报送主管税务机关备份。

简易申报是指实行定期定额缴纳税款的纳税人,在法定的期限或者在税务机关依法确定的期限内缴纳税款的,税务机关可以视同申报。这就是说,按期纳税即为申报,未按期纳税,同时还构成未进行纳税申报。简易申报实际上是针对定期定额纳税人的实际情况在纳税申报方面采取的变通办法。

【探讨】蓝色申报制度与纳税人信誉等级制度

纳税申报的目的在于准确掌握纳税人的税基,还责于纳税人。那么,在此基础上,可不可以再作更为具体的制度设计,进而起到减少税收违法行为,进一步提高税收征管效率的作用呢？对此,日本税法中的蓝色申报制度作了成功的探索。所谓蓝色申报制度就是对一直守法纳税的纳税人适用附带各种优惠条件的特别程序,这部分纳税人使用的纳税申报单是蓝色的,故称蓝色申报制度(而一般纳税人使用的纳税申报单是白色的)。其主要做法包括,凡账簿、凭证齐备,申报准确,具有良好守法记录的纳税人在申报上可给予特别的优惠。从实体权利上讲,其优惠主要包括所得税法、法人税法及税收特别措施法的多数规定,只适用于蓝色申报,如所得税法中的专项基金扣除,税收特别措施法中的特别折旧等;对所有纳税人都适用的税收优惠,蓝色申报者可以享受更高优惠数额,如个人所得税中高于一般纳税人的扣除额。从程序上讲,其优惠主要是税务机关对蓝色申报者的申报进行更正,必须先检查申报者的账簿,从中发现问题时,方可进行更正,而不得像对待一般申报者那样依据税务机关的自行调查结果单独作出变更决定。蓝色申报赋予部分纳税人特权,从行政法的角度看,属于行政许可的范畴。故须纳税人提交申请书,税务机关审核后,如发现该纳税人没有依法设置、保存账簿、凭证,从账簿、凭证上发现偷漏税的嫌疑,则取消该纳税人使用蓝色申报单的资格。纳税人被取消使用蓝色申报单的资格或申请蓝色申报被驳回不超过1年的,税务机关即有权驳回其申请。税务机关许可蓝色申报制度采取了默示承认的方法。即在一定时期内,未对纳税人的申请予以驳回,即可视为申请人已获得许可。当纳税人年度内存在没有依法设置、保存账簿、凭证,利用账簿、凭证偷漏税,没有按税务机关的要求进行账簿、凭证管理的问题时,税务机关即有权取消其使用蓝色申报单的资格,鉴于这是剥夺法律赋予纳税人特权的行为,税务机关应当把取消的理由告知纳税人。蓝色申报的独特之处在于按照纳税人守法程度决定其能否享有某些税收优惠,这在以往的税收制度中是没有的。纳税人不仅需要其中的实际税收利益,也需要由此而来的荣誉感。显然,蓝色申报制度的实行,赋予了纳税人更多的正当程序权,增加了纳税人在守法上的竞争性,强化了税收程序法保障实体性税收权利义务实现的功能,更多地体现着税收公众信任原则。从税务机关的角度看,尽管其作出了一定的税收让渡,但与减少的偷漏税款及税收管理成本相比,无疑是值得的。日本法人中的蓝色申报者已达 80%,个体从业者中的蓝色申报者达 50% 以上。① 日本的税收管理实践表明,蓝色申报制度对于推进其申报纳税制度的发展与完善、优化税收执法程序起了很大作用。

受蓝色申报制度的启发,2003 年韩国政府决定,改变其只在每年 3 月 3 日"纳税人日"对"诚实纳税人"进行表彰的制度,而对其提供更加具体、更加实惠的税收优惠。韩国政府提出,纳税人一旦获得"诚实纳税人"称号,除可以获得在全国范围内通报表彰的精神奖励外,还可以享受以下实在的"物质奖励":3 年内免于税务检查;3 年内可申请延期缴纳税款,同时对延期缴纳税款期间的纳税担保审查进一步放宽;3 年内不列入特别消费税的抽查对象等。对于怎样才能成为"诚实纳税人",韩国政府也公布了具体的条件:连续 5 年在同一纳税地进行生产经营活动;连续 3 年盈利;3 年内能够按时纳税并且没有受到税务机关的处罚;和其他纳税人相比,能够真实地进行纳税申报。如上述条件同时具备,纳税人便可获得"诚实纳税人"称号。②

日本税法的蓝色申报制度及类似的纳税信用制度,是与追究法律责任相比较"软"的一类手段,但一些国家的税收法律实践证明,其对于提高纳税遵从度往往会收到意外的效果,值得认真对待。借鉴其他国家的经验,我国《税收征管法》及其实施细则中也提出要制定鼓励纳税人诚信守法的相应制度。据此,国家税务总局曾于 2003 年 7 月公布了《纳税信用等级评定管理试行办法》(现已失效),规定由税务机关负责纳税人纳税信用等级评定工作。主要做法包括将纳税人按诚信守法纳税情况分为 A、B、C、D 四个等级,在税收征管上区别对待。例如,A 级纳税人可以在 2 年内免于税务检查等。上述做法对于推进纳税人诚实纳税、降低纳税成本起到了一定的作用。但是存在的问题一是相应的制度设计过于复杂,二是并未对守法纳税人给予减少纳税额等实体性优惠待遇,其作用也受到一定的制约。

完善我国的纳税信用制度,或许应当作出以下几个方面的努力。一是以修订《税收征管法》为契机,建立完整的纳税信用法律规范,剔除现行《税收征管法》中与之不协调,甚至是对立的规定。二是将纳税诚信纳入国家的社会信用体系建设中来,将纳税信用并轨到个人征信系统中。对此,2014 年和 2016 年《关于对重大税收违法案件当事人实施联合惩戒措施的合作备忘录》,均对严重失信的纳税人规定了一系列联合惩戒措施。这是一个良好的开端,但达到预期效果,仍有许多工作要做。三是以个体化的"人"为失信责任的承担者,依托互联网与大数据建设综合性的"纳税信用"管理平台。四是改进现有过于复杂的纳税信用评价体系。③ 比照日本税法的蓝色申报制度要放宽准入标准、简化制度、降低管理成本、严格后续管理、加强监督。五是要恩威并用,

---

① 参见[日]金子宏:《租税法》之中译本《日本税法原理》,刘多田、杨建津、郑林根译,中国财政经济出版社 1989 年版,第 304—307 页。

② 参见尹丽红、王晓非:《韩国奖励"诚实纳税人"》,载《中国税务报》2003 年 10 月 24 日,第 7 版。

③ 比照日本税法的蓝色申报制度与我国税法的纳税信用等级评定制度可以看到,尽管我国税法借鉴了蓝色申报制度,但两者的设计思路完全不同:我国采用正面确定准入标准,不合格的转入下一等级,这样标准明确,目标合理,但制度复杂,落实的成本较高,执行起来困难较大,效果不甚理想。而蓝色申报制度是反向设计的,准入标准较低,即只要没有明显的纳税违法记录,大家都可以申请加入,但加入后发生违法行为,要被剔除,再加入就困难了。而且拥有蓝色申报单可以得到税前扣除的实惠,偷逃税的性价比大大下降,进而形成了拥有蓝色申报单纳税人越多,税务机关越有余力监督拥有普通申报单纳税人的良性循环。

对失信纳税人有惩罚,对守信纳税人有褒奖。这种褒奖应当有精神上的,更应当有物质上的。例如,对纳税信用良好的纳税人可以给予一定的税收优惠。我国税法中各个税种中有名目众多、数额巨大的税收优惠,却从来没有以纳税信用良好、始终遵从税法作为税收优惠的理由,也是一个奇怪的现象。六是纳税诚信制度要形成一个完整的闭环。既要对失信纳税人给予一定的惩戒,也要给其改正的机会。为此,国家税务总局制定了纳税信用修复制度,即纳税人改正失信行为,满足一定条件,以评分的形式,给予其重新评定纳税信用等级的机会,但不得再评定为 A 级。

【案例】2003 年,下岗工人熊俊杰和其他 5 位下岗工人自筹 130 万元资金成立了一家小型民营企业——双雄催化剂有限公司。公司成立之初,由于应收账款回笼太慢,流动资金紧张,他们便在税收上打起歪主意,经常拖欠税款。结果在 2003 年当地税务部门首次组织的纳税信用等级评定中,双雄催化剂有限公司被税务机关认定为"C 级纳税人"。

由于纳税信用等级低,双雄催化剂有限公司受到税务部门的严格监管,增值税专用发票只能使用万元版,还得由税务机关监管代开;向银行贷款,基本上是告贷无门。"建行、工行、农行都跑了,别人一调查我们是 C 级信用,根本不予考虑。工行的人甚至说:'给你们这样的企业贷款,那不是做有去无回的买卖吗?'"

痛定思痛,熊俊杰决心尽快拿掉戴在公司头上的 C 级信用"帽子"。他四处借款,缴清了欠下的税款,并下定决心,以后不管公司有多么困难,一定要将税款放在第一位,决不能拖欠一分一毫。经过一年多的努力,双雄催化剂有限公司 2005 年终于被税务机关授予"B 级纳税人"称号;2006 年 8 月,其又被税务部门评定为"A 级纳税人"。

熊俊杰提出贷款 1 000 万元申请后,广水市工商银行对双雄催化剂有限公司的资信情况进行了多方调查论证,并派人前往税务部门调查,当了解到广水市 3 家 A 级纳税人名单中就有双雄催化剂有限公司时,广水市工商银行有关负责人当即同意在贷款合同上签字。

2006 年 9 月 14 日,广水市工商银行与双雄催化剂有限公司签订贷款合同。这是 2006 年广水市金融部门与中小企业签订的最大一笔贷款合同。当熊俊杰在合同上签完字后,他充满信心地说:"有了'A 级纳税人'称号,有了 1 000 万元资金的支持,我们力争成为湖北省最大的催化剂生产企业。"①

第三节　税收征收程序

税款的征收程序是在纳税申报的基础上以一定的方式最终确定应纳税额,并收缴入库的流程与步骤。

---

① 左大成:《A 级税信换来千万元贷款》,载《中国税务报》2006 年 9 月 22 日,第 7 版。

一、税收征收方式

（一）税款的确定方式

1. 查账征收

查账征收是指税务机关根据纳税人的会计账册资料,依照税法规定计算征收税款的一种方式。这种征收方式较为规范,符合税收法定原则的要求,适合于经营规模较大,财务会计制度健全,能够如实核算和提供生产经营情况、正确计算应纳税款的纳税人。扩大查账征收纳税人的范围,一直是我国税务管理的努力方向。

2. 查定征收

查定征收是指税务机关根据纳税人的从业人员、生产设备、原材料耗用情况等因素,查实核定其在正常生产经营条件下应税产品的产量、销售额,并据以征收税款的一种方式。这种征收方式适用于生产经营规模较小、产品零星、税源分散、会计账册不健全的小型厂矿和作坊。

3. 查验征收

查验征收是指税务机关通过查验纳税人应税商品数量,按照市场一般销售单价计算其收入并据以征收税款的一种方式。这种征收方式适用于纳税人财务制度不健全,生产经营不固定,零星分散、流动性大的税源。

4. 定期定额征收

定期定额征收是指税务机关根据纳税人生产经营情况,按期核定应纳税额并定期征收税款的一种方式。这种征收方式对于生产经营规模较小,难以查账征收,不能准确计算计税依据的小型工商业户较为适合。如果纳税人在一定期限内生产经营情况发生较大变化,应税收入超过或低于其原定数额的20%,应及时向税务机关申报调整,税务机关应在规定时间内予以核定。

（二）税款的缴纳方式

1. 纳税人直接向国库经收处缴纳

纳税人直接向国库经收处缴纳即纳税人在申报前,先向税务机关领取税票,自行填写,然后到国库经收处缴纳税款,以国库经收处的回执联和纳税申报等资料,向税务机关申报纳税。这种缴库方式,适用于在设有国库经收处的银行和其他金融机构开设账户,并且向税务机关申报的纳税人。

2. 税务机关自收税款并办理入库手续

税务机关自收税款并办理入库手续是指由税务机关直接收取税款并办理入库手续,其适用范围包括:由税务机关代开发票的纳税人缴纳的税款;临时发生纳税义务,需要向税务机关直接缴纳的税款;税务机关采取强制执行措施,以拍卖或变卖所得缴纳的税款。其作用在于减少税款的流失,确保税款及时入库,但是相对增加了税务机关的工作量。

3. 扣缴义务人代扣代缴、代收代缴税款

扣缴义务人代扣代缴、代收代缴税款即依法负有代扣代缴、代收代缴义务的扣缴义务人,在向纳税人支付或收取款项时依法代为扣缴或收缴的征收方式。其作用在于有效控制税源,降低征收成本。

【提示】代扣代缴与代收代缴是不同的。两者的主要区别在于:代收代缴是扣缴义务人在向纳税人收取款项时,代为收取税款,这笔款项原本并不在扣缴义务人手中;代扣代缴是扣缴义务人从其应向纳税人支付的款项中,将纳税人应缴税款扣下,并负责向税务机关缴纳,这笔款项原本是在扣缴义务人手中的。

4. 委托代征税款

委托代征税款是指税务机关依法委托有关单位和人员代其向纳税人征收税款的方式。这种征收方式的适当使用有利于控制税源,方便征纳双方,降低征收成本。我国《税收征管法》关于委托代征的规定有这样几层含义:第一,委托代征的范围限于零星分散和异地缴纳的税收;第二,受托代征者不仅可以是单位而且可以是个人;第三,委托代征者属于征税主体一方,但没有代征税款之外的其他执法权力。

【探讨】行政委托与行政授权

行政委托是行政机关依法将一定的事务委托给另一个机关、个人或非行政机关的组织办理的行为。行政授权是指特定的国家机关以法律、法规的形式将某些行政权力授予非行政机关的组织行使。

从行政法的角度讲,委托与授权是不同的。首先,委托往往不在法条中直接指明委托具体对象,而是规定一个范围,具体对象由委托者指定,授权则相反。其次,授权的对象是非行政机关的组织,而委托的对象可以是非行政机关、个人,也可以是行政机关。最后,获得授权的组织因此取得行政法人的资格,可以在法定授权范围内以自己的名义独立地行使权力,独立承担因行使这些权力而引起的法律后果。而受委托的单位或个人只是部分获得了行政执法权,被委托者必须以委托者的名义对外活动,其法律后果由委托者承担。

另外,行政委托与民事委托在性质、当事人的权利、义务与责任方面也有所不同。我国税法规定的委托代征税款属于行政委托而不是民事委托。

二、税款的核定与调整

(一) 税款的核定

由于纳税人财务核算水平的差异和纳税人避税、逃税现象难以完全消除,税务机关实际上做不到对所有纳税人实施查账征收。所以,在定期定额征收等情况下,允许税务机关拥有核定权,直接确定纳税人的应纳税额,但这并不是说税务机关可以随意指定纳税人的应纳税额。因为与查账征收相比,需要由税务机关直接核定的税额虽然不大,但是与纳税人的利益直接相关,必须在法律上有明确的界定。《税收征管法》对于税务机关核定应纳税额的规定包括两个方面：

第一，税务机关有权核定应纳税额的范围，包括：（1）依照法律、行政法规的规定可以不设置账簿的；（2）依照法律、行政法规的规定应当设置账簿但未设置的；（3）擅自销毁账簿或者拒不提供纳税资料的；（4）虽设置账簿，但账目混乱或者成本资料、收入凭证、费用凭证残缺不全，难以查账的；（5）发生纳税义务，未按照规定的期限办理纳税申报，经税务机关责令限期申报，逾期仍不申报的；（6）纳税人申报的计税依据明显偏低，又无正当理由的；（7）企业不提供与其关联方之间业务往来资料，或者提供虚假、不完整资料，未能真实反映其关联业务往来情况的。

【案例】2006 年 9 月 18 日，广州市税务稽查部门依法对广东德发房产建设有限公司（以下简称德发公司）2004 年 1 月至 2005 年 12 月地方税费立案检查后，发现该公司于 2004 年 12 月委托某拍卖行，将位于广州市中心城区的高档写字楼"美国银行中心"建筑面积近 6 万平方米的房产，以保留价 1.38 亿元（每平方米 2 300 元）拍卖给唯一竞买人，成交价格畸低。进一步检查后，广州市税务稽查部门发现此次拍卖过程中存在诸多不合常理之处，例如，只有一人竞买且竞买人事先知道本应保密的保留价，近 6 万平方米的标的拍卖公告时间只有 7 天，拍卖合同疑点重重，竞买保证金过高等。

广州市税务稽查部门经过反复研究，认为：鉴于拍卖中存在诸多严重瑕疵导致拍卖成交价畸低，该拍卖价格不能作为营业税计税依据，对德发公司应缴税费应依法核定。2009 年 9 月，广州市税务稽查部门作出税务处理决定，依法核定德发公司该次拍卖计税价格为 3.12 亿元（每平方米约为 5 200 元），要求其补缴相关税费、滞纳金共计 1 168 万元。德发公司在规定期限内缴纳相关税费及滞纳金后，先后提起行政复议及行政诉讼，并于 2013 年 1 月，向最高人民法院提出再审申请并被受理。最高人民法院经审理，于 2017 年 4 月作出终审判决，撤销广州市税务稽查部门税务处理决定中有关加收滞纳金的部分，驳回德发公司其他诉讼请求。此即在业界引发广泛注意和争议的"广州德发公司税案"。本案中的主要争议点有四个：第一，广州市地税稽查部门是否有执法主体资格，是否有权核定应纳税额；第二，广州市地税稽查部门对合法的拍卖行为能否进行税收核定征收；第三，德发公司房产拍卖价格是否属于价格偏低且无正当理由；第四，本案能否就追征税款征收滞纳金。① 对此案例，你怎样评价？

【案例】B 省税务稽查部门在税务检查中发现，A 公司将部分开发房产以远低于市场的价格销售给了 C 投资公司的职工。A 公司解释，其与 C 投资公司均为 D 集团下属的控股公司。C 投资公司改制后，其离退休职工因收入低、住房条件差，集体上访，造成了不良的社会影响，相关部门要求妥善处理此事。D 集团上级主管单位要求 A 公司给这些退休上访老职工享受购房优惠政策，故有关房产的售价虽明显低于市场价格，但属正当。B 省税务稽查部门不认为该理由为正当理由，以市场价格核定该笔业务的计税营业额，并就其少缴税款行为予以行政处罚。A 公司对行政处罚不服，诉至法院。一审、二审和再审法院均支持 A 公司低价售房有正当理由，判决撤销税务机关的行政处罚决定。本案的争议焦点在于，A 公司为缓解社会矛盾低价售房，是否构成其计

---

① 参见张学干、贾晓东：《对最高人民法院提审德发公司案判决的法律分析》，载《税务研究》2018 年第 6 期。

税依据明显偏低的正当理由。[①] 何为"正当理由"?《股权转让所得个人所得税管理办法(试行)》[②]第 13 条将其限定为:(1) 能出具有效文件,证明被投资企业因国家政策调整,生产经营受到重大影响,导致低价转让股权;(2) 继承或将股权转让给其能提供具有法律效力身份关系证明的配偶、父母、子女、祖父母、外祖父母、孙子女、外孙子女、兄弟姐妹以及对转让人承担直接抚养或者赡养义务的抚养人或者赡养人;(3) 相关法律、政府文件或企业章程规定,并有相关资料充分证明转让价格合理且真实的本企业员工持有的不能对外转让股权的内部转让;(4) 股权转让双方能够提供有效证据证明其合理性的其他合理情形。结合上述规定,你对此案例争议持何种观点?

【探讨】怎样理解"计税依据明显偏低且无正当理由"

"广州德发公司税案"等案件中一个突出的争议焦点是对"计税依据明显偏低且无正当理由"的理解。有学者指出,对此正确理解应当考虑四个方面:第一,交易价格属于"计税依据"。从价计征时,计税依据以收入、销售额、成交价格等为核心。因此《税收征管法》第 35 条第 1 款第 6 项的"计税依据"包括了应税商品和服务的交易价格。第二,"偏低"是和公允价值等标准比较的结果。所谓公允价值指市场参与者在计量日发生的有序交易中,出售一项资产所能收到或者购入一项负债所需支付的价格。它是一个合理的价格范围,而非精确的数值。第三,"明显"不能用量化指标"一刀切",而应结合"正当理由"综合判断。所谓"明显"有很强的主观性,没有统一的标准。税法目前除在个人所得税中,对股权转让业务规定了 6 种"股权转让收入明显偏低"的情况外,其他税种和业务都缺乏对"明显"的明确规定。但在实践中,为了便于操作,税务机关和纳税人都会以 30%作为"明显"的临界点。这种简单"一刀切"的做法违反市场价格客观规律。第四,"正当理由"指不以税收利益为主要目的。近年来,税收立法体现出以"合理商业目的"替代"正当理由"的趋势。所谓合理商业目的指一项交易具有主要的或明显的商业目的,而不是单纯地为减轻税收负担。从英国、美国等国家的一些司法审判结果来看,商业目的大体可以归纳为:其一,商业目的是指交易的客观结果,而不是纳税人的主观动机或意图;其二,商业目的并不必然和税收有关;其三,商业目的不能排除获取税收收益。虽然"合理商业目的"非常抽象和难以把握,但相比"正当理由",至少指明了"不以减少、免除或者推迟缴纳税款为主要目的"的判断原则。所以,在税收立法中应当统一将"正当理由"修改为"合理商业目的"。[③]

第二,税务机关核定应纳税额的方法。包括:(1) 参照当地同类行业或者类似行业中经营规模和收入水平相近的纳税人的税负水平核定;(2) 按照营业收入或者成本加合理的费用和利润的方法核定;(3) 按照耗用的原材料、燃料、动力等推算或者测算核定;(4) 按照其他合理方法核定。

---

①　参见陈萱怡:《从正当理由到社会正义》,载《中国税务报》2016 年 8 月 16 日,第 B03 版。

②　后经 2018 年《国家税务总局关于修改部分税收规范性文件的公告》修改。

③　参见朱长胜:《也谈"计税依据明显偏低,又无正当理由"在实践中的应用》,载刘天永主编:《中国税务律师评论》(第 4 卷),中国税务出版社 2017 年版,第 214—219 页。

采用上述一种方法不足以正确核定应纳税额时,可以同时采用两种以上的方法核定。纳税人对税务机关采取规定的方法核定的应纳税额有异议的,应当提供相关证据,经税务机关认定后,调整应纳税额。

(二) 税款的调整

在这里,税款的调整仅指一种特殊情况,即纳税人利用关联企业避税时,税务机关可以对查账取得的纳税资料不予承认,而按照规定的方法对其计税依据进行合理调整。税法之所以将税款调整的目标聚焦在关联企业上,是因为关联企业之间可以在交易中通过人为压低价格等手段,造成表面上的亏损,导致没有利润而无法征收所得税。但背后则利用其间的关联关系,调整正常的商业利益,从而达到避税的目的。而税法进行的纳税调整,则是打破既有的思路,另辟蹊径,对于构成关联关系的企业,要求不能按照独立企业之间的业务往来收取或者支付价款、费用的,通过比照同类商品价格重构计税基础,实现反避税的目标。从法理上分析,此类税款调整,正是实质课税原则的体现。《税收征管法》及其实施细则关于税收调整权的规定,集中体现了我国税法反避税的立法意图。税务机关实施税款调整权涉及两个方面的问题:

1. 业务往来是否在关联企业之间发生

什么是关联企业?许多国家都采用了《联合国关于发达国家与发展中国家间避免双重征税的协定范本》和《经济合作与发展组织关于避免双重征税的协定范本》中的定义:缔约国一方企业直接或间接参与缔约国另一方企业的管理、控制或资本,或者同一人直接或间接参与缔约国一方企业和缔约国另一方企业的管理、控制或资本。在上述情况下,两个企业之间的商业或财务关系不同于独立企业之间的关系,这样的企业就是关联企业。我国《税收征管法》将其更为具体地界定为如下几个方面:(1) 在资金、经营、购销等方面,存在直接或者间接的拥有或者控制关系;(2) 直接或者间接地同为第三者所拥有或者控制;(3) 在利益上具有相关联的其他关系。

所谓在利益上具有相关联的其他关系,在上述两个范本中被解释为如下几种关系:其一,相互间直接或间接持有其中一方的股份总和达到25%或以上的;其二,直接或间接同为第三者拥有或控制股份达到25%或以上的;其三,企业与另一企业之间的借贷资金占企业自有资金50%或以上,或企业借贷资金总额的10%或以上是由另一企业担保的;其四,企业的董事或经理等高级管理人员一半以上或有一名常务董事是由另一企业所委派的;其五,企业的生产经营活动必须有另一企业提供的特许权利(包括工业产权、专有技术等)才能进行的;其六,企业生产经营购进的原材料、零配件等是由另一企业所控制或供应的;其七,企业生产的产品或商品的销售是由另一企业控制的;其八,对企业生产经营、交易具有实际控制的其他利益上相关联的关系等。

2. 关联企业税款的调整

这种调整集中在企业所得税领域。《税收征管法》第36条规定:企业或者外国企业在中国境内设立的从事生产、经营的机构、场所与其关联企业之间的业务往来,应当按照独立企业之间的业务往来收取或者支付价款、费用;不按照独立企业之间的业务往来收取或者支付价款、费用,而减少其应纳税的收入或者所得额的,税务机关有权进行合理调整。纳税人与其关联企业之间的业务往来有下列情形之一的,税务机关可以调整其应纳税额:(1)购销业务未按照独立企业之间的业务往来作价;(2)融通资金所支付或者收取的利息超过或者低于没有关联关系的企业之间所能同意的数额,或者利率超过或者低于同类业务的正常利率;(3)提供劳务,未按照独立企业之间业务往来收取或者支付劳务费用;(4)转让财产、提供财产使用权等业务往来,未按照独立企业之间业务往来作价或者收取、支付费用;(5)未按照独立企业之间业务往来作价的其他情形。

【案例】2003年8月,A公司(注册地在某省E市)与B公司(注册地在上海市)共同出资成立C公司(注册地在E市),持股比例分别为40%和60%。韩国某会社作为B公司的母公司,成为C公司的实际控制人。2014年11月14日,C公司与E市国税局达成一份《协商内容记录》。按照该协议,C公司于2014年11月底向E市国税局自行申报其2011年特别纳税调整应税所得额1.23亿元,补缴相应的企业所得税近3100万元及利息512.25万元;2015年3月底,向E市国税局自行申报其2006年、2007年特别纳税调整应税所得额2.25亿元,补缴相应的企业所得税近2700万元。

得知此消息后不久,A公司将B公司和韩国某会社一并告上了法庭。有关退税处理可能面临问题,A公司公告信息显示,C公司自行进行了转让定价特别纳税调整。值得注意的是,C公司作了特别纳税调整补缴税款后,其关联交易方B公司可能面临相应退税处理无据可依的问题。

根据公开资料,C公司2011年的特别纳税调整,是按照25%的法定税率计算补缴企业所得税的,而对照2011年有效的所得税政策,注册地在上海的B公司2011年度适用的所得税税率不可能是零,于是B公司存在可依规向上海市税务机关申请退税的情况(受资料所限,无法得知B公司2006年度及2007年度的所得税税率,这两个年度暂不讨论)。那么,按照有关规定,由税务机关主动发起,立案及结案均经国家税务总局审核批准的特别纳税调整,被调整双方都会得到经国家税务总局审核的《特别纳税调整通知书》,双方以此为据,分别进行应纳税所得额的调整或相应税款的补退处理。而本案中,C公司是在主管税务机关的关联申报审核等引导手段下,与税务机关达成《协商内容记录》,依据有关规定主动自行调增应纳税所得额的主动特别纳税调整,未经过层报国家税务总局的立案及结案程序,应不会得到经国家税务总局审核的《特别纳税调整通知书》。这种情况下,C公司的关联方B公司以什么为依据申请相应的退税,或将成为问题。

本案中,A公司以C公司向税务机关申报特别纳税调整应纳税所得额,并实际补缴了企业所得税及支付税款利息为依据,状告B公司存在转移C公司利润问题,要求B公司向C公司归还利润并赔偿损失。请思考,A公司的起诉依据稳妥吗?[①]

税务机关调整商品交易价格方面计税收入额或者所得额的方法是:(1)按照独立企业之间进行的相同或者类似业务活动的价格;(2)按照再销售给无关联关系的第三者的价格所应取得的收入和利润水平;(3)按照成本加合理的费用和利润;(4)按照其他合理的方法。另外,我国税法在融资利息方面、劳务费用方面、财产收益和所得方面也确定了类似的调整方法。

---

① 参见曹战远:《一起民事诉讼引发两个法律问题》,载《中国税务报》2016年3月15日,第B03版。

纳税人与其关联企业未按照独立企业之间的业务往来支付价款、费用的,税务机关自该业务往来发生的纳税年度起 3 年内进行调整;有特殊情况(纳税人有下列情况之一):其一,纳税人在以前年度与关联企业间的业务往来累计达到或超过 10 万元人民币的;其二,经税务机关案头审计分析,纳税人在以前年度与其关联企业的业务往来,预计需调增其应纳税收入或所得达到或超过 50 万元人民币的;其三,纳税人在以前年度与设在避税地的关联企业有业务往来的;其四,纳税人在以前年度未按规定进行关联企业间业务往来年度申报,或者经税务机关审查核实,关联企业间业务往来年度申报内容不实,以及不履行提供有关价格、费用标准等资料的义务的)的,可以自该业务往来发生的纳税年度起 10 年内进行调整。

【探讨】关于税收预先裁定

税收预先裁定(预约裁定),是指税务机关就纳税人申请的关于未来的特定事项应当如何适用税法而专门发布解释性文件的程序的总称。① 该制度最早在 1911 年出现于瑞典,目前有许多国家采用。其作用主要包括反映税收法定原则精神,拓展征纳双方的合作信赖关系,深化纳税服务,深化纳税人知情权,延伸税法的预测作用等。真正实施该制度,还有一系列的问题需要解决:

第一,关于适用范围。国外税法对此的描述一般为"难以直接适用税法的预期未来发生的交易或事项"。一般包括较多当事人存在适用税法困惑的交易事项;直接影响申请人生存的生产经营活动事项;影响行业或地方发展,涉及较大缴纳税额数量的交易事项等。② 从预先裁定制度的本质考虑,其当然适用于尚未发生的交易或事项,同时,应当对申请者的规模和诚信情况有所限制。

第二,关于私人裁定与公共裁定。③ 公共裁定的申请人容易存在商业秘密被泄露的顾虑。对此,我们认为,对于具有普遍性的税法适用问题,申请人在与税务机关达成裁定合意时应以承认公共裁定公开其相关事项为条件;而对于不具有普遍性的税法适用问题,可以进行单纯的私人裁定,以保证申请人的商业秘密不外泄。此外,公共裁定结论由作为裁定主体的税务机关权威公布,以案例的形式补充税法的适用,在一定意义上具有判例法的性质,此种改变对中国法律体系与法治建设的影响有哪些,还需要认真研究。

第三,关于申请主体。一方面,除纳税人外,还没有成为纳税人的预备投资者也应当有权了解自己未来投资的税收成本,有权申请预先裁定。另一方面,对申请主体上仍要有所限制,即只允许大企业和纳税守法诚信记录良好的纳税人及投资者申请。对于自然人申请的预先裁定,仅限于对税法适用有较大影响的公共裁定,不包含私人裁定;而对于法人申请的预先裁定,则不在私人裁定与公共裁定的范围上作出限制。

---

① 这是国际税收协会对税收预先裁定给出的定义。该制度目前在我国尚未确立。对于该项内容,我国各方面反应积极,未来立法通过的概率较高。

② 对此,我国台湾地区税法的相关规定是:投资金额不含土地达新台币 2 亿元以上或首次交易金额达新台币 5 000 万元以上符合申请裁定的条件,其规定的申请裁定的门槛不低,对相关制度设计或有一定的启示。参见虞青松博士的《税务事先裁定研究报告》(未公开发表)。

③ 私人裁定指税务机关与单个申请者之间进行的裁定,裁定结论只对该申请人有效,不向社会公开,其他纳税主体适用税法时不能援引该裁定结论;公共裁定指税务机关将对单个申请人的裁定予以公布,其他纳税主体适用税法时可以援引该裁定结论,即该裁定结论具有普遍约束力,成为税法的组成部分。

第四,关于裁定主体。可以在实施的第一阶段将裁定的权力只赋予国家税务总局,面向其(大企业司)直接管理的所有大企业;第二阶段再扩展到省级税务机关。这样便于积累经验,也符合风险控制的原则。将裁定主体扩大到省级税务机关,需要赋予国家税务总局较大的监督权力。一是要求省级税务机关将裁定方案报国家税务总局批准,国家税务总局应当对偏离税法精神的裁定予以纠正。二是对于私人裁定,因其结论只影响到单个纳税人,因此只需将裁定方案报国家税务总局备案,但国家税务总局有权干预并纠正明显偏离税法精神的裁定。

第五,关于裁定的约束力。一般只要求裁定结论对税务机关一方有法律上的约束力,而不要求对申请人一方有法律上的约束力。因为对申请人一方而言,既然裁定的事项可能尚未发生,仅仅是对适用税法进行预先判断,所以要求裁定结论对其有约束力没有实际意义,否则容易导致申请人为避免过度影响生产经营活动的正常安排而不敢提出申请要求,进而导致该项制度名存实亡。而对税务机关而言,裁定结论对其有约束力是该制度设计体现税收法定、诚信要求,提升纳税服务层次,增强税法确定性与预测性的内在要求。否定这一点,税收预先裁定制度就失去了存在的价值。

第六,关于裁定的可诉性。一般认为,税收征纳双方就预先裁定事项产生的争议是不可诉的。其原因在于“事先裁定的事项没有发生之时,尚不存在企业受到损害的事实,如果适用复议和诉讼则没有需要保护的法律意义上的利益,因为纳税人完全可以不使预先裁定的事项发生”[1]。但是,此问题也应有例外:其一,对于税收预先裁定是否成立的争议应当具有可诉性。其二,税务机关作出预先裁定后予以中止、撤销或者不履行裁定,申请人一方可以就此提起行政复议和行政诉讼,以保证税收预先裁定制度对税务机关的单方约束力得以实现。

第七,关于是否收费。我们认为,私人裁定可以考虑从成本补偿的角度适当收费,而公共裁定则不宜收费,理由是,私人裁定不属于普遍的纳税服务,且受益者仅仅是接受裁定的申请者个人或单位,鉴于税收预先裁定的复杂性,确实会发生相对较大的成本开支,因此对私人裁定从成本补偿的角度适当收费是合理的。但对于公共裁定,由于其效益已经在较大程度上外溢,会有较多的纳税人从中受益,因此,让预先裁定申请者承担相关费用开支是不合理的,故不应对其收费。

三、征纳期限

(一) 纳税期限

纳税期限是指纳税主体依法履行纳税义务的时间间隔,简单地说,也就是纳税人多长时间缴一次税。纳税期限包含纳税计算期限和报缴期限两个部分,所谓报缴期限指纳税期满后纳税人实际缴纳税款入库的法定期限。不同税种的纳税期限不同,主要税种纳税期限的规定如下:(1) 增值税、消费税的纳税期限为 1 日、3 日、5 日、10 日、15 日、1 个月或者 1 个季度,纳税人的具

---

① 熊晓青:《事先裁定热点问题研究》,载《国际税收》2016 年第 4 期。

体纳税期限,由主管税务机关根据纳税人应纳税额的大小分别核定,应纳税额越多,纳税期限越长;反之,纳税期限越短。消费税纳税人不能按照规定期限纳税的,可以按次纳税。(2)企业所得税按月、按季预缴,年度终了后5个月内汇算清缴、多退少补。(3)个人所得税中居民个人综合所得、经营所得、承包与承租经营所得按年计算,次年3月1日至6月30日汇算清缴,申报纳税,其他各项所得大多为按次征税。

纳税人未按照规定期限缴纳税款的,扣缴义务人未按照规定期限解缴税款的,税务机关除责令限期缴纳外,从滞纳税款之日起,按日加收滞纳税款万分之五的滞纳金。

【提示】第一,2001年《税收征管法》修订后,滞纳金由千分之二下降到万分之五。第二,所谓滞纳税款之日,是指纳税期满的第二天。对滞纳金缴纳的时限,《税收征管法实施细则》第75条明确规定为法律、行政法规规定或者税务机关依照法律、行政法规的规定确定的税款缴纳期限届满次日起至纳税人、扣缴义务人实际缴纳或者解缴税款之日止。第三,滞纳金在延期纳税、因税务机关的责任造成少缴税款等情况下可以不缴纳,这已有税收优惠的性质。

【探讨】关于滞纳金的性质

关于滞纳金的性质,有三种不同的观点:(1)滞纳金属于利息性质,是税收之债的孳息,是税款的正常组成部分;(2)滞纳金具有惩罚性,属于行政罚款;(3)滞纳金属于强制执行中的执行罚。对此应当分为两种情况进行分析。

第一种情况是针对现行《税收征管法》规范的滞纳金。我们认为其性质应当属于利息性的。这是因为:其一,如果滞纳金具有惩罚性,由于纳税人缴纳滞纳金后往往还要被处以行政罚款,等于被罚了两次款,这违背行政处罚法的一事不二罚原则。其二,按照有关法学理论,当事人主观过错程度不同,惩罚的尺度也有所不同,而法律是不可能将每一惩罚尺度作定量规定的,这就需要赋予执法者一定的自由裁量权。但是滞纳率是固定的,并非由税务执法机关自由裁量,这样我们就可以反推出滞纳金不具有惩罚性。其三,在《税收征管法》中滞纳金的规定安排在第三章"税款征收"而不是第五章"法律责任",也表明立法者对滞纳金性质的认识。仅仅因为滞纳金的比率高于银行存贷款利率就认定其既有惩罚性,属于行政罚款是不能令人信服的。此外,我们认为将滞纳金定性为加罚也不合适,因为加罚是一种行政强制措施,意在通过增加经济上的压力,使当事人履行法定义务。而滞纳金是"事后算账",不让债权人受损失,并无加罚的含义。

第二种情况是针对国务院2015年公布的《税收征管法修订草案(征求意见稿)》中对滞纳金的规定。2012年《行政强制法》实施后,与《税收征管法》中的相关规范形成普通法与特别法规定的关系,如果坚持税收滞纳金的利息性质,需要费很多口舌解释其与《行政强制法》滞纳金规定(该法明显将滞纳金定位为执行罚)的关系。由此,《税收征管法修订草案(征求意见稿)》重新设计了滞纳金的相关规定:纳税人未按照规定期限缴纳税款的,扣缴义务人未按照规定期限解缴税款的,按日加计税收利息。税收利息的利率由国务院结合人民币贷款基准利率和市场借贷利率的合理水平综合确定。纳税人补缴税款时,应当连同税收利息一并缴纳(第59条)。纳税人逾期不履行税务机关依法作出征收税款决定的,自期限届满之日起,按照税款的千分之五按日加收滞纳金(第67条)。这样,税收利息与滞纳金分开,各司其职,滞纳金回归到《行政强制法》设计的执行罚的本位。不过,既然是执行罚,就应当规定执行金额的上限或计算时间上的限制,期满后转由法院强制执行。但《税收征管法修订草案(征求意见稿)》对此没有相关规定,或许是计划留待其实施细则来解决。

【思考】你如何看待滞纳金的性质?在实际税收征管中,滞纳金的数额可能超过应补缴税额的几倍,超出了纳税人的承担能力导致征收困难,这样的规定给执法带来了困惑。对此问题,你有何思考?《行政强制法》规定滞纳金征缴不得超过本金,该规定对现行税法中滞纳金的征收是否有效力?

【案例】2013年3月20日,陈某某和林某某与XL公司签订商品房买卖合同,约定两人向XL公司购买商铺,总价5500万元。2014年3月19日,双方经仲裁解除合同。2014年6月,当地纪委函告税务机关,调查发现林某某于2013年3月至2014年3月,以月息5%向XL公司放贷5500万元,获利3328万元,涉嫌偷逃税。经查,税务机关根据实质课税原则于2015年4月30日作出处理,按利息收入对陈某某补征各项税费并加收滞纳金,共计563万元。

最高人民法院审理认为,依据纳税人经营活动的实质而非表面形式予以征税的情形复杂,脱法避税与违法逃税的法律评价和后果并不相同,且各地对民间借贷利息收入的征税实践不一,税务机关有权基于实质课税原则核定、征缴税款,但加收滞纳金仍应严格依法进行。根据《税收征管法》第32条、第52条的规定,加收滞纳金的条件为:纳税人未按照规定期限缴纳税款且自身存在计算错误等失误,或者故意偷税、抗税、骗税。因此,对于经核定属于税收征收范围的民间借贷行为,只要不存在恶意逃税或者计算错误等失误,且税务机关经调查也未发现纳税人存在偷税、抗税、骗税等情形,而仅系纳税义务人对相关法律关系的错误理解和认定的,税务机关按实质课税的同时不宜一律征缴滞纳金甚至处罚。本案中,稽查部门依据实质课税原则认定案件涉及民间借贷关系而非房屋买卖关系,并因此决定征缴相应税款并无不当,决定加收相应滞纳金亦有一定法律依据。但是,考虑到有关民间借贷的征税立法不具体,稽查部门仍宜参考《税收征管法》第52条第1款规定的精神,在执行被诉处理决定时予以充分考虑。[①] 你如何评析此案例?

(二)延期纳税

如果不分情况,对纳税人、扣缴义务人不能按期缴税一律予以制裁,可能对其正当利益造成不必要的侵害。所以在特定情况下,经税务机关核准,可以延期缴纳税款而不必承担法律责任,这就是所谓延期纳税。其具体规定主要包括如下的内容:

第一,延期纳税的前提条件为:(1)因不可抗力,导致纳税人发生较大损失,正常生产经营活动受到较大影响;(2)当期货币资金在扣除应付职工工资、社会保险费后,不足以缴纳税款的。

第二,纳税人需要延期缴纳税款的,应当在缴纳税款期限届满前提出申请,并报送下列材料:申请延期缴纳税款报告,当期货币资金余额情况及所有银行存款账户的对账单,资产负债表,应付职工工资和社会保险费等税务机关要求提供的支出预算。

---

① 参见王维顺:《从三个判例看最高法对是否加收滞纳金的判决思路》,载《中国税务报》2019年6月11日,第5版。

第三,延期纳税须经省、自治区、直辖市税务局以及计划单列市税务局批准。

【提示】这里是经相应的税务机关批准,而不是经相应的税务局局长批准。这一点与税收保全、行政强制执行等规定不同。

第四,税务机关应当自收到申请延期缴纳税款报告之日起 20 日内作出批准或者不予批准的决定;不予批准的,从缴纳税款期限届满之日起加收滞纳金。

【探讨】关于延期纳税规定的几个问题

第一,对延期纳税申请不予批准后加收滞纳金对纳税人而言是不够公平的,特别是当纳税人认为符合延期纳税条件而未被核准时。但是,如果允许纳税人、扣缴义务人在申请延期纳税期间不缴纳滞纳金,必然形成新的避税漏洞。所以,上述规定实际上是一种折中,是没有更好办法的办法。第二,"从缴纳税款期限届满之日起加收滞纳金",似乎不够准确。与滞纳金的基本规定相一致,应当是"从缴纳税款期限届满之日的次日起加收滞纳金"。第三,从征税的便利和成本考虑,滞纳金的征收应有最低金额的限制。第四,延期纳税的审批权上收到省一级税务机关,可以理解为是为了控制某些纳税人借延期纳税缓缴、不缴税款,在宏观上影响税款入库的额度。但实际上省一级税务机关只能做到从总量上控制,而无法对纳税人是否符合延期纳税条件进行认真调查,不能做到客观、公正,给正常的延期纳税带来很多不便。所以,应当将审批权下放到市一级税务机关比较合适,可以考虑只将大额的延期纳税申请留给省一级税务机关审批。另外,对于确实需要第二次延期纳税的申请,一概加以拒绝,似乎不能照顾到企业确实遇到困难的特殊情况,故可以考虑在税法上予以承认,并将审批权留归省级税务机关。

【思考】既然延期纳税有其存在的合理性,那么,如果将税收视为特殊的债务,对于大额税款,在一定条件下是否可以允许税务机关与纳税人达成协议,分期偿还?类似的制度设计,你还有哪些设想?

四、税款的追缴与退还

由于税收制度的复杂性,税款的课征难免有征多或征少的时候。如果对错征的税款不作调整,势必会给纳税人或者国家造成不应有的损失。所以,为体现税收法定原则,对纳税人多缴的税款要予以退还,对纳税人少缴的税款要予以追缴。这是一对对应的关系,应当处理得尽量公平、合理。同时,任何权利与义务都不是无限的,所以要对退还税款和追缴税款的时间作出限定。

(一)多缴税款的退还

按照现行《税收征管法》的规定,纳税人超过应纳税额缴纳的税款,税务机关发现后应当立即退还;纳税人自结算缴纳税款之日起 3 年内发现的,可以向税务机关要求退还多缴的税款并加算银行同期存款利息(不包括依法预缴税款形成的结算退税、出口退税和各种减免退税),退税利息按照税务机关办理退税手续当天中国人民银行规定的活期存款利率计算,税务机关及时查实后应当立即退还。涉及从国库中退库的,依照法律、行政法规有关国库管理的规定退还。税务机关发现纳税人多缴税款的,应当自发现之日起 10 日内办理退还手续;纳税人发现多缴税款,要求退还的,税务机关应当自接到纳税人退还申请之日起 30 日内查实并办理退还手续。

【提示】第一,注意因责任不同而对退还税款期限的要求不同。第二,虽然较过去少缴税款追征滞纳金而多缴税款不退还利息,现行《税收征管法》已经有了很大进步,但还需要在多缴税款退还利息与少缴税款追征滞纳金之间接近或达到等值,对纳税人才是公平的。第三,多缴税款没有结转下期之说,更多地体现了对纳税人合法权益的保障。第四,从债务关系说的角度,有学者认为纳税人就多缴税款向税务机关行使的返还请求权,实质上可以视为纳税人的债权。纳税人的其他债权还包括出口退税、税收优惠中的先征后退等。[1]

【案例】2016 年 12 月 13 日,刘某秀向税务所提出退税申请,请求退还其于 2011 年 9 月 5 日因转移房屋所有权缴纳的营业税 42 500 元、城市维护建设税 2 975 元、教育费附加 1 275 元。理由是经生效判决确认,其已不拥有该房屋所有权,故亦无法转移该房屋所有权,相关税款应予以退回。税务局经审查认为,刘某秀提出退税申请的时间已超过法定的 3 年退税申请期限,故决定不予退税。刘某秀不服提起行政复议,复议维持原决定后,刘某秀又提起行政诉讼。二审法院认为,依法负有应纳税义务的纳税人多缴税款后,适用《税收征管法》第 51 条关于退税期限的规定,当事人缴纳了相关款项,却实际上不负有纳税义务,后要求退回缴纳款项的,不适用该条规定,故相关通知和复议决定适用法律错误。[2] 对此案例的争议焦点,你的主要观点是什么?

(二) 少缴税款的追缴

税款的追征是实现国家税收权力的重要保障,但在法律上这种权力也应有时间上的限制。《税收征管法》对税款的追缴分三种情况作出规定:第一,因税务机关的责任,致使纳税人、扣缴义务人未缴或少缴税款的,税务机关在 3 年内可以要求其补缴税款,但是不得加收滞纳金。第二,因纳税人、扣缴义务人计算错误等失误(非主观故意的计算公式运用错误以及明显的笔误[3]),未缴或少缴税款的,税务机关在 3 年内可以追征税款、滞纳金;因上述原因未缴或少缴、未扣或少扣、未收或少收税款,累计数额在 10 万元以上的,追征期可以延长到 5 年。第三,对偷税、抗税、骗税的,税务机关追征其未缴或者少缴的税款、滞纳金或者所骗取的税款,不受前款规定期限的限制。这就是说,税务机关对偷税、抗税、骗税的追征是无限期的。

【案例】2003 年 1 月,某公司在清查账簿中发现,2001 年 6 月多缴了 16 584 元的税款。于是,该公司向所在市税务机关请求退还多缴的税款,并加算相应的利息。市税务机关经过核对后,证实该公司多缴税款属实。但是,税务机关在核实中发现,由于财务人员的计算错误,该公司 2002 年 4 月少缴了 15 236 元的税款。为此,税务机关向该公司追征少缴的这部分税款,并加收了滞纳金。

---

①　参见杨小强:《税法总论》,湖南人民出版社 2002 年版,第 145—153 页。

②　参见卢慧菲:《2020 年度几个涉税司法案例分析》,载《中国税务报》2021 年 1 月 5 日,第 7 版。该案判决书见北京市第二中级人民法院(2019)京 02 行终 964 号行政判决书。

③　非主观故意显然不限于计算公式运用错误和笔误,从后果与影响性上看,其他一些非主观故意与此两项没有大的差别,差别可能主要是后者在取证上相对比较容易,税务机关执法相对比较容易把握,从中能够看出行政立法背后的一些考量。

税务机关及时退还了该公司多缴的税款,该公司也在限期内缴清了少缴的税款和滞纳金。但是,该公司对税务机关退还税款未加算利息提出异议,遂申请行政复议。

复议机关受理了该公司的复议申请后,作出了维持市税务机关具体行政行为的复议决定。

该公司对行政复议决定不服,向法院提起行政诉讼,要求市税务机关加算公司多缴税款的利息,并退回被追缴税款的滞纳金。① 对此案,法院应如何判决?

【探讨】税款的追缴期限是否应当受到一定的限制

按照《税收征管法》第 52 条第 3 款的规定,对偷税、抗税、骗税的,税务机关可以无限期追缴其未缴或少缴的税款、滞纳金或所骗取的税款。但从法律适用的效果来讲,尽管此规定表明了对这些严重的税收违法犯罪行为坚决打击的态度,但是也有不妥的地方。其一,根据《税收征管法实施细则》第 29 条第 2 款的规定,一般情况下,账簿、记账凭证、报表、完税凭证、发票、出口凭证以及其他有关涉税资料应当保存 10 年。超过 10 年,上述有关资料不再存在,认定偷税、抗税、骗税缺少证据,难以定案,无限期追征意义何在?其二,对犯罪最严厉的惩罚莫过于死刑,但在一般情况下,死刑尚有 20 年追诉期的限制,难道偷税、抗税、骗税较之应判死刑的行为社会危害性更大吗?显然,两者相比,法律责任的追究不够平衡。

(三) 应退税款与欠缴税款的相互抵扣

在规定的期限内,纳税人多缴税款应当予以退还,少缴税款应当补缴。但是,如果纳税人在多缴税款的同时还存在欠税,税收征纳双方形成相互的债权债务,又应当如何处理呢?显然,在不失公平的前提下,允许多缴税款与少缴税款相互抵扣,是比较有效率的。对此,相关税法的规定包括:

第一,纳税人既有应退税款又有欠缴税款的,税务机关可以将应退税款和利息先抵扣欠缴税款;抵扣后有余额的,退还纳税人。

第二,可以抵扣的税款为 2001 年 5 月 1 日后征收并经确认应退税的下列各项税金:(1) 减免(包括"先征后退")应退税款;(2) 依法预缴税款形成的汇算和结算应退税款;(3) 误收应退税款、滞纳金、罚款及没收非法所得(简称罚没款,下同);(4) 其他应退税款、滞纳金和罚没款;(5) 误收和其他应退税款的应退利息。

第三,可以抵扣的欠缴税款为 2001 年 5 月 1 日后发生的下列各项欠缴税金:(1) 欠税;(2) 欠税应缴未缴的滞纳金;(3) 税务机关作出行政处罚决定,纳税人逾期不申请行政复议、不提起行政诉讼,又不履行的应缴未缴税收罚没款;(4) 纳税人要求抵扣应退税金的应缴未缴罚没款。

第四,由税务机关征退的教育费附加、社保费、文化事业建设费等非税收入不得与税收收入相互抵扣。抵扣欠缴税款时,应按欠缴税款的发生时间逐笔抵扣,先发生的先抵扣。

【思考】在 1993 年施行的《税收征管法》中,纳税人欠缴税款须缴纳滞纳金,而纳税人多缴税

---

① 参见张碧莲:《多征税款退回时得算利息》,载《中国税务报》2003 年 9 月 17 日,第 7 版。

款,国家却不支付相应的利息,这一点自 2001 年修订的《税收征管法》得到改进。从中你能感受到我国税法建设的哪些变化? 目前的规定是否完全做到了征纳双方权利的平衡?

【案例】2016 年 9 月 18 日,×省税务机关依照规定程序对甲公司 2011 年 1 月 1 日至 2016 年 4 月 30 日期间的涉税情况进行检查,发现该公司既存在少缴税款的行为,也存在多缴税款的情况。少缴税费合计 922.01 万元,其中营业税占 611.17 万元;多缴营业税及附加、土地增值税、城镇土地使用税等税费 1 080.91 万元,其中营业税占 590.11 万元。

不久,×省税务机关下达通知,要求甲公司在多缴税款折抵后补缴营业税及附加 23.47 万元、印花税 0.95 万元、契税 3.96 万元,补扣个人所得税 89.6 万元,合计补缴 117.98 万元。

对甲公司 2008 年 1 月至 2015 年 12 月期间未按规定期限正确申报缴纳营业税、城市维护建设税、预缴土地增值税、印花税和契税的行为,从税款滞纳之日起至实际缴纳税款时间止,按日加收滞纳税款万分之五的滞纳金。经计算,逾期缴纳税款应加收滞纳金 131.28 万元,所产生滞纳金从滞纳税款之日起至缴纳税款入库之日,由“金三”系统自动计算生成。其中,营业税、城市维护建设税、预征土地增值税、印花税、契税的滞纳金分别为 106.75 万元、5.34 万元、18.96 万元、1 137.1 元、1 135.32 元。少缴税款和滞纳金从甲公司多缴税款中予以抵扣。对于其多缴、多预缴的税款及利息,按照税收征管法相关规定办理。

甲公司对此处理不服,认为自己多缴各项税费抵扣少缴税费后仍富余 158.9 万元,远大于应补缴税费 117.98 万元,用多缴税款“坐支”后,不存在欠税问题,更谈不上滞纳金。

在规定时间内如数缴清税费及滞纳金后,甲公司提起行政复议。2018 年 1 月 31 日,复议机关经过复议维持原税务处理决定。

2018 年 7 月 9 日,甲公司向法院提起行政诉讼,要求撤销×省税务机关作出的税务处理决定和复议机关的复议决定。

一审法院认为:甲公司少缴营业税、契税的金额累计超过 10 万元,税款追征期应为 5 年;印花税少缴金额未超过 10 万元,追征期为 3 年。《税收征管法实施细则》第 83 条规定:《税收征管法》第 52 条规定的补缴和追征税款、滞纳金的期限,自纳税人、扣缴义务人应缴未缴或者少缴税款之日起计算。税务机关 2016 年 9 月开始对甲公司实施检查,按照 5 年追征期限,甲公司营业税及附加和契税,在 2011 年 9 月之前未缴少缴的税款已超过追征期限;印花税在 2013 年 9 月之前未缴少缴的税款也已超过追征期限。对于超过税款追征期限的部分,税务机关应不予追缴。而税务机关将整个稽查所属期间税款,经过以退抵欠税款结算,将超过追征期的少缴税款予以抵扣,计算应追缴的税款及滞纳金,属于认定事实不清,适用法律错误。最终,一审法院判决撤销有关税务处理决定和行政复议决定。

被告×省税务机关和复议机关向×省高级人民法院提起上诉,指出一审法院对税收征管制度及税收法律法规不甚了解,对追征期计算错误。另外,纳税主体未依法申报缴纳税款的行为具有连续或继续状态,应当作为一个整体进行法律评价。如不考虑税收征管实际情况,只认定 3 年或 5 年的追征期,在追征期限内适用以退抵欠税款结算,将导致纳税人故意不申报、不如实申报纳税的比例增多等问题。

二审法院经过审查认为,甲公司欠缴、少缴同时又多缴部分税款的事实清楚,税务机关经抵扣后作出涉税处理决定,对涉案税款予以追缴,并不违反《税收征管法》第52条和《税收征管法实施细则》第79条规定。

二审法院作出终审判决:撤销一审行政判决,驳回甲公司的诉讼请求。① 对此案中一审法院和二审法院不同的判决结果,你如何评析?

五、连带纳税责任的规定

在某些特定情况下,纳税责任不易分清,纳税人容易借此逃避纳税义务,造成国家税款的流失。为此,《税收征管法》及其实施细则规定了连带责任:第一,纳税人分立后未缴清税款的,分立后的纳税人对未履行的纳税义务应当承担连带责任。第二,发包人或者出租人应当自发包或者出租之日起30日内将承包人或者承租人的有关情况向主管税务机关报告。不报告的,发包人(或者出租人)与承包人(或者承租人)承担纳税连带责任。

连带纳税责任的基本含义为:当纳税人之间承担连带纳税义务时,税务机关有权要求其中任一纳税人(包括法人和组织)履行全部或部分纳税义务(即使超过其实际应负担的纳税义务),该纳税人不得拒绝,从而使税收债权得到优先实现;此后,已承担全部或部分纳税义务的纳税人可以向其他连带纳税义务人要求分担各自应承担的纳税义务,如果对方拒绝,可以通过诉讼的方式主张自己的权利,不过这时它们之间的法律关系已经转换成民事法律关系。

许多国家的税法都有连带纳税责任的规定,其范围往往更为宽泛。例如,日本税法规定,无限责任公司的股东之间、共同财产继承人之间、共同接受赠与的当事人之间、共同制作一项应税文书的当事人之间、解散法人的清算人与剩余财产所有人之间等,共同负担同一项纳税义务,负有连带纳税责任的,称为连带纳税义务人。此外,日本税法还规定,当纳税人不能足额缴纳税款时,税务机关有权依法要求与该纳税人有特定关系者缴纳相应税款,日本税法称其为第二次纳税人义务人。②

【探讨】关于连带纳税责任与第二次纳税义务人

连带责任是从民法中引入的概念。其原本的含义为:债权人或者债务人一方人数为二人以上的,依照法律的规定或者当事人的约定,享有连带权利的每个债权人,都有权要求债务人履行义务;负有连带义务的每个债务人,都负有清偿全部债务的义务,履行了义务的人,有权要求其他负有连带义务的人偿付他应当承担的份额。对于连带纳税义务,一般可在一定范围内适用民法的有关规定。税收债权人有权向税收债务人,即连带纳税义务人中的任何一人请求全部或部分清偿,任何一个税收债务人不得借故拒绝。但当税收债务履行后,债务偿还者可以行使请求权,要求其他债务人承担各自的责任。其作用在于确保税收债权的优先实现。其实,除去上述列举的情况,以下情况也可以设置连带纳税义务,追究连带责任:企业改制重组的新企业,以承受的资

---

① 参见王海涛:《多缴税款可以坐支欠缴税款吗?》,载《中国税务报》2019年5月28日,第7版。
② 参见[日]金子宏:《租税法》之中译本《日本税法》,战宪斌、郑林根等译,法律出版社2004年版,第114—116页。

产为限,对原企业未缴税款承担连带责任;公司股东滥用公司法人独立地位和股东有限责任,逃避纳税义务不当取得税收优惠,对流失税款承担连带责任;公司解散,未清算税款,导致税款流失的,相关股东或实际控制人承担连带责任。这些规定对于我国在《税收征管法》的修改中适当扩大连带纳税责任规范有直接的参考意义。

第二次纳税义务人是我国税法学者从日本税法学著作中翻译过来的一个术语,指当纳税人不能足额缴纳税款时,税法规定与纳税人有一定联系,负有代替纳税人缴纳税款责任的人。第二次纳税义务人可就其缴纳或被征收的税款,向原纳税人行使求偿权。日本税法规定第二次纳税义务人包括:无限责任公司的股东,破产、解散法人的清算人,无偿赠送财产的受让人等。第二次纳税义务人的设置扩大了纳税责任范围,其针对的是纳税人为逃避纳税责任而将资产转移给第三人,使税务机关无法追缴税款的情况。与借助于民法的代位权、撤销权相比,第二次纳税义务人的设置,对于纳税人借转移财产规避纳税义务是一个有效的阻断手段,也比较容易落实、操作。鉴于此,2015 年公布的《税收征管法修订草案(征求意见稿)》第 80、81、82 条规定:未缴清税款的纳税人的财产赠与他人或者被继承的,以受赠人或者继承人为缴纳税款的责任人,但以其所受赠或者继承的财产为限。对纳税人欠缴税款无法追征时,税务机关可以向支配或者获取纳税人财产的财产实际管理人、遗产执行人、清算组、总公司以及其他关系人追征。公司解散未清缴税款的,原有限责任公司的股东、股份有限公司的控股股东,以及公司的实际控制人以出资额为限,对欠缴税款承担清偿责任。

【案例】有人向公安机关举报,称甲公司法定代表人张某伙同王某虚开增值税专用发票,且通过另立账册、隐匿收入的方式偷逃税款。公安机关很快拘留了张某和王某,经查证确定举报情况基本属实。

张某和王某向公安机关供述,两人 1 年前共同出资注册了 A 有限责任公司,张某和王某的股权比例分别是 60% 和 40%,公司以承租房为经营场所。公司成立后不久,两人即通过设立两套账的方式偷逃税款,并以面值 9% 的手续费对外虚开增值税专用发票,5 个月内偷逃税款 100 万元,虚开发票价税合计 3 000 万元,同时让他人为自己虚开发票,抵扣了大部分税款。法院经审理作出判决:张某和王某犯虚开增值税专用发票罪,判处张某有期徒刑 12 年,并处罚金 20 万元;判处王某有期徒刑 10 年,并处罚金 15 万元。

B 市税务机关根据法院判决,按照有关规定复查 A 公司偷税案,发现该公司已经注销,公司的应纳税收入全部被转入张某和王某的个人账户中。依据《税收征管法》第 55 条的规定,税务机关应对该公司采取税收保全或强制执行措施。然而,由于 A 公司已注销,丧失了法人资格,且公司财产和收入均已转化为股东的个人利益,使得税务机关常用的税收保全或强制执行手段失去了用武之地。而纳税主体是原 A 公司,法定代表人张某又随着 A 公司的注销不再承担法人义务(包括法人的税收债务),直接强制执行张某、王某的个人财产或收入又缺乏行政法律上的依据,导致税务机关陷入追缴欠税困难的境地。[①] 请思考,此案反映出来的税务机关追缴欠税的难题,

---

① 参见谭泽湘:《如何向恶意注销者追缴欠税》,载《中国税务报》2016 年 11 月 22 日,第 B03 版。

能够通过扩大纳税连带责任的范围或设定第二次纳税义务人来破解吗?

六、纳税人若干涉税事宜的报告、公告制度及税收违法黑名单制度

要求纳税人就涉税事宜报告的目的是让税务机关更全面地掌握涉税信息,同时也是让与纳税人进行正常商业往来的第三方了解与其相关的涉税信息,避免其正当利益受到损害。而对纳税人涉税信息进行公告,实际上是借舆论监督对不法纳税人形成社会压力。当纳税人出现某些不良情况,可能对有关债权人(主要包括税务机关和其一般担保债权人)的利益造成侵害时,税法规定纳税人必须报告其相应情况,税务机关有权对其中某些情况予以公告:

第一,县以上税务机关应当在办税场所或者广播、电视、报纸、期刊、网络等新闻媒体上对纳税人欠缴税款的情况定期予以公告。

【思考】关于欠税公告的法律性质,有属于一种事实上的声誉罚[1]、属于"认知表示"类型的行政事实行为[2]、属于行政强制执行[3]等不同的解说。对此,你的看法如何? 另外,上述公告规定与为纳税人保密的要求是否矛盾? 其法律界限应如何划分?

第二,欠缴税款数额较大(欠税 5 万元以上)的纳税人在处分其不动产或者大额资产之前,应当向税务机关报告。

第三,纳税人有合并、分立情形的,应当向税务机关报告。

第四,发包人或者出租人应当自发包或者出租之日起 30 日内将出租人或者承租人的有关情况向主管税务机关报告。

第五,纳税人有解散、撤销、破产情形的,在清算前应当向其主管税务机关报告;未结清税款的,由其主管税务机关参加清算。

第六,为了保障其他债权人的合法利益,防止欠税纳税人对其进行欺骗,纳税人有欠税情形而以其财产设定抵押、质押的,应当向抵押权人、质权人说明欠税情况。抵押权人、质权人可以请求税务机关提供有关的欠税情况。

所谓税收违法黑名单制度指税务机关针对有比较严重的税收违法行为的纳税人设立的重点监控名单。其目的在于惩戒纳税人严重涉税违法失信行为,维护正常的税收征管秩序。该项制度是建立在国家税务总局 2018 年 11 月 7 日公布的《重大税收违法失信案件信息公布办法》[4]基础之上的。

【案例】2015 年 7 月,河北省涞源县税务稽查部门经过调查确认,涞源县 B 混凝土有限公司采取虚增成本、少计收入等方式偷逃税款 1 417 万元,同时,该企业因其他涉税问题少缴税款 121 万元。涞源县税务稽查部门依法对该企业作出补缴税款、加收滞纳金和罚款的处理决定。

---

①　参见姚琦:《声誉罚研究——以欠税公告、行政黑名单与公共警告为例》,载《法制博览》2017 年第 21 期。

②　参见李建人:《欠税公告制度的完善》,载《税务研究》2014 年第 2 期。

③　参见章志远:《作为行政强制执行手段的违法事实公布》,载《法学家》2012 年第 1 期。

④　已被国家税务总局 2021 年 12 月 31 日发布的《重大税收违法失信主体信息公布管理办法》修改,现已失效。

《税务处理决定书》和《税务行政处罚决定书》送达 B 混凝土有限公司后,该企业以资金困难为由,迟迟不补缴税款、滞纳金和罚款。根据原《重大税收违法案件信息公布办法(试行)》(现已失效)有关规定,税务机关将该企业信息纳入税收违法"黑名单"并在税务系统外部网站上进行了公布。同时,税务机关将该企业违法信息传递到金融、工商、公安等联合惩戒成员部门,对该企业实施联合惩戒。

自从上了税收违法"黑名单",B 混凝土有限公司的生产经营活动就开始处处受阻。

2015 年 9 月,该公司与容乌高速某项目部洽谈销售供应混凝土业务,初期双方接洽顺利,但好景不长,由于对方发现 B 混凝土有限公司是税收违法"黑名单"企业,遂中止了与该企业的业务洽商。2016 年 3 月,企业资金周转出现困难,该企业到涞源县农业银行申请办理贷款业务,由于企业欠缴税款也是银行征信系统"黑名单"成员,结果贷款也泡了汤。

资金问题还没解决,企业会计又告诉企业负责人王某,由于被列入税收违法"黑名单",企业的纳税信用等级已被税务机关降为最低的 D 级。此外,王某经营的另一家企业——涞源县某搅拌站也被税务机关按 D 级信用纳税人实施管理,领用增值税发票数量按辅导期一般纳税人标准办理,企业领用普通发票须"交旧才能供新",而且限量供应,由于发票用量不足,不少购货单位纷纷找该企业催开发票。

企业会计告诉王某,不仅如此,税务机关还将对王某经营的企业实施重点监控,加大纳税评估和税收检查力度,并对企业日常办税和报送的业务申请资料严加审核。生产经营中接二连三碰壁,该企业的负责人王某如梦初醒,王某想方设法筹措资金,向税务机关缴清了所欠的税款、滞纳金和罚款,并请求税务机关将企业信息从税收违法"黑名单"中撤出。但税务人员告诉王某,按照规定,其企业案件属于重大税收违法案件,企业违法信息自公布之日起须满 2 年才能从公布栏中撤出。这让王某很郁闷。

B 混凝土有限公司按照《税务处理决定书》和《税务行政处罚决定书》要求缴清税款、滞纳金和罚款后,经审核,税务机关将该企业信息从公告栏中撤出,并将企业缴清税款、滞纳金和罚款的情况通知联合惩戒成员部门停止对其实施惩戒。

当税务人员将这一消息告知王某后,王某长舒了一口气,他向税务人员表示,上"黑名单"处处碰壁的感觉太难受了,今后一定吸取教训,依法纳税。[①] 通过此案,你认为应当怎样完善纳税信用管理制度?

其中,根据《重大税收违法失信主体信息公布管理办法》,所谓"重大税收违法失信案件"是指符合下列标准的案件:

(1) 纳税人伪造、变造、隐匿、擅自销毁账簿、记账凭证,或者在账簿上多列支出或者不列、少列收入,或者经税务机关通知申报而拒不申报或者进行虚假的纳税申报,不缴或者少缴应纳税款 100 万元以上,且任一年度不缴或者少缴应纳税款占当年各税种应纳税总额 10% 以上的;

(2) 纳税人欠缴应纳税款,采取转移或者隐匿财产的手段,妨碍税务机关追缴欠缴的税款,

欠缴税款金额 100 万元以上的;

（3）骗取国家出口退税款的;

（4）以暴力、威胁方法拒不缴纳税款的;

（5）虚开增值税专用发票或者虚开用于骗取出口退税、抵扣税款的其他发票的;

（6）虚开普通发票 100 份或者金额 40 万元以上的;

（7）私自印制、伪造、变造发票,非法制造发票防伪专用品,伪造发票监制章的;

（8）具有偷税、逃避追缴欠税、骗取出口退税、抗税、虚开发票等行为,在稽查案件执行完毕前,不履行税收义务并脱离税务机关监管,经税务机关检查确认走逃（失联）的;

（9）为纳税人、扣缴义务人非法提供银行账户、发票、证明或者其他方便,导致未缴、少缴税款 100 万元以上或者骗取国家出口退税款的;

（10）税务代理人违反税收法律、行政法规造成纳税人未缴或者少缴税款 100 万元以上的;

（11）其他性质恶劣、情节严重、社会危害性较大的税收违法行为。

省级以下税务机关应及时将符合公布标准的案件信息录入相关税务信息管理系统,通过省税务机关门户网站向社会公布,同时可以根据本地区实际情况,通过本级税务机关公告栏、报纸、广播、电视、网络媒体等途径以及新闻发布会等形式向社会公布。国家税务总局门户网站设立专栏链接省税务机关门户网站的公布内容。

对依上述管理办法向社会公布的当事人,依法采取的惩戒措施包括:（1）纳税信用级别直接判为 D 级,适用相应的 D 级纳税人管理措施;（2）对欠缴查补税款的纳税人或者其法定代表人在出境前未按照规定结清应纳税款、滞纳金或者提供纳税担保的,税务机关可以依据《税收征管法》相关规定,通知出入境管理机关阻止其出境;（3）税务机关将当事人信息提供给参与实施联合惩戒的相关部门,由相关部门依法对当事人采取联合惩戒和管理措施;（4）税务机关依法采取的其他严格管理措施。

七、税款的解缴入库

按照《税收征管法》的规定,各级税务机关应当按照国家规定的税收管理规范和税款入库预算级次,将征收的税款缴入国库。对审计机关、财政机关依法查出的税收违法行为,税务机关应该根据有关机关的决定、意见书,依法将应收的税款、滞纳金按照税款预算级次缴入国库,并将结果及时回复有关机关。

【探讨】税款解缴入库中的权力分配

从税务管理上看,税款的入库是税收征收程序的最后一个环节,但其本质上主要涉及的是税权的分配问题。

第一,在税收收入分配的层面上,我国针对 1994 年税制改革后中央税收受到一定侵蚀的情况,强调税务机关应当将征收的税款及时缴入国库。这里面有几层意思:一是这里所谓“税款”的范围包括税款、滞纳金和罚款;二是税款的入库必须按照国家规定的税收管理规范和税款入库预算级次、预算科目进行;三是强调税务机关不得占压、挪用、截留税款,不得将税款缴入国库以外或者国家规定的税款账户以外的任何账户,已缴入国库的税款、滞纳金、罚款,任何单位和个人不得擅自变更预算科目和预算级次。

第二,在税收执法权的层面上,当然是税务机关拥有主要的权力。但是当审计与财政机关依据相关法律查处税收违法行为时,税收执法权上出现的交叉该如何处理呢? 按照《税收征管法》第 53 条及其实施细则第 84 条的规定,首先应当确定的是税款的征收权力属于税务机关,即对审计机关、财政机关依法查出的税收违法行为,应由税务机关将应收的税款、滞纳金按照税款预算级次缴入国库,同时,税务机关有义务将结果及时回复有关机关。但如果有关机关的决定与税务机关理解的法律、行政法规的规定不一致,甚至是对立,这种情况该如何处理? 对此,《税收征管法》及其实施细则的有关条文规定有些含混。我们认为,如果有关机关的规定与税务机关理解的法律、行政法规的规定不一致,税务机关应当有权不按照相关机关的规定征税。其根据是《税收征管法》第 29 条关于除税务机关、税务人员以外任何单位和个人不得进行税款征收活动的规定。

八、文书的送达

文书的送达,通常是指司法或行政机关将诉讼文书或法律文书送交当事人的行为。本章主要讨论税务行政执法中的文书送达,它是税务行政执法的一个重要环节,即告知环节。税务文书送达的作用不仅在于使纳税人等当事人了解文书内容,以便其行使税法赋予的权利和承担其应尽的义务,而且在于证明税务机关作出的具体行政行为,标志程序性目标的实现。涉税文书一旦按法律程序送达,税务机关依法作出的具体行政行为即正式生效,并产生一定的法律后果。

按照《税收征管法实施细则》的规定,税务文书送达的方式包括直接送达、留置送达、委托送达、邮寄送达、公告送达等。与纳税申报的方式相近,税务文书的送达也是以直接送达为主,直接送达有困难的,才会采用其他送达方式。为了避免少数税务机关以公告送达为由推卸责任,《税收征管法实施细则》对采用公告送达的范围作出了限制:(1) 同一送达事项的受送达人众多,(2) 采用其他送达方式无法送达;同时明确规定,自公告之日起满 30日,即视为送达。

为了分清征纳双方的责任,《税收征管法实施细则》对税务文书送达的签收作了较为详细的规定:税务机关送达税务文书,应当直接送交受送达人。受送达人是公民的,应当由本人直接签收;本人不在的,交其同住成年家属签收。受送达人是法人或者其他组织的,应当由法人的法定代表人、其他组织的主要负责人或者该法人、组织的财务负责人、负责收件人签收。受送达人有代理人的,可以送交其代理人签收。送达税务文书应当有送达回证,并由受送达人或者规定的其他签收人在送达回证上记明收到日期,签名或者盖章,即为送达。受送达人或者签收人拒绝签收税务文书的,送达人应当在送达回证上记明拒收理由和日期,并由送达人和见证人签名或者盖章,将税务文书留在受送达人处,即视为送达。直接送达税务文书有困难的,可以委托其他有关机关或者其他单位代为送达,或者邮寄送达。直接或者委托送达税务文书的,以签收人或者见证人在送达回证上的签收或者注明的收件日期为送达日期;邮寄送达的,以挂号函件回执上注明的收件日期为送达日期,并视为已送达。

【探讨】如何解决纳税人拒绝签收税务文书的问题

在目前的税收征管实践中,经常遇到纳税人拒绝签收税务文书,而又找不到见证人的尴尬,影响到税收行政执法的正常进行。我们认为,解决这个问题,一是要从制度设计上落实见证人的责任。对于纳税人拒绝签收税务文书,又找不到见证人的,应当明确当地政府具体办事机构有充当见证人的责任。我们认为,为了防止个别税务人员不能尽职尽责完成送达任务,侵害纳税人的知情权,不宜允许送达人自己签名或盖章即视为送达。二是促进送达方式的多元化。即放弃直接送达的优先性,除去公告送达外,前述各项法定送达方式的地位是平等的,一般情况下,由征纳双方协商选择送达方式。在网络等信息技术得到很大发展的情况下,各种电子送达方式应当增设为基本的送达方式。三是让当事人更准确地了解送达的法律含义。即从宣传的角度,应当向纳税人说明,税务文书的送达只是履行告知程序,当事人签收税务文书只是表明对税务机关作出的具体行政行为已经知晓并履行了法律程序,而不代表接受或不接受税务机关的该具体行政行为。所以,当事人没有必要因对税务机关的具体行政行为不服或对具体办事税务人员有意见而拒绝签收相应税务文书。

【案例】2014年,A县税务稽查部门经查认定B公司存在偷税行为,依法责令其限期补缴税款,并对其处所偷税款0.5倍的罚款。B公司不服,但因未补缴税款,不能对税务处理决定申请行政复议,于是仅就税务行政处罚决定提起复议申请。

复议机关经过审查维持了原处罚决定,B公司随后提起行政诉讼。诉讼中,B公司提出了新理由:税务机关公告送达文书程序违法,请求法院撤销税务机关作出的有关行政处罚决定。

根据行政处罚法的规定,税务机关在作出较大数额罚款决定时,应先下达处罚事项告知书,告知纳税人处罚的事实、理由、依据及申请听证的权利,纳税人须在规定期限内决定是否行使相应权利。A县税务稽查部门据此制作了《税务行政处罚事项告知书》,并于2014年2月20日到B公司登记住所地送交,但那里已经关门无人,税务人员跑了多次都没能送达。之后,税务人员几次电话联系B公司的法定代表人和经理,均遭拒绝。这意味着告知书无法通过直接和留置的方式送达。同年3月3日,税务人员向B公司邮寄上述告知书。8天后,因原址查无此人,告知书邮件被退回。同年3月12日,税务人员在B公司登记住所地和A县税务机关办税服务厅公示栏张贴《税务行政处罚事项告知书》,以公告方式送达。同年3月17日,B公司提交书面申请要求听证,但7天后撤回申请,有关在税收征管信息系统中有记录。同年4月2日,A县税务稽查部门对B公司作出行政处罚决定,于同年4月18日开始送达。在无法直接送达、留置送达和邮寄送达的情况下,A县税务稽查部门于同年5月5日以公告形式送达。

B公司诉称,A县税务稽查部门在2014年3月12日通过公告方式送达《税务行政处罚事项告知书》,在4月2日即作出税务行政处罚决定,当时公告尚不满法律规定的30日,故有关处罚决定程序违法。①

　　本案争议的焦点是公告送达是否为送达方式的最后选择、送达的期限、程序违法与程序有瑕疵的界限等。你对此是如何考虑的？

　　根据《税收征管法实施细则》的规定,税务文书的范围包括:(1)税务事项通知书;(2)责令限期改正通知书;(3)税收保全措施决定书;(4)税收强制执行决定书;(5)税务检查通知书;(6)税务处理决定书;(7)税务行政处罚决定书;(8)行政复议决定书;(9)其他税务文书。

第四节　税务检查程序

一、税务检查概述

　　税务检查是税务机关以国家税收法律、行政法规为依据,对纳税人、扣缴义务人履行纳税义务和扣缴义务的情况进行检查和处理的总称。

　　在正常情况下,通过税收确定程序和征收程序即可满足国家实现课税权的要求。然而,由于税法的复杂性和部分纳税人私心的存在,征收的税款在某种程度上偏离税法规定的情况时有发生,这就需要借助税务检查加以校正。有效的税务检查可以抑制不法纳税人的侥幸心理,提高税法的威慑力,减少税收违法犯罪行为,保证国家税收收入,维护税收公平与守法纳税人的合法利益,降低税收征收成本。从性质上划分,税务检查包括两类:一类是税务机关为取得确定税额所需资料,证实纳税人纳税申报的真实性与准确性而进行的经常性调查,其依据的是税法赋予税务机关的强制行政检查权,国外通常称其为"质问检查权";另一类从一开始就是为打击税收违法犯罪而进行的特别调查,它可以分为行政性调查与刑事调查两个阶段。从原则上讲,调查的刑事性质确定,即纳税人有违反税法的刑事犯罪嫌疑,案件即应移交侦查机关立案侦查,开始适用刑事调查程序。下文阐释的税务检查,不包括其刑事调查部分。

　　【探讨】税务检查与税务稽查的区别

　　税务检查与税务稽查是在税收执法中经常出现,但又容易混淆的两个概念。税务检查的概念如上所述,而税务稽查指为打击税收违法犯罪行为,税务稽查机关依法对纳税人、扣缴义务人履行纳税义务、扣缴义务的情况所进行的专门税务检查和处理工作的总称。一般认为,税务稽查是税务检查的一种,是指税务稽查机构的专业检查。其差别主要体现在以下几个方面:

　　(1)目的不同。税务检查往往是由于管理上的需要对纳税人的某一税种、某一纳税事项或某一时点的情况进行的一般性检查和审核,针对性不强;税务稽查一般是为打击偷逃税违法犯罪

---

　　① 参见刘红霞:《一起行政诉讼案,两审结果大不同——败也程序,胜也程序,为何?》,载《中国税务报》2019年4月3日,第7版。

行为,对涉嫌违法的纳税人进行全面、彻底的执法性检查,以震慑犯罪,维护税收秩序,针对性很强。

(2) 主体不同。税务稽查的主体是税务专业稽查机构,即省以下各级税务局稽查局;税务检查的主体可以是各类税务机关,包括各级税务局、税务分局、税务所和省以下税务局稽查局。显然,从主体上看,税务检查与税务稽查也存在包含关系。

(3) 对象不同。税务检查的对象可以是所有的纳税人和扣缴义务人,只要税务机关认为有必要即可对其纳税和扣缴情况进行核查;税务稽查的对象是依据举报或科学选案而确定的涉嫌违法行为的纳税人、扣缴义务人。

(4) 程序不同。税务检查的程序相对简单,多属于工作程序;税务稽查必须根据国家税务总局制定的《税务稽查案件办理程序规定》,经过选案、实施(检查)、审理、执行4个环节,属于执法程序。

税务检查与税务稽查既有一定的区别,又有一定的联系。税务机关通过税务检查,发现有偷、逃、骗、抗税违法嫌疑的,应及时传递给稽查部门,为稽查部门提供案件来源。税务专业稽查机构通过税务稽查发现的一般性问题应及时传递给征管部门,以便征管部门及时采取措施加强管理,提高征管质量,发挥税务稽查应有的作用。

二、税务检查的内容、方法与程序

税务检查的内容可能涉及纳税人违法行为的各个方面,主要包括:(1)检查纳税人执行税收法律、法规的情况,了解纳税人是否全面按照税法规定纳税和接受管理,它涵盖各个税种以及征收管理等方面的规定;(2)纳税人对会计法及财务制度的落实情况;(3)纳税人的财务资料和与纳税有关的财产实物。

税务检查的方法包括全查法与抽查法、顺查法与逆查法、联系查法与侧面查法、指标对比法与数字控制法等。税务机关可以根据检查的需要选择不同的方法,这些方法更多的是一种工作方法而不是法律规定。

对于如何进行税务检查,《税收征管法实施细则》作了原则规定:税务机关应当建立科学的检查制度,统筹安排检查工作,严格控制对纳税人、扣缴义务人的检查次数。这一规定体现了以人为本、为纳税人服务的思想。在此基础上,《税务稽查案件办理程序规定》对稽查程序作了较为全面、严密的规定。主要包括:

第一,选案。稽查局应当通过多种渠道获取案源信息,集体研究,合理、准确地选择和确定稽查对象。选案部门对案源信息采取计算机分析、人工分析、人机结合分析等方法进行筛选,发现有税收违法嫌疑的,应当确定为待查对象。待查对象确定后,选案部门填制《税务稽查立案审批表》,并附有关资料,经稽查局局长批准后立案检查。税务局相关部门移交的税收违法信息,稽查局经筛选未立案检查的,应当及时告知移交信息的部门;移交信息的部门认为仍然需要立案检查的,经所属税务局领导批准后,由稽查局立案检查。对上级税务机关指定和税收专项检查安排的检查对象,应当立案检查。

第二,检查。检查前,应当告知被查对象检查时间、需要准备的资料等,但预先通知有碍检查的除外。检查应当由两名以上检查人员共同实施,并向被查对象出示税务检查证和《税务检查通知书》。检查应当自实施检查之日起 60 日内完成。除在被查对象生产、经营场所询问外,应当向被询问人送达《询问通知书》。当事人、证人可以采取书面或者口头方式陈述或者提供证言。当事人、证人口头陈述或者提供证言的,检查人员可以进行笔录、录音、录像。查询从事生产、经营的纳税人、扣缴义务人存款账户的,应当经所属税务局局长批准,凭《检查存款账户许可证明》向相关银行或者其他金融机构查询。查询案件涉嫌人员储蓄存款的,应当经所属设区的市、自治州以上税务局局长批准,凭《检查存款账户许可证明》向相关银行或者其他金融机构查询。检查过程中,检查人员应当制作《税务稽查工作底稿》,记录案件事实,归集相关证据材料,并签字、注明日期。检查结束前,检查人员可以将发现的税收违法事实和依据告知被查对象;必要时,可以向被查对象发出《税务事项通知书》,要求其在限期内书面说明,并提供有关资料;被查对象口头说明的,检查人员应当制作笔录,由当事人签章。

第三,审理。审理人员应当依据法律、行政法规、规章及其他规范性文件,对检查部门移交的《税务稽查报告》及相关材料进行逐项审核,提出书面审理意见,由审理部门负责人审核。案情复杂的,稽查局应当集体审理;案情重大的,稽查局应当依照国家税务总局有关规定报请所属税务局集体审理。审理部门接到检查部门移交的《税务稽查报告》及有关资料后,应当在 15 日内提出审理意见。拟对被查对象或者其他涉税当事人作出税务行政处罚的,向其送达《税务行政处罚事项告知书》,告知其依法享有陈述、申辩及要求听证的权利。被查对象或者其他涉税当事人要求听证的,应当依法组织听证。审理部门区分下列情形分别作出处理:(1) 认为有税收违法行为,应当进行税务处理的,拟制《税务处理决定书》;(2) 认为有税收违法行为,应当进行税务行政处罚的,拟制《税务行政处罚决定书》;(3) 认为税收违法行为轻微,依法可以不予税务行政处罚的,拟制《不予税务行政处罚决定书》;(4) 认为没有税收违法行为的,拟制《税务稽查结论》。

第四,执行。执行部门接到《税务处理决定书》《税务行政处罚决定书》《不予税务行政处罚决定书》《税务稽查结论》等税务文书后,应当依法及时送达被执行人。被执行人未按照《税务处理决定书》确定的期限缴纳或者解缴税款的,逾期仍未缴纳的被执行人对《税务行政处罚决定书》确定的行政处罚事项,逾期不申请行政复议也不向法院起诉,又不履行的;经稽查局确认的纳税担保人未按照确定的期限缴纳所担保的税款、滞纳金的,责令其限期缴纳仍未缴纳的,稽查局经所属税务局局长批准,可以依法采取强制执行措施,或者依法申请法院强制执行。

【探讨】关于税收行政先例制度

在税收行政执法实践中,由于税法的复杂性和专业性,涉税的各个方面对税法的理解差异很大,甚至不同地方的税务机关对同一税法文件的理解、执行往往也有很大的不同。建立税收行政先例制度或许是一个可行且有效的办法。

将典型案例作为有普遍指导、示范意义的行政先例,在一定程度上突破了税法作为成文法的限制,其性质类似于司法机关的指导性案例,其作用主要是启示、指引、示范和规范,一定程度上有解释法律、指导裁判的性质,可以视为准法律,但不同于国外的判例。行政先例制度符合法律公平、公正的基本价值取向,符合行政法行政自我拘束原则;从税收行政执法角度考量,其更易于帮助各级税务机关准确把握相关税法立法与政策的精神实质要求,在执法的方向与力度上更好地体现立法意图,减少税务机关自由裁量权的滥用与偏颇,降低行政自由裁量权的离散度;有利于维护法律的统一性与权威性,保持税法的稳定性与连续性,填补法律漏洞,提高税法的可操作性;有助于降低行政成本,减少具体行政行为的盲目、无序与偏差,保护相对人合法权益。因此,中国税法通过典型案例构成的行政先例制度在个别点上突破成文法的限制是可能和必要的。其实在一定的范围内超越原有法律规范限制的类似情况并不少见。例如,法国是典型的成文法国家,但在司法审查领域实行判例法。

故可以考虑在税收征管中实施遵循先例制度。即由国家税务总局负责定期编写典型案例,采用统一的范式与编号,并以国家税务总局的名义作为税收文件下发。这些典型案例具有普遍执行的效力,构成税法的一个组成部分。下级税务机关可以将自己的执法案例向国家税务总局推荐,由国家税务总局审核、认可或修正后以其名义下发。但为了维护税法的统一性和权威性,一般不应允许各级税务机关在其管辖范围内自行颁布案例作为具有普遍指导、示范意义的税法规则。

三、税务机关的检查权限

为了税务机关能够有效地进行税务检查,同时也为了防止税务机关滥用检查权力侵害纳税人的合法利益,《税收征管法》及其实施细则对税务机关的检查权限作了明确规定。我国税务机关的法定检查权力包括:

(1) 检查纳税人的账簿、记账凭证、报表和有关资料,检查扣缴义务人代扣代缴、代收代缴税款的账簿、记账凭证和有关资料。

(2) 到纳税人的生产、经营场所和货物存放地检查纳税人应缴纳的商品、货物或者其他财产,检查扣缴义务人和代扣代缴、代收代缴税款有关的经营情况。

(3) 责成纳税人、扣缴义务人提供与纳税或者代扣代缴、代收代缴税款有关的经营情况。

(4) 询问纳税人、扣缴义务人与纳税或者代扣代缴、代收代缴税款有关的问题和情况。

(5) 到车站、码头、机场、邮政企业及其分支机构检查纳税人托运、邮寄应纳税商品、货物或者其他财产的有关单据、凭证和有关资料。

(6) 经县以上税务局(分局)局长批准,凭全国统一格式的检查存款账户许可证明,查询从事生产经营的纳税人在银行或者其他金融机构的存款账户(包括纳税人的存款账户余额和资金往来情况)。税务机关在调查税务违法案件时,经设区的市、自治县以上税务局(分局)局长批准,可以查询案件涉嫌人员的储蓄存款。

(7) 税务机关行使上述各项职权时,可以在纳税人、扣缴义务人的业务场所进行;必要时,经县以上税务局(分局)局长批准,可以将纳税人、扣缴义务人以前会计年度的账簿、记账凭证、报表和其他有关资料调回税务机关检查,但税务机关必须向纳税人、扣缴义务人开付清单,并在3个月内完整退还;有特殊情况的(该特殊情况包括:其一,涉及增值税专用发票检查的;其二,纳税人涉嫌税收违法情节严重的;其三,纳税人及其他当事人可能毁灭、藏匿、转移账簿等证据资料的;其四,税务机关认为其他需要调回检查的情况),经设区的市、自治州以上税务局局长批准,税务机关可以将纳税人、扣缴义务人当年的账簿、记账凭证、报表和其他有关资料调回检查,但是税务机关必须在30日内退还。

【思考】调账检查是税务机关有效行使检查权的必要条件,在纸质账的条件下,要均衡考虑对纳税人正常生产经营活动的影响,所以要对调账检查的时间作出严格的限制。但随着信息技术发展,企业账目电子化,调账只要复制拷贝即可,对纳税人生产经营活动的直接影响很小,同时,对税务机关保守商业秘密的要求上升。对此,你有哪些思考?

(8)税务机关依法进行税务检查时,有权向有关单位和个人调查纳税人、扣缴义务人和其他当事人与纳税或者代扣代缴、代收代缴税款有关的情况,有关单位和个人有义务向税务机关如实提供有关资料及证明材料。

(9)税务机关调查税务违法案件时,对案件有关的情况和资料,可以记录、录音、录像、照相和复制。

(10)对采用会计电算化系统的纳税人,税务机关有权对其会计电算化系统进行检查;对纳税人会计电算化系统处理、储存的会计记录以及其他有关的纳税资料,税务机关有权进入其会计电算化系统进行检查,并可复制与纳税有关的电子数据作为证据。

【探讨】税务机关是否应当拥有对纳税人的搜查权

税务机关有权检查纳税人的会计电算化系统和可以强制进入纳税人的计算机系统是不同的,后者已经具有搜查权的性质。毫无疑问,税务机关如果能够拥有搜查权,将会使税务稽查更为快捷有效。但是,搜查权非常容易被滥用,从而侵害宪法确立的、对公民私有财产保护的原则,所以其被严格限制在司法机关的范围内使用,即使是为了税收的目的也不能例外。需要行使搜查权时,各个国家通常的做法有两个,一些国家法律规定的是申请法院执行,也有些国家是通过设立税务警察来行使这项权力,如意大利等。但是,这仍未超出司法的范畴,与税务机关直接拥有搜查权还是不同的。我国相关部门和税务学界也曾希望能按照海关缉私警察的模式走这条路子,但或许是考虑到搜查权扩散的危害与行政成本的增加,决策机关最终并没有赋予税务机关对纳税人的搜查权。《税务稽查案件办理程序规定》规定,对采用电子信息系统进行管理和核算的被查对象,可以要求其打开该电子信息系统,或者提供与原始电子数据、电子信息系统技术资料一致的复制件。被查对象拒不打开或者拒不提供的,经稽查局局长批准,可以采用适当的技术手段对该电子信息系统进行直接检查,或者提取、复制电子数据进行检查,但所采用的技术手段不得破坏该电子信息系统原始电子数据,或者影响该电子信息系统正常运行。不过,即使有上述规定,若纳税人拒绝配合,税务机关仍然没有强制开启计算机系统的权力。还应当说明的是,严格按照相关法律规定,对于纳税人业务场所与居住场所为一处的,税务机关也没有检查权。

与税务机关获得的检查权力相对应,其在检查中应尽的义务有:(1)税务人员进行税务检查时,应当出示税务检查证和税务检查通知书,否则纳税人、扣缴义务人及其他当事人有权拒绝检查。税务机关对集贸市场及集中经营业户进行检查时,可以使用统一的税务检查通知书。(2)税务机关依法查询当事人的存款账户和案件涉嫌人员的储蓄存款时,应当指定专人负责,凭全国统一格式的检查存款账户许可证明进行,并有责任为被检查人保守秘密。(3)税务机关进入纳税人的会计电算化系统进行检查时,有责任保证纳税人会计电算化系统的安全性,并保守纳税人的商业秘密。(4)税务机关查询所得的资料,不得用于税收以外的用途。

同时,为了保证税务机关检查权力的合法履行,纳税人等管理相对人的义务有:纳税人、扣缴义务人必须接受税务机关依法进行的税务检查,如实反映情况,提供有关资料,不得拒绝、隐瞒。

思 考 题

1. 行政执法程序一般包括哪些制度支点?

2. 怎样完善现行的税收确定程序?

3. 怎样完善现行的纳税申报程序?

4. 如何评价税收事先裁定的价值?

5. 何为税收连带纳税责任? 还可以在哪些税收管理事项上扩展连带纳税责任?

6. 试比较第二次纳税义务人与税收代位权、撤销权的联系与区别。

即测即评

第八章　税收行政执法行为

本章要点

　　本章从行政法的视角讨论税务机关的行政执法行为。税务机关的执法行为是在法定的税收执法程序中通过行使法定的执法权力表现出来的。这些行政执法权力的行使贯穿于税款征收的基本法律程序中,与税收管理相交织。一方面,由于税法的复杂性且涉及纳税人核心利益,按照正常的税收征收程序不足以保障税款的足额、及时征收,需赋予税务机关特别的行政执法权力加以保障。另一方面,这些权力易于被滥用,进而侵害纳税人合法权益,所以需要法律加以严格规范。

　　本章的基本结构安排是第一节概括讨论税收行政执法行为的概念、特点、要件、效力及分类,第二节到第八节分别讨论了税收保全与税收行政强制执行、纳税担保、税收代位权与撤销权、税收优先权、税收公共协助、税收行政处罚、税收行政许可等问题。

　　【思考】一个有意思的现象是,近些年我国对纳税人权利的研究、宣传非常多,但真正落实到税法中的仍然有限。然而,《税收征管法》等法律法规的每次修改,都要在不声不响中增加不少税务机关的权力,其背后的逻辑是什么?

第一节　税收行政执法行为概述①

一、税收行政执法行为的概念与特点

　　税收行政执法行为指税务机关为征收税款而对税务管理相对人作出具有法律意义、旨在产生一定行政法律效果的行为。这一概念可以从以下几个方面加以理解:(1)税收行政执法行为

---

　　①　本节内容较多地参照了《行政法与行政诉讼法》(第三版)(姜明安主编,北京大学出版社、高等教育出版社 2007 年版,第一章、第十一章、第十三章)、《税收执法知识概要》(《税收执法知识概要》编委会编,中国税务出版社 2007 年版,第五章)、《涉税服务相关法律》(全国税务师职业资格考试教材编写组编,中国税务出版社 2020 年版,第一章)的相关内容。

是征税主体作出的行为。（2）税收行政执法行为是征税主体在行使征税和税收管理权力的过程中作出的行为。这种行为是行政法律行为而不是一般的管理行为或民事行为及其他性质的行为。（3）税收行政执法行为的对象是具体的纳税主体,如纳税人等。税务机关通过实施税收行政执法行为,能够使税法的要求得以实现,直接影响相对人的权利和义务。

税收行政执法行为应当具备一般行政行为的特征:

第一,是体现国家意志的法律行为。行政行为虽然由具体的行政机关及其公务人员以其所在机关的名义实施,但其实质是国家行政权的运行,是国家意志的体现。而这种国家意志的体现与国家行政权的运行,是以国家强制力保障实施的,因此具备法律上的依据,必须在法律的框架内进行。所以行政机关及其公务人员必须依法行政。

第二,具有单方意志性。行政行为的作出和有效性的判断,不需要事先取得行政相对人的同意。与此不同的是,民事法律行为的成立以各方意思表示一致为要件。[1]所谓单方意志性,也有人将其解释为行政机关实施行政行为享有优益权,即有权按照单方意思构成法律关系,在行政行为未被依法撤销前可以推定为有效,并可先行执行。[2]

【思考】就一般意义而言,税法体现的是单方意志性,税务机关执法不需要获得纳税主体的同意,但在庞杂的税法规则中,也不乏例外,请举例说明。

第三,效力先定性。行政行为一经作出,就事先假定其符合法律规定,对双方都具有约束力,除非被国家有权机关依法宣布无效。这种假定是确保行政机关有效行使行政权力,借以维护公共利益的需要,并不代表其合法性被最终确认。但是,推翻其合法性要在行政行为发生之后经有权的国家机关依法审查认定。

【思考】效力先定性是行政行为的一般特征,税收行政行为也不例外。对此,你认为效力先定性与税收行政复议不停止执行原则及复议前必须缴纳有争议税款之间有怎样的联系?

第四,一定的裁量性。面对纷繁复杂的现代社会经济生活,立法机关不可能在立法上针对每个行政行为的细节作出严密的规定,而且法律的稳定性要求给予行政机关一定的自由裁量权,这样才能使行政权威得以维系,行政管理有效实施。但这种自由裁量权是在一定范围、一定程度上存在的。

第五,具备一次性的执行效力。实施行政行为的作用是使法律法规得以执行和适用。行政执法行为是使抽象的法律规范转化为相对人具体权利义务的中间媒介。与此相对应,行政执法行为的效力是一次性的,即行政执法行为只是一次性有效,不能反复适用。同一对象再次出现同类情况,不能依据原有的行政决定采取执法措施。显然,这里的行政行为指具体行政行为。

---

① 参见《税收执法知识概要》编委会编:《税收执法知识概要》,中国税务出版社2007年版,第51页。

② 参见赵迎春、王向东:《税收行政法概论》,吉林人民出版社2001年版,第95页。

二、税收行政执法行为的要件与效力

(一) 要件

1. 成立要件

其一,行政权能的存在,即征税主体必须是依法享有课税权的征收机关或受委托的组织和个人;其二,税收行政执法行为是行使课税权的行为;其三,税收行政执法行为通常在征税过程中以一定的形式表现出来,并为纳税人所知;其四,税收行政执法行为直接或者间接地影响到纳税人的实际权益,并产生相应的法律效果。

2. 合法要件

合法要件包括行政主体合法,即实施税收行政执法行为者必须是获得法律授权的税务机关及其他具有法定课税权的行政机关;行政权限合法,即具体税务机关必须在自己的事务、地域与级别管辖权范围内实施行政执法行为,受委托进行税务管理的组织也只能在委托范围内做出具体行政行为;行为内容合法,即实施的具体行政行为必须具有事实根据,意思表示真实、完整和确定,体现相应法律的真实意图;行为程序合法,即税收行政执法行为的实施必须严格按照法定的步骤进行;行为形式合法,即具体行政行为的实施必须具备法律所要求的形式。

3. 生效要件

税收行政执法行为的生效要件分为以下三类:

(1) 即时生效。即时生效指税收行政执法行为一经做出就立即生效,在这种情况下,其成立时间就是生效时间。

(2) 受领生效。受领生效指税务机关以书面形式告知纳税人行政机关对其做出了某种行政行为,该行政行为从书面通知送达到相对人处开始生效。

(3) 附条件生效。附条件生效指税收行政执法行为的生效附有一定期限或条件,当期限到来或者条件满足时,该行政执法行为才能够生效。

(二) 效力

与其他行政行为一样,税收行政执法行为的效力具体分为公定力、确定力、拘束力与执行力。

1. 公定力

公定力指税收行政执法行为一经成立,不论是否合法,都要求纳税主体表示尊重的法律效力。这种效力是推定或假定的,无关乎其是否真正合法,最终能否被法律承认。赋予税收行政执法行为公定力是维护税务机关必要的行政权威、提高行政效率、确保税法得到贯彻实施的需要。

2. 确定力

确定力指税收行政执法行为一旦生效,非经法定程序,税务机关或纳税主体都不能要求变更。即对于税务机关而言,非依法定理由和程序,不得随意改变其行政行为内容,或就同一事项重新做出行政行为;对于纳税主体来说,不得否认税收行政执法行为的内容或随意改变其内容,非依法定理由和程序也不得请求改变税收行政执法行为。

3. 拘束力

拘束力指已生效税收行政执法行为所具有的约束和限制征纳双方涉税行为的法律效力。拘束力与确定力不同,确定力所保护的是行政行为本身不得任意改变,拘束力所要求的是行为人的行为应当与行政行为相一致。

4. 执行力

执行力指税收行政执法行为生效后,税务机关依法有权采取一定手段,使该税收行政执法行为的内容得以实现的效力。执行力的要求适用于行政主体与相对人双方,并不仅仅针对相对人一方。在大多数情况下,税收行政执法行为生效后应立即执行,但也有一些例外。执行力可以分为自行履行与强制履行,后者又可分为行政强制执行与司法强制执行。

【探讨】关于税法中的行政合同

行政合同又称行政契约、行政协议,指行政机关为实现公共利益或者行政管理目标,因行使行政职权或者在行使职权过程中,与公民、法人或者其他组织协商订立的具有行政法上权利义务内容的协议。[1]行政合同具有合同属性,但本质上仍然是行政行为,具备行政行为的一般特征。不过,其是一种双方行政行为(其中一方只能是行政主体),需要在一定的法定条件下,双方达成意思表示一致。在税法中,就其基本面考察,因税收法律关系是法定的以设定税收权利义务为核心,因此行政合同并不能普遍存在。但委托代征合同、纳税担保合同、税收举报悬赏奖励、预约定价安排、行政复议与行政诉讼的和解协议、税收遵从协议仍然属于税法中的行政合同。[2]

三、分类

税收行政执法行为可以根据不同的标准作如下分类:

(一) 具体行政行为与抽象行政行为

前者指由征税主体针对特定的纳税主体、特定的事项作出的行政行为;后者指由征税主体针对非特定的纳税主体单方面作出的具有普遍约束力的行政规则。抽象行政行为具有对象的普遍性、效力的普遍性与持续性、准立法性与不可诉性。具体行政行为与抽象行政行为的不同主要表现在:具体行政行为不能反复适用,而抽象行政行为能够反复适用;具体行政行为一般只能对一个纳税人适用,而抽象行政行为可以同时对多个纳税人适用。

---

[1]　参见全国税务师职业资格考试教材编写组编:《涉税服务相关法律》,中国税务出版社 2020 年版,第 20 页。
[2]　参见石淼:《合同之税:合同涉税法律疑难问题解析》,法律出版社 2014 年版,第 268—272 页。

（二）羁束行政行为与自由裁量行政行为

前者指征税主体对法律规范的适用没有或很少有选择余地的行政行为；后者指征税主体对行政法律规范的适用有较大选择余地的行政行为。在法律适用上，羁束行政行为对应的是合法性问题，而自由裁量行政行为对应的是适当性问题。

【探讨】关于税收行政自由裁量权的理论分析

税收行政自由裁量权是税法赋予税务机关的一类重要执法权力，"自由裁量是指行政机关对于作出何种决定有很大的自由，可以在各种可能采取的行动方针中进行选择，根据行政机关的判断采取某种行动或不采取行动。也可能是执行任务的方法、时间、地点或侧重面等，包括不采取行动的决定在内"①。其存在价值在于平衡税收的法律属性要求其稳定，而其经济属性要求其灵活的矛盾。但自由裁量权自身的特点决定其非常容易被滥用，因此立法者历来对其有所警惕，寻找其合适的平衡点并不容易。

我们认为，税收行政自由裁量权包括的要素应当有：其一，一方面，税务机关获得该项权力的行使权，是法律赋予的，这与税收法定的要求是一致的；另一方面，其能够行使的前提是在法律中没有具体、可操作的相应规定。其二，裁量是在可为与不可为之间作出最终的选择，税收行政自由裁量权是在税法规定的区间内进行选择的权力，这种选择的自由不是无限的，它是与税法的适当性要求相对应的，否则仍会导致权力的滥用。其三，公平、正义等基本的法律价值理念需要在自由裁量权中予以体现。

税收行政自由裁量权的行使必须体现公平、正义的价值要求，以正确把握相关法律规定的精神实质。在此基础上，其遵循的原则，应当源于行政合法性与合理性（适当性）的要求。其中，合法性是一个基本前提，它确定了行使税收自由裁量权的边界，即自由裁量不得超出法律许可的范围，对此，在税收行政执法实践中似乎问题并不突出。而合理性原则与税法的适当性要求相对应，体现了立法精神提供的基本方向，反映了行使税收行政自由裁量权应有的限度，从而更具现实意义。行使税收行政自由裁量权应当遵循的原则，应从如下几个方面描述：

第一，动机的正当性。税收行政自由裁量权的行使离不开执法人员的主观判断，这种主观判断应当受到一定的约束，即其出发点是努力践行相关法律规定，体现相关法律规定的法律价值与立法精神，符合立法目的，维护社会公共利益。其主观上应当出于公心，是善意而不是恶意的，不得故意曲解立法精神与立法目的，从实际出发，不徇私，不褊狭。执法人员在行为上则要追求公

---

① 王名扬：《美国行政法》，中国法制出版社 1995 年版，第 28 页。对于自由裁量存在的价值，王名扬先生有著名的"六个基础"说：第一，现代社会变迁迅速，立法机关很难预见未来的变化，只能授权行政机关根据各种可能出现的情况作出决定；第二，现代社会极为复杂，行政机关必须根据具体情况作出决定，法律不能严格规定强求一致；第三，现代行政技术性高，议会缺乏能力制定专业性的法律，只能规定需要完成的任务或目的，由行政机关采用适当的执行方式；第四，现代行政范围大，国会无力制定行政活动所需要的全部法律，不得不确定行政机关的决定权力；第五，现代行政开拓众多的新活动领域，无经验可以参考，行政机关必须作出试探性的决定，积累经验，不能受法律严格限制；第六，制定法律往往受到不同价值判断的影响。这一论述，也适于税收自由裁量权。

正合理,合乎一般情理,符合公序良俗,不得寻求部门利益(部门利益也是私利)与个人寻租;反对钓鱼执法,即便当事人有违法之处,也不得随意放大处罚力度;不得拖延、不作为。自由裁量动机正当性自控的内在动力应当出自执法者对自身服务于人民的准确定位与良好的法律意识、职业道德素养。

第二,只考虑相关因素。只考虑相关因素在逻辑上理顺了行使税收行政自由裁量权的必要条件与正确的因果关系。而排除不相关因素则可以在相当程度上屏蔽干扰,确保不出现显失公正的情况,避免自由裁量权的滥用。因此,首先要在证据支持下区分相关因素与不相关因素。其次,在程序上保证对不相关因素的排除。考虑相关因素,不得考虑不相关因素,不仅应当成为行使税收行政自由裁量权的基本原则,而且应当成为对执法工作的普遍性要求,在程序设定、事实认定、证据支持等方面得以保证。

第三,比例原则。该原则有多方面的考量。一是行使税收行政自由裁量权需要考虑纳税主体合法权益与公共利益之间的平衡,两者应当有一定的"比例控制",不能以维护公共利益为理由而不顾纳税主体的利益。二是在一个行政法律部门,羁束性行政权力与自由裁量行政权力应当有一个合适的比例。尽管随着行政主体职能不断扩张,自由裁量权增多是一个必然趋势,而且一般来说,经济法领域,相关行政机关的自由裁量权相对较大,但是,在我国现行税法中,自由裁量权的规范仍然过多。这在一定程度上表明税收立法能力的不足和税法行政解释权的过度扩张。三是税务机关对不同纳税主体行使税收自由裁量权,存在"比例"控制问题,即对不同的纳税主体,需要考虑行使自由裁量权的标准一致、尺度适当。

第四,程序合法。必要的程序设定是保证法律公正的重要制度设计,对于不确定性突出的自由裁量权的行使,必要的程序约束尤为重要,其作用主要是引导自由裁量不偏离立法精神与立法目的指引的方向。对于自由裁量权的法律程序约束,并没有超出行政执法的轨道,因此构成其程序规则的要点包括:(1)公开。公开是行政执法的普遍性要求,自由裁量权的行使因其不确定性而更强调公开。公开是实施有效监督的先决条件。(2)回避。回避是执法公正的要求,也是在一定程度上避免自由裁量动机不正当的有力武器。(3)说明理由与依据。一般来说,在税收自由裁量权的行使过程中,对当事人提供必要的依据并不难,但提供有说服力的理由并证明相应税法依据与作出的自由裁量具备较高程度的相关性,是在目前的税收行政执法工作中比较缺失的。这也从一个侧面反映出说明理由在较大程度上与动机正当性的关联。(4)陈述权与申辩权。对当事人陈述权与申辩权的制度安排是对说明理由与依据要求的回应与制度衔接。对于不确定性与模糊性较强的自由裁量更为必要。

【思考】说到税收自由裁量权,我们会首先想到税收行政罚款,但税收自由裁量权绝不限于行政罚款。从《税收征管法》的视角,你还能想到哪些税务机关的权力行使有自由裁量的性质?

（三）依职权行政行为与依申请行政行为

前者指征税主体根据其职权,无须纳税主体申请就能主动实施的行政行为,也称主动行政行为和积极行政行为;后者指征税主体只有在纳税主体提出申请后才能实施而不能主动采取的行政行为,又称被动行政行为。如果纳税主体提出的申请符合法定条件而征税主体在一定期限内不作为,纳税主体可以提起请求作为之诉。

（四）要式行政行为与非要式行政行为

前者指必须具备某种法定形式才能被认为合法的行政行为;后者指法律没有对形式作出要求的行政行为。这里的"要式"包括书面文字、特定意义的符号等。要式行政行为是行政行为的基本形式,非要式行政行为一般只在特殊情况下采用。我国现行税法中,多数税收行政执法行为都属于要式行政行为。

（五）作为行政行为与不作为行政行为

前者指征税主体积极改变现有法律状态或者积极履行作为与不作为义务的行政行为,后者指征税主体维持现有法律状态或者消极对待作为义务的行政行为。不作为行政行为如有法律依据,就是一种合法行为。

（六）内部行政行为与外部行政行为

前者指征税主体基于行政隶属关系针对内部税务人员实施的行政行为,后者指征税主体基于行政管辖关系针对纳税主体而实施的行政行为。内部行政行为需要同时满足"基于行政隶属关系"和"针对内部税务人员实施"这两个条件,否则就是外部行政行为。例如,税务机关对内部工作人员实施的课税行为就不是内部行政行为,而是外部行政行为。

（七）授益行政行为与不利行政行为

前者指征税主体为相对人设定权益或免除其义务的行政行为,后者指征税主体为相对人设定义务或剥夺、限制其权益的行政行为。

（八）附款行政行为与无附款行政行为

前者指除行政法规范明确规定外,征税主体根据实际需要在主内容基础上附加从属性内容的行政行为,又称条件行政行为。附加的条件包括期限、条件、负担、保留行政行为的废止权及事后对负担的追加或变更权等。后者指没有附加条件的行政行为,也称单纯行政行为。

第二节　税收保全与税收行政强制执行

一、税收保全

（一）税收保全的内涵与目标

保全源于民事诉讼的执行程序，即为保证判决的有效执行，在判决之前法院就裁定当事人不得处分或转移其财物，此称诉讼保全。税收保全在《行政强制法》的语境下，包含行政强制措施的几种具体形式（但该法并没有规定保全的概念）。税收保全的概念是《税收征管法》提出的，指对可能由于纳税人的行为或者某种客观原因，致使以后的税款征收不能保证或难以保证，而规定的限制纳税人处分商品、货物或其他财产的措施。

【探讨】怎样从法理上理解赋予税务机关税收保全等权力的目的

在学术和舆论层面，大家看到更多的是对增加和保障纳税人权利的讨论，这是应当的。另一方面，《税收征管法》在增加纳税人权利保障的同时，也为税务机关执法增设或扩充了一系列权力，包括税收保全、行政强制执行、行政处罚、代位权与撤销权等。增设或扩充这些权力，目的仅限于保证税收债权的充分实现，确保不因纳税人违法行为的干扰而使国家税款流失（从这个目的看，《税收征管法》第38条的规定尽管比较烦琐，但都是在税款征收将要不能得到保证时向前跨出的一步，其对立法精神的体现，分寸感是很强的）。但增设或扩充税务机关的权力不应给纳税人造成额外的负担或损失。虽然税法相关规定中并没有明确表述这层含义，但其体现出的立法精神是清晰的。所以，实施税收保全等行政执法行为必须以纳税人履行纳税义务为限。其一，税务机关行使这些权力以纳税人没有履行纳税义务，穷尽正常的执法手段仍无法足额征收税款为前提。其二，不管税收保全是否开始，处于哪一阶段，只要纳税义务已经履行，税收保全必须立即停止。其三，应当避免或尽量减少因实施税收保全或强制执行给纳税人造成额外的负担。故此，在法律许可的范围内，采用的手段应由轻到重。其四，在可能的情况下，应当使被执行纳税人的税外损失最小。其五，不管税收保全和税收行政强制执行是否奏效，均应保障纳税人的基本生存和生活条件，所以税法中有禁止扣押的相关规定。

（二）税收保全的主要规定

税收保全的法律规范包含在《税收征管法》第38条及其实施细则的相关规定中，主要内容包括以下几个部分：

第一，税务机关有根据认为从事生产、经营的纳税人有逃避纳税义务行为的，可以在规定的纳税期之前，责令限期缴纳应纳税款。

【提示】按照《税收征管法》第38条,实施税收保全的前提条件有三:其一,税务机关有根据认为从事生产、经营的纳税人有逃避纳税义务的行为,对于这种"根据"是什么,没有更清楚的法律解释。而且"根据"容易被理解为法律依据。故此,"有根据"改为"有证据"应当更贴切,这个证据可以不是很充分,但要有。其二,实施税收保全的对象限于"从事生产、经营"的纳税人。这部分纳税人是主流,但非全部,鉴于自然人纳税人不断增多,应当将这个限制条件删除。其三,可以被实施税收保全的违法行为是纳税人"逃避纳税义务的行为",这一违法行为应当是在以前的纳税期发生的。也就是说,纳税人有违反税法的记录。

在符合上述三个条件的前提下,税务机关可以在规定的纳税期之前,责令纳税人限期(最长不得超过15日)缴纳应纳税款。这一规定的实质是将违法纳税人的纳税期提前,在正常的纳税规定之外限定了纳税人对其财产的占有和处分,具有税收保全的性质。如果已经进入纳税期,就不能再设定提前缴纳税款的期限。

第二,在限期内发现纳税人有明显的转移、隐匿其应纳税的商品、货物及其他财产或者应纳税的收入的迹象的,税务机关可以责成纳税人提供纳税担保。

【探讨】税收保全的程序限制

如果纳税人已经被依法要求限期缴纳税款,但并未有进一步的"明显的转移、隐匿其应纳税的商品、货物以及其他财产或者应纳税的收入的迹象的",是否可以进一步采取税收保全措施?

我们认为是不可以的。从《税收征管法》第38条的规定来看,每一个步骤都是下一个步骤的前提条件,前一个条件不具备,就不能实施下一个步骤的税收保全措施。也就是说,只要没有上述明显的转移、隐匿其应纳税的商品、货物及其他财产或应纳税收入迹象的,纳税人实际上在限定的期限内不需要提供纳税担保,更不需要缴税,税务机关最终只能以正常纳税人对待他。从立法目的上看,其原因在于,只要没有上述迹象,税务机关就有能力控制税款,也就没有必要采取税收保全这种最后的手段。这样看来,在纳税期限之前设定15天期限,实际上是对纳税人的预警和警告。

第三,如果纳税人不能提供纳税担保,经县以上税务局(分局)局长批准,税务机关可以采取下列税收保全措施:(1) 书面通知纳税人开户银行或者其他金融机构冻结纳税人的金额相当于应纳税款的存款;(2) 扣押、查封纳税人的价值(其价值参照同类商品的市场价、出厂价或者评估价估算,包括税款、滞纳金和扣押、查封、保管、拍卖、变卖所发生的费用)相当于应纳税款的商品、货物或者其他财产。

【提示】前述所有内容都是实施《税收征管法》第38条的前提条件,这些烦琐的前提条件都满足了,才能真正开始采取税收保全手段,因此,可以说税法赋予税务机关对纳税人实施税收保全的权力是审慎的。另外,为了保证税务机关依法行使权力,《税收征管法》在赋予税务机关许多执法权力的同时,也作出了许多限制性规定,报上级税务机关批准即是一种。对税收保全、税收行政强制执行等须报县以上税务局(分局)局长批准。这里报税务局(分局)局长批准与报税务局(分局)批准是不同的。

税收保全的基本手段包括实施冻结、扣押和查封。从尽量减少纳税人税外负担的角度考虑,似乎应当首先采用冻结存款的办法,不成再进行扣押、查封更能体现立法精神。但是,税法对此并未作出明确的限定,即从《税收征管法》第38条的规定来看,在冻结、扣押和查封这三项手段之间,税务机关先采用哪一项都是合法的。

第四,纳税人在规定的限期内缴纳税款的,税务机关必须立即(24小时内)解除税收保全措施;限期期满仍未缴纳税款的,经县以上税务局(分局)局长批准,税务机关可以书面通知纳税人开户银行或者其他金融机构从其冻结的存款中扣缴税款,或者依法拍卖、变卖所扣押、查封的商品、货物、其他财产,以拍卖或者变卖所得抵缴税款。

【提示】纳税人缴足税款,税务机关必须限期解除税收保全措施这一规定的目的是避免"一枪俩眼儿",给纳税人造成双重负担,这也是立法精神的体现。上述规定表明,扣押、查封、冻结是在纳税期限之前设定的缴纳税款期限中,如果该期限已满,经批准,即可通过划转冻结存款、拍卖、变卖等手段抵缴税款,而无须等待纳税期满。反过来说,即在纳税期限之前规定的15天限期内,可以实施税收保全,但不得直接通过划转冻结存款、拍卖、变卖来抵缴税款。当然,到了拍卖、变卖环节,可能超过纳税期限,故纳税人还须缴滞纳金。就具体手段而言,划转冻结存款、拍卖、变卖已经属于税收行政强制执行手段。

第五,个人及其所扶养家属(同纳税人共同居住生活的配偶、直系亲属以及无生活来源并由纳税人抚养的其他亲属)维持生活必需的住房(除去豪华住宅或者一处以外的住房)和用品(除去机动车辆、金银饰品、古玩字画,单价不高于5 000元的其他生活用品),不在税收保全措施的范围之内。

【探讨】为什么要规定禁止扣押和查封的货物和财产

禁止扣押和查封的规定体现的是一个基本的理念,即只要在法律上没有剥夺其生命,就不能剥夺其维持生命所必需的财产。从宪法的层面讲,就是生存保障原则,即人的生存权,包括其物质生活与精神生活,个人生存与家庭生存都不能受到不法侵害,课税也不能侵害这种权利。因为课税的根本目的是满足社会公共需要,从低限考虑,这种公共需要的满足不能以一部分人的基本生存权被剥夺为代价。所以,一般对国民最低生活保障线以下的公民是不课税的。从高限考虑,则课税不应超过纳税人的纳税能力。设置禁止扣押和查封的财产几乎已经成为各国税法的惯例。例如,德国、日本、韩国等国的税法对此都有明确的规定。应当注意的是,禁止扣押和查封的货物、财产,是面向所有适格的纳税人的。

第六,按照《税收征管法实施细则》第65条的规定,对价值超过应纳税额且不可分割的商品、货物或者其他财产,税务机关在纳税人、扣缴义务人或者纳税担保人无其他可供强制执行的财产的情况下,可以整体扣押、查封、拍卖,以拍卖所得(没有像一般商品、货物和财产那样规定可以变卖,以防止变卖价格过低对纳税人合法利益的损害)抵缴税款、滞纳金、罚款以及扣押、查封、保管、拍卖等费用。

【思考】仅从上述规定看,似乎拍卖大额资产后,税款、滞纳金、相关费用和罚款可以同时强制执行。但实际上,受《税收征管法》第88条第3款的限制,绝大多数情况下不能做到罚款与税款、滞纳金、相关费用同时被强制执行。对此你有何思考?

　　第七,实施税收保全的执行程序包括:有两名以上税务人员执行,并通知被执行人。被执行人是自然人的,应当通知被执行人本人或者其成年家属到场;被执行人是法人或其他组织的,应当通知其法定代表人或者主要负责人到场;拒不到场的,不影响执行。税务机关扣押商品、货物或者其他财产时,必须开付收据;查封商品、货物或者其他财产时,必须开付清单。

　　税务机关实施扣押、查封(范围包括实施《税收征管法》第37条、第38条、第40条的相关规定)时,对有产权证件的动产或不动产,税务机关可以责令当事人将产权证件交税务机关保管,同时可以向有关机关发出协助执行通知书,有关机关在扣押、查封期间不再办理该动产或不动产的过户手续。对查封的商品、货物或其他财产,税务机关可以指令被执行人负责保管,保管责任由被执行人承担。继续使用被查封的财产不会减少其价值的,税务机关可以允许被执行人继续使用;因被执行人保管或者使用的过错造成的损失,由被执行人承担。

　　税务机关实施税收保全的期限一般不得超过6个月,重大案件需要延长的,应当报国家税务总局批准。

　　【案例】纳税人李某拖欠税款8 000元,滞纳金600元,当地税务机关责令其限期缴纳,但其逾期仍未缴纳。税务机关开具扣押清单,扣押了李某价值相当于市场零售价9 000元的烟酒等商品。

　　随后,税务机关将扣押的烟酒,委托当地国有百货公司代为销售。一个星期后,扣押的烟酒全部售出,因市场价格变动,共得售货款8 860元。税务机关当即将8 860元货款用于抵缴李某应纳税款、滞纳金,并扣除代销费90元后,将剩余款项170元退还纳税人李某。

　　纳税人李某认为,税务机关违反了《税收征管法》第40条的规定,超价值扣押并变卖其商品,遂申请行政复议。①

　　你认为税务机关是否可以超值扣押、变卖李某的商品,并以变卖所得抵缴税款?

　　【探讨】怎样把握扣押、查封的货物、商品或者其他财产相当于应纳税款

　　这是一个在实际操作中较难把握的一个问题,具体包含三个层面:第一,“应纳税款”包括哪些内容? 第二,如何估价? 第三,由谁来估价? 对于第一个问题,《税收征管法实施细则》第64条已经作了明确的规定,即应纳税款包括税款、滞纳金和扣押、查封、保管、拍卖、变卖所发生的费用。第二个问题较难处理,因为受种种条件的限制,很难对扣押、查封的商品、货物或其他财产作出准确的估价;即使估价比较准确,也难以保证拍卖、变卖时能实际卖出扣押、查封时的估算价格,这样,就非常容易使国家税收利益受到损失,或者不得不再次扣押、查封,行政效率低,对纳税人也无好处。所以,应当允许扣押、查封的商品、货物或者其他财产适当超出“应纳税款”。那么适当超出的比例是多少? 对此,《税收征管法》没有明确规定,税务机关可以自由裁量的幅度较大。不过,《税收征管法实施细则》第69条第2款关于“拍卖或者变卖所得抵缴税款、滞纳金、罚款以及拍卖、变卖等费用后,剩余部分应当在3日内退还被执行人”的规定,可以视为一种补救措施,实际上暗示了可以超过“应纳税额”实施扣押、查封。我们认为,可能允许超过“应纳税款”的

---

　　①　参见李文铭:《税务机关可以适当超值扣押》,载《中国税务报》2003年8月6日,第7版。

20%以内能够兼顾征纳双方的利益。另一个解决办法是按照拍卖价格来确定。但由于扣押通常会早于拍卖,也不一定有可作参照的其他拍卖价格,因此在实际操作上困难重重。对于第三个问题,由专业的价格评估机构估价较为公平合理。如果条件不允许,也只能由税务机关来估价。

(三)《税收征管法》第37条、第55条规定的税收保全

《税收征管法》第37条规定,对未按照规定办理税务登记的从事生产、经营的纳税人以及临时从事经营的纳税人,由税务机关核定其应纳税额,责令缴纳;不缴纳的,税务机关可以扣押其价值相当于应纳税款的商品、货物。扣押后缴纳应纳税款的,税务机关必须立即解除扣押,并归还所扣押的商品、货物;扣押后仍不缴纳应纳税款的,经县以上税务局(分局)局长批准,依法拍卖或者变卖所扣押的商品、货物,以拍卖或者变卖所得抵缴税款。

【探讨】《税收征管法》第37条规定的性质及与该法第38条的比较

我们认为,《税收征管法》第37条规定的扣押,应属于税收保全(对此,学界有不同的见解,如刘剑文教授主编的《税法学》一书即将该内容单独处理,而不是归入税收保全)[1],因为其符合税收保全对纳税主体财产处分权进行限制的本质特征,具体形式为保全担保(为了确保纳税人将来的税款有效征收而设定的特殊担保),其与一般纳税担保的根本区别在于设立担保时即实现了对担保物的扣押,而且一般以纳税人确有欠缴税款记录且无法保证以后税款的及时、足额缴纳为前提条件,同时必须符合《税收征管法》第37条的定位,即应当属于该法第38条的补充性规定。第37条面对纳税人"漏管户"与临时经营的特殊情况,针对其应纳税款易于逃避缴纳,且过后难以追缴的现实困难而设置。较之作为税收保全基本条款的《税收征管法》第38条之规定,第37条与之差别一是适用的对象不同,虽然"从事生产、经营的纳税人"是目前纳税人的主体,"未按照规定办理税务登记的从事生产、经营的纳税人以及临时从事经营的纳税人"是其补充,两者涵盖了纳税人的绝大多数,但仍未将非从事生产、经营的纳税人全部包括在内。例如,一般个人纳税人就没有被作为税收保全的对象,这与我国个人所得税地位提高、个人纳税人增多的现实情况是不相适应的。二是实施税收保全时的程序性限制(如核定应纳税额,责令缴纳直接接续扣押,责令缴纳没有限期,没有责令提供纳税担保,保全没有冻结和查封手段等)大为简化,扣押期限也被缩短。这样规定是与对此条款规范的纳税人进行正常的税收管理较为困难,不易把握税源的情况直接相关的。

除去《税收征管法》第38条和第37条之外,该法第55条也对税收保全作了规定:"税务机关对从事生产、经营的纳税人以前纳税期的纳税情况依法进行税务检查时,发现纳税人有逃避纳税义务行为,并有明显的转移、隐匿其应纳税的商品、货物以及其他财产或者应纳税的收入的迹象的,可以按照本法规定的批准权限采取税收保全措施或者强制执行措施。"该条规定是针对《税收征管法》第38条只能规范正在实施的相应违法行为,而无法规范税收检查中发现的纳税人以往的相应违法行为所作的补充。

---

[1] 参见刘剑文主编:《税法学》(第二版),人民出版社2003年版,第441页。

【探讨】《税收征管法》第55条与该法第38条的比较

《税收征管法》第55条与第38条的共同之处在于:针对的都是从事生产、经营的纳税人,前提都是有逃避纳税义务行为,并有明显的转移、隐匿其应纳税的商品、货物以及其他财产或者应纳税的收入的迹象,批准权限都是县以上税务局(分局)局长。不同点在于:《税收征管法》第38条针对的是纳税期之前税务机关就已发现纳税人逃避纳税义务行为的情况,因而有两条前置措施——在规定的纳税期之前责令纳税人限期缴纳应纳税款;责成纳税人提供纳税担保——前置措施没有奏效时才正式实施税收保全。《税收征管法》第55条针对的是逃避纳税义务行为发生在以前纳税期,事后检查才发现,因而无须两条前置措施,可以直接实施税收保全。

(四) 纳税人离境清税制度

《税收征管法》第44条规定:"欠缴税款的纳税人或者他的法定代表人需要出境的,应当在出境前向税务机关结清应纳税款、滞纳金或者提供担保。未结清税款、滞纳金,又不提供担保的,税务机关可以通知出境管理机关阻止其出境。"

【提示】在这里,纳税人欠税是实施离境清税制度的前提;被限制离境的不仅是个人纳税人,而且包括身份为法人或其他组织的纳税人的法定代表人,这有助于提高离境清税制度的实效;离境前需要结清的是应纳税款和滞纳金,不包括罚款,采用的方式是直接结清或提供担保。

【探讨】关于离境清税的两个问题

第一,关于离境清税的性质。对于离境清税的性质,人们有不同的认识,从不同的角度将其归入不同的范畴。有观点认为其属于税收保全的范畴;也有观点认为其归属行政强制执行更为合理;还有观点认为其性质更接近于行政处罚中的人身罚。我们认为,离境清税不属于行政处罚。其一,尽管在一定程度上,离境清税限制了纳税人及其法定代表人的自由,但是目的只是确保其缴纳所欠国家税款,只要缴纳欠税就可以解除限制,不是为了制裁违反税法的行为,不具备惩罚性。其二,只要欠税纳税人或其法定代表人缴纳所欠税款,就可以离境,这一点与人身罚不因当事人的悔改而逆转也是不同的。其三,离境清税只是不允许离境,而行政处罚中的人身罚是将当事人限制在狭小的空间内,在限制的空间上,这两者的差别也是相当大的。

离境清税具备行政强制执行的一些形式特征,所以将其视为行政强制执行的一种具体形式有一定的道理。但是,就行政强制执行的本质来看,离境清税并没有完成纳税人所欠税款所有权的转移,而只是借此促使纳税人偿还税款,因此将其视为税收保全更为合理。这是基于其以限制纳税人出境的手段来实现保证税款征收的目的,从出发点到结果与一般税收保全并无差别,采用的手段也较为接近。不过尽管"出境清税"具有税收保全的性质,但与一般税收保全措施又有所不同:首先,"出境清税"不是在规定的纳税期之前实施;其次,"出境清税"只是不允许纳税人离境,而不像一般税收保全那样限制纳税人占用、使用、处分其商品、货物或其他财产的权利;最后,执行人不同,防止欠税出境的措施由国家出入境管理机关执行,而一般的税收保全措施由税务机关或由金融机构辅助执行。正是基于此,我们将其置于税收保全这一节来介绍。

第二,离境清税的程序选择。"出境清税"措施在许多国家都收到了防止纳税人逃税的良好效果,但在我国的实践效果还不够理想。站在税务机关的角度看,主要问题是手续繁杂,与有关部门的协调难度较大,对欠税纳税人及其法定代表人是否准备离境也难以及时掌握。我们认为,其实问题的关键在于程序设置不够合理。实践中,我国的具体做法是对已确认的欠缴税款并准备离境者,才采用"出境清税"措施。税务机关对纳税人欠税情况已经掌握并及时提出"离境清税"要求是基本前提,其适用面窄,颇似钓鱼。美国税务机关对此的处理方式值得借鉴。其基本做法是,纳税人出境前要向税务机关申报领取 Tax Dearance,对未缴清税款,没有 Tax Dearance 的纳税人,有关部门会自动阻止其离境。相比之下,其适用面很宽,很像下网捕鱼,漏网之鱼较少。从中可以看出,不同的程序选择,可能收到大相径庭的效果。

【案例】2003 年农历正月初二上午,深圳市蛇口一家电子有限公司法定代表人游某,因未缴清欠税,被阻止出境。早在 1997 年,深圳市税务机关曾作出追缴这家公司 1995 年度增值税 128 万多元的决定,这家公司在被强制追缴 18 万元后,仍欠 110 多万元税款。

在被阻止出境的当天,游某通知他的亲属缴纳了 15 万元税款。春节长假后的第一天——大年初八上午 9 时 30 分,游某到税务机关一次缴清了余下的税款。

与欠税公告制度相配套,深圳市税务机关行使《税收征管法》赋予的"离境清税"权力,同公安机关合作,对欠税企业法定代表人的有关信息进行详细调查,并通过有关部门的积极配合,对持有护照权有可能离境逃避追缴欠税的企业法定代表人,进行重点监控,阻止欠税者出境。

2003 年 7 月 18 日,因长期欠税不缴,深圳市某实业有限公司法定代表人李某的资料,被深圳市税务稽查部门移交至深圳市边境管理部门。次日下午 4 点,李某在出境时受阻。深圳市税务机关于 2001 年 10 月,对该公司 1999 年取得虚开增值税专用发票的税务违法事实进行了查处,作出了追缴税款 39 万多元的处理决定,并于 2002 年 8 月 20 日向该公司法定代表人送达了《税务处理决定书》。李某在收到《税务处理决定书》后,一直未缴纳税款,税务机关依照有关规定对该公司停供发票,并多次电话通知李某到税务机关办理纳税事宜。但李某拒不承认违法事实,还称公司已停业,不缴纳税款。在采用一般方式无法追缴欠税的情况下,深圳市税务稽查部门根据《税收征管法》的规定,通知出境管理机关阻止李某出境。当日,执法人员对李某进行了长达 4 个小时的税法宣传,终于使李某认识到了税法执行的严肃性和拖欠税款的严重性,他以亲戚新购的奥迪车作纳税担保,并制定了缴清税款的计划。①

二、税收行政强制执行

税收行政强制执行是行政强制执行中的一类,指税务机关对不履行法定纳税义务的纳税主体,依法强制或请求法院强制其履行纳税义务,迫使其履行纳税义务的行政执行行为。它是税务机关实现其课税权、维护行政执法的必要权威、确保纳税人履行纳税义务的重要手段。

---

① 参见陈大元、付燕新、陈俊峰、吴卜熊:《深圳"黑名单"锁定欠税者》,载《中国税务报》2003 年 10 月 22 日,第 5 版。

(一) 税收行政强制执行的基本规定

我国关于税收行政强制执行的现行规定主要是《税收征管法》第 40 条的内容,即:"从事生产、经营的纳税人、扣缴义务人未按照规定的期限缴纳或者解缴税款,纳税担保人未按照规定的期限缴纳所担保的税款,由税务机关责令限期缴纳,逾期仍未缴纳的,经县以上税务局(分局)局长批准,税务机关可以采取下列强制执行措施:(一) 书面通知其开户银行或者其他金融机构从其存款中扣缴税款;(二) 扣押、查封、依法拍卖或者变卖其价值相当于应纳税款的商品、货物或者其他财产,以拍卖或者变卖所得抵缴税款。税务机关采取强制执行措施时,对前款所列纳税人、扣缴义务人、纳税担保人未缴纳的滞纳金同时强制执行。个人及其所扶养家属维持生活必需的住房和用品,不在强制执行措施的范围之内。"

【案例】2014 年 12 月 31 日至 2015 年 2 月 4 日期间,某市某稽查局对某市甲物资有限公司(以下简称"甲公司")的纳税情况进行了检查,并作出《税务处理决定书》,责令甲公司自收到该决定书之日起 15 日内补缴企业所得税 384 526.82 元,并按规定加收滞纳金。甲公司在收到该决定书后并未履行补缴税款义务。2015 年 8 月 28 日,某稽查局作出《冻结存款决定书》,冻结了甲公司在建设银行的存款 73 万元。经某市国税局局长批准,某稽查局于 2015 年 11 月 2 日向甲公司的法定代表人送达了《税收强制执行决定书》,并于同日向甲公司的开户银行送达了《扣缴税收款项通知书》,从该银行扣缴甲公司被冻结账户资金中的 600 848.94 元,并缴入国库。某稽查局在当日扣缴完税款后向该银行送达了《解除冻结存款通知书》,解除了对甲公司存款账户资金的冻结。

甲公司不服某稽查局作出的《税收强制执行决定书》以及其扣划银行账户存款的扣缴行为,向法院提起行政诉讼。一审法院以某稽查局违反法定程序为由确认其作出的《税收强制执行决定书》违法。某稽查局不服一审判决,向某市中级人民法院提起上诉,二审法院判决驳回上诉,维持原判。[①]你认为本案中税务机关实施的行政强制执行存在哪些问题?

此外,《税收征管法》第 55、68、88 条及该法实施细则第 69 条等是税收行政强制执行规定的补充。

【提示】税收行政强制执行以纳税人等纳税主体没有履行纳税义务为基本前提条件。首先,只有当纳税人等纳税主体没有履行纳税义务,致使税务行政执法活动无法正常进行,课税权不能实现时,税务机关才能实施行政强制执行。如果没有纳税人不履行纳税义务这一事实,或者超出纳税人纳税义务的范围,税务机关就不能实施行政强制执行。其次,税收行政强制执行的实施必须是在纳税人超过纳税期限没有履行纳税义务,经告诫限定期限仍未履行之后。可见,没有履行纳税义务与实施税收强制执行在时间上并不直接相连。这里的纳税义务有两个层次的含义:一是税法直接规定的义务,例如,纳税人没有按税法规定的期限和方法申报纳税。二是没有履行因税务机关的行政决定而具体化了的纳税义务。例如,纳税人没有按税务机关核定的税额缴纳税

---

① 参见宋海涛:《税收行政强制前 催告程序要规范》,载《中国税务报》2018 年 11 月 20 日,第 7 版。

款。在实际执法中,需要基于税务机关的决定来判定纳税人是否履行纳税义务的情况较多,即使税务机关的行政决定与税法的本意有一定的距离,税务机关仍可据此来实施行政强制执行。

【探讨】怎样把握税收行政强制执行的范围

这个问题可以分为两个层面:一是实施税收行政强制执行的对象是哪些人? 二是税收行政强制执行包含哪些内容?

对于第一个层面的问题,《税收征管法》第40条明确规定实施行政强制执行的对象是"从事生产、经营的纳税人、扣缴义务人",对此应当理解为"从事生产、经营的纳税人"和所有的扣缴义务人,而不是"从事生产、经营的纳税人和从事生产、经营的扣缴义务人"。同时,《税收征管法》第68条规定:纳税人、扣缴义务人在规定期限内不缴或者少缴应纳或者应解缴的税款,经税务机关责令限期缴纳,逾期仍未缴纳的,税务机关除依照《税法征管法》第40条的规定采取强制执行措施追缴其不缴或者少缴的税款外,可以处不缴或者少缴的税款50%以上5倍以下的罚款。而《税收征管法》第88条第3款又规定:当事人对税务机关的处罚决定逾期不申请行政复议也不向人民法院起诉、又不履行的,作出处罚决定的税务机关可以采取《税收征管法》第40条规定的强制执行措施,或者申请人民法院强制执行。这等于说,在行政处罚层面,将实施税收行政强制执行的对象扩大到所有纳税人和扣缴义务人。这里的"当事人"应当等同于行政法中"管理相对人"的概念,在税法中,应当包含各个纳税主体及错误实施行政执行行为触及的管理对象。总体上看,现行《税收征管法》对税务机关实施税收保全、行政强制执行等权力相对的当事人规定得过于杂乱,难于把握,应当统一起来,即统一对纳税人,从事生产、经营的纳税人等进行解释,界定其范围。

对于第二个层面的问题,根据《税收征管法》第40条、第88条及其实施细则第64条的规定,税收行政强制执行的内容包括税款、滞纳金、有关执行费用和罚款。但是罚款的执行受到一定的限制,即按照《税收征管法》第88条第3款的规定,对罚款实施行政强制执行必须是在"当事人对税务机关的处罚决定逾期不申请行政复议也不向人民法院起诉、又不履行"之后。这样,实际上税务机关对纳税主体同一违法行为作出的征收税款、滞纳金和处以罚款决定是不能同时实施行政强制执行的。同样,《税收征管法》第88条第3款之规定使该法实施细则第65条的适用受到很大限制,即拍卖价值超过应纳税额且不可分割的商品、货物或者其他财产的所得很难用来抵缴与相应税款、滞纳金同时处以的罚款。

【探讨】怎样理解《税收征管法》第88条第3款规定的"逾期"

《税收征管法》第88条第3款所讲的"逾期"是指超过申请行政复议和提起行政诉讼的期限,而不是超过行政处罚决定的期限。从立法意图上看,其目的是确保当事人请求法律救济权利的行使。当这项权利被放弃后,税务机关才可以对罚款进行行政强制执行。也就是说,在正常情况下,属于必经复议的,这个期限是60天(不应将提起行政诉讼的申请期加进去,因为超过行政复议申请期,行政诉讼不能进行);属于选择复议的,这个期限最长应为3个月。它与当事人是否已经提起行政复议和行政诉讼没有直接关系。

【探讨】《税收征管法》第 88 条第 3 款的规定与"不停止执行"原则是否矛盾

有学者认为,《税收征管法》第 88 条第 3 款的规定,实际上部分否定了行政复议与行政诉讼的"不停止执行"原则,即对罚款不再适用"不停止执行"原则。[①]我们认为,这是对该规定的曲解。问题主要在于混淆了"执行"与"强制执行"的区别。不停止执行是指税务机关作出的具体行政行为(包括行政处罚决定)在行政复议、行政诉讼期间仍然有执行力,如仍然可以催缴罚款,但不能拍卖、变卖(执行与强制执行不是一回事),也不能加罚(加罚属于行政强制执行)。《税收征管法》第 88 条第 3 款限制的是对罚款的强制执行,而不是对罚款的执行。另外,两者涉及的时间也不一样,行政复议与行政诉讼的不停止执行指的是在复议或诉讼期间,而《税收征管法》第 88 条第 3 款指的是在行政复议或行政诉讼的申请期内。所以,"不停止执行"的原则依然有效。

(二) 税收行政强制执行的程序规则

按照现行《税收征管法》的规定,税收行政强制执行的主要程序规则包括:

第一,告诫。即当纳税人、扣缴义务人或纳税担保人逾期不履行纳税义务,税务机关准备实施强制执行时,将行政强制执行决定告知纳税人的执行程序。告诫作为税务机关的正式通知行为,应以书面形式进行。

【提示】告诫(在行政法的意义上此为催告制度)要规定履行纳税义务的最后期限,该期限过后,纳税人仍不履行纳税义务,强制执行措施才开始实施。未经告诫程序,强制执行措施不得实施,否则即是程序违法。告诫作为实施强制执行前的一项必要法定程序,其目的在于使纳税人了解不履行纳税义务的不利后果,督促其自动履行纳税义务。告诫是"执行适当"原则的体现,有助于保护纳税人的合法权益。

第二,作出行政强制执行决定。作出行政强制执行决定要符合一定的条件,包括事实条件和法律条件两个方面。在事实条件方面,必须以纳税人逾期不履行纳税义务,且经过告诫程序仍不履行纳税义务为前提。在法律条件方面,只有经过县以上税务局(分局)批准才能作出行政强制执行决定。也就是说,税务所不能自行决定税收行政强制执行。

【探讨】《行政强制法》的实施对税收行政强制制度的影响

《行政强制法》实施后,其较多规定与《税收征管法》关于税收行政强制措施、税收行政强制执行的规定重叠且多有冲突。这一点与税收行政处罚的原则与一般规则及程序依据《行政处罚法》,而罚则依据《税收征管法》的规定,分工明确且避免了冲突完全不同。解决《行政强制法》与《税收征管法》关于税收行政强制措施与税收行政强制执行规定的矛盾与冲突,有效衔接两部法律,可以采取如下几种处理方式:一是对于两者规定不一致,但关系交代比较清楚的条款,例如,对于查封、扣押行为,《行政强制法》仅规定了 30 日期限,但同时规定"法律、行政法规另有规定的除外"。因此,《税收征管法实施细则》规定的 6 个月税收保全期限对于税务机关实施的查封、扣押行为仍然有效,并可以通过报国家税务总局批准延期。二是对于两者规定不一致,但《税收

---

① 参见郝昭成主编:《税收执法基础知识》,中国财政经济出版社 2002 年版,第 98 页。

征管法》的规定符合特别法优于普通法的适用原则,故可以按照《税收征管法》的规定实施。例如,上述两部法律都规定不得查封、扣押当事人及其扶养家属的生活必需品,但税法将其进一步细化,将机动车辆、金银饰品、古玩字画、豪华住宅或者一处以外的住房排除在查封、扣押的范围之外。那么,这些特别规定应当得到适用。三是对于《行政强制法》中出现的一些新的规定,而《税收征管法》中并没有规范的情形,当《行政强制法》的部分新规定是作为基本规范出现的,税收行政强制措施与税收行政强制执行应当遵照执行,这一点与实施税收行政处罚时,《行政处罚法》基本规范普遍得到适用的情况是相似的。例如,《行政强制法》规定,除去紧急情况,不得在夜间或者法定假日实施行政强制执行;不得对居民生活采取停水、停电、停热、停气等方式迫使当事人履行相关行政决定等。此外,部分《行政强制法》新增加的规定,反映着行政强制最新理念、精神和要求,在税法范畴需要《税收征管法》作相应的修改,使两部法律关于税收行政强制的规范得以有效衔接。

第三,实施强制执行。按照《税收征管法》及其实施细则的规定,对有关商品、货物或财产实施的税收行政强制执行程序主要包括:

(1)有两名以上税务人员执行,并通知被执行人。被执行人是自然人的,应当通知被执行人本人或其成年家属到场;被执行人是法人或其他组织的,应当通知其法定代表人或者主要负责人到场;拒不到场的,不影响执行。以上执行程序与税收保全完全相同。

(2)对被执行商品、货物或财产必须进行清点、登记,制作并开付清单或收据。清单或收据一般由被执行人或其成年家属、法定代表人或主要负责人以及在场的其他有关人员签名盖章。

(3)一般要制作执行笔录。执行笔录的内容包括参加执行的人员,到场人员,执行的地点、时间、过程、执行中出现的问题和采取的措施等,执行笔录由执行人、被执行人、有关组织的协助人员及其他有关在场人员签名或盖章。执行笔录还须记录制作的时间。

(4)将扣押的标的物拍卖、变卖。具体方式包括:交由依法成立的拍卖机构拍卖;无法委托拍卖或者不适于拍卖的,可以交由当地商业企业代为销售,也可以责令纳税人限期处理;由税务机关变价处理。

按照 2005 年《抵税财物拍卖、变卖试行办法》的规定,拍卖、变卖抵税财物所得,可以用来抵缴税款、滞纳金。税务机关可以依法拍卖、变卖的情形包括:其一,采取税收保全措施后,限期期满仍未缴纳税款的;其二,设置纳税担保后,限期期满仍未缴纳所担保的税款的;其三,逾期不按规定履行税务处理决定的;其四,逾期不按规定履行复议决定的;其五,逾期不按规定履行税务行政处罚决定的;其六,其他经责令限期缴纳,逾期仍未缴纳税款的。税务机关按照拍卖优先的原则确定抵税财物拍卖、变卖的顺序:其一,委托依法成立的拍卖机构拍卖;其二,无法委托拍卖或者不适于拍卖的,可以委托当地商业企业代为销售,或者责令被执行人限期处理;其三,无法委托商业企业销售,被执行人也无法处理的,由税务机关变价处理。国家禁止自由买卖的商品、货物、其他财产,应当交由有关单位按照国家规定的价格收购。

拍卖、变卖抵税财物,由县以上税务局(分局)组织进行。变卖鲜活、易腐烂变质或者易失效的商品、货物时,经县以上税务局(分局)局长批准,可由县以下税务机关进行。拍卖、变卖抵税财物,应当通知被执行人到场;被执行人未到场的,不影响执行。

拍卖一次流拍后,税务机关经与被执行人协商同意,可以将抵税财物进行变卖;被执行人不同意变卖的,应当进行第二次拍卖。不动产和文物应当进行第二次拍卖。第二次拍卖仍然流拍的,税务机关应当将抵税财物进行变卖,以抵缴税款、滞纳金或罚款。经过流拍再次拍卖的,保留价应当不低于前次拍卖保留价的 2/3。

下列抵税财物为无法委托拍卖或者不适于拍卖,可以交由当地商业企业代为销售或责令被执行人限期处理,进行变卖:其一,鲜活、易腐烂变质或者易失效的商品、货物;其二,经拍卖程序一次或二次流拍的抵税财物;其三,拍卖机构不接受拍卖的抵税财物。

变卖抵税财物的价格,应当参照同类商品的市场价、出厂价遵循公平、合理、合法的原则确定。税务机关应当与被执行人协商是否需要请评估机构进行价格评估,被执行人认为需要的,税务机关应当委托评估机构进行评估,按照评估价确定变卖价格。

无法委托商业企业销售,被执行人也无法处理的,税务机关应当进行变价处理,包括:其一,税务机关与两家(含两家)以上商业企业联系协商,不能达成委托销售的。其二,经税务机关在新闻媒体上征求代售单位,自征求公告发出之日起 10 日内无应征单位或个人,或应征之后未达成代售协议的。其三,已达成代售协议的商业企业在经第二次核定价格 15 日内仍无法售出税务机关委托代售的商品、货物或其他财产的。

税务机关变价处理时,应遵循公平、合理、合法原则以不低于前两种变卖方式定价的 2/3 确定价格。税务机关实施变卖前,应当在办税服务厅、税务机关网站或当地新闻媒体上公告,说明变卖财物的名称、规格、数量、质量、新旧程度或使用年限、变卖价格、变卖时间等事项,并于公告登出 10 日后实施变卖。

税务机关实施变卖 10 日后仍没有实现变卖的,税务机关可以重新核定价格,再次发布变卖公告,组织变卖。再次核定的价格不得低于首次定价的 2/3。税务机关经过二次定价变卖仍未实现变卖的,以市场可接受的价格进行变卖。

《抵税财物拍卖、变卖试行办法》至少在三个方面细化了税收行政强制执行规则:一是拍卖、变卖的程序得到明确和细化;二是拍卖、变卖的顺序、条件更加细致,可操作性更强;三是比较注意保护作为被执行人的纳税人的合法权益,尽量降低乃至消除其税外损失。

【案例】2017 年 8 月,江苏省灌南县税务机关实施强制执行措施,对长期欠税不缴的 F 置业公司 22 套房产依法进行了公开拍卖,共追征入库陈欠税款和滞纳金合计 456.48 万元。

据了解,此次被强制执行的企业是江苏 F 置业公司。该企业以房屋销售业绩不佳、企业资金周转困难为由,共欠缴企业所得税税款 381.78 万元。灌南县税务机关多次向该企业催缴税款未果后,为保证税款足额入库,依据《税收征管法》第 40 条的规定,采取强制执行措施,查封该企业价值与应纳税款相同的未销售房产共 22 套。

税务机关依据国家税务总局《抵税财物拍卖、变卖试行办法》的规定,委托评估机构、拍卖机构对查封企业房产进行评估,并与相关机构签订评估合同和委托拍卖合同。税务机关在委托拍卖活动开始前,通过办税服务厅公告栏、网站、报纸等多种形式向社会各界对拍卖活动的原因、拍卖形式、被拍卖房产情况等进行介绍。

在房产拍卖过程中,税务机关按照"公开、公平、公正"原则,全程跟进和监督整个拍卖流程,以确保拍卖活动和执法流程规范、合法、无纰漏。最终,经过两次拍卖,欠税企业被查封房产全部拍出,税务机关通过拍卖欠税企业被查封房产共追征入库税款和滞纳金合计 456.48 万元。①请对此案进行评析。

另外,国家禁止自由买卖的商品应当交由有关单位按照国家规定的价格收购。拍卖或者变卖所得缴纳税款、滞纳金、罚款以及扣押、查封、保管、拍卖、变卖等费用后,剩余部分应当在 3 日内退还被执行人。个人及其所扶养家属维持生活必需的住房和用品,不得实施税收保全的规定适用于税收行政强制执行。

【探讨】税收保全与税收行政强制执行的区别

从《行政强制法》的层面来看,行政强制包括行政强制措施与行政强制执行两大类,税收保全包含行政强制措施的几个具体形式,但该法并没有设置"保全"的概念与范畴。所以税收保全是税法的界定。而从《税收征管法》相关规定的角度分析,税收保全与税收行政强制执行是完全不同的:第一,《税收征管法》第 38 条规定的税收保全,基本范围涵盖从事生产、经营的纳税人,而税收行政强制执行的对象不仅包括所有纳税人,而且包括扣缴义务人和纳税担保人及其他管理相对人。第二,税收保全发生在纳税期之前,税收行政强制执行发生在纳税期满之后。第三,与上一条相关联,税收保全的内容一般只包括税款和实施保全过程中发生的费用,而税收行政强制执行不仅包括税款、相应费用,还包括滞纳金和罚款。第四,税收保全仅仅是限制当事人对相应货物、财产或存款的占有与处分权,而税收行政强制执行则是改变其所有权,这一点是两者本质的区别。与此相对应,扣押、查封、冻结是税收保全的手段,而拍卖、变卖、从存款账户中划拨存款,是税收行政强制执行的手段。这样看来,《税收征管法》第 38 条既包括税收保全也包括行政强制执行,但以税收保全为核心;该法第 40 条虽然也涉及扣押、查封,不过这是实现拍卖、变卖不可逾越的环节,重心还在拍卖、变卖,所以该条款规范的主体是行政强制执行而不是税收保全。作为印证的是,按照《税收征管法》第 40 条从存款账户中划拨存款就没有冻结的要求,扣押、查封之后也没有像该法第 38 条那样停顿下来,而是直接进入拍卖、变卖程序。

【探讨】现行税收保全与税收行政强制执行制度设计上的不足

第一,税收保全的范围过窄。税收保全的范围是从事生产、经营的纳税人,而对非从事生产、经营的纳税人则没有纳入税收保全的范围。但实际上非从事生产、经营的纳税人更容易出现税务机关难以控制其应纳税款的问题,税收保全等手段更有实际价值。所以,税收保全,甚至是税收行政强制执行的对象,都应当包括非从事生产、经营的纳税人。此外,还应考虑税收保全与税收行政强制执行是否应当像纳税担保一样对当事人有所限制?即对特定情况下成为纳税人的公立医院、学校和行政机关是否应当避免被实施税收保全与行政强制执行,以防止因此对公共利益构成的损害?第二,禁止扣押的规定操作性还不够强,如豪宅的含义、范围如何理解?只有一处

---

① 参见庄建业、王淮:《拍卖查封房产 追缴百万欠税》,载《中国税务报》2017 年 8 月 29 日,第 5 版。

住宅但是属于豪宅可否扣押？同时，一处以外的住房才可以扣押未必完全公平。例如，某人一处180平方米的普通住宅不得扣押，而两处各60平方米的普通住宅就可以扣押一处，无法说是合理的。另外，价格是原价还是现价也不明确。第三，《税收征管法》第38条关于"冻结纳税人的金额相当于应纳税款的存款"的规定中，"冻结"意味着存款不能进也不能出，这样，当冻结的账户中存款不足以抵补所欠税款时，还不允许汇款打入该账户，显然与立法目的相悖，因此应当调整为被封的账户可进不可出。第四，该法第38条中有些规定含义不够明晰。包括"有根据认为"，"有明显的转移、隐匿……"等；该条最后一款"用品"的范围也不够明确，其弹性较大，实践中较难准确掌握。另外，如前所述，该法第38条及其他相应条款中，多处出现的"立即"一词时间概念不准确，税务机关相应的义务与责任也就无法确定，故应将其替换为具体的时限。上述问题，需要在今后进一步修订《税收征管法》时加以完善。因此，严密时限规范，应当是进一步修订《税收征管法》需要注意的一大类问题。

【案例】甲企业与该企业职工李某签订承包经营合同，将某车间租给李某生产经营，由李某按期付租金给甲企业。李某承租该车间后一直未办理工商登记和税务登记，并以甲企业的名义对外从事生产经营活动。2003年1月，其主管税务机关接到群众举报后，对李某一年来的账册进行了检查，发现此间李某共偷逃税款共计125 670元，遂于2月15日对李某下达了税务处理决定书。李某接到决定书后，将资金和货物转移后出逃，致使税务机关无法追缴其欠缴税款。4月5日，税务机关对甲企业下达了税务处理决定书，要求其承担连带责任，缴纳李某欠缴的125 670元税款。甲企业以自己不是纳税义务人为由拒绝缴纳李某欠缴的税款。4月25日，税务机关向甲企业下达责令限期缴纳税款通知书。在限期内，甲企业仍未缴纳税款。5月20日，税务机关对甲企业采取税收强制执行措施，查封了甲企业的价值相当于应纳税款的一辆小汽车，在该企业仓库保管，并责令企业有关人员看管。5月25日汽车被盗。该企业对税务机关的税务处理决定和税收强制执行措施不服，于6月20日申请行政复议，要求撤销税务处理决定，并赔偿企业被盗汽车。①请对此案例加以评析。

第三节　纳税担保

纳税担保，是指纳税人以自身的财产和信誉或第三人的财产和信誉担保自己履行纳税义务的一种税收法律规范。它是从民法中债的担保转化而来的，但又与其有明显的不同。即需要设定纳税担保的情形是由法律直接规定，而不是由作为债权人代表的税务机关与作为债务人的纳税人双方商定的。与一般债的担保相比，纳税担保具有明显的强制性②和确定性，是增强国家税

① 参见张东栋、邱蓓蕾：《查封物品的损失谁来担》，载《中国税务报》2003年11月19日，第7版。
② 纳税担保的强制性表现在税务机关与纳税人的关系中，即税务机关在法定条件下可以要求纳税人提供纳税担保，否则会承担更多的责任，但并非没有其他选择，因此这种强制性是有条件的、一定程度上的。而在纳税人与纳税担保人的关系中，则不存在强制性，税务机关和纳税人都不能对其提出强制性要求。

收收入的可靠性、防止税款流失、强化税收征收管理、维护税法严肃性、保持良好税收程序的有效手段之一。因此,许多国家都将纳税担保作为税法的一项基本内容予以详尽规范。例如,德国《税收基本法》专设一章阐述纳税担保的法律规范。我国《税收征管法》也作了相应规定。

一、纳税担保的基本规定

我国《税收征管法》规定在三种情况下税务机关可以要求纳税人设定纳税担保:一是根据该法第 38 条的规定,当从事生产、经营的纳税人在被责令限期缴纳税款过程中仍然有明显的转移、隐匿其应纳税的商品、货物以及其他财产或者应纳税的收入的迹象的,税务机关可以责成纳税人提供纳税担保;二是根据该法第 44 条的规定,欠缴税款的纳税人或者他的法定代表人需要出境的,应当在出境前向税务机关结清应纳税款、滞纳金或者提供纳税担保;三是根据该法第 88 条第 1 款的规定,纳税人、扣缴义务人、纳税担保人同税务机关在纳税上发生争议时,必须先依照税务机关的纳税决定缴纳或者解缴税款及滞纳金或者提供相应的纳税担保。

【思考】按照《民法典》第 387 条第 2 款的规定,第三人为债务人向债权人提供担保的,可以要求债务人提供反担保。那么,第三人提供纳税担保可否要求纳税人提供反担保? 该反担保是否应当受到税法的约束?

纳税担保的特点可以概括为:(1)担保的目的是保证国家税收债权的实现;(2)法律关系具有单向性,税务机关是债权人,而不能成为担保人;(3)具有预防性,防止纳税人不履行纳税义务;(4)担保方式受到限制,留置、定金等担保方式不适用于纳税担保。[①]

二、纳税担保的基本形式

纳税担保包括税务机关认可的纳税保证人为纳税人提供的纳税保证,以及纳税人或者第三人以其未设置或者未全部设置担保物权的财产提供的担保。

【探讨】纳税担保的具体形式

担保一般可以分为人的担保与物的担保。人的担保(从债的角度看又称信用担保)即保证。物的担保包括抵押、质押和留置,从债的角度看,还包括定金担保。与此相关联,纳税担保的具体形式包括保证(从纳税担保的性质与内容看,其保证属于连带责任保证)、抵押和质押(包括动产质押和权利质押,其中权利质押的范围包括汇票、支票、本票、债券、存款单等权利凭证)而不含有留置与定金担保[②],实践中,留置担保与定金担保的情况在税收征纳关系中很难出现。保证的效力虽然不及物的担保,但其设置程序相对较为简单,较为适合纳税担保这种由债权人单向强制确定的担保合同;抵押设定了具体的担保物,对税收债权人的保护高于保证,更有利于税收债权的

---

① 参见全国税务师职业资格考试教材编写组编:《涉税服务相关法律》,中国税务出版社 2020 年版,第 223 页。
② 对此,2005 年发布的《纳税担保试行办法》第 2 条予以明确,即纳税担保的形式包括保证、抵押与质押。

实现,成为纳税担保的主要形式。采用质押作为纳税担保的形式之一,至少有两点好处:一是质押转移占有,作为质权人的税务机关享有由此带来的一系列权利,为纳税担保的效力和可行性提供了更为有力的保证;二是质押财产的范围包括票据、证券和知识产权等,质押对纳税人的生产经营活动影响相对不大,负担不重。与抵押相比,质押在一定程度上扩大了纳税担保标的物的范围,从而有利于纳税担保制度的顺利实施。

三、纳税担保人

纳税担保人是指在中国境内具有纳税担保能力的自然人、法人或者其他经济组织。法律、行政法规规定的没有担保资格的单位和个人,不得作为纳税担保人。

【探讨】关于纳税担保人的限制条件

纳税担保人的条件受三方面的限制:

第一,必须是在中国境内具有纳税担保能力的自然人、法人或者其他组织。"具有纳税担保能力"应包括两层意思:首先,在一般情况下,担保人必须有民事权利能力和民事行为能力,否则其所进行的担保活动没有法律效力;其次,担保人必须拥有代为履行债务或承担责任的能力,否则担保没有实际意义。《纳税担保试行办法》进一步规定:(1) 法人、其他经济组织的财务报表资产净值应当超过需要担保的税额及滞纳金2倍以上;(2) 自然人所拥有或依法可处分的未设置担保的财产的价值应超过需要担保的税额及滞纳金。

第二,国家机关和学校、幼儿园、医院等以公益为目的的事业单位、社会团体不得为保证人,国家机关、公益单位作保证人的,法律不保护债权人的利益。《税收征管法实施细则》第61条第3款规定:"法律、行政法规规定的没有担保资格的单位和个人,不得作为纳税担保人",确认了原《担保法》排除国家机关作为担保人资格的规定在税法中的有效性。排除国家机关作为纳税担保人的资格无疑是必要的。因为在市场经济条件下,国家不宜以担保人的身份干预微观经济。况且,以国家财政资金为个别人作担保对社会公众来说也是不公平的,用国家税收收入担保纳税人缴纳税款更是荒唐。其他对纳税担保人的限制也有类似的意义。

第三,同样源于原《担保法》的有效规定,企业法人的分支机构、职能部门不得为保证人。但是,企业法人的分支机构由法人书面授权的,可以在授权范围内提供保证。在此之外,《纳税担保试行办法》对纳税担保人作出了进一步的限定,规定不得作为纳税担保人的包括:(1) 有偷税、抗税、骗税、逃避追缴欠税行为被税务机关、司法机关追究过法律责任未满2年的主体;(2) 因有税收违法行为正在被税务机关立案处理或涉嫌刑事犯罪被司法机关立案侦查的主体;(3) 纳税信誉等级被评为C级以下的;(4) 无民事行为能力或限制民事行为能力的自然人;(5) 在主管税务机关所在地的市(地、州)没有住所的自然人或税务登记不在本市(地、州)的企业;(6) 与纳税人存在担保关联关系的;(7) 有欠税行为的。

四、纳税担保物

纳税人或者第三人可以以其未设置或者未全部设置担保物权的财产提供纳税担保。

纳税担保的范围包括税款、滞纳金和实现税款、滞纳金的费用。费用包括抵押、质押登记费用,质押保管费用,以及保管、拍卖、变卖担保财产等相关费用支出。

按照《纳税担保试行办法》的规定,可以抵押的财产包括:(1) 抵押人所有的房屋和其他地上定着物;(2) 抵押人所有的机器、交通运输工具和其他财产;(3) 抵押人依法有权处分的国有的房屋和其他地上定着物;(4) 抵押人依法有权处分的国有的机器、交通运输工具和其他财产;(5) 经设区的市、自治州以上税务机关确认的其他可以抵押的合法财产。不可抵押的财产包括:(1) 土地所有权;(2) 土地使用权,但该办法第 16 条规定的除外;(3) 学校、幼儿园、医院等以公益为目的的事业单位、社会团体、民办非企业单位的教育设施、医疗卫生设施和其他社会公益设施;(4) 所有权、使用权不明或者有争议的财产;(5) 依法被查封、扣押、监管的财产;(6) 依法定程序确认为违法、违章的建筑物;(7) 法律、行政法规规定禁止流通的财产或者不可转让的财产;(8) 经设区的市、自治州以上税务机关确认的其他不予抵押的财产。

【探讨】关于纳税担保物设定的几个问题

首先,保证程度有所降低。2001 年修订的《税收征管法》对于纳税担保物的设定条件有所放松,将原来只能就"未设置抵押的财产"设置纳税担保,改为可以就"未全部设置担保物权的财产"设置纳税担保,纳税人和纳税担保人提供担保物的难度降低,更多地照顾到了纳税人一方的利益。但是,纳税担保对作为债权人一方的国家税收利益的保证程度有所降低。[①]

其次,纳税担保物的规范尚有许多需要确定之处。纳税担保物的设定,还有一些问题需要明确:其一,金钱不能直接作为纳税担保标的物。因为纳税担保不要求设定担保的财产转移占有,并且,纳税担保人的财务状况处于经常变动之中,以金钱作为纳税担保的标的物,对于税务机关来说,风险较大。其二,不动产是最适合设定担保物权的财产,但是为提高纳税担保的可靠性,可参照国外的做法,将参加财产保险作为不动产可以设定纳税担保的附加条件。其三,对无形财产可否作为纳税担保不可一概而论。从原则上讲,知识产权是可设定纳税担保的,但由于估价困难,一般国家并不将其作为纳税担保的标的物。其四,对于股票、债券可否作为纳税担保的标的物,则观点不一。我们认为,国库券等国家证券信誉高、风险小,作为纳税担保的标的物是没有问题的。企业债券、股票虽有一定风险,但是通过提高担保比重(如可使税款与作为担保标的物的证券的价值比为 1:1.5 甚至更高)、追加担保等措施,是可以将风险降到较低水平的。因此,对数额较小的税款,应规定标准,允许以企业债券、股票设定纳税担保。对个别资信较差的债券、股票,税务机关有权拒绝其充当纳税担保的标的物。其五,从《民法典》物权编的角度看,限制流通

[①] 《纳税担保试行办法》主要是针对未设置担保物权的财产作担保物的情形设定的,对未全部设置担保物权的财产作担保物有什么具体要求,并未明确规定。

或禁止流通的财产不得作为担保标的物,《纳税担保试行办法》也作了类似的规定,该办法第17条第7项规定,法律、行政法规规定禁止流通的财产或者不可转让的财产,不得抵押。但是,在此应考虑到,《民法典》的相关规定是基于民事主体来考虑的,对平等的权利主体来说,担保物不能自由流通,所有权不能转移,就无法实现对债的担保。然而,纳税担保是国家与法人或公民确立的担保合同。法人或公民所有的财产向国家的单向转移,是可以不受上述规则限制的。对此,虽然《税收征管法》没有直接明确,但该法实施细则第69条针对扣押产品的拍卖规定,"国家禁止自由买卖的商品,应当交由有关单位按照国家规定的价格收购"。以此类推,禁止流通或限制流通的财产应当允许充当纳税担保的标的物,只要其对作为税收债权人的国家而言具有使用价值即可。

五、设定纳税担保的程序

纳税担保人同意为纳税人提供纳税担保的,应当填写纳税担保书。其主要内容包括:(1)纳税人应缴纳的税款及滞纳金数额、所属期间、税种、税目名称;(2)纳税人缴纳税款及滞纳金的期限;(3)保证担保范围及担保责任;(4)保证期间和履行保证责任的期限;(5)保证人的存款账号或者开户银行及其账号;(6)税务机关认为需要说明的其他事项。担保书须经纳税人、纳税担保人签字盖章并经税务机关同意,方为有效。纳税人或者第三人以其财产提供纳税担保的,应当填写财产清单,并写明财产价值及其他有关事项。纳税担保清单须经纳税人、第三人签字盖章并经税务机关确认,方为有效。

【案例】2014年,L省S市某稽查局对辖区一家汽车销售服务有限公司(以下简称A公司)展开纳税检查,发现该公司在2011年至2013年期间与一家汽车制造公司(以下简称B公司)签订了车辆采购目标框架协议,双方在签订书面合同的同时连带以电子订单的方式进行了采购确认。采购协议属于合同性质的应税凭证,但A公司未按规定足额缴纳印花税,稽查局依法对A公司作出补缴印花税29.6万元的处理决定。

A公司对此处理决定不服,向稽查局提供了价值100万元左右的车辆作为缴纳有关印花税款项的担保,拟对有关税务处理决定提起行政复议。

稽查局接到A公司的担保申请书后,告知该公司应对担保车辆办理抵押登记。A公司到车辆管理所办理抵押登记手续,车辆管理所要求A公司必须与税务机关签订抵押担保协议或者出具抵押权人同意接受抵押的证明文件。A公司遂向稽查局说明情况,并请稽查局与其一同到车辆管理所办理抵押登记并签订担保协议。稽查局未予配合,理由是现行税法中没有税务机关与纳税人签订民事抵押担保协议的义务性规定,该局告知A公司可以采用其他担保方式。A公司未采取其他担保方式,车辆管理所对A公司的抵押担保未予办理。之后,A公司以稽查局不配合其签订担保协议,损害其通过法定程序维护自身合法权益,已构成行政不作为为由,遂提起行政复议。

复议机关经审理认为,《纳税担保试行办法》第三章第20条规定,纳税人应向税务机关提供由以下部门出具的抵押登记的证明及其复印件:以船舶、车辆抵押的,提供运输工具的登记部门出具的证明材料。稽查局按照该规定要求A公司提供车辆登记部门即车辆管理所出具的证明材料,A 公司没有提供,稽查局对其纳税担保不予确认并无不当。因此,复议机关对 A 公司的请求不予支持。A 公司对行政复议决定不服,将稽查局与复议机关作为共同被告诉至法院,法院认为案情不符合起诉条件,作出不予立案的裁定。

按照上述分析,车辆管理所执行的是民法设立的抵押制度,而税务机关执行的是依据税法设立的抵押制度。①你认为如何处理合法且合理?

【思考】《税收征管法》关于纳税担保的规定,有些与《民法典》的相关规定相同,有些不同。对于相同的规定,《税收征管法》采用的方式是重新表述,而不是采用按《民法典》第某条规定执行的通行方式。你对此有何思考?

第四节　税收代位权与撤销权

一、税收代位权

税收代位权是指当债务人(欠税纳税人)怠于行使其对第三人享有的到期债权而有害于债权人(税务机关)债权(国家税收)时,债权人可以请求法院以自己的名义代位行使债务人的债权的权利。代位权与撤销权从本质上看属于合同保全制度。在税法中设置代位权,是为了防止欠税纳税人借债权债务关系逃避纳税,确保国家税款的依法课征。

在代位权与撤销权的设置上,我国税法首次直接引用了相关法律的规定(除去债务人专指"欠缴税款的纳税人"和对债权人造成的损害是对"国家税收"的损害这两种情形之外,行使税收代位权和撤销权应当适用原《合同法》第 73 条、第 74 条②的相关规定)。

税收代位权的构成要件包括:第一,有合法的债权债务关系存在。即纳税人欠缴税款,同时又有第三人欠该纳税人的债务。第二,相关债务均已到期。第三,欠税纳税人怠于行使到期债权。所谓"怠于"即能够行使到期的债权而不行使或不积极行使。具体被解释为不以诉讼或仲裁方式向其债务人主张其享有的到期债权。第四,给国家税收造成了损害。即因欠税纳税人怠于行使到期债权而使国家税收不能及时足额收取,如果欠税纳税人仍有可以执行以抵充税款的资金或财产,就不符合这一要件。

行使税收代位权的要求包括:第一,税务机关以自己的名义向法院主张代位权。这种权利的主张是以诉讼的方式进行的。第二,专属债务人(欠税纳税人)自身的权利不能行使代位权。从合同法的角度讲,这种权利是指抚养请求权、夫妻财产的约定权、损害赔偿请求权、救济金请求权、禁止扣押的权利等须由债务人亲自行使才能产生法律效力的财产权。第三,代位权的行使范

---

① 参见于海燕:《纳税抵押登记遭遇尴尬　当事各方陷入先有鸡还是先有蛋式争论》,载《中国税务报》2017 年 6 月 13 日。

② 《民法典》实施后,其第 535、538、539、540 条的相关内容与原《合同法》第 73 条、第 74 条的内容相对应。

围,以保证税款的征收为限。即税务机关代位权的行使以能够保证取得欠缴的税款为限,除非欠税纳税人的到期债权无法分割,否则不能因行使税收代位权而给该纳税人造成额外负担,也不能代替欠税纳税人的其他债权人行使债权。第四,税务机关行使代位权,原则上不得处分欠税纳税人的债权,但欠税纳税人延迟受领的除外。即税务机关行使代位权,只是保证第三方将欠纳税人的到期债务及时归还,然后才能采用各种法定的手段收回欠税,但不能直接从第三方手中取得到期债务补偿欠税,除非第三方已经偿还纳税人到期债务,而纳税人不及时接受。第五,税务机关不得因代位权的行使而优先受偿。即从合同法的角度讲,税务机关不因主张代位权而获得优于其他债权人的偿债权,其相对优先的偿债权是因其公法之债的特殊地位而从《税收征管法》中获得的。第六,税务机关行使代位权的必要费用由欠税纳税人负担。第七,不因税收代位权的行使而免除欠税纳税人尚未履行的纳税义务和应承担的法律责任。

【思考】税收代位权与撤销权的规定采用了直接援引合同法相关条款的方式,在税收立法上是一个技术上的进步。但因为行使这两项权利需要采取诉讼的方式,所以只能按《民法典》和《民事诉讼法》的相关规定走民事诉讼程序。然而在这个过程中税务机关显然不是一般的民事诉讼主体,由此引发了若干具体问题,如举证责任的负担。再如相关司法解释中规定,在代位权诉讼中,债权人请求法院对次债务人的财产采取保全措施的,应当提供相应的财产担保。那么出现这种需要时,作为行政机关的税务机关在这种代表国家的利益而进行的民事诉讼中,应以什么财产进行担保? 对上述问题,你是如何思考的?

【案例】2007 年 5 月,常州市税务机关向常州市钟楼区人民法院提起税收代位权诉讼。诉称:2005 年 3 月,税务机关对常州某织造公司涉税违法行为作出查补税款及滞纳金 54.45 万元的处理决定。但该公司并未按时缴纳税款,而是将其主要生产设备及优质资产出售给其关联企业。其关联企业未实际付款,而是通过相互之间的会计往来科目进行结算,目前该公司已停业,致使无资产可供执行。税务机关请求法院对该公司出售给关联企业的应收货款进行追缴。

同月,常州市高新区税务机关也依法向常州高新区人民法院提起税收代位权诉讼。常州市某金属电镀有限公司欠税 26 万余元,虽经常州市高新区税务机关多次催缴,企业在先后补缴税款 3 万余元后,因生产经营陷入困境,剩余税款已无力缴纳。常州市高新区税务机关经调查发现,该企业对常州某通信设备公司享有 28 万元的到期债权,并且一直怠于行使这一到期债权。常州市高新区税务机关依据《税收征管法》赋予的税收代位权,依法申请法院判令由常州某通信设备公司支付某金属电镀有限公司剩余欠税。

常州市高新区人民法院和钟楼区人民法院分别开庭进行了公开审理。经审理,法院均支持了原告的诉讼请求,并分别当庭作出判决,判决由常州某通信设备公司向常州市高新区税务机关支付某金属电镀有限公司欠缴税款 22.45 万元,由某织造公司的关联企业向常州市税务机关支付欠缴税款及滞纳金 54.45 万元。[①]

请评析此案。

---

① 参见吴波楼、陈韵至、王奇光、徐云翔:《行使代位权成功追欠税》,载《中国税务报》2007 年 7 月 6 日,第 7 版。

二、税收撤销权

税收撤销权,是指税务机关就欠税纳税人滥用财产处分权而对国家税收造成损害的行为,请求法院予以撤销的权利。

税收撤销权的构成要件包括:第一,税务机关与纳税人之间有合法的债权债务关系。即纳税人存在欠税行为。第二,欠税纳税人放弃到期债权,或者无偿转让财产,或者以明显不合理的低价转让财产。欠税纳税人与受让人之间不一定构成债权债务关系。第三,欠税纳税人的上述行为给国家税收造成了损害。第四,受让人知道该情形。受让人是指得到欠税纳税人放弃的到期债权或无偿转让的财产,或者以明显不合理的低价转让财产的第三人。所谓"知道该情形"是指受让人有恶意,即知道上述行为会对国家税收造成损害。

行使税收撤销权的要求包括:第一,税务机关以自己的名义向法院主张撤销权。第二,撤销权的行使范围,以保证税款的征收为限。由于撤销权行使的目的是保全所有一般债权,所以债权人的债权范围应当理解为全体一般债权人的全部债权,而不是仅指行使撤销权的债权人的债权范围。①第三,税务机关行使撤销权,不得处分欠税纳税人的债权。第四,税务机关不得因撤销权的行使而优先受偿。第五,税务机关行使撤销权的必要费用,由欠税纳税人负担。第六,不因税收撤销权的行使而免除欠税纳税人尚未履行的纳税义务和应承担的法律责任。

税务机关行使税收撤销权还涉及期限问题。对此,《民法典》第 541 条规定:撤销权自债权人知道或者应当知道撤销事由之日起 1 年内行使。自债务人的行为发生之日起 5 年内没有行使撤销权的,该撤销权消灭。该规定是否适用税收撤销权的行使,还须《税收征管法》予以明确。

【提示】经常有人将《税收征管法》第 50 条关于代位权与撤销权的规定混淆起来。实际上,因欠税纳税人"怠于行使到期债权",税务机关依法行使的是代位权;因欠税纳税人"放弃到期债权,或者无偿转让财产,或者以明显不合理的低价转让财产",税务机关依法行使的是撤销权,两者的适用范围是不同的,对此应注意加以区分。

【思考】《税收征管法》设置代位权与撤销权的规定,从理论和技术上分析,是严密规范的。但在税收行政执法实践中应用税收代位权与撤销权追回税款的案例极为少见。有人分析其原因可能为:第一,税收撤销权是一种新的制度,习惯于运用行政权力的税务机关并未适应这种方式;第二,税收撤销权根据经济分析的方法并非是一种十分有效的制度,其行使的成本可能大于税收收益;第三,税收撤销权是法律移植的产物,立法者在法律移植时并未充分考察论证相关替代制度。②其实,最关键的一点是实现税收代位权或撤销权的条件过于烦琐和苛刻。将其与第二次纳税义务人的设置条件相比,尽管两者性质不同,但也能发现两者的巨大差异。我国税法中类似的规定还有一些,对此,你有哪些思考?

---

① 参见宋大涵主编:《中华人民共和国税收征收管理法释义》,中国法制出版社 2001 年版,第 185 页。
② 参见贾砾:《税收撤销权之依据及适用》,载《税务研究》2006 年第 11 期。

第五节　税收优先权

由于税收是国家存在并提供公共服务的物质基础,因此,多数国家都承认税收优先于纳税人的私债权,即所谓"税收债权的一般优先权",这对于税收行政执法保障显然是十分重要的。关于税收优先权,各个国家的规定不同,有的国家规定税收具有绝对优先权,有的国家规定税收具有相对优先权。我国从现阶段国情出发,规定税收具有相对优先权。税收优先权涉及三个方面的问题:一是税收债权与其他债权的关系。这是税法优先权最基本的部分。二是构成税收债权的各个部分是否存在偿还的先后顺序,例如,税款与滞纳金、与行政罚款之间的缴纳顺序如何。三是不同税收债权相互之间是否存在优先权的问题。对于第一个问题,一般认为,税收为公法之债应当优先于私法之债,但是又不能不受任何限制,否则易对一般债权人产生过度的侵害。所以,《税收征管法》规定税收优先于无担保债权,法律另有规定的除外。这里所谓的"法律另有规定"即是《企业破产法》等法律将偿还清算费用、职工工资、劳动保险费,个人储蓄存款的本金和利息,以及在船舶运营中发生的人身伤亡赔偿确定为优先于税收债权偿还的债务。因为这部分利益直接涉及普通劳动者的生存保障,理应受到法律的优先保护,特别是在社会保障制度尚不健全的情况下,突出普通职工的基本利益尤为必要。在处理税收优先权与一般抵押权、质权和留置权的关系上,《税收征管法》则采取了较为灵活的态度,规定:纳税人欠缴的税款发生在纳税人以其财产设定抵押、质押或者纳税人的财产被留置之前的,税收应当先于抵押权、质权、留置权执行。上述规定实际上是将税收债权与一般私债权中的担保债权平行设置,谁先发生谁优先。

【探讨】关于税收优先权若干问题的讨论

一般优先权的理论认为,优先权包括三大类:一是基于维护基本人权特别是生存权而成立的优先权;二是基于维护公共利益与社会需要而成立的优先权;三是基于共有或共同费用等经济原因而成立的优先权。

日本税法学者金子宏认为,承认税收优先权的理由,主要是由于税收是满足公共需要的手段,它具有很强的公益性。然而,过分强调税收债权对于私债权的优先性,将损害私人交易的安全性,不宜提倡。尤其当私债权是由担保物权担保时,更是如此。[1]

国内有学者将税收优先权存在的理由进一步归纳整理为:(1)税收是国家维护公共利益的重要物质基础,具有强烈的公益性。而且,一般私债权的维持与正常实现有赖于以税收为主要支撑的国家权力系统,税收提供了实现其他私债权的共益费用。(2)税收职权法定性所引发的实现上的困难,需要对其优先予以保障。(3)赋予税收优先权可以从制度上给税收债权增加保障。[2]

---

① 参见[日]金子宏:《租税法》之中译本《日本税法原理》,刘多田、杨建津、郑林根译,中国财政经济出版社1989年版,第350页。

② 参见刘剑文主编:《财税法学案例与法理研究》,高等教育出版社2004年版,第330页。

但也有相当多的民商法学者,特别是破产法研究者持反对意见,认为税收债权是公法上的权利义务,与私法上的权利义务关系并无不同,因此不能优先于私债权,尤其不能优先于享有抵押权的私债权而获满足,其理由如下:(1)税收债权欠缺公示性;(2)享有抵押担保的债权本质为价值权。① 另外,在《企业破产法》范畴内处理税收优先权问题,虽然明确了破产人所欠职工工资和基本养老保险、养老保险、税前税款、普通破产债权的偿还顺序,但对于税收债权中滞纳金、行政罚款应当居于什么样的偿还位置,则存在着广泛的争议。对此,我们不妨对此加以分析。

从立法宗旨上分析,企业破产法要求规范企业破产程序,公平清理债权债务,保护债权人与债务人的合法权益,维护社会主义市场经济秩序。而税法则强调加强税收征收管理,规范税收征收和缴纳行为,保障国家税收收入,保护纳税人的合法权益,促进经济和社会发展。两者并没有根本冲突。但问题在于:在企业破产的前提下,无法保证所有债权都得到全部偿还。为此,企业破产法的着眼点是对所有债权人一视同仁考虑债权的偿还,努力做到公平,公平是其努力的基本目标;税法则是从公法的角度要求将国家(税务机关是其代表)作为特殊的债权人,将税款作为特殊的债权优先偿还。之所以不能完全放弃税收优先权,是因为由此带来的负面影响较大:其一,可能对税法权威性与税收征管秩序产生一定的影响;其二,对税收公平的负面影响;其三,是否会由此形成新的税法漏洞;其四,税务机关关心相关税务人员是否会因此而涉嫌渎职犯罪。

显然,完全站在企业破产法或者完全站在税法一边考虑问题都是片面的,不符合实际。解决问题的思路只能是企业破产法和税法都有所妥协,确认一些共同的原则,作为解决相关冲突的依据。第一,应当建立起一套可行且具备操作性的统一规则,这套相关规则应建立在修订《企业破产法》而不是税法的基础之上,不是由税法主导,但允许个别地方为税法破例。第二,承认有限的税收优先权,可以针对税收债权的不同部分确定不同的偿还顺位。第三,减少纳税人避税的法律漏洞。第四,进入企业破产程序后,对于法律规定没有解决的矛盾,承认法院的最后裁决权威。税务机关可以以债权人的身份,向法院提出自己的诉求,但不得以行政机关执法的方式向债务人和其他债权人提出要求。

在破产程序中处理税收优先权问题,需要解决的问题如下:

第一,关于税收滞纳金的偿还顺位。对此,税法的规定一直都是倾向于将税收滞纳金与税款本金同等对待。而《企业破产法》的要求则是:破产案件受理前破产企业发生的税收滞纳金属于普通破产债权;破产案件受理后发生的税收滞纳金不承认其属于破产债权。②对此问题可以分几

---

① 参见费锦红:《试论税收优先权与抵押担保债权》,载《浙江经济高等专科学校学报》1999年第6期。

② 《最高人民法院关于税务机关就破产企业欠缴税款产生的滞纳金提起的债权确认之诉应否受理问题的批复》(法释〔2012〕9号)明确规定,"依照企业破产法、税收征收管理法的有关规定,破产企业在破产案件受理前因欠缴税款产生的滞纳金属于普通破产债权。对于破产案件受理后因欠缴税款产生的滞纳金,人民法院应当依照最高人民法院《关于审理企业破产案件若干问题的规定》第六十一条规定处理",即滞纳金不能作为破产债权偿还。最高人民法院《关于审理企业破产案件若干问题的规定》第61条规定:"下列债权不属于破产债权,(一)行政、司法机关对破产企业的罚款、罚金以及其他有关费用;(二)人民法院受理破产案件后债务人未支付应付款项的滞纳金,包括债务人未执行生效法律文书应当加倍支付的迟延利息和劳动保险金的滞纳金;(三)破产宣告后的债务利息;(四)债权人参加破产程序所支出的费用;(五)破产企业的股权、股票持有人在股权、股票上的权利;(六)破产财产分配开始后向清算组申报的债权;(七)超过诉讼时效的债权;(八)债务人开办单位对债务人未收取的管理费、承包费。上述不属于破产债权的权利,人民法院或者清算组也应当对当事人的申报进行登记。"

种情况处理:一是对破产案件受理前发生的税收滞纳金,应当体现税收优先权的要求,将其与税款本金同等对待。因税收毕竟是社会公共服务与公共产品的基本保证而不可或缺。利息性的滞纳金是税收基本构成部分,如果将其视为普通破产债权处理则为其提供的保证度较低,税款不能充分实现,会将个别纳税人应当承担的税负转嫁给更多的纳税人,这也是不公平的。同时存在一定的避税隐患和与此相连的负面示范效应。二是对于破产案件受理后发生的税收滞纳金又可分为几种情况:其一,纳税义务发生在破产程序提起前,但税收滞纳金拖延至进入破产程序后尚未支付。对此破产企业是有责任的,如果因为拖延至进入破产程序而不作为破产债权偿付,存在避税的漏洞,且不符合《企业破产法》平衡各方利益的原则,故应当将这部分税收滞纳金作为普通破产债权偿还。其二,进入破产程序后发生的税收滞纳金。因破产企业丧失了对所有债务债权的处分权,自然也不应负税款拖延缴纳的责任。故按照《企业破产法》的公平清偿原则不将税收滞纳金作为破产债权,与税法的精神实质并不矛盾。其三,破产程序进行中发生新的纳税义务而产生的税收滞纳金。这种情况较为少见,可按照《企业破产法》确立的规则处理。如果将其作为劣后债权处理,虽与《企业破产法》的要求略有差别,但对相关债权人的影响很小,亦兼顾了税法的要求,应当是更好的选择。另外,若《税收征管法》修订后,按照既定方案将税收滞纳金分解为纯粹的税收利息与执行罚性质的滞纳金两部分,则应按各自属性分别处理。①

第二,税务机关负责征收各项"费"的偿还顺序。其一是名为"费"实为税的教育费附加(包括地方教育费附加),带来税法解释与执行上的诸多麻烦,简单的解决方式就是将其尽快取消,或者设立教育税。其二是由税务机关代征的"费",如养老保险等。税务机关只负责征收,其法律依据并非源于税法,因此不应援引税法确定其是否应当具有优先权。其在企业破产程序中的偿还顺位确定与税法没有直接关系,应当按照最高人民法院上述解释(法释〔2012〕9号)明确的原则,结合与其他相关法律的协调情况分别予以确定。

第三,税务机关行政处罚的偿还顺序。对此,最高人民法院的相关司法解释也经历了从视其为除斥债权到视其为劣后债权的变化。这样的处理更加有利于平衡破产程序中各方的利益。因为,一方面,行政罚款不是财产性权利,自然不能与基本债权等量齐观。在此,尽管税务机关是以特殊债权人的身份出现,但毕竟没有脱离债权人这一身份的限制,因此不应因其行政身份得到特别的照顾,只应按照《企业破产法》规定对行政罚款作一般处理即可。另一方面,行政罚款毕竟构成税务机关所代表的国家的现实经济利益,完全将其排除在破产债权的偿还范围之外不尽合理,而将其作为劣后债权处理,对其他债权人的利益基本上没有什么影响,国家的税收利益也得

---

① 如上所述,目前的税收滞纳金应当定性为利息性的,而《行政强制法》尽管有许多关于滞纳金的规范,但其性质为执行罚,与税收滞纳金名称相同、性质不同,因此不能用来约束税收滞纳金。不过,2015年国务院法制办公室公布的《税收征管法修订草案(征求意见稿)》,从协调该法与《行政强制法》的角度,将税收利息与滞纳金分开,即纳税人未按照规定期限缴纳税款的,扣缴义务人未按照规定期限解缴税款的,按日加计税收利息;当税务机关作出补缴税款及税收利息决定后仍未缴纳的,则在继续加收税收利息的基础上按日加收滞纳金。这样,税收滞纳金变性为执行罚,加收税收滞纳金在性质上已经变为行政强制执行,应当受到《行政强制法》有关滞纳金规定的约束。

到了一定的维护,较好地兼顾了国家与一般债权人的利益平衡。①

【案例】2016 年 3 月 27 日,T 公司因资不抵债进入破产清算程序。税务部门在债权申报期限内向破产管理人申报税收债权,破产管理人审查后认为,税务部门申报的税收债权不属于破产债权,不能参与破产分配。税务部门提出书面异议,破产管理人重新审查后,于 2017 年 10 月 9 日作出《债权复查通知书》,将税务部门申报的 T 公司应补缴的骗取出口退税款认定为普通债权,认定税务部门申报的有关骗税的滞纳金不属于破产债权。

2018 年 2 月 5 日,税务部门就有关破产债权确认提起诉讼。一审法院认为,该案涉及的 3 012.49 万元出口退税款不是 T 公司欠缴的税款,而是该公司以虚报出口等手段骗取的税款,系税务部门被骗取应予以追回的资产,故不属于破产税收债权,不适用企业破产法规定的税收优先原则;相应的 1 021.23 万元税收滞纳金也不属于破产债权。一审判决驳回了税务部门的诉讼请求。

税务部门不服此一审民事判决,于 2018 年 8 月 22 日提起上诉。

本案的争议焦点,其实是企业骗取的出口退税是否属于税收。破产管理人认为税务部门申报的企业骗取出口退税款不属于破产债权,税务部门则意见相反。

面对这个复杂的涉税案件,二审法院历经一年多时间,审理期间就争议焦点问题多次征求各方意见。前不久,二审法院作出了终审判决,撤销一审判决,判决税务部门胜诉。

二审法院在判决书中认定:"出口退税是一个国家税收制度的重要组成部分,是国家把出口货物的原料进口税以及在国内生产和流通环节已缴纳的增值税、消费税等间接税税款退还给出口企业,使出口商品以不含间接税的价格进入国际市场、参与国际竞争的一项税收制度。"这也就是认可了税务部门对于骗取出口退税款的性质认定。

根据此认定,二审法院作出了以下判决:"税务机关在该企业破产程序中申报的追缴该企业骗取出口退税款的债权,可以认定为税收债权,对温州市税务局稽查局追缴申报的债权 3 012.49 万元应确认为税收债权,其产生的滞纳金 1 021.23 万元应确认为普通债权。"②你对此案有哪些思考?

【案例】深圳市宝安区国税局福永税务分局在深圳 A 陶瓷有限公司(简称 A 公司)历时 4 年的破产清算过程中,通过与司法部门主动沟通协作,积极主张税收优先权,成功追缴企业欠税款 52.9 万元。

据了解,A 公司是一家中外合资企业,主要从事陶瓷制品、陶瓷机械的生产销售业务,由于经

---

① 不过,国家税务总局对于企业破产中的税收债权优先性比较坚持。根据 2019 年发布的《国家税务总局关于税收征管若干事项的公告》:(1)税务机关在人民法院公告的债权申报期限内,向管理人申报企业所欠税款(含教育费附加、地方教育附加,下同)、滞纳金及罚款。因特别纳税调整产生的利息,也应一并申报。(2)在人民法院裁定受理破产申请之日至企业注销之日期间,企业应当接受税务机关的税务管理,履行税法规定的相关义务。破产程序中如发生应税情形,应按规定申报纳税。(3)企业所欠税款、滞纳金、因特别纳税调整产生的利息,税务机关按照企业破产法相关规定进行申报,其中,企业所欠的滞纳金、因特别纳税调整产生的利息按照普通破产债权申报。

② 杨云平:《一个破产案引出的话题:骗取的出口退税是税吗?——全国首起涉及出口骗税的破产债权争议终审有了结论》,载《中国税务报》2019 年 11 月 26 日,第 7 版。

营不善,积欠大量货款和贷款无法清偿,企业陷入经营危机,资不抵债,于 2013 年 9 月进入破产清算程序。2013 年 10 月 23 日,深圳市中级人民法院向深圳市国税局福永税务分局在内的 32 家债权人发出《已知债权人申报债权通知书》,要求各单位向法院申报债权。

获悉企业破产消息后,为追缴企业所欠税款,福永税务分局主动参与法律程序,挑选具备法律知识的税务人员,以及熟悉企业情况的业务骨干作为授权代理人专门负责跟进 A 公司欠税核查和法院债权申报工作。经核实,A 公司共欠税 141.3 万元。根据《税收征管法》和《企业破产法》相关规定,福永税务分局于 2013 年 12 月 19 日向法院申报了优先税收债权 141.3 万元,普通债权滞纳金 11.2 万元,合计 152.5 万元。在企业破产清算的几年时间里,福永税务分局多次与法院部门沟通,协调破产企业税收债权优先清偿问题。

2016 年 9 月 29 日,深圳市中级人民法院作出民事裁定书,裁定 A 公司破产。2016 年年底,深圳市中级人民法院出具民事裁定书,对 A 公司破产财产依法分配。A 公司申请破产时共有财产 260.6 万元,先行清偿破产费用及管理人报酬共计 204 万元,剩余可分配破产财产共计 56.6 万元,法院判决全部按比例偿还企业所欠国家税款,其中划转国税机关税款金额 52.9 万元,划转地税机关税款金额 3.7 万元,目前相关税款已全部入库。[①]请对此案作出评析。

对于第二个问题,根据《税收征管法》的规定,纳税人欠缴税款,同时又被行政机关决定处以罚款、没收违法所得的,税收优先于罚款、没收违法所得。但是,《税收征管法》对税款与滞纳金的偿还顺序,没有作出更明确的规定。此外,对税款与罚金、没收财产等附加刑罚的偿还顺序,《刑法》作出了部分规范:纳税人因“危害税收征管罪”被判处罚金、没收财产的,在执行前,应当由税务机关追缴税款和所骗取的出口退税款。也即,税款是优先于罚金、没收财产偿还的。

第三个问题随着国税机关与地税机关合并,已经不再成为问题了。

第六节　税收公共协助

税收公共协助,是指除去税收征纳双方之外的第三方为了维护国家税收利益,应税务机关的请求,利用自身职能掌握的资源、信息等协助税务机关有效实施税收管理的一种协助行为。[②]站在行政法的角度,也经常将行政机关提供的相关帮助称为行政协助,而将行政机关之外的其他第三方提供的相关帮助称为行政协力。

随着市场经济发展,涉税经济活动的种类不断创新,总量增加,纳税人数量增多,差异增大,与之相适应,税法规范也变得更加纷繁复杂。面对这些情况,在既有的税收征管模式与征管体制下,税务机关仅靠自身努力,在其职权范围内无法获得或无法以较低成本获得履行职能所必需的

---

① 参见许丽婷、庞倩微、陈俊峰:《行使税收优先权 追缴破产企业欠税》,载《中国税务报》2017 年 11 月 28 日,第 5 版。

② 参见中国税务学会学术委员会第四研究部:《税收征管法律疑难问题研究——兼议〈税收征管法〉的修订》,经济科学出版社 2017 年版,第 85 页。

涉税信息,无法独立完成某些行政执法行为。为此,税务机关有权要求相关第三方使用自己掌握的资源及相关信息资料协助实现税款的课征,以改变征纳双方信息不对称局面,防止偷逃税,确保依法治税的充分实现。①许多国家的法律对税收行政协助比较重视,例如,德国《税收基本法》专有一节是规范税收行政与司法协助的。②美国《联邦国内收入法典》在"信息与纳税申报"一章中,共用 65 个条款 6.2 万字详细规定了包括任何政府单位及其机构或部门在内的几乎所有主体应向税务机关报送"关于遵守特殊规定的主体的信息""与他人交易信息""获薪雇员的相关信息""养老金等登记信息"和"所得税纳税申报准备的信息"五大类源头信息的具体内容、申报程序和监督管理。③韩国制定了《课税资料提交管理法》及其实施令,规定韩国国家地方自治团体对纳税人的补贴信息、建设交通部的房屋所有人的情况资料、海洋水产部的船舶登记信息、电气公社协会的电气施工申报资料、建设协会的建筑工程资料、信贷专门金融协会的信用卡结算资料等都须依法向国税厅提交。法国《税收程序法》在第七节"税务处分"中将调查权(第 L80F 条到 L80L 条)和资料转送权(第 L81 条到 L102C 条)分列开来,使得"涉税信息获取"成为一项独立的行政行为,并作出了非常详细的规定。④我国税法也有税收行政协助的要求,例如《税收征管法》第 5 条第 3 款规定"各有关部门和单位应当支持、协助税务机关依法执行职务",该法实施细则第 4 条第 2 款规定"地方各级人民政府应当积极支持税务系统信息化建设,并组织有关部门实现相关信息的共享"等。但总体上看,这些规定过于原则,可操作性不强,不够全面、协调。伴随着新一轮《税收征管法》修订,税收公共协助及其核心的第三方提供涉税信息问题,被作为该法修订的一个核心内容提出,上升到前所未有的高度。

【探讨】税收公共协助中的权利义务限定

税法中,公共协助的必要性在于,受限于现有的税收征管制度与征管技术,税务机关无法全面、准确掌握涉税信息,让第三方分担协助义务,从总体上更有益于提升税收公平、效率水准,节约行政成本。当然,协助义务并不限于提供涉税信息。在税收征纳关系中,要求第三方提供必要的协助是多数国家税法的选择,但这种协助不应当是无限度的,税收征纳双方由此产生的权利义务要建立在一定的法律规范内。德国《税收基本法》从正、反两个方面对税收行政协助双方权利义务的限定或许对我们有所启示。税务机关可以请求行政协助的范围包括:(1) 因超越自身管理权限或法律规定,税务机关无法自行实施行政行为;(2) 因人力与设施不足,税务机关无力自行实施行政行为;(3) 因不掌握某些专门的业务知识,税务机关不具备自行实施行政行为的能力;(4) 课税所必需的证明材料或证据为被请求的行政机关所有;(5) 与被请求的行政机关相比,税务机关需支出更多的费用才能实施其行政行为。反过来,从行政协助的目的出发,考虑到

---

① 第三方向税务机关提供涉税信息是税收公共协助的核心内容,但不是全部内容,此外,税收公共协助的内容还包括税源监控协助和税收信用协助等。

② 德国《税收基本法》第三编第一章第 5 节。

③ 参见李万甫、孙红梅主编:《〈税收征收管理法〉修订若干制度研究》,法律出版社 2017 年版,第 147 页。

④ 参见中国税务学会学术委员会第四研究部:《税收征管法律疑难问题研究——兼议〈税收征管法〉的修订》,经济科学出版社 2017 年版,第 91、109 页。

被请求行政机关的实际能力,税务行政协助通常受到一定的限制。在以下情况出现时,被请求的行政机关可以不提供行政协助且不承担法律责任:(1)受有关法律限制,被请求的行政机关不得提供行政协助,例如,出于保守国家重要机密的需要而不能提供某些资料;(2)如果提供协助,由于其时间长、规模大,可能严重影响自身行政任务的完成;(3)其他行政机关更易于提供相应的行政协助;(4)只有付出特别巨大的耗费才能提供协助。

税务机关可以采取命令方式要求提供协助的,不能算作公共协助,如上级税务机关对下级税务机关、税款代征者及作为纳税人的企业提出的协助要求不视为税收公共协助;提供的协助如果属于被请求行政机关承担的本职工作,也不能作为税收公共协助。例如,税务机关请求公安机关出面维持税款征收秩序,就不属于税收公共协助。税务机关与被请求提供行政协助的机关、单位就应否提供行政协助发生争执时,应由双方共同的上级机关或业务监督机关裁决。如果被请求的机关、单位与税务机关不属于同一系统,税务机关应向其支付公共协助的费用。

【探讨】如何完善我国税法的税收公共协助法律规范

我国《税收征管法》对于税收公共协助与涉税信息的法律规范,仍未达到较为理想的状态,应当在以下几个方面作出更多的努力:第一,将相关内容整合,单设一章,包括的内容有提供主体、提供对象、涉税资料管理机构、提供标准、提供期限、保密规则、法律责任、监督机构、争议解决机制等。争取恢复法律应有的基本功能,即主要的规范都在《税收征管法》中加以规范,而不是采取在法律中简单点到,依靠各个层级的行政解释解决操作性问题的传统做法。第二,该制度规范中有几点应当特别注意:(1)结合税收管理流程中相关网络传输应用平台的搭建,获得涉税信息的程序规则必须完备。(2)对涉税信息接收与提供方的权利义务必须明确,实际上前述德国《税收基本法》中的相关规定多数可以借鉴。(3)此部分管理对象是涉税第三方而非纳税主体(其中还可能包含其他行政机关),故其法律责任与争议解决方式的设定应当适当而清晰。(4)举证责任的分配要合理且明确。第三,要考虑到完善国际税收法律关系的需要,明确通过情报交换机制从国外税务主管当局获取的税收情报与税务机关从国内取得的证据具有同等效力。①

【思考】你认为就我国的实际情况来看,是应当在各单行法律中规范不同的行政协助,还是应当制定统一的《行政协助法》?另外,"行政协助"翻译成"协助行政"是否更符合汉语的应有表达方式?

【案例】由于帮助数千名客户逃税,德意志银行被强制要求缴纳约5 900万欧元的巨额罚款。

2003年4月4日,法兰克福的检察官宣布,德国法兰克福地区法院已作出判决,要求这家德国最大的银行缴纳罚款。据媒体报道,有关部门对德意志银行的调查,是直接指向银行董事会的,因为该董事会没有采取任何措施阻止银行的非法行为,而是允许银行帮助客户逃税。

---

① 此部分内容参考了孙红梅《第三方涉税信息提供制度研究》一文,参见李万甫、孙红梅主编:《〈税收征收管理法〉修订若干制度研究》,法律出版社2017年版,第133—151页。

德意志银行并不是唯一一家由于帮助客户逃税而引发争议的银行。2003年年初,德国商业银行由于类似的行为而被罚款约3 120万欧元。其他被证实犯规的银行还包括德雷斯顿银行和威斯特弗伦银行。有关部门目前还在对海勒银行进行调查。

在这些被称为自"二战"以来德国最大的银行丑闻中,一些银行系统地帮助大批客户逃避利息所得税。银行先是在邻近的"避税天堂"如卢森堡、瑞士和列支敦士登等地开设分行,再建议客户把未缴税的收入转入这些海外分行的账户中,借此逃避德国税收。目前,从这些非法操作中获利的银行客户,已经被要求上缴共计数百万欧元的欠税。①

第七节　税收行政处罚

我国《行政处罚法》对行政处罚的界定为:行政机关依法对违反行政管理秩序的公民、法人或者其他组织,以减损权益或者增加义务的方式予以惩戒的行为。税收行政处罚是行政处罚的基本组成部分,指税务机关依法对违反税法尚未构成犯罪的纳税主体,以减损权益或者增加义务的方式予以惩戒的行为。它是税务机关的一项重要权力,对于保证国家的税收利益、督促纳税人依法纳税具有重要作用。

【探讨】行政处罚与行政处分、刑事处罚、行政强制措施的区别

第一,行政处罚与行政处分的区别。(1)行政处罚是对实施了违反行政管理秩序的行政管理相对人的制裁,而行政处分是对违反政纪的国家公务员的惩戒;(2)行政处罚属于外部行政行为,行政相对人不服可以提起行政复议或行政诉讼,行政处分属于内部行政行为,被处分者不服只能申述,不能提起行政复议或行政诉讼;(3)行政处罚的主体是对外具有行政管理权的行政机关或者法律、法规授权的组织,而行政处分的主体是公务员所在的行政机关或者行政监察机关;(4)行政处罚的对象包括自然人、法人或其他组织,行政处分的对象只能是公务员个人。

第二,行政处罚与刑事处罚的区别。(1)行政处罚是对违反行政管理秩序行为的制裁,刑事处罚是对犯罪行为的惩处;(2)行政处罚的实施主体是行政机关,刑事处罚的实施主体是司法机关;(3)行政处罚适用行政程序,而刑事处罚适用刑事诉讼程序。

第三,行政处罚与行政强制措施的区别。(1)行政处罚的直接目的是制裁违法行为,而行政强制措施的直接目的是保障某种行政决定或者法定义务的履行;(2)行政处罚是以行政相对人实施了违法行为为前提,而行政强制措施的对象是不履行某种法定行政义务或者对社会具有某种危险的个人、组织,其不一定实施了违法行为②;(3)行政处罚有明显的惩罚性,而行政强制措施本身并不具备惩罚性。

① 参见《帮助客户逃税德意志银行被罚》,载《中国税务报》2003年4月11日,第6版。
② 参见《税收执法知识概要》编委会编:《税收执法知识概要》,中国税务出版社2007年版,第85页。

一、税收行政处罚的原则

税收行政处罚遵循《行政处罚法》,因此,税收行政处罚的原则就是《行政处罚法》确定的原则。

(一) 税收行政处罚的基本原则

1. 法定原则

法定原则即税收行政处罚必须依法进行,法无文明规定不得处罚。税收行政处罚必须依据法律、法规、规章的规定,由法定的税务机关在其职权范围内,依照法定的程序,以税收行政处罚决定书的形式作出。

2. 公正、公开原则

公正、公开原则即税务机关进行行政处罚必须做到依据的法律公开,实施处罚的理由和根据公开,处罚的程序公开,处罚的决定公开;公正是法律的终极目标,处罚的公正性主要表现在处罚的合法性与适当性上。同时,公开也是公正的保障(例如 2021 年修订的《行政处罚法》规定行政处罚的实施机关、立案依据、实施程序和救济渠道等信息应当公示,电子监控设备设置地点应当向社会公布等)。

3. 处罚与教育相结合原则

处罚与教育相结合原则即税务机关对相对人进行处罚要达到教育其守法纳税的目的。税收行政处罚的目的是纠正违法行为,教育公民自觉遵守税法。处罚只是手段,如果起不到应有的教育作用,企图依靠行政处罚的制裁性使纳税人畏惧而保证其对税法的长期遵从是不可能的。目前行政执法中背离这一原则,颠倒处罚目的与手段的行为比比皆是,也凸显出《行政处罚法》确立这一原则的必要性。

【思考】处罚与教育相结合的原则作为《行政处罚法》的基本原则无疑是必要和明确的。但在行政执法中,这一原则并没有得到很好的贯彻执行。这其中有哪些制度性原因值得我们深思?

4. 保护相对人合法权益原则

保护相对人合法权益原则即税务机关不得以行使行政处罚权为借口侵害相对人的合法权利,受处罚相对人获得法律救济的权利必须得到保障。相对人需要得到保障的权利具体包括知情权、陈述权、申辩权、听证申请权、申请回避权、申请行政复议权、提起行政诉讼权、拒绝缴纳违法收缴罚款权等。

5. 过罚相当原则

过罚相当原则即税务机关在运用法律赋予的行政处罚自由裁量权时,要把握好处罚的幅度,使处罚的幅度与违法相对人的过错程度相当,避免处罚畸轻畸重,既不能重过轻罚,也不能轻过重罚。

（二）税收行政处罚的适用原则

1. 一事不再罚原则

一事不再罚原则指税务机关对违法相对人的同一个违法行为,不得给予两次或两次以上罚款的行政处罚。对于这一原则,我们可以从这样几个方面加以把握:

（1）同一违法行为违反同一个法律规范,只有一个行政机关具有行政处罚权的,不得给予两次或两次以上的罚款。

（2）同一违法行为违反同一个法律规范,有两个或两个以上行政机关具有行政处罚权的,只能由一个行政机关实施罚款,其他拥有罚款权的行政机关不得以同一事实和理由再予以罚款。

（3）同一违法行为违反两个或两个以上法律规范,则不管拥有罚款权的行政机关有几家,只能由一个行政机关按照其中一个法律规范的规定予以罚款。

（4）该原则仅适用于行政处罚中的罚款,"一事不再罚"中的"罚"指"罚款"而不是"行政处罚"。也就是说,如果可以依法对同一违法行为同时处以罚款和没收违法所得,是不违背一事不再罚原则的。

【提示】《行政处罚法》第72条规定:到期不缴纳罚款的,每日按罚款数额的3%加处罚款。加处罚款不能理解为是对一事不再罚原则的违背,因为从其性质上讲,加罚属于行政强制执行中的执行罚而不属于行政处罚中的罚款。

【探讨】对一事不再罚原则中几个问题的理解

首先,何为"一事"? 在适用一事不再罚原则时,如何界定"一事"是税收行政执法中争议最大的问题,相应法律规范对此并没有明确规定。我们认为,所谓"一事"就是"一行为"。而判断是否为"一行为",要看是否同时具备这样几个条件:其一,是否为同一个人(包括同一法人)的行为;其二,连续的行为之间是否有因果关系;其三,时间上是否有间隔。对于"一事"的含义与边界,还有学者认为容易导致一事再罚的"非典型一事"税收违法行为,有以下几类:

（1）"实质一事"的税收违法行为。"实质一事",指根据违法构成标准应为一个税收违法行为,但该行为容易被认为是数个违法行为。持续税收违法行为是"实质一事"的典型形态。它指从着手实行到由于某种原因终止以前,一直在一定时间、地点处于持续状态的税收违法行为。其特点是:只实施了一个税收违法行为;该税收违法行为必须在一定的时空内不间断地持续存在。该税收违法行为必须与违法状态同时继续,而不仅仅是违法状态的继续。该行为似乎可以以时间为标准,分段构成符合同一构成要件的数个违法行为。但是,因为持续性的违法行为是在一个主观心理支配下实施的,并且行为针对的是法律所保护的同一个社会利益与秩序,尽管在不同阶段有不同动作表现,但行为具有延续性,本质上是"一事",而非"多事",只能给予一次行政处罚。

在税务实践中,典型的持续违法行为是非法运输发票行为。按照《发票管理办法》的规定,对非法携带、邮寄、运输或者存放空白发票的,由税务机关收缴发票,没收非法所得,可以并处1万元以下的罚款。行为人在非法运输空白发票的任何时间和地点,都可以独立构成一个税收行政违法行为,但全过程本质上是"一事",税务机关只应给予一次行政处罚。

（2）"法定一事"的税收违法行为。"法定一事"，指相对人实施了两个以上的税收违法行为，形式上已具备两个或两个以上的违法构成要件，但法律将其规定为"一事"。并合税收违法行为就是"法定一事"的典型形态，其基本特征为：行为人实施了数个不同性质的违法行为，其数个行为违反同一个税收法律规范。

在并合税收违法行为中，纳税人实施了两个以上的违法行为，按理应当处以两次行政处罚。但是由于税收法律的特殊规定，税务机关只能将这两个以上的违法行为并合为一个违法行为予以处罚。例如，《税收征管法实施细则》第 91 条规定："非法印制、转借、倒卖、变造或者伪造完税凭证的，由税务机关责令改正，处 2 000 元以上 1 万元以下的罚款；情节严重的，处 1 万元以上 5 万元以下的罚款……"如果行为人对于完税凭证，同时既有非法印制行为，又有非法转借行为，还有非法倒卖行为，甚至同时存在伪造及变造等诸多行为，这种情况就属于典型的并合税收违法行为，依照一事不再罚原则，税务机关只能给予一次罚款的处罚。

（3）"处断一事"的税收违法行为。"处断一事"，指相对人的违法行为根据构成要件标准衡量应为"多事"，但在处罚时基于诸多考量，以一个税收违法行为来处理。牵连税收违法行为就是"处断一事"的典型形态之一。牵连违法，指当相对人以实施某一税收违法行为为目的时，其违法行为的方法、手段或结果又违反了其他涉税法律规范的情形。牵连税收违法行为具备三个特征：① 违法行为的实施必须出于一个目的。② 行为人必须实施了数行为，而且数行为之间存在手段行为与目的行为、原因行为与结果行为的牵连关系。③ 在目的行为或原因行为违反了一个法律规范的情况下，手段行为或结果行为又违反了另一法律规范。考虑到行为人的数个行为分别表现为目的行为或原因行为、手段行为或结果行为，并互相依存形成一个有机整体，对牵连违法的处理应遵循从一重处罚原则，在法定处罚幅度内给予一次从重处罚。①

其次，当两个或两个以上行政机关对同一违法行为具有罚款权时，由谁来处罚？目前在实际执法中，通行的做法是哪一家行政机关先介入，即由其进行罚款。这样带来的问题是相对人受到处罚的轻重很大程度上取决于行使处罚权的行政机关处罚权的大小，如果恰巧是由处罚权较小的一家行政机关行使处罚权，那么对于其他受到处罚的相对人而言，就是不公正的；反过来，如果是由处罚权较大的一家行政机关行使处罚权，那么对于受罚的相对人而言，也难说是公平的。所以，明确规定按照其中处罚数额最大的法律规范，由拥有最大处罚权的行政机关进行处罚才是合理的。②在实际行政执法过程中，如果还有拥有处罚权的行政机关认为自己依法可以进行更大数额的罚款，可以将案件向其移送，发生管辖权的争议，可以申请法院裁定。这样处理，应当能更好地体现一事不再罚原则的立法精神。

【思考】人们对一事不再罚原则理解上的差异，反映出立法上的某些不足，你认为如何从法律制度设计上使人们更容易把握法律规范的立法精神？

---

① 参见习小琴：《一事不再罚的一事该怎样理解》，载《中国税务报》2016 年 10 月 25 日，第 B03 版。
② 2021 年修订的《行政处罚法》第 29 条规定："……同一个违法行为违反多个法律规范应当给予罚款处罚的，按照罚款数额高的规定处罚。"

【案例】A 市税务稽查部门在检查 B 公司 2014 年的企业所得税缴纳情况时,发现这家企业用 35 份假会务费发票入账,并在当年度税前列支,涉及金额 64.66 万元。查清 B 公司的违法事实后,对于如何对其违法行为定性,稽查人员之间产生了争议。有人认为 B 公司存在两个税收违法行为,应分别处罚:一个是故意取得假发票,应按《发票管理办法》的规定处罚,另一个是编造虚假计税依据,应按《税收征管法》第 64 条规定处罚。有人则认为 B 公司只存在一个税收违法行为,即利用假发票入账,虚增经营亏损。购买假发票是手段,亏损额虚增是结果,应遵循从一重处罚原则,依据《发票管理办法》或《税收征管法》第 64 条规定给予一次罚款处罚。①请就此案例进行评析。

2. 不因申辩而加重处罚原则

不因申辩而加重处罚原则指在没有发现相对人新的违法行为的前提下,税务机关不得因当事人的陈述、申辩而加重处罚,即反对所谓的态度罚,它与刑法中的"上诉不加刑"原则是一脉相承的。该原则有助于《行政处罚法》赋予相对人陈述权、申辩权的落实,在现实的行政执法中很有现实意义。

【思考】《行政处罚法》设置不因申辩而加重处罚原则的目的与意义何在? 相对于其他原则,应当说这一原则的含义最容易理解与把握,但是为什么在实际行政执法中,无视这一原则的行政处罚行为屡见不鲜,它反映出怎样的深层次问题?

3. 罚款可以折抵罚金原则

罚款可以折抵罚金原则指相对人违反税法的行为构成犯罪的,法院在判处罚金时,税务机关已经对相对人处以罚款的,罚款应当折抵相应罚金。行政机关尚未给予当事人罚款的,不再给予罚款。

【探讨】罚款可以折抵罚金原则的适用

对罚款可以折抵罚金原则的适用,在税收行政执法中有相当多的误解。有人以为即使纳税人构成犯罪,也要先处以罚款,再移送案件,由法院抵扣相应罚金。实际上,该原则受到"刑事优先"原则的约束。"刑事优先"原则先于罚款可以折抵罚金原则适用,因为刑事判决是最终裁决,更能全面衡量当事人犯罪行为的社会危害性。这样,准确把握罚款可以折抵罚金原则应当注意以下几点:(1) 税务机关在办案过程中判断相对人违反税法的行为已构成犯罪,就要移送侦查机关,不得先行处以罚款,如果法院判其缴纳罚金,也不存在罚款折抵罚金问题;即使罚金数额少于罚款,行政机关也不能就差额要求补缴。(2) 税务机关在办案过程中认定相对人违反税法的行为没有构成犯罪,可以处以罚款,如果法院最终认为相对人构成犯罪,判其缴纳罚金,即以罚款折抵罚金。(3) 税务机关在办案过程中判断相对人违反税法的行为已构成犯罪,未处以罚款,已移送侦查机关,但是法院最终判决其未构成犯罪或免予刑事处分,则税务机关可以就其违反税法的行为,依法处以罚款。这种情况下也不存在罚款折抵罚金问题。所以比较上述几种情况,第二种情况才满足适用罚款可以折抵罚金原则的条件。

---

① 参见习小琴:《一事不再罚的一事该怎样理解》,载《中国税务报》2016 年 10 月 25 日,第 B03 版。

【案例】某税务机关一日接到上级交办的案件,经查确定 A 公司涉嫌取得虚开增值税专用发票,涉及金额 100 万元,税额 17 万元。经过审理,该局对 A 公司作出罚款 30 万元的处罚决定,并以虚开增值税专用发票罪将案件移送公安机关。经过公安机关侦查并由检察院提起公诉后,法院审理认定 A 公司犯虚开增值税专用发票罪,对其判处罚金 50 万元。A 公司足额缴纳罚金后提起行政诉讼,以其已就虚开发票行为接受刑事处罚为由请求撤销税务机关的处罚决定。① 请对此案例进行评析。

【案例】2017 年 5 月,X 省国税局稽查局向受票方 B 公司所在地税务机关发来《已证实虚开通知单》《协查报告》,表明向 B 公司开具发票的 A 公司无生产经营能力。受票方所在地稽查局检查后发现,成立于 2014 年 10 月的 B 公司于 2016 年接受 A 公司虚开的增值税专用发票 2 份,价税合计 351 000 元,有关发票 B 公司已抵扣税款并结转成本。

B 公司称,2015 年 5 月初,一个叫阿丙的人上门低价推销不锈钢材料,B 公司就采购了一批。稽查人员检查 B 公司对公账户及相关个人账户,发现这笔货款资金在汇给 A 公司对公账户后通过两个私人账户回流到 B 公司。根据对企业的物流单及业务员笔录信息进一步调查,稽查人员发现 B 公司实际仅从 A 公司购买了价值 62 500 元的货物,所接受的 2 份发票单张发票金额均高于实际购货价值,属于虚开。但由于 B 公司在税务检查前已自行补缴了相应税款,税务机关根据《发票管理办法》,拟对其虚开发票的行为处 5 万元罚款,并以涉嫌犯虚开增值税专用发票罪移送公安机关处理。但这时税务机关获悉,在税务机关对 B 公司税务检查期间,公安机关已经对该案立案,于是税务机关暂时中止处罚,准备待法院判决后再行决定是否处罚。公安机关立案检查后,由检察机关向法院提起公诉,法院审理后认为本案情节轻微,危害不大,判决 B 企业免于刑事处罚。

对此,B 公司主管税务机关有人提出了疑问:法院未追究 B 公司虚开增值税专用发票的刑事责任,税务机关是否仍可对 B 公司的虚开行为按《发票管理办法》进行处罚?②对上述争议,你的观点是什么?

4. 处罚职能分离原则

为了加强对行政机关的监督制约,防止其滥用行政处罚权,体现法律的公平、公正,保护行政管理相对人的合法权益,《行政处罚法》制定了一系列分离职能的规定。具体包括:其一,行政处罚设定机关与执行机关的分离;其二,在行政处罚的一般程序中,调查、检查人员与作出处罚决定的人员分离;其三,在行政处罚的听证程序中,听证主持人与调查、检查人员及作出处罚决定的人员的分离;其四,除依法需要当场收缴罚款的情况外,作出罚款决定的行政机关与收缴罚款的行政机关分离。显然,这一原则对税收行政处罚是有效的。其实,职能分离原则并不限于行政处罚,一般的行政执法都需要体现职能分离要求。

【思考】《行政处罚法》职能分离的制度设计不能说不完备,但是实际上并不能够完全杜绝

---

① 参见赵靓、刘玥、孙斌:《税务行政执法权与刑事司法权的边界在哪?》,载《中国税务报》2017 年 10 月 17 日,第 7 版。
② 参见汪成红:《法院免了刑罚 税务可否行罚》,载《中国税务报》2018 年 9 月 4 日。

行政处罚权的滥用行为。这说明法律与制度设计也有其局限性,你对此有哪些思考?

二、税收行政处罚的种类、设定、适用与自由裁量基准

(一)税收行政处罚的种类

行政处罚是一系列具体处罚措施的集合。根据《行政处罚法》第 9 条的规定,行政处罚的种类包括:警告、通报批评;罚款、没收违法所得、没收非法财物;暂扣许可证件、降低资质等级、吊销许可证件;限制开展生产经营活动、责令停产停业、责令关闭、限制从业;行政拘留等。其中,通报批评、降低资质等级、限制开展生产经营活动、责令关闭、限制从业是 2021 年修订的《行政处罚法》新增设的行政处罚形式。

【提示】从法理上可以将行政处罚归纳为申诫罚或称精神罚(警告、通报批评)、财产罚(罚款、没收违法所得、没收非法财物)、行为罚(责令停产停业、暂扣许可证件、吊销许可证件、降低资质等级、限制开展生产经营活动、责令关闭、限制从业)、人身罚(行政拘留)四类。

税收行政处罚的具体种类包括罚款、没收违法所得、没收非法财物、停止出口退税权。①

【提示】应当注意的是,罚款与罚金,没收违法所得、没收非法财物与没收财产不同。罚款、没收违法所得、没收非法财物为行政处罚,而罚金、没收财产为刑罚中的附加刑,属于刑事制裁手段。

税收行政处罚中的罚款是指税务机关强迫违反税法的当事人在一定期限内向国家缴纳一定数额的金钱的制裁措施,它是在税收行政处罚中运用最多的一种处罚形式,《税收征管法》中的罚款规定很多。

税收行政处罚中的没收违法所得是指税务机关剥夺违法当事人违法获得所得的所有权,并将其收归国有的制裁措施。税法对这一行政处罚形式使用的并不多,但《税收征管法实施细则》第 93 条规定,为纳税人、扣缴义务人非法提供银行账户、发票、证明或者其他方便,导致未缴、少缴税款或者骗取国家出口退税款的,税务机关除没收其违法所得外,可以处未缴、少缴或者骗取的税款 1 倍以下的罚款。

税收行政处罚中的停止出口退税权是指税务机关对于有骗取出口退税或其他涉税违法行为的出口企业在一定时间内剥夺其出口退税权利的行政处罚形式。

税收行政处罚中的吊销税收行政许可证件是指税务机关对纳税人违法使用税收行政许可证件予以取消的行政处罚形式,它属于行为罚中吊销许可证照的一种具体形式。

---

① 《税务行政处罚裁量权行使规则》明确规定的税收行政处罚种类包括:(1)罚款;(2)没收违法所得、没收非法财物;(3)停止出口退税权;(4)法律、法规和规章规定的其他行政处罚。其中,罚款在税法中使用最为普遍,没收违法所得、没收非法财物使用较少,主要是《税收征管法》第 71 条关于非法印制发票的处罚,没收非法财物中的财物是指"作案工具"。但是,2021 年修订的《行政处罚法》第 28 条第 2 款规定:"当事人有违法所得,除依法应当退赔的外,应当予以没收……"这样,税法中没收违法所得的范围有所扩大。另外,停止出口退税权是由税法设定的行政处罚种类。

【探讨】税收行政处罚应当有哪些具体种类

《行政处罚法》设定的行政处罚种类是明确的，但该法规定，其他法律、法规也可以设定不同的行政处罚种类。这样，税务机关执法采用的一些措施是否也应算作行政处罚的具体种类？对此有较大的争议。

第一，税务机关作出的责令限期改正是否属于行政处罚？责令限期改正从性质上看是行政命令，不是行政处罚。两者的区别在于：（1）内容不同。税收行政处罚是一种制裁，是对税收违法行为人财产权利的一种限制或剥夺，形成一种震慑。责令限期改正是对税收违法行为的后果及其行为本身的纠正，要么停止违法行为，要么消除违法行为的后果。（2）形式不同。税收行政处罚主要有上述四种形式，责令限期改正形式包括责令停止税收违法行为、责令改正税收违法行为、责令限期进行纳税调整等。

第二，税务机关作出的收缴或停售发票的行为是否属于税收行政处罚？我们的结论是否定的。其不是税收行政处罚，而是一种执行罚性质的间接强制执行措施。当事人有违反《税收征管法》规定的违法行为，税务机关依法对当事人作出处理，当事人拒不接受税务机关处理的，税务机关有权收缴或停售发票。由此可见，这一措施虽具有一定的制裁因素，但性质上属于税务机关以间接的方式强制当事人履行税收处理内容的重要手段。作为一种间接强制执行形式，目前《行政强制法》没有规定，因此，收缴和停售发票在理论上属于特别法规定的间接强制执行措施。①

第三，停止增值税一般纳税人资格、不予抵扣进项增值税等管理手段是否属于行政处罚？我们认为不宜将停止增值税一般纳税人资格、不予抵扣进项增值税等管理手段作为行政处罚。其一，停止增值税一般纳税人资格、不予抵扣进项增值税等手段大多是在行政规章中设定的，不符合《行政处罚法》有关行政处罚设定的规定，其合法性令人质疑；其二，行政处罚的种类设置过多，将使其失去规范性；其三，行政处罚应当具有制裁性，而停止增值税一般纳税人资格、不予抵扣进项增值税等制裁性不够鲜明。

第四，警告及新增加的通报批评、降低资质等级是否应当将其归入税务机关可以实施的行政处罚形式？对于警告这一行政处罚形式，税法明确其不属于税收行政处罚，原因主要是在税收法治环境还比较差、纳税意识普遍不高的情况下，不以税收违法为耻的公共舆论环境还没有充分形成，精神罚起不到应有的作用。但随着税收法治环境的改善，依法纳税光荣、偷税可耻的意识获得普遍的社会认同，加之纳税信誉等级评定、涉税事项社会公告、税收违法黑名单等制度的完善，精神罚的作用已经大为提升，因此随着条件成熟，警告、通报批评都应成为税收行政处罚类别。此外，降低资质等级在纳税信用等级评定中客观存在，既然《行政处罚法》承认其行政处罚的性质，税法也应当适时追认。

其他新增加的行政处罚种类，属于行为罚，不属于既有的税收行政处罚种类。此外，税务机关通知有关部门阻止纳税人及其法定代表人离境（属于税收保全）、收缴税务登记证等，也不属于税收行政处罚。

---

① 参见全国税务师职业资格考试教材编写组：《涉税服务相关法律》，中国税务出版社 2020 年版，第 73 页。

（二）税收行政处罚的设定

《行政处罚法》对行政处罚设定的权限作出了明确的规定：

（1）法律可以设定各种行政处罚，但限制人身自由的行政处罚只能由法律设定。

（2）行政法规可以设定除限制人身自由以外的行政处罚。法律对违法行为已经作出行政处罚规定，行政法规需要作出具体规定的，也必须在法律规定的给予行政处罚的行为、种类、幅度的范围内规定。[①]

法律对违法行为未作出行政处罚规定，行政法规为实施法律，可以补充设定行政处罚。拟补充设定行政处罚的，应当通过听证会、论证会等形式广泛听取意见，并向制定机关作出书面说明。行政法规报送备案时，应当说明补充设定行政处罚的情况。

（3）地方性法规可以设定除限制人身自由、吊销企业营业执照以外的行政处罚。法律、行政法规对违法行为已经作出行政处罚规定，地方性法规需要作出具体规定的，只能在法律、行政法规对违法行为已经作出的行政处罚规定的范围内作出具体规定。[②]

法律、行政法规对违法行为未作出行政处罚规定，地方性法规为实施法律、行政法规，可以补充设定行政处罚。拟补充设定行政处罚的，应当通过听证会、论证会等形式广泛听取意见，并向制定机关作出书面说明。地方性法规报送备案时，应当说明补充设定行政处罚的情况。

（4）行政规章可以在法律、行政法规规定的给予行政处罚的行为、种类和幅度的范围内作出具体规定。尚未制定法律、行政法规的，行政规章对违反行政管理秩序的行为，可以设定警告、通报批评或者一定数额罚款的行政处罚。罚款的限额由国务院规定。国务院对此的限定是税收行政规章对非经营活动中的违法行为设定罚款不得超过1 000元；对经营活动中的违法行为，有违法所得的，设定罚款不得超过违法所得的3倍，最高不得超过3万元，没有违法所得的，设定罚款不得超过1万元；超过限额的，应当报国务院批准。

（5）地方政府规章可以在法律、行政法规规定的给予行政处罚的行为、种类和幅度的范围内作出具体规定。尚未制定法律、行政法规的，地方性规章对违反行政管理秩序的行为，可以设定警告、通报批评或者一定数额罚款的行政处罚。罚款的限额由省、自治区、直辖市人大常委会规定。

除上述规定外，其他规范性文件不得设定行政处罚。

【提示】2021年修订的《行政处罚法》对于行政法规、地方性法规补充设定的行政处罚，要求必须通过听证、论证等形式广泛听取意见。另外，"设定"与"规定"不同，设定指创设新的法律规则，是规定中的一种具体形式；而规定既包括设定，也包括对已有的法律规则作出具体规范。

[①] 此内容是2021年修订的《行政处罚法》第11条第2款新增设的。其中，税务机关在适用此规定时，又增加了一项需要听证的事项。

[②] 此内容是2021年修订的《行政处罚法》第12条第2款的内容。

（三）税收行政处罚的适用

税收行政处罚的适用即税务机关对违法案件具体运用《行政处罚法》实施处罚的活动,进行行政处罚的适用需要具备一定的条件:一是行政执法相对人已经实施了违反税法的行为;二是行政执法相对人具有责任能力;三是行政执法相对人的违法行为应当受到处罚;四是违法行为未超过追究时效。①

1. 不予处罚

不满 14 周岁的未成年人有违法行为的,不予行政处罚,责令监护人加以管教。精神病人、智力残疾人在不能辨认或者不能控制自己行为时有违法行为的,不予行政处罚,但应当责令其监护人严加看管和治疗。间歇性精神病人在精神正常时有违法行为的,应当给予行政处罚;违法行为轻微并及时改正,没有造成危害后果的,不予行政处罚;初次违法且危害后果轻微并及时改正的,可以不予行政处罚。当事人有证据足以证明没有主观过错的,不予行政处罚。法律、行政法规另有规定的,从其规定。

对当事人的违法行为依法不予行政处罚的,行政机关应当对当事人进行教育。

2. 从轻或减轻处罚

依法应当从轻或减轻处罚的情形包括:(1) 已满 14 周岁不满 18 周岁的未成年人有违法行为的;(2) 主动消除或者减轻违法行为危害后果的;(3) 受他人胁迫或者诱骗实施违法行为的;(4) 主动供述行政机关尚未掌握的违法行为的;(5) 配合行政机关查处违法行为有立功表现的;(6) 尚未完全丧失辨认或者控制自己行为能力的精神病人、智力残疾人有违法行为的;(7) 法律、法规、规章规定的其他应当从轻或者减轻行政处罚的情形。

【提示】从轻与减轻行政处罚是不同的。从轻处罚是在行政处罚的法定种类和幅度内,适用较轻的行政处罚种类或处罚的下限给予处罚,但不能低于法定处罚幅度的最低限度。减轻处罚则是在法定处罚幅度的最低限以下给予处罚。

【探讨】对于情节轻微的违规行为,如何从轻或减轻处罚

首先,贯彻《行政处罚法》的立法宗旨,体现审慎性原则。《行政处罚法》第 6 条规定,实施行政处罚,纠正违法行为,应当坚持处罚与教育相结合,教育公民、法人或者其他组织自觉守法。我国实施行政处罚的主要目的有三条,分别是:通过对违反义务者的惩罚,确保其相关法律规定得到履行,从而维护行政管理秩序;通过制裁违法者,确保公民、法人和其他组织的合法权益及公共利益免受违法者的侵犯;通过行政处罚,进行教育警示,预防和减少违法犯罪行为的发生。可见,从上述目的出发,才能坚持行政处罚的正确方向,防止行政权的滥用。

其次,把握从轻、减轻或免于处罚的执法尺度,体现合理适度的原则。作为对违反行政法义务的制裁手段,实施行政处罚时必须判断其是否具备可罚性,并按照行政处罚法之"过罚相当原则",判断罚与不罚的界限,以及处罚方式和处罚幅度。对照《行政处罚法》第 27 条的相关规定,

---

① 参见全国税务师职业资格考试教材编写组:《涉税服务相关法律》,中国税务出版社 2020 年版,第 65 页。

我们认为,把握这一原则,税务稽查人员在稽查工作中应注意以下几种情形的适用。

第一,主动消除或者减轻违法行为危害后果的情形。对于当事人在什么条件下应受到行政处罚,我国《行政处罚法》的原则是,只要当事人违法事实成立,就应受到行政处罚。因此,和刑事犯罪行为相比,违法行为的后果是否存在,在适用行政处罚方面并不具有决定性的作用。但对于那些要求"以一定后果为处罚前提"的违法行为来说,当事人如果主动采取措施消除或者减轻违法后果,避免了违法行为的危害性,也可以适用不予处罚的规定。实践中主要有以下情形:(1)在税务机关通知检查前,纳税人已经自行纠错,补缴税款、滞纳金的。(2)在税务机关通知纳税人自查的过程中,纳税人自行补缴税款、滞纳金的,且补缴的税款不是采用《税收征管法》第63条所述的偷税手段。这些情形均属于税务机关并没有真正掌握纳税人税收违法行为的确切证据时,纳税人主动自查并补缴税款和滞纳金的行为,可不予处罚。

第二,属于法律规定"可以"处罚的情形。这是税务机关自由裁量权的具体适用问题。在实践中主要有以下3种情形:(1)纳税人确有证据证明存在客观原因,对某些具体经济行为造成影响,导致少缴、错缴、延迟缴纳税款的,如国土部门未能按照合同约定时间交付出让土地,导致企业未及时缴纳城镇土地使用税。(2)某些全额预算的事业单位存在的非主观意愿性涉税问题。比如受行政处罚的资金需要由财政部门负担,处罚会造成额外的财政负担等。对于此类情形,考虑纳税人少缴税款有客观因素影响,主观故意性不强,经税务机关重大事项集体审议确认的,可考虑免予行政处罚。(3)税务机关在税务检查中按照《税收征管法》第35条规定,采用核定手段补征税款的。

第三,其他依法从轻或者减轻行政处罚的情形。此类情形在税收管理中可以从以下几方面把握:一是无主观违法意愿,仅是对税收政策理解和适用上存在偏差;二是事后积极配合税务机关检查,如实提供资料,对检查发现的涉税违法问题愿意及时改正,补缴相应税款。在具体实践中,下列情况可以予以考虑:(1)行政审批、备案手续不符合规定,但业务实质是符合税收实体法规定的(如享受某些税收优惠政策的情形),且纳税人能及时改正的。(2)税法与会计有差异,纳税人财务处理正确,且一直未按税法规定调整计税依据并申报纳税的。(3)纳税人在财务上已做相应处理,但确有证据证明是因为不了解税法造成的纳税义务判断错误或适用税种、税目或税率申报错误的。

第四,违法行为轻微并及时纠正,不予行政处罚的情形。执法实践中的具体情形有:查补税款总额占纳税人被检查期间应缴税款总额较小,且纳税人及时将税款和滞纳金足额补缴入库;扣缴义务人已经履行主要扣缴义务,应扣未扣税款总额占被检查期间应扣缴税款总额较小,扣缴义务人及时将少扣税款补扣入库;上述行为经税务机关集体审议认为是违法轻微的。

第五,一事不再罚的情形。《行政处罚法》第29条规定,对当事人的同一个违法行为,不得给予两次以上罚款的行政处罚。也就是一事不再罚原则。这个原则在税务执法中的具体适用可以从以下方面掌握,即某一税务机关对某纳税人同一时期同一应税事项涉及税种,已经作过具有法律效力的处罚,则其他税务机关不得再次对该纳税人就同一事项涉及的其他税种给予罚款的处罚。①

① 参见张迪秋:《税务处罚 如何适用行政处罚法》,载《中国税务报》2016年8月30日,第B03版。

【案例】江苏省某房地产开发公司 2014 年缴纳各项地方税收约 1 000 万元,其中营业税约 600 万元。2015 年 6 月,某地税务机关对这家企业实施税务稽查,发现企业因财务人员对税收政策理解错误,导致对记入"其他应付款"科目的 240 万元预收定金未及时申报缴纳营业税。经过进一步核实,税务机关作出处理决定,要求该企业补缴营业税约 12 万元,并追缴相应的滞纳金,同时根据《税收征管法》第 64 条的规定,对追缴税款处以 50% 的罚款,合计约 6 万元。

对于被要求补缴税款的处理决定,该企业无异议,及时将应缴税款和滞纳金补缴入库,但对于因政策理解有误造成的未缴营业税款,认为税务机关不应再处以罚款。原因有两点。一是对于这笔合计 240 万元的预收定金,企业已经在财务账目上记录,只是因为对税收政策理解有误而将其记入了"其他应付款"科目,未及时按预收账款申报营业税,并非主观故意的偷税行为。二是企业年缴纳营业税约 600 万元,这笔未缴税款约 12 万元,仅占应纳营业税额的 2% 左右,且已按税务机关要求缴纳入库,属于情节轻微并已经及时补救的行为。根据我国《行政处罚法》第 33 条第 1 款之规定,即违法行为轻微并及时纠正,没有造成危害后果的,不予行政处罚。因此,税务机关应考虑企业的上述情况,不再给予行政处罚。①对于本案,你有哪些思考?

3. 从重处罚

2021 年修订的《行政处罚法》还增设了从重处罚的条款,即发生重大传染病疫情等突发事件,为了控制、减轻和消除突发事件引起的社会危害,行政机关对违反突发事件应对措施的行为,依法快速、从重处罚。

4. 追溯时效

《行政处罚法》规定的行政处罚追溯期为 2 年,涉及公民生命健康安全、金融安全且有危害后果的,上述期限延长至 5 年,法律另有规定的除外。而《税收征管法》规定的行政处罚追诉期为 5 年。税务机关实施的行政处罚适用《税收征管法》关于税务行政处罚追溯期的规定。追诉时效的起算点,应当从违法行为发生之日起计算,违法行为有连续或者继续状态的,从行为终了之日起计算。

【探讨】为什么税务机关实施的行政处罚追溯期是 5 年而不是 2 年

根据《行政处罚法》第 36 条的规定,在一般情况下,行政处罚追溯期为 2 年,特殊情况下为 5 年,法律另有规定的除外。这样,《税收征管法》规定行政处罚追诉期为 5 年,并不违背《行政处罚法》第 36 条的规定,是有效力的。而《税收征管法》与《行政处罚法》属于特别法与普通法的关系,按照特别法优于普通法的适用原则,税务机关实施的行政处罚应适用《税收征管法》的相关规定而不是《行政处罚法》的规定,所以其进行行政处罚的追诉期是 5 年而不是 2 年。

实施行政处罚,适用违法行为发生时的法律、法规、规章的规定。但是,作出行政处罚决定时,法律、法规、规章已被修改或者废止,且新的规定处罚较轻或者不认为是违法的,适用新的规定。行政处罚没有依据或者实施主体不具有行政主体资格的,行政处罚无效。违反法定程序构成重大且明显违法的,行政处罚无效。

---

① 参见张迪秋:《税务处罚 如何适用行政处罚法》,载《中国税务报》2016 年 8 月 30 日,第 B03 版。

（四）税收行政处罚自由裁量基准

税收行政处罚属于自由裁量性质,其具体处罚规定由《税收征管法》规范(本书将此部分内容安排在第九章第二节,从法律责任的角度进行讨论)。鉴于其赋予税务机关行政处罚的自由裁量权幅度过大,执行中偏离立法目的的情况较多,国家税务总局制定了《税务行政处罚裁量权行使规则》①,通过一些原则性规定,意在对税务机关行使行政处罚权进行指导、约束与规范。

该规则要求,省级税务机关应当制定本地区统一适用的税收行政处罚裁量基准。税务机关在实施行政处罚时,应当以法律、法规、规章为依据,并在裁量基准范围内作出相应的行政处罚决定,不得单独引用税收行政处罚裁量基准作为依据。法律、法规、规章规定可以给予行政处罚,当事人首次违反且情节轻微,并在税务机关发现前主动改正的或者在税务机关责令限期改正(一般不超过 30 日)的期限内改正的,不予行政处罚。

对情节复杂、争议较大、处罚较重、影响较广或者拟减轻处罚的税收行政处罚案件,应当经过集体审议决定。省级税务机关应当积极探索建立案例指导制度,通过案例指导规范税务行政处罚裁量权。各级税务机关应当积极运用信息化手段加强税收行政处罚裁量权的管理,实现流程控制,规范裁量行为。各级税务机关应当通过执法督察、案卷评查等方式,对规范行政处罚裁量权工作进行监督。

【探讨】税收自由裁量基准规则的完善

设立自由裁量权的裁量基准,其关键是体现合理性原则,保证基本的立法精神与立法目标没有偏离,并使裁量空间得到合理限制,而不是无限压缩乃至消灭自由裁量。为此,需要避免将其格式化进而导致其僵化,不能以裁量基准替代相应法律规定,毕竟细化规则本身不是制定规则。我们认为,继续完善税法中规范自由裁量权的裁量基准应当注意以下几点:第一,目前已有的税收自由裁量基准,是针对行政处罚进行的,而税收自由裁量权远远超出行政处罚的范围,所以应当考虑逐步将裁量基准扩大到其他税收自由裁量权的行使。第二,税收自由裁量基准的制定主体应当限于国家税务总局和省级税务机关两级,因为下级税务机关不大可能在较大范围内就各自制定的裁量基准进行比较充分的横向沟通、协调,如果赋予下级税务机关制定税收自由裁量基准的权力,必然导致裁量基准与原有的立法产生较大的偏离度。这样,面对不同的税务机关,相近的情况自由裁量的结果却差异很大,对纳税人是很不公平的。同时,这种做法会导致法律规则过于烦琐并脱离实际,不如对基本的税收法律、法规制定得更为细致,使其具备更强的可操作性。第三,对现有的裁量基准内容需要进一步精雕细琢,加以完善提高,通过对以往税收行政自由裁量案卷的归纳、总结和深入分析,提炼出税务机关的行政执法规律,保证裁量基准制定的科学、合法、合理,且操作简便。制定税收行政处罚裁量基准的一个大的前提是以《税收征管法》为代表的税法赋予的税收行政自由裁量权过大。可以进一步推论,随着《税收征管法》的完善,税收自

---

①　已被 2018 年《国家税务总局关于修改部分税收规范性文件的公告》修改。

由裁量权将会回归到一个正常的状态,税收自由裁量基准的作用也会降低。但税收自由裁量权不可能消除,税收自由裁量基准仍然有发挥作用的空间。

(五) 税收行政处罚的证据规则

2021 年修订的《行政处罚法》规定了基本的证据形式与取证规则。基本的证据形式包括:(1) 书证;(2) 物证;(3) 视听资料;(4) 电子数据;(5) 证人证言;(6) 当事人的陈述;(7) 鉴定意见;(8) 勘验笔录、现场笔录。

《行政处罚法》要求必须全面、客观、公正地调查,收集有关证据。证据必须经查证属实,方可作为认定案件事实的根据。以非法手段取得的证据,不得作为认定案件事实的根据。行政机关应当依法以文字、音像等形式,对行政处罚的启动、调查取证、审核、决定、送达、执行等进行全过程记录,归档保存。行政机关在收集证据时,可以采取抽样取证的方法:在证据可能灭失或者以后难以取得的情况下,经行政机关负责人批准,可以先行登记保存,并应当在 7 日内及时作出处理决定,在此期间,当事人或者有关人员不得销毁或者转移证据。

三、税收行政处罚的程序

(一) 税收行政处罚的决定程序

税收行政处罚的决定程序包括一般程序和在特定情况下适用的简易程序及听证程序。无论适用哪一程序,都应当做到:第一,必须查明违法事实,对于违法事实不清的,不得给予处罚;第二,在作出处罚决定前,应当告知当事人进行陈述和申辩,听取当事人意见,对当事人提出的事实、理由或者证据,成立的应当采纳,且不得因当事人申辩而加重处罚;第三,税务机关在实施行政处罚时,应当责令当事人改正或限期改正违法行为。①

1. 简易程序

简易程序也称当场处罚程序,其核心是可以当场作出处罚决定。其要件包括:(1) 违法事实确凿;(2) 有法定的依据;(3) 仅限于对公民处以 200 元以下,对法人或其他组织处以 3 000 元以下罚款或者警告的行政处罚,法律另有规定的除外。

【提示】2021 年修订的《行政处罚法》,将提起简易程序的标准由对公民处以 50 元以下,对法人或其他组织处以 1 000 元以下罚款提高到相应的 200 元与 3 000 元,显然是根据多年物价上涨的情况作出的调整,无疑是必要和适当的。

其应遵循的程序包括:(1) 出示税务行政执法身份证件,表明执法身份。(2) 确认违法事实,告知当事人给予行政处罚的事实、理由、依据及其权利。(3) 听取当事人的陈述、申辩(或在相关执法文书中设置"陈述申辩栏")。(4) 填写预定格式、编有号码的行政处罚决定书,当场交

---

① 参见全国税务师职业资格考试教材编写组编:《涉税服务相关法律》,中国税务出版社 2020 年版,第 66 页。

付当事人,并由执法人员签名或者盖章。当事人拒绝签收的,应当在行政处罚决定书上注明。(5)执法人员当场作出的行政处罚决定,应当报所属行政机关备案。

2. 一般程序

除上述特定情况下适用简易程序外,税收行政处罚都要适用一般程序。税收行政处罚的一般程序是在《行政处罚法》的框架下,依托《税务稽查案件办理程序规定》设立的,并没有另外独立的税收行政处罚一般程序。其要点包括:(1)立案。立案即确定具体的调查对象,是一般程序的开始。(2)调查。即办案人员查清事实、取得证据、制作笔录的过程,要求调查时税务行政执法人员不得少于两人。执法人员在调查或者进行检查时,应当主动向当事人或者有关人员出示执法证件,否则当事人或者有关人员有权拒绝接受调查或者检查。当事人或者有关人员应当如实回答询问,并协助调查或者检查,不得拒绝或者阻挠。询问或者检查应当制作笔录。(3)告知并说明理由。案件调查机构在调查取证后,必须以税务机关的名义制作《税务行政处罚事项告知书》,告知受罚人给予行政处罚的内容、事实、理由、依据及陈述、申辩、请求回避、请求提起听证、复议、诉讼等权利,否则处罚决定不能成立。(4)审查并作出处罚决定,制作处罚决定书。案件调查终结,审查机构作出审查意见并报送税务机关负责人审批后,应当在收到审批意见之日起3日内,对依法应当受到税收行政处罚的违法行为制作《税务行政处罚决定书》,再报税务机关负责人签发;对决定不予税收行政处罚的,制作《不予税收行政处罚决定书》;决定撤销案件的,制作《税务违法事实不成立通知书》;决定移送司法机关的,制作《涉税案件移送意见书》)。案件涉及重大公共利益的,直接关系当事人或者第三人重大权益,经过听证程序的,案件情况疑难复杂、涉及多个法律关系的,有法律、法规规定应当进行法制审核的其他情形的,在行政机关负责人作出行政处罚的决定之前,应当由从事行政处罚决定法制审核的人员进行法制审核;未经法制审核或者审核未通过的,不得作出决定。(5)听取当事人陈述和申辩意见。当事人有权在处罚决定作出前进行陈述和申辩。未经此程序,该行政处罚决定不成立,当事人放弃陈述、申辩权利的除外。税务机关不得因当事人陈述、申辩而加重处罚。(6)送达。《税务行政处罚决定书》应当在宣告后当场送交当事人。当事人不在现场的,税务机关应在7日内将《税务行政处罚决定书》送达当事人。当事人同意并签订确认书的,行政机关可以采用传真、电子邮件等方式,将相关文书送达当事人。行政机关应当自行政处罚案件立案之日起90日内作出行政处罚决定。

3. 听证程序

听证程序是对当事人处以较大数额的罚款之前,税务机关应被处罚当事人的申请,通过公开举行的有各方利害关系人参加的听证会,广泛听取不同意见的方式与步骤。听证程序使相对人的陈述权与申辩权得到落实,是《行政处罚法》最具特色的地方。行政机关拟作出下列行政处罚决定,应当告知当事人有要求听证的权利,当事人要求听证的,行政机关应当组织听证:(1)较大数额罚款;(2)没收较大数额违法所得、没收较大价值非法财物;(3)降低资质等级、吊销许可证件;(4)责令停产停业、责令关闭、限制从业;(5)其他较重的行政处罚;(6)法律、法规、规章规定的其他情形。①

税收行政处罚听证程序包括:(1) 对于符合提起听证条件的,应当告知当事人有要求举行听证的权利;(2) 相对人要求听证的,应当在税务机关告知后 5 日内提出;(3) 税务机关应当在当事人提出听证请求后的 15 日内举行听证,在举行听证的 7 日前,通知当事人举行听证的时间、地点;(4) 除涉及国家秘密、商业秘密或者个人隐私外,听证公开举行;(5) 听证由税务机关指定的非本案调查人员主持,相对人认为主持人与本案有直接利害关系的,有权申请回避;(6) 当事人可以亲自参加听证,也可以委托一至二人代理;(7) 当事人及其代理人无正当理由拒不出席听证或者未经许可中途退出听证的,视为放弃听证权利,行政机关终止听证;(8) 举行听证时,调查人员提出当事人违法的事实、证据和行政处罚建议,当事人进行申辩和质证;(9) 听证应当制作笔录,笔录应当交相对人审核无误后签字或者盖章,当事人或者其代理人拒绝签字或者盖章的,由听证主持人在笔录中注明;(10) 行政罚款决定应当在听证结束之后,依法根据听证笔录作出;(11) 当事人不承担听证费用。

【提示】把握行政处罚的听证程序应注意:(1) 听证程序并非必须举行,只有在符合条件的相对人请求听证时才举行;(2) 为体现职权分离的原则,听证由非本案调查人员主持;(3) 罚款决定不能在听证过程中作出;(4) 举行听证会不得向当事人收费。

【思考】听证制度是《行政处罚法》最具特色的一项程序性规则,请思考法律规定听证程序的意义何在? 税收行政执法的其他方面是否有必要设定相应的听证制度?

【探讨】税收行政执法与刑事司法的衔接

自 2001 年《行政执法机关移送涉嫌犯罪案件的规定》(简称《移送规定》)②公布施行以来,各地税务机关移送涉嫌犯罪案件的数量逐年增加,在税务行政执法与刑事司法衔接实践中暴露出一些认识误区,值得关注。

误区一:涉嫌犯罪的案件移送主体只有税务局稽查局。实践中,绝大多数涉嫌犯罪的案件均是由税务局稽查局在查处税收违法行为时发现并移送的,于是不少人以为税务违法涉嫌犯罪案件移送的主体只有税务局稽查局。其实不然。

根据《行政处罚法》和《税收征管法》及其实施细则的规定,各级税务局、税务分局、税务所以及省以下税务局的稽查局均是依法对税务违法行为具有行政处罚权的税务机关,发现税务违法行为涉嫌犯罪的,均应依法向司法机关移送。

需要注意的是,根据《移送规定》,税务局、税务分局办理涉嫌犯罪的案件移送前须报经本机关正职负责人或者主持工作的负责人审批。省以下税务局稽查局和税务所是所属税务局(分局)的直属机构和派出机构,在办理涉嫌犯罪案件移送前须报经所属税务局(分局)局长批准。

误区二:税务机关只能移送涉嫌犯罪的涉税违法案件。实践中,税务机关移送的主要是涉嫌

---

① 税法中原来对行政处罚可以进行听证的范围主要是税务机关对公民作出 2 000 元以上罚款,对法人处以 10 000 元以上罚款的行政处罚决定。随着 2021 年修订后的《行政处罚法》对该范围的扩大,税法也应作出相应的调整。

② 该规定已于 2020 年修订。

犯罪的涉税违法案件,但这不意味着税务机关移送的只能是此类案件。

《移送规定》规定,行政执法机关在依法查处违法行为的过程中,发现贪污贿赂、国家工作人员渎职或者国家机关工作人员利用职权侵犯公民人身权利和民主权利等违法行为,涉嫌构成犯罪的,应当比照本规定及时将案件移送人民检察院。《刑事诉讼法》第110条第1款规定,任何单位和个人发现有犯罪事实或者犯罪嫌疑人,有权利也有义务向公安机关、人民检察院或者人民法院报案或者举报。需要注意的是,基于税务机关职权范围的规定,对于涉嫌犯罪的涉税违法案件,税务机关移送的是案件;对于涉嫌犯罪的其他案件,税务机关移送的是线索。

误区三:税务机关应依法移送的不仅包括涉嫌犯罪的涉税案件,还包括在查处税务违法行为过程中发现的其他涉嫌犯罪案件或线索。

根据《刑事诉讼法》等相关规定,涉嫌犯罪案件分别由公安机关、人民检察院和国安机关管辖。税务机关应依法确定移送案件的管辖机关并办理移送手续。具体来说,涉嫌贪污贿赂、国家工作人员渎职或者国家机关工作人员利用职权侵犯公民人身权利和民主权利犯罪,向人民检察院移送;涉嫌危害国家安全犯罪,向国安机关移送;涉嫌其他犯罪,向公安机关移送。

误区四:税务机关不能自行判断涉税违法行为是否涉嫌犯罪及是否移送。有观点认为,涉税违法行为是否涉嫌犯罪不应由税务机关判断,而应由公安机关判断并确定是否移送。

《移送规定》规定,行政执法机关在依法查处违法行为过程中,发现违法事实涉及的金额、违法事实的情节、违法事实造成的后果等,根据刑法关于破坏社会主义市场经济秩序罪、妨害社会管理秩序罪等罪的规定和最高人民法院、最高人民检察院关于破坏社会主义市场经济秩序罪、妨害社会管理秩序罪等罪的司法解释以及最高人民检察院、公安部关于经济犯罪案件的追诉标准等规定,涉嫌构成犯罪,依法需要追究刑事责任的,必须依照该规定向公安机关移送。该规定明确了税务机关自行判断涉税违法行为是否涉嫌犯罪的义务和判断的法律依据。同理,对于查处税务违法行为过程中发现的其他涉嫌犯罪行为,税务机关也应依据刑法及相关规定自行作出判断,认为涉嫌犯罪的应予移送。

应注意的是,如果税务机关无法作出违法行为是否涉嫌犯罪的判断,可就立案追诉标准等问题向公安机关、人民检察院、国安机关咨询,案情重大的也可以直接移送案件或线索,由受移送机关依法处理。

误区五:涉税犯罪案件应待刑事处理完毕再实施行政处理。有税务机关认为,刑事处理由于其终局性,相对于行政处理具有天然的优先权,涉税犯罪案件应待刑事处理完毕再进行行政处理。事实上,现行法律规范中并未规定行政处理和刑事处理的先后顺序,涉税犯罪案件行政处理与刑事处理关系的协调,应根据税务机关与司法机关的职权划分、行政处理与刑事处理内容构成、相关犯罪的立案追诉标准等综合判断。税务行政处理一般包括追缴税款、加收滞纳金、处罚款、没收违法所得等。刑事处罚分为人身罚和财产罚,财产罚包括处罚金、没收财产。刑事处理还包括对违法所得财物的追缴。[①]

---

①　参见薛娟:《税务行政执法与刑事司法衔接的五个误区》,载《中国税务报》2016年7月26日,第B03版。

（二）税收行政处罚的执行程序

行政处罚决定依法作出后,当事人应当在行政处罚决定书载明的期限内,予以履行。在一般情况下,税收行政罚款决定与罚款收缴分离,税收行政执法人员不得自行收缴罚款。当事人确有经济困难,需要延期或者分期缴纳罚款的,经当事人申请和行政机关批准,可以暂缓或者分期缴纳。相对人应当在收到行政罚款决定书之日起 15 日内到指定银行或者电子支付系统缴纳罚款,银行应当收受罚款,并将罚款直接上缴国库。相对人持现金直接向税务机关缴纳罚款的,税务机关应将罚款及时缴入国库。

在特定情况下,罚款可以当场收缴:(1) 依法给予 100 元以下罚款的;(2) 不当场收缴罚款事后难以执行的;(3) 边远、水上、交通不便地区,执法人员依法作出罚款决定后,当事人到指定银行或者通过电子支付系统缴纳罚款确有困难,经当事人提出,可以收缴罚款的。

税收行政执法人员当场收缴罚款的,必须向当事人出具国务院财政部门或者省、自治区、直辖市人民政府财政部门统一制发的专用票据;不出具财政部门统一制发的专用票据的,当事人有权拒绝缴纳罚款。

税务执法人员当场收缴的罚款,应当自收缴罚款之日起 2 日内,交至所属税务机关;在水上当场收缴的罚款,应当自抵岸之日起 2 日内交到所属税务机关。税务机关应当在 2 日内将罚款缴付指定的银行。

相对人逾期不履行行政处罚决定的,税务机关可以采取下列强制执行措施:(1) 每日按罚款数额的 3% 加处罚款,加罚罚款的数额不得超出罚款的数额;(2) 根据法律规定,将查封、扣押的财物拍卖、依法处理或者将冻结的存款、汇款划拨抵缴罚款;(3) 根据法律规定,采取其他行政强制执行方式;(4) 依照《行政强制法》的规定申请法院强制执行。行政机关批准延期、分期缴纳罚款的,申请法院强制执行的期限,自暂缓或者分期缴纳罚款期限结束之日起计算。

第八节   税收行政许可

一、行政许可的概念、特征、原则与分类

（一）概念

行政许可是指行政机关根据公民、法人或者其他组织的申请,经依法审查,准予其从事特定活动的行为。行政许可是基于《行政许可法》设定的,该法是约束、限制行政权力的法。它以一般禁止为前提,以许可为特例。它是各国在行政管理中广泛采用的基本具体行政行为之一。其目标在于:妥善处理政府与市场、政府与社会、公权力与私权力的关系;推进政府职能的转变,保

障和监督行政机关有效实施行政管理;维护公共利益和社会秩序,保护公民、法人和其他组织的合法权益。

行政许可与行政审批的关系表现在:两者有交集,即行政许可属于行政审批中的许可审批,而其他部分的行政审批与行政许可没有关系。

行政许可与行政确认的区别表现在:行政确认是行政机关依法对特定法律事实作出肯定或否定的公开权威判断。通常确定行政确认与行政许可的关键标准是,如果相对人的权利形成于行政机关作出决定之前,则是行政确认;反之,则是行政许可。

行政许可与行政登记的区别表现在:第一,行政机关在登记程序中一般没有裁量权,只能根据事实予以登记,而行政机关在行政许可中具有一定裁量权;第二,行政许可以一般禁止为前提,以许可为例外,目的在于对行政权力进行必要的限制,而行政登记的目标在于建立一种秩序;第三,行政许可的结果是被许可人获得某种行为的资格和权利,而行政登记不一定产生这种后果。①

(二)特征

作为一种具体行政行为,行政许可是行政主体依据行政相对人的申请,依法赋予特定的行政相对人拥有可以从事为法律一般禁止的权利资格的法律行为。行政许可具有下列法律特征②:(1)行政许可是一种行政赋权行为。它既包含了行政主体对相对人权利和利益的赋予,又包含了行政主体对相对人义务的免除。(2)行政许可以"禁止义务"的存在为前提。义务有作为义务与不作为义务之分,禁止义务属于不作为义务。行政许可不是对一般义务的免除,而是对禁止义务的免除,所以它以禁止义务的存在为前提。(3)行政许可的内容是直接赋予相对人从事某种活动的权利和资格。它并非给予相对人以某种身份,也不是给相对人一次性的利益,所以,行政许可不同于一般的有利行政行为。(4)行政许可是一种依申请行政行为。其特点是:行政行为的作出须以行政相对人的申请为前提,没有相对人的申请,行政主体不能主动给予。(5)行政许可通常为要式行政行为。大多数行政许可,法律均要求采用书面形式,即许可证形式。

(三)原则

1. 法定原则

《行政许可法》第4条规定,设定和实施行政许可,应当依照法定的权限、范围、条件和程序。法定是行政法的基本要求,行政许可自然也不例外。这一原则体现在行政许可依据、事项设置的法定、行政机关行使行政许可权限的法定、实施程序的法定各个方面。

2. 公开、公平、公正、非歧视原则

《行政许可法》第5条第1款规定,设定和实施行政许可,应当遵循公开、公平、公正、非歧视

---

① 参见全国税务师职业资格考试教材编写组编:《涉税服务相关法律》,中国税务出版社2020年版,第30页。
② 参见胡建淼:《行政法学》,法律出版社1998年版,第315、316页。

的原则。公开、公平、公正是一般法律的基本要求,在行政许可中,因设定的权利是特许的,而非普遍存在,所以在行政机关与相对人之间,在不同的行政许可申请人之间,都有更强烈的公平、公正的需求。而达到此要求,必须在实体与程序方面全面公开。对此,《行政许可法》设置了一系列制度保证。

3. 便民和效率原则

《行政许可法》第6条规定,实施行政许可,应当遵循便民的原则,提高办事效率,提供优质服务。行政许可本是为特定申请人提供的权利,站在行政机关一方来看,与其他行政行为一样,也有一个行政服务问题,自然要有便民和效率的要求。且在《行政许可法》中,便民与效率并非限于一般号召,而是有一系列的制度保证,如公示制度、一次申请制度、当场更正制度、一次补正制度、相对集中行政许可权制度、期限时效制度等。

4. 救济原则

《行政许可法》第7条规定:公民、法人或者其他组织对行政机关实施行政许可,享有陈述权、申辩权;有权依法申请行政复议或者提起行政诉讼;其合法权益因行政机关违法实施行政许可受到损害的,有权依法要求赔偿。获得法律救济是所有行政管理相对人的权益,行政许可申请人也不例外。而且,行政许可是特定申请人付出相应成本后获得的不定期权利,更需要法律救济加以维护,才能更好地实现行政许可方面的公平与效率。

5. 信赖保护原则

《行政许可法》第8条第1款规定,公民、法人或者其他组织依法取得的行政许可受法律保护,行政机关不得擅自改变已经生效的行政许可。信赖保护原则缘于民法的诚信原则,但在行政法的框架下也越来越多地受到认可。信赖保护原则的确立,有助于维护行政机关公正、权威的形象,对其行使权力是一种必要的约束,也有益于维护行政许可申请人的正当权益。

6. 行政许可不得转让原则

《行政许可法》第9条规定,依法取得的行政许可,除法律、法规规定依照法定条件和程序可以转让的外,不得转让。其理由主要是从行政许可以一般禁止为前提的本质出发,规定其不得由被许可人转让,有益于防止风险失控,偏离公平、公正的要求。而且行政许可依申请而成立,转让不能确定接受方的真实意愿。

7. 监督原则

《行政许可法》第10条第1款规定,县级以上人民政府应当建立健全对行政机关实施行政许可的监督制度,加强对行政机关实施行政许可的监督检查。一方面,行政许可赋予申请人特定的权利与利益,那么行政机关在赋权时必须依法进行,避免在公开、公平、公正上出现偏差,对其进行行政监督必要且可行。另一方面,行政许可使当事人获得了特许的资源占有,当然应当监督其有效、正当利用该资源,避免带来各种风险与社会危害。这反过来对行政机关进行的行政许可赋权也是一种监督。

（四）分类

1. 普通许可

普通许可是准予符合法定条件相对人行使某种权利,其性质是确定特定相对人行使现有权利的条件,其目的在于控制风险,如集会游行示威许可、爆炸品生产运输许可、商业银行设立许可等。

2. 特许

特许是行政机关依法向相对人转让某种特定权利或者配置有限资源,其性质是授予权利,其目的在于配置有限资源,如电信业务经营许可、无线电频率占用许可、海域使用许可等。

3. 认可

认可是对相对人是否具备某种资格资质的认定,其性质是确认相对人具备某种专业能力,其目的是保证特定行业秩序和专业水准,降低行业风险,如律师资格认证、注册会计师资格认证等。

4. 核准

核准是对某些事项或者活动是否达到法定技术标准的核实准许,其性质是确定某些事项或者活动达到特定的经济技术规范、标准,其目的是从技术上控制某些事项或者活动的危险,如消防验收、电梯定期核检等。

5. 登记

登记是对建立特定法律关系的确定,其性质一般是确定特定的主体资格,其目的是证明及社会公示,如企业设立核准登记、社会团体设立登记等。①

二、税收行政许可的范围及实施机关

（一）税收行政许可的范围

税收行政许可是税务机关对纳税主体申请的特殊涉税事项,依法予以核准,准予其从事相应特定涉税活动的行为。税收行政许可是行政许可的一类,经过数次调整,目前需要设定行政许可的具体涉税事项包括:(1) 企业印制发票审批;(2) 对纳税人延期缴纳税款的核准;(3) 对纳税人延期申报的核准;(4) 对纳税人变更纳税定额的核准;(5) 增值税专用发票(增值税税控系统)最高开票限额的核准;(6) 对采取实际利润额预缴以外的其他企业所得税预缴方式的核定。

（二）税收行政许可的实施机关

2016 年实施的《国家税务总局关于税务行政许可若干问题的公告》对税收行政许可的实施机关作出限定:第一,税收行政许可由具有行政许可权的税务机关在法定权限内实施。各级税务

---

① 参见全国税务师职业资格考试教材编写组:《涉税服务相关法律》,中国税务出版社 2020 年版,第 31 页。

机关下属的事业单位一律不得实施行政许可。第二,除法律、法规、规章另有规定外,税务机关不得委托其他行政机关实施税务行政许可。第三,税务机关应当按照"窗口受理、内部流转、限时办结、窗口出件"的要求,由办税服务厅或者在政府服务大厅设立的窗口集中受理行政许可申请、送达行政许可决定。

没有设立办税服务厅的税务机关指定一个内设机构作为窗口,集中受理直接向本级税务机关提出的行政许可申请、送达行政许可决定。国家税务总局指定纳税服务司办税服务处作为窗口,集中受理直接向国家税务总局提出的行政许可申请、送达行政许可决定。

三、税收行政许可的实施程序

税收行政许可要依法进行,其实施程序具体包括:

(一)公示许可事项

税务机关应当将税务行政许可的事项、依据、条件、数量、程序、期限,以及需要提交的全部材料的目录、申请书示范文本和服务指南等在办税服务厅、其他办公场所,以及税务机关门户网站予以公示。

(二)提出申请

公民、法人或者其他组织依法需要取得税收行政许可,应当在法定期限内,直接向具有行政许可权的税务机关提出申请,并提交《税务行政许可申请书》及相关申请资料。税务机关收到申请后,在《税务行政许可申请表》中的收件人处签名并注明收件日期。

申请人可以委托代理人提出申请,税务机关不得拒绝受理。代理人办理受托事项时,应当出具有效身份证件和委托证明。具备条件的地方,申请人可以通过信函、电报、电传、传真、电子数据交换、电子邮件和网上办理平台等方式提出申请。

(三)受理申请

对申请人提出的申请,税务机关应当视情况分别作出以下处理:

1. 不受理

申请事项属于税务机关管辖范围,但不需要取得税务行政许可的,应当即时告知申请人不受理,同时告知其解决的途径。

2. 不予受理

申请事项依法不属于本税务机关职权范围的,应当即时作出不予受理的决定,制作并送达《税务行政许可不予受理通知书》,告知申请人向有关行政机关申请。

【提示】在法律文件中,相近的用词表达的概念及其内涵与外延往往是截然不同的,而并非像文学语言那样为了追求用词的丰富多变,经常用不同的词汇表达相近的意思。如此处的"不受理"与"不予受理"即是如此。在法律中类似的情况还有很多,请多加注意和体会。

3. 告知补正材料

申请人申请材料存在可以当场更正的错误的,应当告知并允许申请人当场更正。申请材料不齐全或者不符合法定形式的,应当当场或者在 5 日内一次告知申请人需要补正的全部内容,制作并送达《补正税务行政许可材料告知书》;逾期不告知的,自收到申请材料之日起即为受理。

4. 受理

申请事项属于本税务机关职权范围,申请材料齐全、符合法定形式,或者申请人按照本税务机关的要求提交全部补正申请材料的,应当受理税务行政许可申请,制作并送达《税务行政许可受理通知书》。《税务行政许可受理通知书》应当明确注明不长于法律法规规定的办理时限,并对依法不纳入办理时限的工作步骤和工作事项作出具体说明。

(四) 审查

税务机关审查税收行政许可申请,应当以书面审查为原则;根据法定条件和程序,需要对申请材料的实质内容进行实地核实的,应当指派两名以上税务人员进行核查。除法律、法规另有规定外,税收行政许可应当由具有行政许可权的税务机关直接受理、审查并作出决定。税务机关审查税收行政许可申请过程中发现行政许可事项直接关系他人重大利益的,应当告知利害关系人相关权利。申请人、利害关系人有权进行陈述和申辩,税务机关应当认真听取申请人、利害关系人的意见。

(五) 决定

税务机关对申请人材料进行审查后,应当当场或者在法定期限内以书面形式作出税务行政许可决定。申请人提交的申请材料齐全、符合法定形式,税务机关能够当场作出决定的,应当当场作出书面的税收行政许可决定。

税务机关不能当场作出决定的,应当自受理税收行政许可申请之日起 20 日内作出税收行政许可决定;20 日内不能作出决定的,经本税务机关负责人批准,可以延长 10 日,并应当将延长期限的理由告知申请人。但是,法律、法规另有规定的,依照其规定。存在争议的或者重大的税收行政许可事项,应当进行合法性审查,并经集体讨论决定。

作出准予税收行政许可的决定,应当制作并送达加盖本税务机关印章(或者许可专用章)的《准予税务行政许可决定书》,在作出准予税收行政许可决定之日起 7 日内,在办税服务厅或者其他办公场所,以及税务机关门户网站上公开税收行政许可决定。需要颁发税收行政许可证件的,应当自作出决定之日起 10 日内向申请人颁发加盖本税务机关印章的税收行政许可证件。

作出不予税收行政许可的决定,应当制作并送达加盖本税务机关印章(或者许可专用章)的《不予税务行政许可决定书》,应当说明理由,告知申请人享有申请行政复议或者提起行政诉讼的权利。

（六）听证

听证不是作出行政许可决定的必经程序,但是对于下列事项,税务机关应当举行听证:(1)法律、法规规定实施税收行政许可应当听证的事项;(2)税务机关认为需要听证的其他涉及公共利益的许可事项;(3)税收行政许可直接涉及申请人与他人之间重大利益关系的,申请人、利害关系人在被告知听证权利之日起5日内提出听证申请的事项。

【提示】税法中涉及听证的事项包括行政许可、行政处罚、行政复议事项,但都不是由税法直接规范的。其中,税务机关实施的行政许可听证与行政处罚听证提起的条件有一点明显不同:行政许可听证可由税务机关提起,也可因纳税人申请而提起;行政处罚听证则只能因纳税人申请而提起,不能由税务机关主动提起。

行政许可听证由税务机关法制工作机构主持,按照下列程序进行:(1)税务机关应当于举行听证的7日前将举行听证的时间、地点通知申请人、利害关系人,必要时予以公告。(2)听证应当公开举行。(3)税务机关应当指定审查该行政许可申请的工作人员以外的人员为听证主持人,申请人、利害关系人认为主持人与该行政许可事项有直接利害关系的,有权申请回避。(4)举行听证时,审查该行政许可申请的工作人员应当提供审查意见的证据、理由,申请人、利害关系人可以提出证据,并进行申辩和质证。(5)听证应当制作笔录,听证笔录应当交听证参加人确认无误后签字或者盖章。税务机关应当根据听证笔录,作出行政许可决定。

【探讨】听证的价值与制度完善

听证制度的实质是将诉讼程序中的抗辩机制引入到行政程序中来,与《税收征管法》第8条第4款中规定的纳税人的陈述权、申辩权是对应的制度建设。自由裁量权的行使可提高行政效率,但易于对纳税人权利形成损害,所以需要听证制度对冲,增强对纳税人的保护。因此,听证制度是税务机关自由裁量中平衡公共利益,体现行政行为合理性、正当性与保护纳税人合法权益的重要天平。我国税法对纳税人的权益保护缺乏制度支撑,为此应当将听证作为在程序上维护纳税人权益的核心程序制度来设计。从比较微观的操作层面看,扩大税收听证范围,有助于加强对税收行政自由裁量权的合理约束,是税务管理中重要的事中控制手段。尽管听证范围的扩大会增加税务机关的工作量与压力,但也有助于减少征纳双方的误解,解决一些矛盾与冲突,减少征纳双方的对立与诉讼的压力。

综合上述分析,我们建议,在修订《税收征管法》时扩大实施听证制度的范围,该方案可以分两步走:第一步,在现有基础上将税务机关作出的征税决定、移送的涉税案件等纳入听证范围。第二步,将听证进一步扩大到税务机关的多数执法行为,特别是涉及自由裁量权的执法行为。这样安排主要是考虑税务机关可能因此而增加较多的工作量,因此要有一个税收征纳双方逐渐接受适应的过程。同时要细化具体的听证流程,如保证听证笔录反映的结果要在税务决定中得到体现,考虑将和解制度纳入听证程序等。其实,一些地方税务机关已经制定了与听证制度相近的税务质疑约谈规则等办法,只是还没有上升为法律程序。

（七）变更与延续

被许可人要求变更税收行政许可事项的,税务机关应当自收到申请之日起 20 日内作出是否准予变更的书面决定。

被许可人需要延续依法取得的税收行政许可的有效期的,应当在该税收行政许可有效期届满 30 日前向作出税收行政许可决定的税务机关提出申请。但是,法律、法规另有规定的,依照其规定。税务机关应当根据被许可人的申请,在该税收行政许可有效期届满前作出是否准予延续的书面决定;逾期未作决定的,视为准予延续。

（八）特别规定

各省(自治区、直辖市)税务机关应当按照政府采购规定的要求,通过招标方式作出准予或者不予企业印制发票的税收行政许可决定。国家税务总局和省(自治区、直辖市)税务机关应当向被许可人颁发加盖本税务机关印章的发票准印证。招标的具体程序,依照有关法律、法规等规定实施。

四、监督检查

行政许可的一个主要功能就是控制风险,或者说是防止危险。监督检查是确保行政许可发挥应有功能的一个重要环节。《行政许可法》明确规定,把行政许可的实施权,延伸到对被许可人活动的监督环节,改变重审批轻监督的现状,做到谁审批谁监督,从而把事前审批与事后监督统一起来。

《国家税务总局关于税务行政许可若干问题的公告》要求税务机关应当充分运用大数据先进理念、技术和资源,利用国家统一的信用信息共享交换平台,建立健全失信联合惩戒机制,推动将申请人良好的信用状况作为税收行政许可的必备条件,加强对被许可人的服务和监管。

税务机关应当依法对被许可人从事税收行政许可事项的活动进行监督检查,可以依法查阅或者要求被许可人报送有关材料,被许可人应当如实提供有关情况和材料。税务机关发现被许可人不再具备法定条件时,应当责令限期改正;发现行政许可不符合法定条件及存在其他违法行为的,依法进行处理处罚。

思 考 题

1. 在现行税法中有哪些规定属于税收行政自由裁量权? 实施税收行政自由裁量权应当遵循哪些原则?
2. 试比较税收保全与税收行政强制执行。

3. 纳税担保的具体形式有哪些？纳税担保物的范围如何界定？

4. 《税收征管法》关于税收优先权的规定有哪些？怎样看待《税收征管法》与其他相关法律规定的冲突？

5. 怎样看待税收公共协助的作用？其法律规范的要点应当如何把握？

6. 怎样理解行政处罚的一事不二罚原则？

即测即评

第九章　税收法律责任

本章要点

　　所有税法设定的权利义务最终都要通过法律责任的规制加以落实,因此,税收法律责任是税法强制性的最终体现,是国家税款实现的最后保障。税收法律责任是其民事、行政、刑事责任的综合体现,但本章我们更多讨论的是其行政和刑事责任。税收法律责任的追究,由税收违法、犯罪行为的认定和相应的法律制裁两部分构成。本章按照上述逻辑顺序安排了三节内容:第一节讨论税收法律责任的概念、特征与构成要件,指出税收法律责任是一种违法责任;第二节介绍税收行政法律责任,着重探讨了偷税、抗税、骗税等纳税主体的违法行为,介绍了相应的处罚规则;第三节阐述了危害税收征管罪及相应的刑事制裁,本节中应注意把握危害税收征管罪中罪与非罪的界限。

第一节　税收法律责任概述

一、税收法律责任的概念与特点

　　税收法律责任是指税收法律关系主体违反税法的行为所引起的不利法律后果。税收法律责任的确认必须依照税法与相关法律的规定,追究税收法律责任以税收违法行为的存在为基本前提,必须按照法定的程序进行。税收法律责任是一部独立、完整的税法所必不可少的内容,它对于打击税收犯罪、维护税收秩序、培养公民自觉纳税意识、保障税收权利义务的实现起着十分重要的作用。税收法律责任的特点主要体现在以下三个方面:

　　第一,税收法律责任属于违法责任。从法律责任产生原因的角度,有学者将其概括成三种类型:其一,由于违反法定义务而产生的违法责任;其二,由于违反法定义务而产生的违约责任;其三,虽无违法或违约行为,但在某些特定情况下根据法律的规定而承担的其他法律责任。①税法范围内的权利义务都是通过一定的法律形式规定的,一般来说,税务机关与纳税人之间就纳税而自行作出的约定不为税法所承认,不受税法保护,"违约"也无法律责任可追究。因此,一般情况下税收法律责任不包括由于违反法定义务而产生的违约责任。同样,我国税法也没有为无违法行为者设定其他法律责任,所以,税收法律责任是违反法定义务而产生的违法责任。

【思考】税收法律责任属于违法责任的判断无疑是成立的。但是否存在个别例外的情况?例如,纳税人违背预约定价制度能否理解为"由于违反法定义务而产生的违约责任"? 与此相关,在民法中设立的缔约过失责任,在税法中是否可能作为例外存在? 另外,纳税人与第三方约定由其负责缴纳税款,税收法律责任应如何确定?

第二,税收法律责任以过错责任原则为基本归责原则。法律上的归责原则主要包括过错责任原则、无过错责任原则,以及推定过错责任原则。从民法等法律部门来看,过错责任原则是其基本归责原则,无过错责任原则及推定过错责任原则只是一种补充。在税法中,无过错责任原则不能适用。因为像民法等法律部门中单独适用过错责任原则可能使责任人承担责任不足的情况在税法中并不存在。若适用无过错责任原则易形成对国家税款的过度保护,而对纳税人的合法权利造成不应有的侵害。同样,纳税责任本来就是国家出于必要的理由在正常的分配关系之外强加给纳税人的,在此基础上在法律之外推定纳税人的法律责任是不讲道理的,因此不能适用推定过错责任原则。

【思考】如何看待税法适用过错责任原则? 你能在税收行政执法实践中找出适用无过错责任原则的实例吗?

第三,税收法律责任形式具有综合性。为了实现税法不同侧面、不同层次的要求,税法综合运用了民法、行政法、刑法的责任形式,就其功能而言,既有补偿性的,也有惩罚性的。

民事法律责任是以财产责任为主的一种法律责任,因债的不履行和侵权行为而产生,主要是补偿性的。从债务关系说的角度分析,税收法律责任的某些侧面与民事法律责任形式具有相通性。例如,追究纳税人偷逃税款的法律责任时,首先要求其停止这种违法行为,将少缴或未缴的税款补足,然后还必须以滞纳金的形式补偿国家的税收损失。这些措施与民事法律责任中的停止侵害、返还财产、赔偿损失是对应的,也可以说税法吸纳了大部分民事法律责任形式。

行政法律责任是行政违法行为引起的,用以调整和维护行政法律关系,具有一定的惩罚性。由于税法在一定程度上具有行政法的性质,其实施主要依靠税务机关的行政执法来完成,因此为确保税务行政执法的有效性和规范性,行政法律责任成为税法的基本责任形式之一。我国《税收征管法》专设一章规范纳税主体的行政法律责任,其具体形式包括罚款、没收违法所得等。对于征税主体而言,税务机关承担的行政法律责任主要是依据《国家赔偿法》和有关法规而负有的行政赔偿责任、撤销违法决定,以及对违法税务人员实施的行政处分等。

刑事法律责任是对违反法律情节严重,构成犯罪的责任人,由司法机关依据刑法规范给予的

---

① 参见马新福主编:《法理学》,吉林大学出版社 1995 年版,第 291 页。

刑事制裁。税收犯罪对国家的经济基础和社会稳定破坏很大,所以必须予以严厉打击。因此,刑事法律责任形式成为实施税法的最后保障,从对人身的惩罚到对财产的剥夺,从有期徒刑到死刑,①各种具体的刑事法律责任形式在对涉税犯罪的制裁中都有所体现,其惩罚性在此得到了鲜明反映。

在税法采用的三种法律责任形式中,民事法律责任形式最为和缓,其基本功能在于将国家与纳税人之间因课税而产生的财产分配关系限定在法律规定范围之内,通过法定的补偿在最基本的层次上维护税收法律关系。比较而言,这种补偿性的法律责任在税收法律关系主体双方间的设置是比较均衡的。税收行政法律责任主要是从行政执法的角度修正纳税人偏离税法规范的非法律行为,虽然具有一定的惩罚性,但其根本出发点还是提醒纳税人依法纳税。与民事法律责任相比,其具有更多的维护税收秩序的作用。刑事法律责任作为一种最严厉的法律责任形式,在税收领域主要起到一种威慑作用。如果这一法律责任形式经常被使用,则说明税法设计有较大的问题,或者是这个国家的各种社会、政治、经济矛盾已十分尖锐。从总体上讲,具有惩罚性的行政与刑事的税收法律责任规范的对象偏重于纳税人一方。这是因为经过法律确认之后,纳税人与国家之间形成了一种单向的债权债务关系,实现税收债权,关系到国家的生存与发展,所以要以大力度的惩罚性法律责任作为税收强制性的最后保障。

鉴于税法民事法律责任的相关内容已在其他章节有所介绍、分析,所以本章主要讨论税法的行政与刑事两种法律责任形式。

二、税收法律责任的构成要件

税收法律关系主体承担法律责任需要法律规定一定的主、客观条件,这在法律上被称为构成要件。税收法律责任的构成要件包括以下几方面:

第一,税收法律关系主体必须有违反税法的行为。首先,必须是税收法律关系主体作出的行为,不承担纳税义务或征税义务者不存在税收法律责任问题。例如,负税人虽然是税款的最后承担者,但是负税人不是税收法律关系主体,税法并未为其设定任何义务。因此,他们不直接承担税收法律责任。其次,必须是税收法律关系主体有违反税法的行为,即没有履行税法为其设定的义务。违反税法的行为有两种状态:一是违法的作为,即凡是税法所禁止的行为,税收法律关系主体就负有不作为的义务。不履行这一义务,作出税法所禁止的行为,就是违法的作为。例如,纳税人伪造账簿偷税,税务机关越权决定减税免税,等等。二是违法的不作为,凡是税法要求实施的行为,税收法律关系主体即负有作为的义务。不履行这一义务,不作出税法要求的行为,就是违法的不作为。例如,纳税人在税法规定的期限内不进行纳税申报;税务人员玩忽职守,不征

---

① 1995 年《全国人民代表大会常务委员会关于惩治虚开、伪造和非法出售增值税专用发票犯罪的决定》设立了虚开、伪造和非法出售增值税专用发票罪,并规定了死刑这一最严厉的刑罚方法,以严惩此类犯罪。2011 年《刑法修正案(八)》对涉税犯罪作了重要修改,取消了虚开增值税专用发票用于骗取出口退税、抵扣税款发票罪和伪造、出售伪造的增值税专用发票罪等罪名的死刑刑罚方法。这样,刑法涉税犯罪最终取消了死刑的规定。

应纳税款等。违反税法的行为既包括实体性的（如纳税人欠税），也包括程序性的（如税务人员实施税收保全不按法定程序进行），而后者往往为人们所忽视。不管是哪一类违反税法的行为，行为人都必须承担一定的法律责任。

第二，违反税法的行为人要有过错。如前所述，过错责任原则是税法的基本归责原则。所以，税收法律关系主体有过错是其承担法律责任的要件之一。例如，当税务机关没有采取必要措施将修改后的税法告知纳税人，致使其少缴税款时，纳税人没有过错，所以不承担税收法律责任。在法律上，过错指违法者在实施其行为时的心理状态，有故意和过失之分。行为人应该和能够预见到自己行为的后果，但希望或放任这种后果发生，称为故意。偷税是典型的故意违法行为，没有纳税人主观上的故意，就不能将纳税人少缴税款的行为定性为偷税。行为人对其行为的后果应该预见或者能够预见而由于疏忽大意没有预见到，或者显然预见到了行为后果可能发生，却又轻信这种结果能够避免，称为过失。漏税即属于过失行为。税收法律关系主体主观上的过错导致行为上的过错才承担法律责任。如果税收法律关系主体主观上的过错仅仅停留在主观愿望上而没有实施违法行为，则不负法律责任；主观上的过错以不违法的行为表现出来（如避税），也不承担法律责任。

第三，违反税法的行为造成了损害后果，并且违法行为与损害后果间存在因果关系。这种损害应从较广泛的意义上去理解，首先，既包括纳税主体违反税法对国家税收利益的损害，也包括征税主体违反税法对纳税人合法权益的侵害；其次，既包括直接的损害（如税款的减少），也包括间接的损害（如给社会公众利益带来的不利影响）；再次，既包括物质的损害，也包括精神的损害（如税务机关错误认定纳税人偷税而给其带来的名誉损失）；最后，既包括实体性的损害，也包括程序性的损害。要求违反税法者承担法律责任，还需要满足违法行为与损害后果之间存在因果关系这一条件。例如，纳税人采取欺骗手段少缴税款，税务机关却认定其少缴税款是计算错误造成的，就没有理清其间的因果关系，在适用税法追究纳税人的法律责任时必然会产生错误，对税法的严肃性、公正性产生不利影响。

第二节　税收行政法律责任

税收违法是指税收法律关系主体在税收征收管理过程中违反国家税法的行为。存在税收违法行为，是实施行政制裁、追究税收行政法律责任的基本前提条件。构成税收违法行为的要件包括：（1）对国家税收利益及社会公共利益有直接或间接的危害；（2）以被法律确认的国家与纳税人之间的税收分配关系为侵害客体；（3）税收违法行为主体主观上有过错；（4）税收违法行为主体具有责任能力；（5）属于税法规定应予行政处罚的情形。税收违法行为包括纳税主体的违法行为、其他税务管理相对人的违法行为与征税主体的违法行为三个方面。

一、纳税主体的违法行为及其法律责任

（一）违反税收日常管理制度的行为及其法律责任

违反税收日常管理制度的行为指纳税人、扣缴义务人，以及纳税担保人等纳税主体情节较轻微地违反税收管理法律、法规、规章确认的税务管理制度的行为。具体包括：（1）未按规定期限申报办理税务登记、变更或者注销税务登记，未按规定使用税务登记证件的行为；（2）未按规定设置、保管账簿、记账凭证和有关资料，未按规定设置、保管代扣代缴、代收代缴税款账簿或者保管代扣代缴、代收代缴记账凭证及有关资料的行为；（3）未按规定将财务、会计制度或者财务会计处理办法及会计核算软件报送税务机关备查的行为；（4）未按规定将其全部银行账号向税务机关报告的行为；（5）非法印制、转借、倒卖、变造或者伪造完税凭证的行为；（6）未按规定安装、使用税控装置，损毁或者擅自改动税控装置的行为；（7）未按规定办理纳税申报、报送代扣代缴、代收代缴报告表，但尚未影响税款缴纳的行为；（8）违反发票管理规定，但尚未影响税款缴纳，未构成犯罪的行为。违反税收日常管理制度行为的主要特征有：第一，税收违法行为主体的违法行为大多是过失性的，情节较轻微，造成的损害也较小，不构成犯罪；第二，一般不直接影响税款的缴纳。

对违反税收日常管理制度的行为，由税务机关责令限期改正，可以处 2 000 元以下的罚款；情节严重的，处 2 000 元以上 1 万元以下的罚款。具体规定如下：（1）纳税人未按照规定的期限申报办理税务登记、变更或者注销税务登记的，未按规定办理税务登记验证或者换证手续的，由税务机关责令限期改正，可以处 2 000 元以下的罚款，情节严重的，处 2 000 元以上 1 万元以下的罚款；纳税人未按规定使用税务登记证，或者转借、涂改、损毁、买卖、伪造税务登记证件的，处 2 000 元以上 1 万元以下的罚款；情节严重的，处 1 万元以上 5 万元以下的罚款。（2）扣缴义务人未按照规定设置、保管代扣代缴、代收代缴税款账簿或者未按规定保管代扣代缴、代收代缴记账凭证及有关资料的，由税务机关责令期限改正，可以处 2 000 元以下的罚款；情节严重的，处 2 000 元以上 5 000 元以下的罚款。（3）纳税人、扣缴义务人在规定期限内不缴或者少缴应纳或者应解缴的税款，经税务机关责令限期缴纳，逾期仍未缴纳的，税务机关除依照《税收征管法》第 63 条的规定采取强制执行措施追缴其不缴或者少缴的税款外，可以处不缴或者少缴的税款 50% 以上 5 倍以下的罚款。（4）扣缴义务人应扣未扣、应收未收税款的，由税务机关向纳税人追缴税款，对扣缴义务人处应扣未扣、应收未收税款 50% 以上 3 倍以下的罚款。（5）纳税人、扣缴义务人逃避、拒绝或者以其他方式阻挠税务机关检查的，由税务机关责令改正，可以处 1 万元以下的罚款；情节严重的，处 1 万元以上 5 万元以下的罚款。（6）当事人非法印制发票的，由税务机关销毁非法印制的发票，没收违法所得和作案工具，并处 1 万元以上 5 万元以下的罚款；构成犯罪的，依法追究刑事责任。（7）从事生产、经营的纳税人、扣缴义务人存在税收违法行为，拒不接受税务机关处理的，税务机关可以收缴其发票或者停止向其发售发票。（8）纳税人未按规定安装、使用税

控装置,或者损毁、擅自改动税控装置的,由税务机关责令限期改正,可以处 2 000 元以下的罚款,情节严重的,处 2 000 元以上 1 万元以下的罚款。(9)纳税人未按照规定办理税务登记证件验证或者换证手续的,由税务机关责令限期改正,可以处 2 000 元以下的罚款;情节严重的,处 2 000 元以上 1 万元以下的罚款。

【提示】第一,对一般性违反税法的行为,1993 年《税收征管法》第 37 条规定的相应处罚表述为,"纳税人有下列行为之一的,由税务机关责令限期改正,逾期不改正的,可以处以二千元以下的罚款"。从字面意思上理解,有如果纳税人改正了就不应处以罚款的含义。显然,这不能达到对违法者的惩戒、教育作用,也不符合立法意图。所以,现行《税收征管法》将"逾期不改正的"这一限制性条件取消了,比较符合实际。第二,税收行政处罚的主要形式是行政罚款,但除此之外还有没收违法所得等。第三,依据现行《税收征管法》,"由税务机关责令限期改正,可以处二千元以下的罚款",指税务机关对罚款可以作出选择,罚与不罚都是合法的。

【思考】据报载[①],自 2020 年 8 月 1 日起施行的《长江三角洲区域税务轻微违法行为"首违不罚"清单》,对 18 项税务轻微违法行为"首违不罚"。长三角 5 个省市税务机关联合发布"首违不罚"清单,明确将"税务登记状态正常,在税务机关发现前主动改正或者在税务机关责令限期改正期限内改正"的未按规定期限申报等行为认定为"轻微违法行为"。从中可以窥视税收立法倾向怎样的细微变化? 你认为地方税务机关是否有权作这样的规定?

(二)欠税及其法律责任

欠税指纳税人、扣缴义务人等纳税主体在法定的纳税期限内未缴或者少缴应纳或应解缴税款的行为。欠税的主要特征有:第一,欠税的实质是纳税主体在一定时期内占用国家税款;第二,欠税者主观上不存在直接故意,形成欠税往往有一定的客观原因;第三,欠税者没有采用涂改账簿等非法手段;第四,欠税的社会危害性只与欠缴税款数量大小直接相关。

纳税人、扣缴义务人在规定期限内不缴或者少缴应纳或者应解缴的税款,构成欠税的,经税务机关责令限期缴纳,逾期仍未缴纳的,税务机关除依法采取强制执行措施追缴其不缴或者少缴的税款外,可以处不缴或者少缴的税款 50% 以上 5 倍以下的罚款。

(三)偷税及其法律责任

偷税是出现最多、危害最大的税收违法行为,其危害性不仅表现在给国家税收收入造成的直接损失,而且表现在恶劣的违法犯罪示范效应和对税法权威性、公平性的不利影响上。对于偷税,《税收征管法》第 63 条对其的界定是:纳税人伪造、变造、隐匿、擅自销毁账簿、记账凭证,或者在账簿上多列支出或者不列、少列收入,或者经税务机关通知申报而拒不申报或者进行虚假的纳税申报,不缴或者少缴应纳税款的,是偷税。扣缴义务人采取上述手段,不缴或者少缴已扣、已收税款的,也是偷税。偷税有四个构成要件:第一,偷税的违法或犯罪主体是纳税人或扣缴义务人;

---

① 参见汪成红:《"首违不罚"有利于减少涉税争议》,载《中国税务报》2020 年 8 月 18 日,第 6 版。

第二,采用了《税收征管法》第63条列举的手段;第三,违法或犯罪主体存在主观故意;第四,达到了不缴或少缴税款的目的。

对纳税人、扣缴义务人偷税未构成犯罪的,由税务机关追缴其不缴或者少缴的税款、滞纳金,并处不缴或者少缴的税款50%以上5倍以下的罚款。构成犯罪的,依法追究刑事责任。

【探讨】关于偷税的几个问题

第一,关于偷税与逃税的概念。偷税是我国税法中最常见的概念之一。但是,这个概念表达的含义是否准确也受到质疑。一种比较有代表性的观点认为税款本是纳税人所有的,被法律要求缴纳给国家,采取欺骗隐瞒手段不缴纳的,本质上不是"偷",税款应缴未缴与从国库中将钱偷出来是不同的,逃税这一概念更能准确地表达其应有内涵。其实,另一种相反的理解也未必全无道理,即税款虽然原本是归属纳税人的,但当国家通过法律改变其所有权后,即成为国家的收入,纳税人如果采用欺骗隐瞒手段不缴少缴税款,就是"偷"国家的收入,说其偷税并无不妥。或许受前述观点的影响,我国《刑法》在2009年修正后,将偷税罪修改为逃税罪。这样,《税收征管法》必将跟随这一变化,将"偷税"替换成"逃税"。不过,目前从《税收征管法》的角度,仍用偷税的概念。本书为了避免这一问题带来的混乱,讲述《税收征管法》时仍使用偷税的概念,分析《刑法》涉税犯罪相关问题时,用逃税的概念。

第二,关于偷税的构成要件。对于偷税,许多人头脑中固有的观念是:只要是为了少缴税款而采取欺骗手段就是偷税。实际上,这是不够准确的。对于偷税的把握必须严格按照法律规定去诠释。其一,偷税的主体只能是纳税人或扣缴义务人,其他身份的当事人不可能构成偷税。其二,必须采用的是《税收征管法》第63条列举的手段,即经税务机关通知申报而拒不申报或者进行虚假的纳税申报,如果采用的是列举之外的手段,可能构成其他违法行为,但不是偷税。其三,偷税一定是主观故意的,不存在无意的、过失性的偷税。当然,主观故意是通过行为表现出来的,并需要通过固定证据加以确认,其责任在税务机关,如果没有证据证明纳税人存在偷税的主观故意,就不能推断纳税人存在偷税。其四,偷税不仅是采取了上述列举手段中的一种或多种,而且要有因此不缴或少缴税款的结果,否则就不构成偷税。那种以为只要采取了上述列举手段就是偷税的观点是错误的。不过,纳税人、扣缴义务人编造虚假计税依据(不仅仅是上述列举的),但未造成未缴、少缴税款后果的,虽然不是偷税,但也属于税收违法行为,应予惩罚。

第三,《税收征管法》第62条、第63条、第64条的比较。现行《税收征管法》第62条、第63条、第64条都涉及纳税申报,但是定性和对法律责任的追究不同。其一,对于纳税人只是单纯未按照规定的期限办理纳税申报和报送纳税资料,或者扣缴义务人未按照规定的期限向税务机关报送代扣代缴、代收代缴税款报告表和有关资料,不涉及未缴、少缴税款的,由税务机关责令限期改正,可以处2 000元以下的罚款;情节严重的,可以处2 000元以上1万元以下的罚款(见该法第62条的规定)。这种情况属于一般性违反税法的行为,性质并不严重,因此罚款数额相对较低。其二,对于纳税人经税务机关通知申报而拒不申报或者进行虚假的纳税申报,并有不缴或者少缴应纳税款后果的,由税务机关追缴其不缴或者少缴的税款、滞纳金,并处不缴或者少缴的税款50%以上5倍以下的罚款(见该法第63条的规定)。这种情况即所谓偷税,性质比较严重,甚至能从行政违法上升为犯罪。其三,该法第 64 条规范了两种情形,一是纳税人、扣缴义务人编造虚假计税依据(编造虚假计税依据的范畴较该法第 63 条列举的手段更为宽泛;当事人的主观故意明显,目的就是偷税),但并未达到因此不缴、少缴税款的目的;二是纳税人不进行纳税申报(主要包括漏管户和不需要进行纳税申报两种情况),并达到了不缴或少缴应纳税款的目的(对此,《税收征管法》第 64 条的规定要求由税务机关追缴其不缴或少缴的税款、滞纳金,并处不缴或少缴税款 50% 以上 5 倍以下的罚款)。这两种情况中,前一种情况虽然主观恶意明显,但没有达到不缴、少缴税款的目的,因此危害有限;后一种情况达到不缴、少缴税款的目的,但一般数额有限,危害相对有限,且在税收管理上有一定的漏洞,有值得税务机关反思的地方。所以综合平衡,其承担的行政法律责任重于该法第 62 条的规定,但轻于该法第 63 条的规定,不会上升为犯罪。可见这三者之间的区别,一是是否有不缴或少缴税款的结果,二是要看没有依法纳税申报属于什么性质的,应当注意体会。

【案例】甲公司取得乙公司开具的 100 余份增值税专用发票。F 税务局接到乙公司所在地税务局对该部分发票发出的《已证实虚开通知单》,对甲公司立案检查。经查确定,甲公司是在未与乙公司发生货物交易的情况下从乙公司取得这些发票的,已抵扣增值税 3 000 余万元。有关事实有山东省东营市中级人民法院刑事判决书、北京市人民检察院第三分院的不起诉决定书,以及其他证据证实。

F 税务局认为,根据《增值税暂行条例》第 9 条的规定,纳税人购进货物或者应税劳务,取得的增值税扣税凭证不符合法律、行政法规或者国务院税务主管部门有关规定的,其进项税额不得从销项税额中抵扣,甲公司从乙公司取得的虚开增值税专用发票,其进项税额不能从销项税额中抵扣。而甲公司将这些虚开发票抵扣了增值税销项税额,少缴增值税 3 000 余万元。根据《税收征管法》第 63 条第 1 款、《国家税务总局关于纳税人取得虚开的增值税专用发票处理问题的通知》第 1 条等规定,甲公司此行为应定性为偷税。2013 年 7 月,F 税务局对甲公司作出税务处理决定和税务行政处罚决定,追缴甲公司增值税 3 000 余万元,并对其处少缴税款 1 倍的罚款 3 000余万元。

甲公司未对税务处理决定提起行政复议和行政诉讼,但就税务处罚决定向法院提起诉讼,请求撤销该处罚决定。一审和二审法院均支持 F 税务局作出的处罚决定,甲公司以"一审和二审判决在未对申请人偷税的主观故意作出充分认定的情况下就认定申请人偷税"为主要理由,向当地高级人民法院申请再审。

再审法院经审查认为,根据《税收征管法》第 63 条第 1 款的规定,纳税人伪造、变造、隐匿、擅自销毁账簿、记账凭证,或者在账簿上多列支出或者不列、少列收入,或者经税务机关通知申报而拒不申报或者进行虚假的纳税申报,不缴或者少缴应纳税款的,是偷税。从该规定列举情形看,当事人的主观方面系认定偷税行为的必要构成要件。行政机关以构成偷税行为为由对当事人作出行政处罚,应当对当事人不缴或者少缴应纳税款的主观方面进行调查认定,并在当事人提起诉讼后就此承担举证责任。本案中,F 税务局未就甲公司少缴税款的主观方面进行调查认定,在诉讼过程中也未就此提交相应证据。因此,甲公司的再审申请符合行政诉讼法相关规定,应予支持。该院于 2018 年 5 月作出裁定,指令某中级人民法院再审本案。①

对于本案中"主观故意是否为偷税构成要件"的争议,你持什么观点? 请思考,企业将虚开的发票用于抵扣税款,直接被定性为偷税的理由是什么?

【案例】2005 年 1 月,A 公司在 B 市开发一个商铺项目。同年 10 月,A 公司完成商铺销售和收款工作,将收讫的全部价款确认为 2005 年的销售收入进行了纳税申报。但其实际竣工手续在 2006 年 5 月才取得。

2008 年 4 月,B 市税务机关稽查局检查 A 公司 2005 年和 2006 年的纳税情况,发现该公司与一些购房人签订了银行按揭合同,但合同显示这些购房人并未在 2005 年年底缴清全款或办理完银行按揭手续,部分购房尾款是以银行按揭贷款的方式,2006 年才汇入 A 公司账户。稽查人员查明,A 公司 2005 年可享受企业所得税免税待遇,认为该公司故意提前确认收入,形成少缴税款的事实。

2009 年 6 月,税务机关稽查局认定 A 公司以虚假申报方式偷税,要求其补缴税款和滞纳金,并处应纳税款 0.5 倍的罚款。A 公司提出,A 公司曾协助购房人向第三方借款,购房人于 2005 年交清了全款。购房人于 2006 年办理银行按揭贷款手续,是为偿还他人借款,A 公司收到银行转来的按揭贷款后已全部转给购房人。A 公司确认纳税义务的时间符合税法规定,不构成偷税。②

此案争议焦点一是 A 公司销售不动产的收入时间如何确认;二是企业为获取税收优惠,人为地将纳税义务发生时间提前的行为,是否为偷税;三是对所谓"通谋虚伪行为"如何作税法评价,与此相关的是偷税与税收筹划的边界如何把握。对上述问题,你是怎样认识的?

(四) 抗税及其法律责任

抗税指纳税人等纳税主体拒不履行其应纳税款的行为。其主要特征有:一是违法者存在主观上的直接故意,即以不缴或少缴税款为出发点;二是违法者采取暴力、威胁的公开对抗手段;三是达到了不缴、少缴税款的目的。就给国家造成的税收损失而言,抗税往往不及偷税的危害大,但是就其违法犯罪的示范效应及对税法权威性、公正性的挑战来看,抗税甚于偷税。

对于抗税,由税务机关追缴违法者拒缴的税款、滞纳金,并处拒缴税款 1 倍以上 5 倍以下的罚款。构成犯罪的,由税务机关追缴违法者拒缴的税款、滞纳金,并依法追究刑事责任。

【探讨】抗税的内涵与外延

我们认为,就抗税的性质而言,抗税应有暴力抗税与非暴力抗税(或称消极抗税)之分,前者是以暴力、威胁等手段拒缴税款,如冲击、打砸税务机关,破坏有关征税设施,殴打、侮辱、威胁税务人员等;后者则是采取消极对抗的手段拒缴税款,如拒绝接受税务检查,拒绝按法定程序缴税等。这些行为显然具有社会危害性,但其危害性不及暴力抗税。从性质上分析,上述行为不属于

---

① 参见刘阳:《主观故意是认定偷税行为的构成要件吗?》,载《中国税务报》2019 年 2 月 19 日,第 7 版。

② 参见李亚松、郭晓亮:《房企协助购房人骗贷引出的一个现实问题:征税人该如何对待"通谋虚伪"行为?》,载《中国税务报》2016 年 9 月 20 日,第 B03 版。

一般性的欠税，又不是《税收征管法》和刑法中规定的逃避追缴欠税（尽管其以欠税为前提，但附加的条件使其范围过窄），所以应当有消极抗税这一说，这在税收行政执法实践中也是有意义的。虽然相关税法中并未肯定消极抗税的提法，或者将该内容纳入抗税的范畴，但是，根据《税收征管法》第70条的规定，纳税人、扣缴义务人逃避、拒绝或者以其他方式阻挠税务机关检查的，应当予以行政罚款的处罚，这一规定已经具备与消极抗税相似的含义。

（五）逃避追缴欠税及其法律责任

逃避追缴欠税指纳税人欠缴应纳税款，采取转移或者隐匿财产的手段，妨碍税务机关追缴所欠税款的行为。逃避追缴欠税包括这样几个要件：（1）纳税人已构成欠税。（2）纳税人采取转移或者隐匿财产的手段，使税务机关不能正常依法追缴其欠缴的税款。这一条件是构成逃避追缴欠税的关键。但如果没有欠税的前提，即使纳税人采用了转移或隐匿财产的手段，仍不构成逃避追缴欠税。同样，尽管纳税人采取了转移或隐匿财产的手段，但税务机关仍然可以通过控制该纳税人的其他财产来课税，也不构成逃避追缴欠税。

纳税人逃避追缴欠税的，由税务机关追缴欠缴的税款、滞纳金，并处欠缴税款50%以上5倍以下的罚款；构成犯罪的，依法追究刑事责任。

（六）骗取出口退税及其法律责任

骗取出口退税指企事业单位和个人采取假报出口等欺骗手段，骗取国家出口退税款的行为。骗取出口退税是根据出口退税工作中违法行为对国家税收收入侵蚀严重的实际情况，在《税收征管法》颁布后认定的一种税收违法行为。骗取出口退税与偷税有某些相近之处：两者都存在违法行为人主观上的直接故意，都以欺骗作为主要手段。但是两者的区别也是明显的：第一，骗取出口退税的对象特指国家税收政策允许的出口退税。第二，偷税是纳税人不缴或少缴应纳税款，其行为结果是没有履行纳税义务；骗取出口退税却是实际并没有纳税的行为人，还要骗取已入国库的税款，从这一点看，骗税者并不一定是纳税人。这样，税法和刑法将此界定为：对于纳税人缴纳税款后，采取假报出口或者其他欺骗手段，骗取所缴纳税款的，属于偷税；骗取税款超过所缴纳税款的部分，或者没有缴纳税款骗取而获得的退税，属于骗取出口退税。就具体案例分析，骗税的数额往往巨大，性质也更为恶劣。

对行为人骗取出口退税的，由税务机关追缴其骗取的退税款，并处骗取税款1倍以上5倍以下的罚款；构成犯罪的，依法追究刑事责任。对骗取国家出口退税的，税务机关可以在规定期限内停止为其办理出口退税。

【案例】2015年，浙江省海宁市国税局稽查局实施出口退（免）税专项检查，发现辖区内一家从事家纺布艺生产的增值税一般纳税人企业——B公司存在大量账外销售未申报纳税的违法事实。检查人员经过深入调查取证，最终确认该公司在2012年至2013年期间，共账外隐匿内销收入912万元，少计销项税额155万元。

该公司的企业所得税归地税机关征管，2012年至2013年共申报应税销售收入5 692万元，出口销售收入 3.32 亿元,进项税额 6 301 万元,应退税额 5 212 万元。检查人员将其账外隐匿销售部分少计的销项税额 155 万元并入税款所属期,并按照免、抵、退税办法重新计算,直接结果是 B 公司在 2012 年至 2013 年期间多获得退税款 155 万元。

针对这种情况,检查人员建议对 B 公司多获得的 155 万元出口退税款予以收回,并对该公司的涉税违法行为予以处罚。[①] 本案的争议焦点主要是该企业的行为应当定性为偷税、骗税还是编造虚假计税依据。对此争议,你持何种观点?

【探讨】漏税、避税与税收筹划

在《税收征管法》确认的纳税主体违法行为之外,漏税也是税收管理活动中的一种客观存在。漏税是指纳税主体由于疏忽或会计核算水平的限制以及没有准确掌握税法而在法定纳税期限内未缴或者少缴税款的违法行为。漏税还有一层含义,即违法当事人在实施相关行为时并没有意识到自身的错误,漏税是典型的过失性违法,违法当事人主观上不存在直接故意是其主要特征。由于在实际执法中较难准确把握,易受人情因素影响,所以《税收征管法》取消了漏税的提法。但是,不将偷税与漏税在法律上区别开来,对真正属于漏税的违法当事人是不公平的。实际上,漏税的难点是如何取证的问题,而不是在法律上如何界定漏税与偷税的区别。因此,在相关税法中刻意回避"漏税"这一违法行为是不合适的。从长远看,应将"漏税"作为一种违法行为追究违法当事人的行政法律责任。

关于避税的概念及其是否属于税收违法行为,也是一个较有争议的问题。我们所理解的避税是指纳税人违背税收立法精神与立法目的,但并不直接违反具体的税法条文规定,主要通过钻税法空子的手段达到少缴或不缴税款目的的行为。避税是纳税人通过对交易自由的扭曲使用,以少缴纳税款为目标,而对自身权利的扩张。其结果是给国家税收利益造成损失,对公平税收环境有所破坏,因此是税法中的权利滥用行为。避税规避了税法所规定的义务和禁止,表现在对税法规则漏洞与瑕疵的利用。税法可以通过特别规定实施反避税,但无疑会增加税收成本。避税可能对纳税人正常的交易活动产生某种扭曲,但对纳税人而言,诱惑在于成功避税会使其损失小于避税的收益且不会承担法律责任。如果将避税作为违法行为处理,与税收法定原则的要求有所冲突,从实际操作上认定哪些行为违背税法立法目的也是有困难的,且容易出现执法权力被滥用的问题。同时,纳税人也会陷入无所适从的境地,有违税法稳定性的要求。况且,避税的存在,客观上也起到了促使税法不断修补、越来越严密的作用。所以,从追究税收法律责任的角度考虑,避税一般不应被视为违法行为。

而税收筹划则是指纳税人按照税法的引导,通过改变自身的财务或交易行为满足税法的要求而实现不缴或少缴税款的目的。税收优惠的实现,有时需要借助一定的税收筹划。我们界定的税收筹划既不违背税法精神或立法意图,也不违背具体的税法条文规定,而且往往符合税法引导的方向,因此能够达到征纳双方的一致,受到税务机关的认可与支持。

那么,避税与合法税收筹划之间的边界在哪里?其一,纳税人是否采用了形式上合法而实质

---

① 参见张卫东:《一桩税案引发税务行政处罚适用争议》,载《中国税务报》2016 年 11 月 15 日,B03 版。

上不被法律认可的交易安排，即是否违背立法精神或立法意图？当然，这就要求税法规定应当以更为明确、清晰的语言描述其立法精神与意图。其二，为减少纳税而进行的财务与交易安排尽管未必是对纳税人最有利的，但必须是真实发生的，这一点实际上是避税与税收筹划的重要界限。其三，如果纳税人的财务或交易安排被认定不符合相关的税法精神或意图，则需要作出符合商业规律的合理解释并在私法上是合法有效的。

（七）编造虚假计税依据及其法律责任

编造虚假计税依据是纳税人、扣缴义务人采用各种手段以少缴税款为目的篡改计税依据的行为，《税收征管法》第64条第1款对其进行了规范。与偷税相比，两者采用的手段相近，但是对该违法行为的界定采用的是概括归纳而不是列举的方式。

纳税人、扣缴义务人编造虚假计税依据的，由税务机关责令限期改正，并处5万元以下的罚款。

（八）拒不接受税务检查及其法律责任

拒不接受税务检查指纳税人、扣缴义务人逃避、拒绝或者以其他方式阻挠税务机关检查的违法行为，与抗税的目的、对象相同，但是没有采用暴力和威胁的方式（其实，这正是前面所言非暴力抗税）。拒不接受税务检查的特殊情况是指纳税人、扣缴义务人的开户银行或者其他金融机构拒绝接受税务机关依法检查纳税人、扣缴义务人的存款账户，或者拒绝执行税务机关作出的冻结存款或者扣缴税款的决定，或者在接到税务机关的书面通知后帮助纳税人、扣缴义务人转移存款，造成税款流失的行为。

纳税人、扣缴义务人逃避、拒绝或者以其他方式阻挠税务机关检查的，由税务机关责令改正，可以处1万元以下的罚款；情节严重的，处1万元以上5万元以下的罚款。

（九）妨碍发票管理行为及其法律责任

妨碍发票管理行为包括：非法印制发票、非法生产发票相关物品；未按规定领购、开具、取得、保管发票；未按规定接受税务机关对发票的检查；非法携带、邮寄、运输、存放空白发票；倒买倒卖发票、发票防伪专用品。

根据《税收征管法》第71条和第72条的规定，从事生产、经营的纳税人、扣缴义务人非法印制发票的，由税务机关销毁非法印制的发票，没收违法所得和作案工具，并处1万元以上5万元以下的罚款；构成犯罪的，依法追究刑事责任；拒不接受税务机关处理的，税务机关可以收缴其发票或者停止向其发售发票。此外，根据《发票管理办法》，有下列情形之一的，由税务机关责令改正，可以处1万元以下的罚款；有违法所得的予以没收：（1）应当开具而未开具发票，或者未按照规定的时限、顺序、栏目，全部联次一次性开具发票，或者未加盖发票专用章的；（2）使用税控装置开具发票，未按期向主管税务机关报送开具发票的数据的；（3）使用非税控电子器具开具发票，未将非税控电子器具使用的软件程序说明资料报主管税务机关备案，或者未按照规定保存、报送开具发票的数据的;(4)拆本使用发票的;(5)扩大发票使用范围的;(6)以其他凭证代替发票使用的;(7)跨规定区域开具发票的;(8)未按照规定缴销发票的;(9)未按照规定存放和保管发票的。该办法第36条规定,丢失发票或者擅自损毁发票的,跨规定的使用区域携带、邮寄、运输空白发票的,以及携带、邮寄或者运输空白发票出入境的,由税务机关责令改正,可以处1万元以下的罚款;情节严重的,处1万元以上3万元以下的罚款;有违法所得的予以没收。根据该办法第37条的规定,虚开发票的,由税务机关没收违法所得;虚开金额在1万元以下的,可以并处5万元以下的罚款;虚开金额超过1万元的,并处5万元以上50万元以下的罚款;构成犯罪的,依法追究刑事责任。根据该办法第38条第1款的规定,私自印制、伪造、变造发票,非法制造发票防伪专用品,伪造发票监制章的,由税务机关没收违法所得,没收、销毁作案工具和非法物品,并处1万元以上5万元以下的罚款;情节严重的,并处5万元以上50万元以下的罚款。根据该办法第39条的规定,有下列情形之一的,由税务机关处1万元以上5万元以下的罚款;情节严重的,处5万元以上50万元以下的罚款;有违法所得的予以没收:(1)转借、转让、介绍他人转让发票、发票监制章和发票防伪专用品的;(2)知道或者应当知道是私自印制、伪造、变造、非法取得或者废止的发票而受让、开具、存放、携带、邮寄、运输的。

(十)扣缴义务人应扣未扣、应收未收税款的行为及其法律责任

扣缴义务人应扣未扣、应收未收税款的,由税务机关向纳税人追缴税款,对扣缴义务人处应扣未扣、应收未收税款50%以上3倍以下的罚款。

【提示】按照《税收征管法实施细则》的规定,不管是按数额还是按比例处以罚款,税务所最终只有2 000元以下的处罚权。也就是说,如果当事人依法应当被处以2 000元以上的罚款,即不应当由税务所来进行。这与《行政处罚法》规定的"行政处罚由县级以上地方人民政府具有行政处罚权的行政机关管辖。法律、行政法规另有规定的,从其规定"并不矛盾。因为税务所恰是《税收征管法》这部法律另有规定的例外。与早期的《税收征管法实施细则》相比,税务所罚款权限的扩大,除去罚款数额的增加,还表现在其罚款的范围由个体工商业户及未办理营业执照的从事经营的单位扩大到所有纳税人。

二、其他税务管理相对人的违法行为及其法律责任

税收法律责任的承担者,本限于税收法律关系的主体,即税收征纳双方。但为了确保税务机关课税权的有效实施,税法也将追究税收行政法律责任的触角延伸到了纳税主体之外的其他税务管理相对人。这主要是针对不承担依法应当承担的税务公共协助义务和为纳税人、扣缴义务人实施税收违法行为提供条件的单位和个人设置的。具体包括:

第一,纳税人、扣缴义务人的开户银行或者其他金融机构拒绝接受税务机关依法检查纳税人、扣缴义务人存款账户,或者拒绝执行税务机关作出的冻结存款或者扣缴税款的决定,或者在接到税务机关的书面通知后帮助纳税人、扣缴义务人转移存款,造成税款流失的行为;银行和其

他金融机构未依照《税收征管法》的规定在从事生产、经营的纳税人的账户中登录税务登记证件号码，或者未按规定在税务登记证件中登录从事生产、经营的纳税人账户账号的行为，由税务机关责令其限期改正，处 2 000 元以上 2 万元以下的罚款；情节严重的，处 2 万元以上 5 万元以下的罚款。

第二，税务机关依法到车站、码头、机场、邮政企业及其分支机构检查纳税人有关情况时，有关单位予以拒绝的行为，由税务机关责令改正，可以处 1 万元以下的罚款；情节严重的，处 1 万元以上 5 万元以下的罚款。

第三，为纳税人、扣缴义务人非法提供银行账户、发票、证明或者其他方便，导致未缴、少缴税款或者骗取国家出口退税款的，税务机关除没收其违法所得外，可以处未缴、少缴或者骗取的税款 1 倍以下的罚款。

第四，非法印制、转借、倒卖、变造或者伪造完税凭证的行为，由税务机关责令改正，处 2 000 元以上 1 万元以下的罚款；情节严重的，处 1 万元以上 5 万元以下的罚款；构成犯罪的，依法追究刑事责任。

第五，税务代理人违反税收法律、行政法规，造成纳税人未缴或者少缴税款的行为，除由纳税人缴纳或者补缴应纳税款、滞纳金外，对税务代理人处纳税人未缴或者少缴税款 50% 以上 3 倍以下的罚款。

三、征税主体的违法行为及其法律责任

征税主体的违法是违反税法行为的一类，包括两个相互联系的方面，即税务机关违反税法的行为和税务人员在执行中的违法行为。税务机关承担的主要是行政赔偿责任，而具体的税务工作人员承担的行政责任形式主要是行政处分。《税收征管法》及其实施细则规定的税务机关与税务人员违法行为主要包括：

（1）税务机关、税务人员查封、扣押纳税人个人及其所扶养家属维持生活必需的住房和用品的行为。

（2）税务人员与纳税人、扣缴义务人勾结，唆使或者协助纳税人、扣缴义务人偷税、逃避追缴欠税、骗取出口退税，尚不构成犯罪的行为。

（3）税务人员利用职务上的便利，收受或者索取纳税人、扣缴义务人财物或者谋取其他不正当利益，尚不构成犯罪的行为。

（4）税务人员滥用职权，故意刁难纳税人、扣缴义务人的行为。

（5）税务人员对控告、检举税收违法违纪行为的纳税人、扣缴义务人，以及其他检举人进行打击报复，尚未构成犯罪的行为。

（6）税务机关与税务人员违反法律、行政法规的规定提前征收、延缓征收或者摊派税款的行为。

（7）税务机关与税务人员违反法律、行政法规的规定，擅自作出税收的开征、停征或者减税、

免税、退税、补税,以及其他同税收法律、行政法规相抵触的决定,尚未构成犯罪的行为。

（8）税务人员在征收税款或者查处税收违法案件时,未按照规定进行回避的行为。

（9）税务人员未按照税法规定为纳税人、扣缴义务人、检举人保密的行为。

（10）税务人员私分扣押、查封的商品、货物或者其他财产尚不构成犯罪的行为。

（11）税务机关违反规定擅自改变税收征收管理范围和税款入库预算级次的行为。

（12）税务人员在征收税款或查处税收违法案件时,未按规定进行回避的行为。

上述违法行为的责任人员,都要按照相关法律、法规、规章的规定,予以相应的行政处分。

第三节 税收刑事法律责任

讨论税收违法行为,必然连带到另一个相关问题,即税收违法与涉税犯罪的界限与相互关系。涉税犯罪是破坏税收秩序的犯罪,对此,不能狭义地理解为仅仅是违背税法规定而构成的犯罪,它还包括违反其他法律规定,对税收秩序造成破坏而构成的犯罪。

涉税犯罪是税收违法发展到一定严重程度而形成的由量变到质变的过程。涉税犯罪必然是违反税法的,而违反税法则不一定构成涉税犯罪。两者的共同之处除去都违反税法及相关法律之外,还表现在一般都以税收征纳双方为行为主体;都对国家税收分配制度具有危害性,并造成了损害后果;行为人都有过错等。然而,两者的区别也是明显的,构成涉税犯罪还需要特殊的条件:

第一,对社会的危害性达到一定程度。这是涉税犯罪与税收违法的根本区别之一。其衡量标准主要是造成国家税收收入损失的额度,对税收秩序、税收制度的破坏程度,以及情节严重程度等。

第二,违反刑法的规定。涉税犯罪不是一般违法行为,只有当税收违法行为触犯了刑律的时候,才构成犯罪。反之,如果税收违法行为的社会危害性已足够大,但刑法没有对此作出规定,也不构成涉税犯罪。这里所谓"刑法的规定",除刑法本身的规定之外,还包括最高立法机关直接作出的相应立法解释以及最高司法机关作出的有关司法解释。

第三,实施的行为应受到刑罚处罚。已经违反刑法的有关规定,但刑法中没有要求对其予以刑事处罚的,如情节轻微,也不构成涉税犯罪。

一、危害税收征管罪

1998 年修正的《刑法》,在第二编第三章增设了第六节"危害税收征管罪",共计 12 条,具体包括偷税罪、骗取出口退税罪、逃避追缴欠税罪、抗税罪以及非法出售增值税专用发票罪等罪名,统一规范了纳税主体及其他涉税主体涉税犯罪的罪名。此后,《刑法》先后修正了 11 次,其中,第 7 次、第 8 次修正案涉及税收犯罪的相关规范。

《刑法》规范的危害税收征管罪有以下特点：

第一，危害税收征管罪均为故意犯罪，且一般情况下是直接故意犯罪。从犯罪目的分析，基本上都是利用直接或间接的犯罪手段以不缴少缴税款，获得非法经济利益为目的。

第二，除去抗税罪之外，单位能构成其他所有危害税收征管罪的犯罪主体，对于涉及单位犯罪的，都坚持两罚原则，既对单位判处罚金，又对其直接负责的主管人员和其他责任人员判处相应的刑罚。

【探讨】关于单位犯罪

传统刑法理论认为，犯罪只能是自然人的行为，法人作为一个法律实体，不能像自然人那样进行心理活动，做出一定的动作或行为，因此不能成为犯罪主体构成犯罪。但是，随着社会经济生活的发展，法人和非法人单位独立的经济利益越发凸显，为追求这种经济利益而实施的犯罪越来越猖獗，仅仅追究参与犯罪活动的自然人的刑事责任就不够了。这样，单位犯罪的理论被提出，在一些国家的刑事立法中得到确认。在我国，单位是否会构成犯罪，在刑法学界有过激烈的争论，最后趋向认可这种犯罪构成。1987年《海关法》首次确认了单位犯罪。1998年修正的《刑法》对单位犯罪的提法予以全面接受，对经济犯罪普遍采用双罚制，设置了单位犯罪。单位犯罪的主要特征包括：（1）单位犯罪的主体是法人和非法人，即与自然人相区别的一切由自然人组成的人格化的社会有机主体；（2）只有法律明文规定单位可以成为犯罪主体的犯罪，才存在单位犯罪及单位承担刑事责任的问题，而并非一切犯罪都可以由单位构成，例如，抗税罪就不承认单位犯罪；（3）单位犯罪体现的是单位整体的犯罪意志，尽管单位是一个"拟制"的人，但其可能为追求单位整体的非法利益而进行犯罪，这与以单位的名义，为了个人的利益而进行的犯罪是不同的；（4）单位犯罪是经单位集体决定或者由直接负责的主管人员或者其他直接负责的人员决定的，并非单位中的每个人都知情。

单位犯罪与共同犯罪尽管都是以"集体"的形式出现，但两者是有明显区别的：一是共同犯罪这个"集体"是非法组成的，而单位犯罪这个"集体"是合法组成的；二是共同犯罪这个集体中的成员都有犯罪意图和相关的犯罪行为，而单位犯罪这个集体中的成员未必都有犯罪意图与犯罪行为，犯罪往往只是由少数负责人完成的，多数单位成员并不知情；三是共同犯罪以自然人作为犯罪主体，因此有两个以上的犯罪主体，而单位犯罪则是单位作为一个整体进行的犯罪，因而其只有一个犯罪主体。[①]

对于经济犯罪，一些人感觉似乎只要没有将钱放在自己的兜里，为了集体的利益而违法是可以被理解的，也不会涉及犯罪。但是，为了单位的利益而犯罪，同样具有较大的社会危害性，同样是法律特别是刑法所不能接受的。单位犯罪的规定说明，只要是危害到国家和社会的利益，不管是出于何种目的，个人充当什么角色，都是危险的。

第三，刑罚手段形式多样。《刑法》规范的所有刑罚手段在其第201条至第212条对危害税收征管罪的规定中几乎都有所体现。同时，罚金刑的普遍使用，体现了《刑法》充分利用经济手

---

① 参见曹康、黄河主编：《危害税收征管罪》，中国人民公安大学出版社1999年版，第17页。

段打击牟利性犯罪的原则。

第四,突出对利用增值税专用发票犯罪的打击力度。对危害税收征管罪刑罚的尺度主要基于侵占国家税款的数额,惩罚的重心是对国家税收制度的侵害。对其中一些危害特别严重的犯罪行为可以判处无期徒刑(以前对于骗取出口退税罪、虚开增值税专用发票罪的最高刑罚甚至是死刑),这在各国刑法规范中是较为少见的。同时,逃税罪设置了免责条件,体现出刑法宽严相济的要求。

(一) 逃避缴纳税款罪

逃避缴纳税款罪(以下简称逃税罪)是《刑法修正案(七)》在原偷税罪的基础上修订设置的。该罪是指纳税人采用隐瞒、欺骗手段进行虚假纳税申报或者不申报,逃避缴纳税款,达到法定标准构成的犯罪;或者扣缴义务人采用隐瞒、欺骗手段,不缴或者少缴已扣、已收税款,达到法定标准构成的犯罪。按照《刑法》第201条的规定,逃税罪的构成要件包括:

第一,逃税罪的犯罪主体是纳税人和扣缴义务人,属于特殊主体。即除去共同犯罪的特殊情况之外,其他当事人不能成为逃税罪的犯罪主体。

第二,逃税罪侵害的客体是以《税收征管法》和相关法规、规章来规范的国家税收征管制度,犯罪对象为法定的应纳税款。这一规定是有特定含义的,例如,纳税人在货物进口环节逃避缴纳应纳的关税,就构成走私罪而不是偷税罪,其原因就是侵害的客体是国家海关管理制度而不是我们界定的国家税收管理制度。

第三,在犯罪的客观方面采取了欺骗、隐匿的手段进行虚假纳税申报或者不申报。

第四,行为人主观上存在直接故意。在所有设定的危害税收征管罪中,犯罪主体在实施犯罪行为中都存在直接故意,过失性行为不构成犯罪。

第五,有不缴少缴税款的后果,并且达到了定罪的标准:(1)逃税数额占应纳税额的10%以上且逃税数额在5万元以上;(2)因逃税5年内受过刑事处罚或者被税务机关给予两次以上行政处罚又逃税,逃税数额在5万元以上且占各税种应纳税总额的10%以上。

【探讨】逃税罪与偷税罪的差别

《刑法修正案(七)》对《刑法》第201条进行了大幅度的修改,除去罪名由偷税罪改为逃税罪之外,修改的部分还包括:一是对逃税形式的规定从"列举式"改为"概括式",避免存在较大社会危害性的逃税手段花样翻新,而列举的逃税形式没有将其涵盖,按照罪刑法定原则难以就逃税罪治罪的尴尬。二是将原偷税罪"经税务机关通知申报而拒不申报"的规定,改为"进行虚假纳税申报或者不申报"。虚假纳税申报,是指纳税人或扣缴义务人向税务机关报送虚假的纳税申报表、财务报表、代扣代缴税款报告表、代收代缴税款报告表或者其他纳税申报资料,提供虚假申请,编造减税、免税、抵税、先征收后退还税款等虚假资料。三是在界定逃税罪的两个并列立案追诉标准中,数额标准由1万元提升至5万元①,考虑到多年通货膨胀的因素,更加符合实际。这

———————————
① 《最高人民检察院、公安部关于公安机关管辖的刑事案件立案追诉标准的规定(二)》对5万元这一标准予以明确。

个数额不是指单一税种的逃税额,而是指单个纳税人在一个纳税年度中逃避所有税额之和达到5万元以上,且占其全部应纳税额之比达到10%以上。但在实际操作中存在一定的困难,因为一些税种的税额要到年终才能得到汇总数额。准确判断嫌疑人是否构成逃税罪,时间拖得过久,不仅工作量大,其间的变数也较多,会影响到司法的严肃性。四是增设了免责条款,即有逃税行为,经税务机关依法下达追缴通知后,补缴应纳税款,缴纳滞纳金,已受行政处罚的,不予追究刑事责任。但是,5年内因逃避缴纳税款受过刑事处罚或者被税务机关给予二次以上行政处罚的除外。逃税罪内容的调整,更能体现刑法宽严相济的原则,给纳税人改过自新的机会,减轻了税收因素对企业信誉、生产经营活动的过度影响,符合国际惯例。这个免责条款的一个重要节点是公安机关的立案,即当税务机关下达税款追缴及相关处理通知后,公安机关立案前,符合上述条件的纳税人可以免于刑事处罚。但当公安机关就此立案后,纳税人的免责条件消失。对于扣缴义务人犯有逃税罪,并不适用免责条款,其间的立法考量值得研究。

对于该罪的量刑标准是:纳税人采取欺骗、隐瞒手段进行虚假纳税申报或者不申报,逃避缴纳税款数额较大并且占应纳税额10%以上的,处3年以下有期徒刑或者拘役,并处罚金;数额巨大并且占应纳税额30%以上的,处3年以上7年以下有期徒刑,并处罚金。扣缴义务人采取前款所列手段,不缴或者少缴已扣、已收税款,数额较大的,依照前款的规定处罚。

【思考】在原偷税罪设定的刑罚标准中,偷税数额占应纳税额10%以上不满30%且偷税数额在1万元以上不满10万元的,处3年以下有期徒刑或者拘役,并处偷税数额1倍以上5倍以下罚金;偷税数额占应纳税额30%以上并且偷税数额在10万元以上的,处3年以上7年以下有期徒刑,并处偷税数额1倍以上5倍以下罚金。但仔细琢磨一下,其中是有逻辑上的漏洞的,即在定罪量刑上,上述两个条件需要同时满足,但当纳税人偷税数额与比例不在一个区间时,则量刑上处于"上不着天,下不着地"的境况。如当纳税人偷税数额为7万元,偷税比例为35%时,如何量刑?在逃税罪替代偷税罪后,这一问题并没有解决。对此,你是如何思考的?

【案例】2018年,网络上曝光了一组"阴阳合同"照片,暗指某影星存在不正当收入,一时引爆媒体和社会的关注。

事情揭露后,同年6月3日,国家税务总局责成江苏省税务局依法展开调查核实。经查,该影星在某电影中共获得片酬3 000万元,但实际只有1/3申报纳税,其余2 000万元均通过大小合同的方式拆散资金,降低税基和适用税率。其中个人所得税偷逃618万元,营业税及其附加少缴12万元,共计730万元。除此之外,税务部门还查出该影星以企业法定代表人的身份少缴税费2.48亿元,其中包括1.34亿元的偷逃税款。

为回应社会关注,2018年,国家税务总局发布通告指出:对于上述违法行为,根据国家税务总局指定管辖,江苏省税务局依据《税收征管法》第32条、第52条的规定,对该影星及其担任法定代表人的企业追缴税款2.55亿元,加收滞纳金0.33亿元;依据《税收征管法》第63条的规定,对该影星采取拆分合同手段隐瞒真实收入偷逃税款处4倍罚款计2.4亿元;对其利用工作室账户隐匿个人报酬的真实性质偷逃税款处3倍罚款计2.39亿元;对其担任法定代表人的企业少计收入偷逃税款处1倍罚款计94.6万元;依据《税收征管法》第69条和《税收征管法实施细则》第

93 条的规定,对其担任法定代表人的两户企业未代扣代缴个人所得税和非法提供便利协助少缴税款各处 0.5 倍罚款,分别计 0.51 亿元、0.65 亿元。

依据《行政处罚法》第 42 条和《江苏省行政处罚听证程序规定》相关规定,9 月 26 日,江苏省税务局依法先向该影星下达《税务行政处罚事项告知书》,对此,该影星未提出听证申请。9 月 30 日,江苏省税务局依法向该影星正式下达《税务处理决定书》和《税务行政处罚决定书》,要求其将追缴的税款、滞纳金、罚款在收到上述处理处罚决定后在规定期限内缴清。

依据《刑法》第 201 条的规定,由于该影星属于首次被税务机关按偷税予以行政处罚且此前未因逃避缴纳税款受过刑事处罚,上述定性为偷税的税款、滞纳金、罚款在税务机关下达追缴通知后在规定期限内缴纳的,依法不予追究刑事责任。超过规定期限不缴纳税款和滞纳金、不接受行政处罚的,税务机关将依法移送公安机关处理。

经查,2018 年 6 月,在税务机关对该影星及其经纪人所控制的相关公司展开调查期间,其经纪人指使公司员工隐匿、故意销毁涉案公司会计凭证、会计账簿,阻挠税务机关依法调查,涉嫌犯罪。现其经纪人等人已被公安机关依法采取强制措施。[①]对于此案,你认为是否适用逃税罪的初犯免责条款?如何理解其中的"已受行政处罚"?逃税数额占应纳税额的比例如何计算?

(二) 抗税罪

抗税罪是指以暴力、威胁方法拒不缴纳税款的犯罪行为。抗税罪的构成要件包括:

第一,犯罪主体为纳税人。对于抗税罪的犯罪主体,刑法并未作出明确的规定。因此,对于抗税罪的犯罪主体是否包括扣缴义务人有不同的看法。[②] 我们认为,抗税罪的犯罪主体不应包括扣缴义务人。因为《刑法》第 202 条规定,抗税罪是以暴力、威胁方法拒不缴纳税款,而没有提到拒不缴纳代扣代缴的税款,因此应当能反推出抗税罪的犯罪主体是纳税人而不包括扣缴义务人。而且负有纳税义务和负有扣缴义务是不同的,将扣缴义务与纳税义务同等对待,追究相同的刑事责任是不妥的。

【思考】抗税罪犯罪主体为特殊主体,但《刑法》第 202 条并未像逃税罪那样指明犯罪主体,因此从立法上看是不够严谨、规范的。同时,从《刑法》第 202 条的规定内容看,"拒不缴纳税款"并非是对扣缴义务人扣缴税款行为的描述,因此不能直接得出该罪犯罪主体包含扣缴义务人的结论。而且实践中很难发现扣缴义务人采用暴力、威胁手段拒缴代扣代缴税款的现象,因此,抗税罪犯罪主体包含扣缴义务人存疑。对此,你是如何考虑的?

第二,侵害的是双重客体,即国家税收管理制度和税务人员的人身权利。这是抗税罪区别于其他危害税收征管罪的重要特征。

第三,采用的手段是暴力和威胁。这里所谓"暴力"指行为人对税务人员实施了人身打击或强制,"威胁"指对税务人员进行了精神上的强制。

---

① 参见中央电视台 2018 年 10 月 3 日《新闻直播间》的报道和同日新华网的报道。

② 参见曹康、黄河主编:《危害税收征管罪》,中国人民公安大学出版社 1999 年版,第 58 页。

第四,有拒绝缴纳税款的后果。包括有能力缴纳而拒绝缴纳全部税款或部分税款。如果行为人对税务人员采用暴力、威胁手段目的不是拒绝缴纳税款,而是不接受税务机关的管理或者为了达到其他目的,则构成妨碍公务罪或伤害罪而不是抗税罪;拒缴税款而没有采用暴力、威胁手段,同样不能定性为抗税罪。

第五,行为人存在直接故意。这是与行为人采用的手段密切相关的。

抗税罪与非罪的界限主要综合暴力程度、后果、威胁的内容,以及拒缴的税款数额和抗税次数来考虑,但是并不像逃税罪那样有明确数额与比例标准。

抗税罪的刑事制裁为,以暴力、威胁方法拒不缴纳税款的,处3年以下有期徒刑或者拘役,并处拒缴税款1倍以上5倍以下罚金;情节严重的,处3年以上7年以下有期徒刑,并处拒缴税款1倍以上5倍以下罚金。

【提示】第一,2002年11月5日公布的《最高人民法院关于审理偷税抗税刑事案件具体应用法律若干问题的解释》关于抗税罪中"情节严重"的解释包括:(1)聚众抗税的首要分子;(2)抗税数额在10万元以上的;(3)多次抗税的;(4)故意伤害致受害人轻伤的;(5)具有其他严重情节的。第二,单从抗税罪的刑罚来看,似乎与其严重的社会危害性不相匹配,不过考虑到抗税罪往往与故意杀人罪、故意伤害罪数罪并罚,从总体上考虑,刑事责任的分配还是均衡的。

【探讨】抗税罪与逃税罪、妨碍公务罪的区别

抗税罪与逃税罪的区别表现在:第一,采取的手段不同,逃税罪采用的是较为隐蔽的隐瞒、欺骗手段,其危害性与逃税的数额有直接的关系,而抗税罪则是采用公开的暴力与威胁手段,其危害性主要考虑对税收管理法律制度的破坏,而非抗税的数额。第二,犯罪主体的范围不同,一方面,逃税罪的犯罪主体包括纳税人和扣缴义务人,而抗税罪的犯罪主体主要是纳税人;另一方面,单位与个人都能构成逃税罪的犯罪主体,而只有个人能构成抗税罪的犯罪主体,单位不能构成抗税罪的犯罪主体。第三,两罪除去共同侵害到国家税收管理法律制度外,只有抗税罪还侵害到税务人员的人身权利。

妨碍公务罪是指以暴力、威胁方式阻碍国家工作人员依法履行职务的犯罪行为。其与抗税罪采用的手段相近,所以非常容易混淆。两者的区别主要是:第一,犯罪的主体不同。抗税罪的主体是特殊主体,只有纳税人才能构成抗税罪,而妨碍公务罪的主体是一般主体,任何具备刑事责任能力的人都可能构成妨碍公务罪。第二,犯罪的客体不同。抗税罪侵犯的是国家税收管理法律制度和税务人员的人身权利,而妨碍公务罪侵犯的客体是一般国家机关的管理活动,其范围更为宽泛。第三,犯罪的目的与动机不同。两罪都是故意犯罪,但抗税罪的动机比较单一,就是为了不缴或少缴税款,而妨碍公务罪的动机则具有多样性,如维护非法利益、报复国家工作人员等。

(三)逃避追缴欠税罪

逃避追缴欠税罪是指纳税人欠税后采取转移或隐匿财产的手段,致使税务机关无法追缴欠缴税款的犯罪行为。其构成要件包括:第一,该罪的犯罪主体只有纳税人,不包括扣缴义务人和其他当事人。第二,该罪的侵犯客体是国家税收管理制度。第三,该罪的客观特征包括:(1) 行为人欠税在先;(2) 实施了转移或者隐匿财产的行为,这个行为是在纳税期满之后发生的。第四,税款无法追缴。只要税务机关仍有办法依法征得税款,这一要件就没有得到满足。第五,税务机关无法追缴的欠税数额在 1 万元以上。第六,行为人存在直接故意。

【探讨】逃避追缴欠税罪与逃税罪的区别

逃避追缴欠税罪与逃避缴纳税款罪(逃税罪)名称相近,容易混淆。其犯罪目的都是不缴或者少缴应纳税款,都是直接故意。但两者的区别也是明显的:一是犯罪主体不同,前者包括纳税人和扣缴义务人,而后者仅包含纳税人,没有扣缴义务人。二是采用的手段不同,逃避追缴欠税罪以欠税为前提,以转移、隐匿财产致使税务机关无法追缴为手段,而逃税罪则以欺骗、隐匿的手段进行虚假纳税申报或者不申报为手段。三是定罪标准不同,逃税罪采用定额与定率双重标准,且数额提升至 5 万元,而逃避追缴欠税罪采用单一的定额标准,且沿袭原有的 1 万元没有提高,这样构成逃避追缴欠税罪的定罪标准明显低于逃税罪。

逃避追缴欠税罪的定罪量刑标准为:数额在 1 万元以上不满 10 万元的,处 3 年以下有期徒刑或者拘役,并处或者单处欠缴税款 1 倍以上 5 倍以下罚金;数额在 10 万元以上的,处 3 年以上 7 年以下有期徒刑,并处欠缴税款 1 倍以上 5 倍以下罚金。

【提示】我国刑法对罚金刑的适用规定了四种情况:一是选处罚金,即将罚金规定为选择法定刑,罚金只能单独适用,不能附加适用;二是单处罚金,即罚金只能单独判处,这种情况只适用于单位犯罪;三是并处罚金,即罚金只能附加适用,不能单独适用;四是并处或者单处罚金,即罚金既可以附加适用,也可以单独适用。[①]

(四) 骗取出口退税罪

骗取出口退税罪是指以假报出口等欺骗手段骗取国家税款的犯罪行为。其构成要件包括:

第一,该罪的犯罪主体是一般主体,不限于纳税人或扣缴义务人,即任何单位和个人都可以构成该罪的犯罪主体。从司法实践来看,该犯罪行为的实施,通常需要多个行为人彼此勾结才能进行,因此具有所谓集团犯罪的特征。

第二,该罪的侵害客体是国家税收管理制度,具体说主要是国家出口退税管理制度。

第三,该罪的客观特征是采用假报出口等欺骗手段。

【提示】在这里,"假报出口"是指:(1) 伪造或者签订虚假的买卖合同;(2) 以伪造、变造或者其他非法手段取得出口报关单、出口收汇核销单、出口货物专用缴款书等有关出口退税单据、凭证;(3) 虚开、伪造、非法购买增值税专用发票或者其他可以用于出口退税的发票;(4) 其他虚构已税货物出口事实的行为。"其他欺骗手段"是指:(1) 骗取出口退税资格的;(2) 将未纳税或者免税货物作为已税货物出口的;(3) 虽有货物出口,但虚构该出口货物品名、数量、单价等要素,骗取未实际纳税部分出口退税款的;(4) 以其他手段骗取出口退税款的。

[①]　参见高铭暄、马克昌主编:《刑法学》,中国法制出版社 1999 年版,第 444 页。

第四,骗取出口退税数额较大的,构成该罪。根据《最高人民法院关于审理骗取出口退税刑事案件具体应用法律若干问题的解释》第 3 条的规定,以假报出口或者其他欺骗手段,骗取国家出口退税款,数额在 5 万元以上的,为"数额较大",构成骗取出口退税罪。

第五,行为人存在直接故意。

骗取出口退税罪的定罪与刑罚标准是:骗取国家出口退税款,数额较大的,处 5 年以下有期徒刑或者拘役,并处骗取税款 1 倍以上 5 倍以下罚金;数额巨大或者有其他严重情节的,处 5 年以上 10 年以下有期徒刑,并处骗取税款 1 倍以上 5 倍以下罚金;数额特别巨大或者有其他特别严重情节的,处 10 年以上有期徒刑或者无期徒刑,并处骗取税款 1 倍以上 5 倍以下罚金或者没收财产。

【提示】没收财产是将犯罪人所有财产的一部分或者全部强制无偿地收归国有的刑罚方法,仅适用于较严重的犯罪,属于财产刑,是不能单独适用的附加刑。没收的财产是犯罪人合法的所得,并且是没有用于犯罪的财产,但需要对犯罪分子个人及其所抚养的家属保留必要的生活费用。

【探讨】骗取出口退税罪与逃税罪、诈骗罪的区别

第一,骗取出口退税罪与逃税罪都存在主观故意,侵害的都是国家税收管理制度,但侧重点有所不同。逃税罪主要涉及的是一般实体税法的内容,而骗取出口退税罪侧重于侵犯涉及增值税和消费税的出口退税管理制度。两罪采用的手段也有很大不同,特别是逃税罪是纳税人将其应缴税款采用欺瞒手段不缴或少缴,而骗取出口退税罪主要是没有缴纳税款的行为人将别人缴纳的税款从国库中骗取出来,这是其根本区别。故此,纳税人缴纳税款后,采取假报出口等欺骗方法,骗取所缴纳的税款的,按照逃税罪定罪处罚;骗取税款超过所缴纳的税款部分,才按照骗取出口退税罪定罪处罚。

第二,诈骗罪是指行为人以非法占有为目的,用虚构事实或者隐瞒真相的手段,骗取他人财产的犯罪行为。从广义上讲,骗取出口退税实际上是诈骗罪的一种特殊形式,只不过为了加强对该犯罪行为的打击,才将其独立出来,单独设立一个罪名。这样,按照特别法优于普通法的原则,凡符合骗取出口退税罪构成要件的,直接以骗取出口退税定罪处罚,不再以一般的诈骗罪处罚。[①]

(五)虚开增值税专用发票用于骗取出口退税、抵扣税款发票罪

虚开增值税专用发票用于骗取出口退税、抵扣税款发票罪是指行为人没有发生增值税应税行为,而开具增值税专用发票,或者发生增值税应税行为,但开具增值税专用发票超过应扣税额,以骗取出口退税或者抵扣税款的犯罪行为。虚开骗取出口退税、抵扣税款的其他发票也属于该罪范畴。其他发票包括海关完税凭证和农产品收购凭证。该罪的构成要件包括:

第一,犯罪主体为一般主体,任何单位和个人都可以构成该罪。

---

① 参见曹康、黄河主编:《危害税收征管罪》,中国人民公安大学出版社 1999 年版,第 102 页。

第二,侵害的客体是国家税收管理制度,特别是增值税专用发票管理制度。

【思考】关于该罪的性质在业界有一个著名的争议,即该罪属于目的犯还是结果犯。所谓目的犯的争议指《刑法》第205条在设定本罪时是否将行为人有偷逃税的目的作为虚开增值税专用发票犯罪的构成要件之一;所谓结果犯的争议指《刑法》第205条在设定本罪时是否将国家税款损失作为构成要件之一。对此,你有何看法?主要的理由是什么?

第三,采用的手段是虚开增值税专用发票及可以用于出口退税、抵扣税款的普通发票。所谓"虚开"包括两种情况:一是没有发生货物或者应税劳务的购销活动,而行为人随意填开增值税专用发票;二是虽然发生了货物或者应税劳务的购销活动,但是行为人没有据实填开增值税专用发票,实际上就是填开的用于退税或扣税的增值税专用发票上的税额超过实际发生的应退或应扣税额。所谓"虚开"包括四种形式,即为他人虚开,为自己虚开,让他人为自己虚开,介绍他人虚开。虚开增值税专用发票具体包括:(1)没有货物购销或者没有提供或接受应税劳务而为他人、为自己、让他人为自己、介绍他人开具增值税专用发票;(2)有货物购销或者提供或者接受了应税劳务但为他人、为自己、让他人为自己、介绍他人开具数量或者金额不实的增值税专用发票;(3)进行了实际经营活动,但让他人为自己代开增值税专用发票。至于虚开的增值税专用发票是真票还是假票,在这里并不作区分。

第四,行为人将虚开的增值税专用发票用于出口退税或抵扣税款。

第五,行为人存在直接故意。实践中,存在行为人不了解相关规定而错填增值税专用发票的情况,行为人不属于主观故意,故不构成本罪。

虚开增值税专用发票或者虚开用于骗取出口退税、抵扣税款的其他发票的,处3年以下有期徒刑或者拘役,并处2万元以上20万元以下罚金;虚开的税款数额较大或者有其他严重情节的,处3年以上10年以下有期徒刑,并处5万元以上50万元以下罚金;虚开的税款数额巨大或者有其他特别严重情节的,处10年以上有期徒刑或者无期徒刑,并处5万元以上50万元以下罚金或者没收财产。单位犯有本罪,对单位判处罚金,并对其直接负责的主管人员和其他直接责任人员,处3年以下有期徒刑或者拘役;虚开的税款数额较大或者有其他严重情节的,处3年以上10年以下有期徒刑;虚开的税款数额巨大或者有其他特别严重情节的,处10年以上有期徒刑或者无期徒刑。

其中,虚开税款数额1万元以上的或者虚开增值税专用发票致使国家税款被骗取5000元以上的,应当依法定罪处罚。虚开税款数额10万元以上的,属于"虚开的税款数额较大"。具有下列情形之一的,属于"有其他严重情节":(1)因虚开增值税专用发票致使国家税款被骗取5万元以上的;(2)具有其他严重情节的。虚开税款数额50万元以上的,属于"虚开的税款数额巨大"。具有下列情形之一的,属于"有其他特别严重情节":(1)因虚开增值税专用发票致使国家税款被骗取30万元以上的;(2)虚开的税款数额接近巨大并有其他严重情节的;(3)具有其他特别严重情节的。利用虚开的增值税专用发票实际抵扣税款或者骗取出口退税100万元以上的,属于"骗取国家税款数额特别巨大"。造成国家税款损失50万元以上并且在侦查终结前仍无法追回的,属于"给国家利益造成特别重大损失"。利用虚开的增值税专用发票骗取国家税款数额特别巨大、给国家利益造成特别重大损失的,为"情节特别严重"。

【案例】A 公司 2012 年 2 月急需一批产品零配件,通过网络搜索发现 G 公司的供货价格比同类产品都低,且能提供增值税专用发票,确定 G 公司的产品质量没问题后,就与其签订了 120 万元的订货合同。货到付款后,对方开具了 15 份增值税专用发票,金额 102.56 万元,税额 17.43 万元。A 公司财务人员 M 女士暗自欢喜做了一笔划算的买卖。

然而,2014 年 12 月,B 稽查局突然到 A 公司检查,说 A 公司从 G 公司取得的 15 份增值税专用发票被其他税务机关证明是虚开发票。G 公司是卖票的空壳公司,实际卖家以 G 公司的名义经营并开具发票,支付一定的开票费。B 稽查局经查认定 A 公司属善意取得虚开增值税专用发票,不得抵扣进项税额,要求其在 2015 年 1 月 31 日前补缴 2012 年 12 月的增值税 17.43 万元,补缴 2012 年度的企业所得税 25.64 万元,并就补缴所得税金额加收滞纳金。听到这一结果,M 女士觉得好委屈。当时正值年底,公司资金紧张,M 女士找到稽查人员,说补缴增值税没有问题,但让补缴企业所得税和滞纳金不合理,因为有关交易是真实的,有各项往来单据可以证明,这些单据也得到了稽查局的认可。但稽查人员解释说,依据《国家税务总局关于加强企业所得税管理的意见》和《国家税务总局关于印发〈进一步加强税收征管若干具体措施〉的通知》等文件的规定,未取得合法有效的发票不得税前扣除成本,所得税滞纳税款应当按规定加收滞纳金。若有异议,在缴清税款及滞纳金或提供担保后可申请复议。

因反映意见未被接纳,M 女士拖至 2015 年 4 月 15 日才将有关税款及滞纳金缴清,并于次日申请复议。但 4 天后,复议机关作出不受理复议的决定,理由是超过了法定期限。

"税务决定书上明明写着款项缴清或担保确认之日起 60 日内依法复议,我的复议申请怎么超过了法定期限?"M 女士一怒之下,于 2015 年 5 月 4 日将 B 稽查局告上 B 市基层法院。

"法院应该能主持公道吧。"怀着这样的想法等了两个月后,M 女士收到了法院"驳回起诉"的裁定,理由是 A 公司未按照法律和法规规定先向行政机关申请复议。[①] 请对此案例加以评析。

【案例】安徽省 H 市中级人民法院(2016)皖 01 行终 197 号行政判决书载明,上诉人 H 公司的员工 T 某和 X 某为谋取好处费,在没有真实交易的情况下,接受他人虚开的增值税专用发票 200 份,由 H 公司到税务机关认证、抵扣进项税额 2 984 190.62 元。2014 年 4 月,T 某和 X 某因犯虚开增值税发票罪被判处有期徒刑并处罚金。2014 年 5 月,被上诉人 J 稽查局对 H 公司的上述违法事实,以其实际取得的抵扣进项税额,按偷税性质处 0.5 倍的罚款。

一审和二审法院都认定,H 公司的有关违法行为属于《税收征管法》第 63 条中描述的虚假纳税申报、少缴应纳税款的情形,J 稽查局对其行为认定为偷税并予以处罚,事实清楚,适用法律正确。[②] 你认为本案中的犯罪主体与罪名应当如何认定?

①　参见徐松年:《纳税人维权需要懂法守法》,载《中国税务报》2017 年 2 月 28 日,第 7 版。

②　参见徐松年:《如何看待同一个违法行为的两种判决》,载《中国税务报》2016 年 10 月 25 日,第 B03 版。

（六）伪造、出售伪造的增值税专用发票罪

伪造、出售伪造的增值税专用发票罪是指行为人非法印制或出售非法印制的假增值税专用发票的犯罪行为,不包含非牟利的转借、赠与行为。其构成要素包括:

第一,犯罪主体为一般主体,任何单位和个人都可以构成本罪,与是否为纳税人没有直接关系。

第二,侵害的客体是国家税收管理制度,特别是增值税专用发票管理制度。

第三,采用的手段包括伪造与出售。其中,伪造是指通过非法印制制造假增值税专用发票,伪造的内容包括专用发票本身、专用发票监制章与防伪专用品。销售是以营利为目的转让假专用发票的所有权。另外,变造(在真票上通过挖补、剪贴、涂改、揭层等方式加工处理,使原增值税专用发票改变数量、形态和面值的行为)是伪造的特殊形式,故变造增值税专用发票按照伪造增值税专用发票处理。

第四,存在明显的直接故意。

伪造或者出售伪造的增值税专用发票的,处 3 年以下有期徒刑、拘役或者管制,并处 2 万元以上 20 万元以下罚金;数量较大或者有其他严重情节的,处 3 年以上 10 年以下有期徒刑,并处 5 万元以上 50 万元以下罚金;数量巨大或者有其他特别严重情节的,处 10 年以上有期徒刑或者无期徒刑,并处 5 万元以上 50 万元以下罚金或者没收财产。单位犯有本罪的,对单位判处罚金,并对其直接负责的主管人员和其他直接责任人员,处 3 年以下有期徒刑、拘役或者管制;数量较大或者有其他严重情节的,处 3 年以上 10 年以下有期徒刑;数量巨大或者有其他特别严重情节的,处 10 年以上有期徒刑或者无期徒刑。单位犯有本罪的,对单位判处罚金,并对其直接负责的主管人员和其他直接责任人员,处 3 年以下有期徒刑、拘役或者管制;数量较大或者有其他严重情节的,处 3 年以上 10 年以下有期徒刑;数量巨大或者有其他特别严重情节的,处 10 年以上有期徒刑或者无期徒刑。

其中,伪造或者出售伪造的增值税专用发票 25 份以上或者票面额(百元版以每份 100 元,千元版以每份 1 000 元,万元版以每份 1 万元计算,以此类推,下同)累计 10 万元以上的应当依法定罪处罚。伪造或者出售伪造的增值税专用发票 100 份以上或者票面额累计 50 万元以上的,属于"数量较大"。具有下列情形之一的,属于"有其他严重情节":(1) 违法所得数额在 1 万元以上的;(2) 伪造并出售伪造的增值税专用发票 60 份以上或者票面额累计 30 万元以上的;(3) 造成严重后果或者具有其他严重情节的。伪造或者出售伪造的增值税专用发票 500 份以上或者票面额累计 250 万元以上的,属于"数量巨大"。具有下列情形之一的,属于"有其他特别严重情节":(1) 违法所得数额在 5 万元以上的;(2) 伪造并出售伪造的增值税专用发票 300 份以上或者票面额累计 200 万元以上的;(3) 伪造或者出售伪造的增值税专用发票接近"数量巨大"并有其他严重情节的;(4) 造成特别严重后果或者具有其他特别严重情节的。

伪造并出售伪造的增值税专用发票 1 000 份以上或者票面额累计 1 000 万元以上的,属于"伪造并出售伪造的增值税专用发票数量特别巨大"。具有下列情形之一的,属于"情节特别严

重":(1)违法所得数额在 5 万元以上的;(2)因伪造、出售伪造的增值税专用发票致使国家税款被骗取 100 万元以上的;(3)给国家税款造成实际损失 50 万元以上的;(4)具有其他特别严重情节的。

(七) 非法出售增值税专用发票罪

非法出售增值税专用发票罪是指无权销售增值税专用发票的行为人违反规定销售真实增值税专用发票的犯罪行为。与前述增值税专用发票犯罪相比,本罪一是强调销售途径是不合法的,二是强调增值税专用发票是真票,否则构成伪造增值税专用发票罪。其构成要件包括:

第一,犯罪主体为一般主体。

【探讨】非法出售增值税专用发票罪犯罪主体辨析

按照增值税相关法律规定,只有税务机关向增值税一般纳税人销售增值税专用发票是合法的,其他途径的增值税专用发票购销都是非法的,达到规定的份数就会构成本罪。非法的增值税专用发票购销包括三种情况:一是负责销售的税务人员违法将增值税专用发票销售给没有权利获得增值税专用发票的单位和个人;二是有权获得增值税专用发票的纳税人将其非法销售给其他单位和个人;三是非法购得增值税专用发票的单位和个人将其再转售给其他单位和个人。任何增值税一般纳税人和税务人员都可以构成本罪,故我们仍称其犯罪主体为一般主体。

第二,侵害的客体是国家税收管理制度,特别是增值税专用发票管理制度。

第三,采用的手段是非法出售。这其中有这样几层含义:(1)以金钱交易的方式转让增值税专用发票的所有权。(2)按照严格的增值税专用发票管理规定,只有税务机关的指定机构可以按规定销售增值税专用发票,其他任何人以任何方式出售增值税专用发票都是非法出售。这里强调的只是非法出售,至于增值税专用发票的来源是否合法并不考虑。(3)非法出售的增值税专用发票是真票。行为人非法出售增值税专用发票,数量在 25 份以上或者票面额累计在 10 万元以上的,即可以立案追究刑事责任。

第四,存在直接故意,且以营利为目的。

对于非法出售增值税专用发票达到犯罪标准的,处 3 年以下有期徒刑、拘役或者管制,并处 2 万元以上 20 万元以下罚金;数量较大的,处 3 年以上 10 年以下有期徒刑,并处 5 万元以上 50 万元以下罚金;数量巨大的,处 10 年以上有期徒刑或者无期徒刑,并处 5 万元以上 50 万元以下罚金或者没收财产。单位犯有本罪的,对单位判处罚金,并对其直接负责的主管人员和其他直接责任人员,依照非法出售增值税专用发票罪的规定处罚。其构成犯罪刑罚各个层级的增值税专用发票数量,与上述伪造、出售伪造的增值税专用发票罪相同。

(八) 非法购买增值税专用发票、购买伪造的增值税专用发票罪

非法购买增值税专用发票、购买伪造的增值税专用发票罪是指行为人以金钱交易的方式从他人手中取得增值税专用发票的所有权的犯罪行为。买卖是对应的关系,有卖有买才会完成整个交易,因此本罪与非法出售增值税专用发票罪是对应的。其构成要件包括:

第一,犯罪主体为一般主体,任何单位和个人都可以构成本罪。其通常包括两类:一是为用而买,其身份往往是纳税人;二是为卖而买,其行为人往往是专门从事增值税专用发票犯罪活动的。

第二,侵害的客体是国家税收管理制度,特别是增值税专用发票管理制度。

第三,采用的手段是非法购买。(1)如前所述,按照严格的增值税专用发票管理制度,凡不是按规定从税务机关购买的增值税专用发票都是非法的;(2)非法购买与非法出售相对应,本质特征是金钱交易和增值税专用发票所有权的转移,差别不过是转移的方向相反;(3)作为购买者,对其非法购买的增值税专用发票是真是假,未必有能力识别,因此无论增值税专用发票是真是假都适用这一罪名。行为人非法购买增值税专用发票、购买伪造的增值税专用发票,数额在25份以上或者票面额累计在10万元以上的,即可以立案追究刑事责任。

第四,存在直接故意。这种主观故意表现为主动非法购买增值税专用发票,而不一定是故意购买伪造的增值税专用发票。

非法购买增值税专用发票或者购买伪造的增值税专用发票的,处5年以下有期徒刑或者拘役,并处或者单处2万元以上20万元以下罚金。单位犯有本罪的,对单位判处罚金,并对其直接负责的主管人员和其他直接责任人员,依照非法购买增值税专用发票、购买伪造的增值税专用发票罪的规定处罚。

【提示】相对于上述几个增值税专用发票犯罪,本罪犯罪主体的主观恶意相对较轻,因此处罚没有分档,自由刑刑期相对较短。

(九)非法制造、出售非法制造的用于骗取出口退税、抵扣税款发票罪

非法制造、出售非法制造的用于骗取出口退税、抵扣税款发票罪是指行为人伪造、擅自制造或者出售伪造、擅自制造增值税专用发票以外其他可以用于骗取出口退税、抵扣税款的发票的犯罪行为。其构成要件包括:

第一,就一般意义而言,犯罪主体为一般主体,任何单位和个人都可以构成本罪,但非法制造中的擅自制造则是特殊主体,即只有指定的印刷企业才能成为其犯罪主体。

第二,侵害的客体是国家税收管理制度,特别是发票管理制度。

第三,采用的手段是非法制造和出售。这里有这样几个层面的意思:(1)非法制造包括伪造和擅自制造,前者指没有发票印制权的企业非法印制假发票,后者指具有发票印制权的企业,未经有权的税务机关批准,私自印制发票或者私自制造防伪专用品,或者虽经批准,但是超过规定的数量印制或生产的行为,前者的发票是假的,而后者的发票是真的;(2)非法制造的发票是普通发票但可以当作增值税专用发票使用,即可以用来出口退税、抵扣税款;(3)非法出售的本质如前所述,还是存在金钱交易和发票及防伪专用品所有权的转移,不过其来源包括非法出售者自己伪造和擅自制造以及其他人伪造和擅自制造两种情况。行为人非法制造、出售非法制造的用于骗取出口退税、抵扣税款发票,数量在100份以上或者票面额累计在20万元以上,即可以立案追究刑事责任。

第四,存在直接故意。

伪造、擅自制造或者出售伪造、擅自制造的可以用于骗取出口退税、抵扣税款的普通发票的,处3年以下有期徒刑、拘役或者管制,并处2万元以上20万元以下罚金;数量巨大的,处3年以上7年以下有期徒刑,并处5万元以上50万元以下罚金;数量特别巨大的,处7年以上有期徒刑,并处5万元以上50万元以下罚金或者没收财产。单位犯有本罪的,对单位判处罚金,并对其直接负责的主管人员和其他直接责任人员,依照非法制造、出售非法制造的用于骗取出口退税、抵扣税款发票罪的规定处罚。

其中,伪造、擅自制造或者出售伪造、擅自制造的可以用于骗取出口退税、抵扣税款的普通发票50份以上的,应当依法定罪处罚;伪造、擅自制造或者出售伪造、擅自制造的可以用于骗取出口退税、抵扣税款的普通发票200份以上的,属于"数量巨大";伪造、擅自制造或者出售伪造、擅自制造的可以用于骗取出口退税、抵扣税款的普通发票1 000份以上的,属于"数量特别巨大"。

(十) 非法制造、出售非法制造的发票罪

非法制造、出售非法制造的发票罪是指行为人伪造、擅自制造或者出售伪造、擅自制造普通发票的犯罪行为。其构成要件包括:

第一,就一般意义而言,犯罪主体为一般主体,任何单位和个人都可以构成本罪,但采用非法制造发票中的擅自制造手段犯罪的,则是特殊主体,即只有指定的印刷企业才能成为其犯罪主体。

第二,侵害的客体是国家税收管理制度,特别是发票管理制度。

第三,采用的手段是非法制造和出售,发票是伪造的普通发票,且不能用于出口退税、抵扣税款。行为人以营利为目的,非法制造、出售非法制造的普通发票,数量在100份以上或者票面额在40万元以上的,即可以立案追究刑事责任。

第四,存在直接故意。

伪造、擅自制造或者出售伪造、擅自制造没有用于出口退税、抵扣税款的普通发票的,处2年以下有期徒刑、拘役或者管制,并处或者单处1万元以上5万元以下罚金;情节严重的,处2年以上7年以下有期徒刑,并处5万元以上50万元以下罚金。单位犯有本罪的,对单位判处罚金,并对其直接负责的主管人员和其他直接责任人员,依照非法制造、出售非法制造的发票罪的规定处罚。

(十一) 非法出售用于骗取出口退税、抵扣税款发票罪

非法出售用于骗取出口退税、抵扣税款发票罪是指行为人违反法律规定将可以用于出口退税、抵扣税款的普通发票所有权有偿转让给他人的犯罪行为。其构成要件包括:

第一,犯罪主体为一般主体,任何单位和个人都可以构成本罪。

第二,侵害的客体是国家税收管理制度,特别是增值税专用发票管理制度。

第三,采用的手段是通过金钱交易转让普通发票的所有权。这里所指的发票限定为可以用

来骗取出口退税、抵扣税款的普通发票,并且发票是真票。行为人以营利为目的,非法出售用于骗取出口退税、抵扣税款的普通发票,数量在 50 份以上或者票面额在 20 万元以上的,即可以立案追究刑事责任。

第四,存在直接故意。

非法出售可以用于骗取出口退税、抵扣税款的其他发票的,处 3 年以下有期徒刑、拘役或者管制,并处 2 万元以上 20 万元以下罚金;数量巨大的,处 3 年以上 7 年以下有期徒刑,并处 5 万元以上 50 万元以下罚金;数量特别巨大的,处 7 年以上有期徒刑,并处 5 万元以上 50 万元以下罚金或者没收财产。单位犯有本罪的,对单位判处罚金,并对其直接负责的主管人员和其他直接责任人员,依照非法出售用于骗取出口退税、抵扣税款发票罪的规定处罚。

(十二) 非法出售发票罪

非法出售发票罪是指行为人违反法律规定将普通发票所有权有偿转让给他人的犯罪行为。其构成要件包括:

第一,犯罪主体为一般主体,任何单位和个人都可以构成本罪。

第二,侵害的客体是国家税收管理制度,特别是发票管理制度。

第三,采用的手段是以营利为目的,通过金钱交易转让普通发票的所有权。非法出售普通发票 100 份以上或者票面额累计在 40 万元以上的,即可以立案追究刑事责任。这里所指的发票是指没有特定用途(如用于出口退税、抵扣税款等)的普通发票,并且发票是真票。如果当事人出售的发票属于次品、废品,不应当被认定为犯罪,但是如果发票的残、次品被当作正品出售,则构成诈骗罪。

第四,存在直接故意。

非法出售发票构成犯罪的,处 2 年以下有期徒刑、拘役或者管制,并处或者单处 1 万元以上 5 万元以下罚金;情节严重的,处 2 年以上 7 年以下有期徒刑,并处 5 万元以上 50 万元以下罚金。单位犯有本罪的,对单位判处罚金,并对其直接负责的主管人员和其他直接责任人员,依照非法出售发票罪的规定处罚。

(十三) 虚开发票罪

虚开发票罪是指行为人违反法律规定虚开普通发票(不能用于出口退税、抵扣税款)的犯罪行为。其构成要件包括:

第一,犯罪主体为一般主体,任何单位和个人都可以构成本罪。

第二,侵害的客体是国家税收管理制度,特别是发票管理制度。

第三,采用的手段是虚开普通发票,达到 100 份以上或者虚开金额累计在 40 万元以上的;或者未达到上述标准,但 5 年内因虚开发票行为受过行政处罚 2 次以上,又虚开发票的,即可以立案追究刑事责任。

第四,存在直接故意。但与虚开增值税专用发票或虚开可以用于出口退税、抵扣税款的发票目的不同,虚开普通发票可能不一定是为了不缴或少缴税款,如借此报销贪污等,同样要以此罪名追究刑事责任。

虚开发票情节严重的,处 2 年以下有期徒刑、拘役或者管制,并处罚金;情节特别严重的,处 2 年以上 7 年以下有期徒刑,并处罚金。单位犯有本罪的,对单位判处罚金,并对其直接负责的主管人员和其他直接责任人员,依照虚开发票罪的规定处罚。

(十四) 持有伪造的发票罪

持有伪造的发票罪是指行为人违反法律规定,明知是伪造的发票而持有,数量较大,应受刑法惩处的犯罪行为。其构成要件包括:

第一,犯罪主体为一般主体,任何单位和个人都可以构成本罪。

第二,侵害的客体是国家税收管理制度,特别是发票管理制度。此处所谓发票的界定一是指假发票,不管其造假的手段如何;二是与此相关,假发票的获取途径一定是非法的;三是涵盖所有发票,包括依法获得发票使用资格的票据(如农产品收购凭证),并不局限于增值税专用发票。

第三,采用的手段是非法持有伪造的发票。其中持有伪造的增值税专用发票达到 50 份以上或者虚开金额累计在 20 万元以上的;持有可以用于骗取出口退税、抵扣税款的其他发票 100 份以上或者票面额累计在 40 万元以上的;持有前述以外其他伪造的普通发票 200 份以上或者票面额累计在 80 万元以上的,即可以立案追究刑事责任。

第四,存在直接故意。即明知是伪造的发票而持有,如果行为人主观上不知道是伪造的发票,而受到欺骗、蒙蔽,误以为是真票而持有的,不能认定为犯罪。另外,持有假发票的目的并不限于不缴、少缴税款,出于其他非法目的同样构成此罪。伪造的发票并不是非法制造的发票全部,但显然持有这部分假发票的主观故意性更容易判断,其社会危害性也更大,因此构成本罪调整的范围。

【探讨】持有伪造的发票罪是否必须以牟利目的为条件

对此问题,一种意见认为,《刑法》条文没有规定以牟利为目的,因此,持有伪造的发票罪不以牟利目的为构成要件,只要持有行为达到情节严重程度,就应定罪处罚。另一种意见认为,不能一概而论,持有伪造的发票不是违法者的最终目的,往往是作为出售或者实施逃税等其他非法牟利犯罪的桥梁和中介,而最终是以牟取非法经济利益为目的。由于持有伪造的发票罪主要侵害的是国家税收征管秩序,如果没有牟利的目的,那么持有伪造发票的行为对国家税款的征收就没有威胁,也不会对国家税收征管秩序造成大的影响,其社会危害性不大。因此,不以牟利为目的持有伪造发票的行为是否能认定为持有伪造的发票罪,需要审慎认定。[①] 其实,在绝大多数情况下,持有伪造的发票,是非法牟利的准备阶段。以主观故意为前提,如果不是受到主客观因素的干扰,持有伪造的发票而不最终用于牟利,在逻辑上是说不通的。该罪名的设立,主要目的就是堵住为牟利而持有伪造发票而尚未有进一步犯罪行为的情形,从而规避刑事制裁的漏洞。

---

① 参见全国税务师职业资格考试教材编写组编:《涉税服务相关法律》,中国税务出版社 2020 年版,第 469 页。

持有伪造的发票数额较大的,处 2 年以下有期徒刑、拘役或者管制,并处罚金;数量巨大的,处 2 年以上有期徒刑,并处罚金。单位犯本罪的,对单位判处罚金,并对其直接负责的主管人员和其他直接责任人员,依照持有伪造的发票罪的规定处罚。

除去上述涉及发票的犯罪之外,盗窃增值税专用发票或者可以用于骗取出口退税、抵扣税款的其他发票的,按照盗窃罪的相关规定定罪处罚。

【提示】《刑法》第 211 条规定,单位犯有《刑法》第 201 条、第 203 条、第 204 条、第 207 条、第 208 条、第 209 条规定之罪的,对单位判处罚金,并对其直接负责的主管人员和其他直接责任人员,依照上述相应条款的规定处罚。这样,上述相应条款涉及的单位犯罪的责任人员不仅要被处以自由刑,而且要被处以罚金刑或者没收财产,这与《刑法》第 205 条对虚开增值税专用发票或者虚开用于骗取出口退税、抵扣税款的其他发票罪之责任人员只处以自由刑是不同的。

二、涉税职务犯罪

对征税主体刑事法律责任的追究,主要体现在对税务人员个人涉税犯罪的制裁上。它包括几个层面:一是税务人员作为一般国家公务人员可能牵涉的犯罪,如贪污罪、挪用公款罪、受贿罪、玩忽职守罪、徇私舞弊不移交刑事案件罪等;二是个别不法税务人员与不法纳税人或其他犯罪人相互勾结,实施偷税、抗税、骗取出口退税等犯罪行为,以及利用发票犯罪时,会构成相应罪行的共同犯罪;三是《刑法》中设定的以徇私舞弊为前提的四项渎职犯罪,与涉税职务犯罪密切相关。其中徇私舞弊不征、少征税款罪和徇私舞弊发售发票、抵扣税款、出口退税罪是专门对税务人员犯罪特别设定的罪名。违法提供出口退税凭证罪虽然犯罪主体不是特定的税务人员,但其涉及的海关人员的执法行为与税收有关,依据的是税法。只是其涉税执法权限与一般意义上的税收行政执法分开,故我们也在此类涉税职务犯罪中对其讨论。此外,徇私舞弊不移交刑事案件罪同样以徇私舞弊为前提,同样属于税务人员执法容易触及的犯罪,故此我们也将其与上述三种涉税渎职犯罪归并为一类介绍。鉴于第一种情况和一般的受贿罪、贪污罪、渎职罪等并无区别,第二种情况前已作了较多的阐述,在此主要讨论第三种情况。

(一) 徇私舞弊不征、少征税款罪

徇私舞弊、不征少征税款罪是指税务人员徇私舞弊,违反法律规定,不征或少征税款,致使国家税收遭受重大损失的犯罪行为。其构成要件包括:

第一,犯罪主体为特殊主体,只有税务人员才可能构成本罪。

第二,侵害的客体是国家税收管理制度。

第三,采用的手段是徇私舞弊(为了私人关系而用欺骗的方法违反法律规定)不征或少征税款,与涉案税务人员是否收受他人钱财没有直接关系。

第四,存在主观故意。

第五,达到立案标准。按照《最高人民检察院关于渎职侵权犯罪案件立案标准的规定》,应

予立案的情形包括:(1)徇私舞弊不征、少征应征税款,致使国家税收损失累计达10万元以上的;(2)上级主管部门工作人员指使税务机关工作人员徇私舞弊不征、少征应纳税款,致使国家税收损失累计达10万元以上的;(3)徇私舞弊不征、少征应征税款不满10万元,但具有索取、收取贿赂或者其他恶劣情节的;(4)其他致使国家税收遭受重大损失的情形。

犯有徇私舞弊不征、少征税款罪,处5年以下有期徒刑或者拘役,致使国家利益遭受重大损失的,处5年以上有期徒刑。

(二)徇私舞弊发售发票、抵扣税款、出口退税罪

徇私舞弊发售发票、抵扣税款、出口退税罪是指税务人员徇私舞弊,违反法律的规定,发售发票、抵扣税款、出口退税,致使国家税收遭受重大损失的行为。其构成要件包括:

第一,犯罪主体为特殊主体,即只有税务人员才可以构成本罪。

第二,侵害的客体是国家税收管理制度。

第三,采用的手段是徇私舞弊,发售发票、抵扣税款、出口退税,同样与涉案税务人员是否收受他人钱财没有直接关系。

第四,存在主观故意。

第五,达到立案标准。按照《最高人民检察院关于渎职侵权犯罪案件立案标准的规定》(高检发释字〔2006〕2号),应予立案的情形包括:(1)徇私舞弊,致使国家税收损失累计达10万元以上的;(2)徇私舞弊,致使国家税收损失累计不满10万元,但发售增值税专用发票25份以上,或者其他发票50份以上,或者增值税专用发票与其他发票合计50份以上,或者有索取、收受贿赂或者其他恶劣情节的;(3)其他致使国家利益遭受重大损失的情形。

犯有徇私舞弊发售发票、抵扣税款、出口退税罪,处5年以下有期徒刑或者拘役,致使国家利益遭受重大损失的,处5年以上有期徒刑。

(三)违法提供出口退税凭证罪

违法提供出口退税凭证罪是指海关、外汇管理等国家机关工作人员违反法律规定,在提供出口退税凭证的工作中徇私舞弊,致使国家利益遭受重大损失的犯罪行为。其构成要件包括:

第一,犯罪主体为特殊主体,即只有海关、外汇管理等部门的国家机关工作人员才可以构成本罪。

第二,侵害的客体是国家税收管理制度。一般来说,海关征收关税依据的是《海关法》《进出口关税条例》等法律法规,但其代征进口增值税与消费税、参与出口退税工作,依据的增值税、消费税等相关规定,仍然属于区别于上述海关法律、法规的传统税法口径。因此,从这个意义上说,本罪侵害的客体是国家税收管理制度。

第三,采用的手段是在提供出口货物报税单、出口收汇核销单等出口退税凭证的工作中徇私舞弊。徇私舞弊虽然没有出现在罪名中,但《刑法》第405条第2款仍将其作为构成该罪的前提条件。

第四,存在主观故意。

第五,达到立案标准。按照《最高人民检察院关于渎职侵权犯罪案件立案标准的规定》,此类案件应予立案的情形包括:(1)徇私舞弊,致使国家税收损失累计达 10 万元以上的;(2)徇私舞弊,致使国家税收损失累计不满 10 万元,但有索取、收受贿赂或者其他恶劣情节的;(3)其他致使国家利益遭受重大损失的情形。

犯有违法提供出口退税凭证罪,处 5 年以下有期徒刑或者拘役,致使国家利益遭受重大损失的,处 5 年以上有期徒刑。

(四) 徇私舞弊不移交刑事案件罪

徇私舞弊不移交刑事案件罪是指行政执法人员徇私舞弊,对依法应当移交司法机关追究刑事责任的案件不移交,情节严重的犯罪行为。其构成要件包括:

第一,犯罪主体为特殊主体,即拥有行政执法权且有案件移交责任的国家行政机关工作人员才可以构成本罪。其犯罪主体范围大于上述徇私舞弊不征、少征税款罪和徇私舞弊发售发票、抵扣税款、出口退税罪,但犯罪主体仍然是特殊主体。

第二,侵害的客体是行政机关的行政执法秩序(其中包括税收行政执法秩序)和司法机关的刑事司法活动秩序。

第三,采用的手段是拒不移交。即税务人员明知涉税违法行为已经构成犯罪,但出于徇私舞弊目的仍不将其移送司法机关。如果不是出于徇私舞弊的原因,而是对涉税问题有不同看法,或者因工作失误没有移交,不构成本罪。

第四,存在主观故意。

第五,达到立案标准。按照《最高人民检察院关于渎职侵权犯罪案件立案标准的规定》,应予立案的情形包括:(1)对依法可能判处 3 年以上有期徒刑、无期徒刑、死刑的犯罪案件不移交的;(2)不移交刑事案件涉及 3 人次以上的;(3)司法机关提出意见后,无正当理由仍然不予移交的;(4)以罚代刑,放纵犯罪嫌疑人,致使犯罪嫌疑人继续进行违法犯罪活动的;(5)行政执法部门主管领导阻止移交的;(6)隐瞒、毁灭证据,伪造材料,改变刑事案件性质的;(7)直接负责的主管人员和其他直接责任人员为牟取本单位私利而不移交刑事案件,情节严重的;(8)其他情节严重的情形。

犯有徇私舞弊不移交刑事案件罪,处 5 年以下有期徒刑或者拘役,致使国家利益遭受重大损失的,处 5 年以上有期徒刑。

【探讨】涉税案件移送问题分析

按照《刑法》《刑事诉讼法》《最高人民检察院关于渎职侵权犯罪案件立案标准的规定》和《国务院关于修改〈行政执法机关移送涉嫌犯罪案件的规定〉的决定》,对于达到刑事立案标准的逃税、抗税、骗取出口退税等案件,由税务机关移送公安机关侦查。上述规定明确了行政执法机关的移送责任,但具体到涉税刑事案件的移送,仍然有较多的问题。究其原因,一是涉嫌税收犯罪移送没有统一标准,且源于税法的复杂与专业,税务机关和公安机关对涉税犯罪在理解和认识上容易产生不一致,对移送时所要查明的犯罪事实要素和相应证据材料要求亦不明确;二是有的税收犯罪立案标准过低,已经明显不适应现有经济发展状况,案件移送存在一定困难;三是缺乏有效的移送监督机制;四是主要的涉税犯罪——逃税罪的立案需要确定限定的纳税期间因逃税而不缴或少缴各税种税款的总额,而这往往需要纳税年度结束汇算之后才能确定,故而推迟案件的移送时间。因此应当制定切实可行的涉嫌税收犯罪案件移送标准,明确和提高涉税犯罪标准,特别是要对数额标准作出准确规定。[①]

【思考】总结刑法关于危害税收征管罪的规定,特别是利用增值税专用发票犯罪的惩罚措施不可谓不严厉,但涉税犯罪的势头并没有被有效遏制。其深层次的原因是什么?

思 考 题

1. 怎样理解税收法律责任的性质与特点?
2. 试比较欠税、偷税、逃税、骗税、避税、税收筹划的定义与区别。
3. 试比较《税收征管法》第 62 条、第 63 条、第 64 条涉及纳税申报的规定。
4. 为何要在危害税收征管罪中设定单位犯罪?
5. 逃税罪的构成要素有哪些?
6. 怎样界定徇私舞弊不征、少征税款罪中的"徇私舞弊"?

即测即评

---

① 参见刘敬江、冷报德等:《税收行政执法与刑事司法程序的衔接》,载《税务研究》2006 年第 10 期。

第十章　税收法律救济

本章要点

　　我国的税收法律救济制度是由税收行政复议、税收行政诉讼和税收行政赔偿三个相互关联的部分构成的,是纳税人权利保障的重要依托。一般情况下,行政复议是通过法律救济手段解决涉税争议的起点,行政诉讼则是最后手段。复议更强调依托行政机关已有的技术优势,强调简化程序、降低成本,而诉讼更强调程序上的规范性与公正性。两者是一种互相配合、互补短长的关系,而不是相互排斥、相互竞争的关系。行政赔偿则是法律救济的主要后果之一,它可以贯穿行政执法、复议与诉讼的全过程。本章的重点是税收行政复议,因为其首先面对税收行政争议的解决,与实体税法和税收征管程序联系紧密,更应当为需要了解税法的人们所熟知。其中,行政复议的特点、原则、基本要素与基本程序应当重点把握。与上述内容相对应,本章设置三节内容:第一节税收行政复议,第二节税收行政诉讼,第三节税收行政赔偿。

【探讨】税收救济法与税收争讼法名称的取舍

　　对相关法律规范,学术界有税收救济法与税收争讼法两种不同的称呼,我们倾向于采用前一种叫法。因为这些法律的功能是公正地解决涉税争议,但更多的是体现对纳税人权益的有效保护和对税务机关权力的合理规制,根本目的是对处于弱势一方的纳税主体提供法律救济。而税收争讼法似乎更强调解决争议的方式,关注行政复议与行政诉讼的关系,没有更好地体现其内在本质。与此相近,我们认为应当将相关制度称为"税收行政复议、税收行政诉讼",而不是"税务行政复议、税务行政诉讼",因为后者强调税务机关的主导作用,似乎解决涉税争议只是税务管理工作的一个延伸,不能充分体现上述立法目的。

第一节　税收行政复议

　　税收行政复议与其他行政复议制度差别很大,税收行政复议是税收法律救济制度的基本组成部分,其基本法律依据是《行政复议法》《行政复议法实施条例》。在此框架下,国家税务总局制定了《税务行政复议规则》。

【提示】鉴于各个行政机关执法分工不同,行政复议从根本上属于行政裁决,由此执行《行政复议法》时差异较大。这样,依据《行政复议法》制定、属于行政规章的《税务行政复议规则》发挥作用的空间较大,这一特点在行政诉讼中是不存在的。

一、税收行政复议概述

税收行政复议是解决税收行政执法争议,为纳税人等税收行政执法当事人提供相关法律救济的一项重要制度,它对于保护纳税人和其他税收行政执法当事人的合法权益,维护和监督税务机关依法行使税收行政执法权,防止和纠正违法或者不当的税务机关具体行政行为,推进依法治税,提高税务行政司法的效率与公正性有十分重要的作用。

(一) 概念与性质

税收行政复议是指纳税人或其他税收行政执法当事人认为税务机关的具体行政行为侵害了自己的合法权益,向作出具体行政行为的税务机关的上一级税务机关提出申诉,上一级税务机关依法裁决税收行政执法争议的活动。

就我国税收行政复议制度而言,其性质可以从两个方面进行分析:

一方面,税收行政复议是一种特殊的行政监督。其特殊性主要表现在其是依税收行政执法当事人的申请而成立,借鉴司法制度而形成的特别程序,不像一般行政监督那样随时进行。同时,这种监督不是一种简单的税务机关内部监督,而是人民群众对税务机关征税活动外部监督与税务机关内部监督相结合的一种特殊形式。

另一方面,税收行政复议是一种特殊的行政救济措施。其特殊性在于救济不是由复议机关主动进行,而是应纳税人等争议当事人的要求,按特殊的程序进行的。税收行政复议具有较为完整、严密的制度与实施程序,复议机关是处于公断人地位的上级税务机关,对税法的把握更加准确、深入,更容易从专业的角度解决争议。

【探讨】税收行政复议制度的定位

税收行政复议是行政监督? 还是行政司法活动? 这涉及如何给行政复议制度定位的问题。对此有两种观点:一种观点主张定位于准司法制度,另一种观点主张定位于行政机关内部的层级监督活动。①

如果把行政复议制度定位于准司法制度,其应该有三个特点:一是居中裁判。行政复议机关是申请人与被申请人中间的裁判者。二是复议人员也要相对独立。复议人员的任免实行特殊程序,不能随意罢免。三是实行合议制。类似于法院的合议庭,根据少数服从多数的原则来定案。该观点主张行政复议机关应该是独立的,即机构独立、审理独立、决定独立。美国、法国实行独立

---

① 参见国家税务总局《涉税法律知识讲座》整理编写组:《涉税法律知识讲座》,中国税务出版社 2000 年版,第 40 页。

于行政机关的行政法官制度,韩国设立了一个独立于行政机关之外的复议委员会,这些都属于准司法制度类型。

如果把行政复议制度定位于行政机关内部监督制度,其也应有三个特点:一是行政复议是由行政机关来组织,属于行政机关内部的层级监督活动。二是需要申请人的申请来启动复议活动,否则就视为没有行政争议。三是行政复议是行政机关内部的一个监督机制,复议权是基于行政机关内部的一种监督权。不主张行政复议司法化的观点,其主要理由有三:其一,不符合我国的政治制度。我国的政治制度是在人民代表大会制度下的分工,不是三权分立,所以不需要在行政机关之外再成立一个机关、机构,对行政机关进行监督。其二,不利于提高争议解决的效率。采取行政复议司法化的方案,程序必然烦琐,影响效率。其三,不符合便民的原则。行政复议司法化的程序必然复杂,不方便纳税人参加复议活动,不利于保护纳税人的合法权益。

(二) 特点与原则

1. 特点

由于各个国家税收行政复议制度差异较大,因此其特点也有所不同。以我国现行税收行政复议制度为基准,其特点可以概括为如下几个方面:

(1) 以征纳双方的税收行政执法争议为调整对象。税收行政复议以税收行政执法争议的发生为前提,没有税收行政执法争议,就无须复议。这里所谓税收行政执法争议,受到如下几个条件的限制:一是争议因税收行政执法而产生,是在税务管理与税收征纳过程中发生的;二是其对象为税法规定的权利和义务;三是其一方当事人是以纳税人为代表的税收行政执法的相对人及其他自认权益受到税收行政执法侵害的当事人,另一方当事人只能是税务机关;四是引起争议的是税务机关的具体行政行为,而不能是其民事行为或其他行为。故此,《行政复议法》特别规定:不服行政机关对民事纠纷作出的调解或者其他处理,依法申请仲裁或者向人民法院提起诉讼。以税收征纳双方的税收行政执法争议为调整对象,是税收行政复议区别于一般行政复议的重要特征。

(2) 对税务机关的外部具体行政行为是否合法与适当进行审查。我国税收行政复议制度规定,其受案范围是税务机关作出的外部具体行政行为,不包括对内部工作人员进行管理所实施的内部具体行政行为(解决内部具体行政行为争议的方式是申诉),更不包括制定税收法律、法规、规章和具有普遍约束力行政命令的抽象行政行为。审查对象不仅包括税务机关作出的外部具体行政行为的合法性,而且包括其适当性,范围大于我国行政诉讼法规定的受案范围。

(3) 依纳税人等税收行政执法争议当事人提出的复议申请而进行。作为纳税主体一方的税收行政执法争议当事人认为税务机关的具体行政行为侵犯了其合法权益的,可依法向税收行政复议机关申请复议。这一特点包含了这样几层意思:其一,税收行政复议依申请而进行,没有这种申请,复议机关不会主动进行复议,此做法在很大程度上吸纳了民事诉讼法中"不告不理"的原则,反过来,只要符合法定的受理条件,复议机关必须受理,无权拒绝;其二,只有纳税主体一方的税收行政执法争议当事人才有申请复议的资格,作为另一方当事人的税务机关及税收行政执法争议当事人以外的机关、组织或个人都没有这种资格;其三,税收行政执法争议当事人提出复议申请并不需要有税务机关作出的具体行政行为侵犯其合法权益的确切根据,只要能够确认引起争议的税务机关具体行政行为确实发生即可。

(4) 采取书面审查的方法。在审理过程中,复议机关一般只就有关资料、证据、依据是否合法与适当进行书面审查,复议机关不主持双方当面辩论、询问,这与公开审理和听证都是不同的。作为一项改进和补充,《行政复议法实施条例》和《税务行政复议规则》规定,行政复议机构认为必要时,可以实地调查核实证据;对重大、复杂的案件,申请人提出要求或者行政复议机关认为必要时,可以采取听证的方式审理。不过,这并没有从根本上改变税收行政复议采用书面审查的方法。此外,《行政复议法实施条例》第33条规定,"对重大、复杂的案件,申请人提出要求或者行政复议机构认为必要时,可以采取听证的方式审理"。这在事实上突破了书面审理的限制。

(5) 税收行政复议由上一级税务机关主持。税收行政复议是由税务机关而不是通过法院或其他社会仲裁机构来解决税收行政执法争议的。但是,作为层级监督制度,税收行政复议不能由同级税务机关来解决,从提高行政效率的角度出发,也不能由上两级或三级的税务机关来解决。所以,税收行政复议权由引起税收行政执法争议之税务机关的上一级税务机关行使。当事人不得越级提出复议申请,同一案件的行政复议只进行一次。但有两种情况例外:一是以国家税务总局为被申请人时,复议机关仍然为国家税务总局;二是税收行政复议机关无正当理由不受理复议案件时,上级税务机关可以直接受理。

(6) 必经复议与选择复议相结合。从我国税法规定来看,税收行政争议当事人对税务机关的征税决定不服的,必须先提起行政复议,经过复议程序,对复议裁决仍然不服的,才可以提起行政诉讼,此为必经复议,也称行政复议前置。否则,直接向法院起诉的,法院不予受理。对于税务机关征税之外的其他具体行政行为不服的,当事人可以先申请复议,对复议裁决不服,再提起行政诉讼,也可以不经复议,直接起诉,此为选择复议。

【探讨】为什么要区别必经复议和选择复议的范围

采用必经复议形式,一定程度上减少了当事人对程序的选择机会,是对其税收救济权利的一种限制。但是,在目前的法治环境和司法状况下,区分必经复议与选择复议,有条件地作出行政复议前置的规定,也有一定的合理性。一是在税收行政争议中,确实有一部分是因为纳税人不了解税法而对征税决定不服产生的,且争议双方矛盾冲突不太严重,所以由税收行政复议机关先行解决是必要和可能的。二是在复议中通过了解税法,可以化解大部分矛盾,减少诉讼活动,有利于减轻法院的负担。三是将对税务机关作出的征税行为不服申请复议列入必经复议范围,主要是考虑到税收的专业性、技术性较强等特点。这样,由税务机关先行复议,解决一些专业性比较强的税收行政执法争议,而且程序较简单,有助于依法治税的深入推进与和谐征纳关系的建立。

【案例】 某地税务稽查部门依据税收征管法的规定,对有偷税行为的某砂石厂作出税务处理决定(补缴税款39万余元)和税务处罚决定(罚款27万余元)。该砂石厂未就税务处理决定申请复议和诉讼,但以税务处罚决定"事实不清、程序违法"等理由,就处罚决定向法院提起行政诉讼。

一审法院认为:稽查局作出的税务行政处理决定认定原告有税收违法行为,应补缴增值税39万余元,原告对该处理决定未提起行政复议和诉讼,故该处理决定已发生法律效力,可以认为原告对被告作出的其应补缴增值税39万余元的事实无异议,故稽查局基于其作出的税务行政处理决定认定的相关事实,依法应当对原告作出并处罚款的行政处罚决定。鉴于行政诉讼不审查已生效的基础行政行为合法性的原则,故对于被告作出的税务行政处理决定认定的违法事实应当予以确认,被告据此决定对原告作出罚款27万余元的决定,量罚适当。一审法院判决驳回该砂石厂的诉讼请求。也就是说,一审法院直接采信了税务处理决定书认定的违法事实。

砂石厂提起上诉。二审法院认为:依据《税收征管法》第88条的规定,税务处理决定与税务处罚决定系两个不同的行政行为,且法律法规并未规定行政复议为提起行政处罚之诉的必经程序。对于行政处罚行为,应根据《行政诉讼法》第6条的规定,对其合法性进行全面审查;上诉人未对税务处理决定提起复议及诉讼,并不构成限制其行政处罚诉权的事由,也不能限制行政处罚的司法审查权限;一审法院认为"鉴于行政诉讼不审查已生效的基础行政行为合法性的原则,故对于被告作出的税务行政处理决定认定的违法事实应当予以确认",属法律理解不当。因此,二审法院撤销一审判决,发回重审。① 你如何看待一审法院与二审法院的不同判决?

2. 原则

《行政复议法》及《税务行政复议规则》规定的税收行政复议原则如下:

(1) 合法、公正、公开、及时、便民的原则。合法、公正、公开、及时、便民,是税收行政复议工作应遵循的基本原则。所谓合法,是指复议机关、复议依据、复议程序必须合法。所谓公正,就是复议机关在案件审理过程中要公平对待双方当事人,不能偏听偏信,偏袒一方,要在弄清事实的基础上公正地作出复议决定。所谓公开,就是除涉及国家秘密、商业秘密或者个人隐私外,申请人可以查阅被申请人作出的书面答复及作出具体行政行为的证据、依据和其他有关材料。复议机关应将复议依据、复议过程、复议结果公开。所谓及时,就是要求税收行政复议机关在复议的各个环节上都要在法定期限内尽快地审理和作出复议决定。所谓便民,即复议机关在法律允许的范围内,尽可能多地为复议申请人提供便利条件。

(2) 独立复议的原则。《行政复议法》设计了"一纵一横"两种复议模式。即对县级以上地方各级政府工作部门的具体行政行为不服的,由申请人选择,可以向该部门的本级政府申请行政复议,也可以向该部门的上一级主管部门申请行政复议。而对实行垂直领导的行政机关和国家安全机关的具体行政行为不服的,申请人应向上一级主管部门申请行政复议。税务机关是典型的垂直领导部门,因此,税收行政复议权只能由税务机关行使,其他机关或组织不能主持税收行政复议活动,税务机关行使税收行政复议权不受司法机关或社会团体、组织的干预。

(3) 被申请人负举证责任原则。被申请人员举证责任原则是指被申请人应承担提交当初作出有争议的具体行政行为的相关证据的责任。所谓举证责任,就是作为复议被申请人的税务机关如果在复议过程中不举证或不能举证,将导致复议失败的后果。这与民事诉讼法规定的由双

---

① 参见罗显峰:《偷税处理与处罚 救济方式相互依存吗?》,载《中国税务报》2019年1月29日,第7版。

方当事人分担举证责任是不同的。被申请人负举证责任并不排斥申请人和复议机关的举证,申请人有权向复议机关提供有利于自己的证据。复议机关认为有必要时,也可以自行调取证据,但是不能包揽被申请人的举证责任。

【探讨】关于举证责任分配的理论与原因分析

对于举证责任,我国法学界主要有三种解说:一是行为责任说。行为责任说认为,举证责任是指在诉讼中,当事人对于自己主张的事实,有提供证据以证明事实真实性的责任。二是双重含义说。双重含义说认为,举证责任包括行为意义上的举证责任和结果意义上的举证责任这两层含义。前者是指对于诉讼中的待证事实,应当由谁提出证据加以证明的责任,又称形式上的举证责任、主观的举证责任、提供证据的责任;后者是指当待证事实的存在与否最终陷于真伪不明的状态时,应当由谁承担因此而产生的不利法律后果的责任,又称实质上的举证责任、客观的举证责任、说服责任。三是危险负担说,又称风险负担说。危险负担说认为,举证责任是指当案件事实真伪不明时,当事人一方所承担的败诉风险。[①]

就税收行政复议而言,由被申请人承担举证责任的原因在于:第一,作为被申请人的税务机关举证能力较申请人强。这是因为税务机关对于征税的事实依据和税法依据最清楚,否则根本就谈不上依法征税。同时,税务机关作为国家行政机关,在取证的权力、技术手段、保存证据的制度和专业人员上都有相当的保障。反之,作为申请人的纳税人一方,受经济能力、对税法的掌握程度、自身制度健全程度等方面的限制,可能难以全面收集和长期有效保存证据。显然,由被申请人承担举证责任,有利于复议机关更准确地判定争议的事实,作出公正的裁定。第二,由被申请人承担举证责任,有利于促进税务机关依法征税。因为税务机关要在可能的复议及诉讼中处于有利位置,就要全面占有和保存证据,而要做到这一点,就必须约束自己,按照法律的要求实施每一具体的行政执法行为。

(4)不停止执行原则。不停止执行原则是指税务机关作出的有争议的具体行政行为,在整个行政复议期间其原有的法律效力不变,该具体行政行为必须予以执行,直至复议结束才能按照复议裁决结果决定其最终是维持、撤销或变更。这里可以引申出两层意思:一是税务机关有争议的具体行政行为没有完成执行的,在复议期间可以继续执行;二是与征税有关的具体行政行为必须在执行后复议才能开始。执行这一原则,并不排除个别情况下的例外。

【思考】不停止执行的意义何在?为何要有例外的规定?

(5)不适用调解的原则。不适用调解的原则是指复议机关不能主持、协调双方当事人通过自愿、协商、达成一致来结束复议案件,解决税收争议。其原因一是调解与依法课税相矛盾,如果作为被申请人的税务机关在调解中作出让步,就是损害国家利益,反之则会损害纳税人的利益;二是我国税收行政复议采用书面审理方式,无须当事人到场,也不便于普遍适用调解程序。但是,对于公民、法人或者其他组织对行政机关行使法律法规规定的自由裁量权作出的具体行政行

---

① 参见何小王、何其昭:《税收举证责任制度研究》,载李万甫、孙红梅主编:《〈税收征收管理法〉修订若干制度研究》,法律出版社 2017 年版,第 210 页。

为不服申请行政复议的情形,对于当事人之间的行政赔偿纠纷,复议机关可以通过调解解决。

【思考】《行政复议法》和《税务行政复议规则》增设了和解制度与调解结案方式,你认为其立法意图何在? 为何要将其限定在行政机关行使法定自由裁量权、行政赔偿等范围内?

(6) 一级复议制原则。一级复议制原则是指行政复议案件经过一个行政复议机关审理,行政复议程序即告终结,不再进行两次或者两次以上行政复议活动的制度。不论税收管理体制如何划分,税收管理权如何交叉,税收行政复议案件只能由一个税务机关受理,同一案件的行政复议只进行一次。如果复议机关事后发现本机关作出的复议决定不当,只能通过内部监督程序纠正,不得再通过复议程序处理,申请人对复议决定不服的,可以向法院提起行政诉讼。

(7) 不利变更禁止原则。不利变更禁止原则是指行政复议机关在申请人的行政复议请求范围内,不得作出对申请人更为不利的行政复议决定。其目的是鼓励公民、法人或者其他组织通过行政复议的方式依法解决行政争议,解除申请人"不敢告"的思想负担,更好地发挥行政复议为当事人提供法律救济的功能。

二、税收行政复议参加人

税收行政复议参加人是指依法参加税收行政复议活动,维护自身或一方当事人利益的单位和个人。具体包括申请人、被申请人、第三人、代理人。其中,申请人、被申请人和第三人统称为复议当事人。

(一) 申请人

申请人是指认为税务机关的具体行政行为侵犯其合法权益、依法向税收行政复议机关提出复议申请的税收行政执法争议当事人,具体是指纳税义务人、扣缴义务人、纳税担保人和其他当事人。此外,合伙企业申请行政复议的,应当以核准登记的企业为申请人,由执行合伙事务的合伙人代表该企业参加行政复议;其他合伙组织申请行政复议的,由合伙人共同申请行政复议。不具备法人资格的其他组织申请行政复议的,由该组织的主要负责人代表该组织参加行政复议;没有主要负责人的,由共同推选的其他成员代表该组织参加行政复议。股份制企业的股东大会、股东代表大会、董事会认为税务机关作出的具体行政行为侵犯企业合法权益的,可以以企业的名义申请行政复议。同一行政复议案件申请人超过 5 人的,推选 1 至 5 名代表参加行政复议。有权申请行政复议的公民死亡的,其近亲属可以申请行政复议。有权申请行政复议的公民为无民事行为能力人或者限制民事行为能力人的,其法定代理人可以代为申请行政复议。有权申请行政复议的法人或者其他组织发生合并、分立或终止的,承受其权利义务的法人或者其他组织可以申请行政复议。

【提示】复议申请人当然是以纳税人为主,但不限于纳税人,还包括其他纳税主体,甚至被税务机关错误实施具体行政行为的当事人,也有作为复议申请人申请复议的资格。成为复议申请人只要其在主观上认为税务机关的具体行政行为侵害了自身的合法权益,并且该具体行政行为真实发生,即符合法定条件。至于其主观认识能否被复议机关认可,是要通过复议程序解决的问题。

【案例】个体工商户李某因有逃税行为而被主管税务机关采取保全措施。税务机关在对其采取保全措施时,却错将王某存放在李某处的货物扣押。税务机关的具体行政行为虽然直接侵害了王某的利益,但是王某不是纳税人,那么王某是否有复议申请人的资格?

(二) 被申请人

被申请人是指被申请人认为有争议的具体行政行为侵犯了自己的合法权益并依法提出复议申请,由税收行政复议机关通知参加复议的税务机关,即与申请人对应的另一方复议当事人。

【提示】税收行政复议被申请人是税务机关,而不是具体的某个自然人。

复议被申请人的确定规则如下:(1)申请人对具体行政行为不服申请行政复议的,作出该具体行政行为的税务机关为被申请人。(2)申请人对扣缴义务人的扣缴税款行为不服的,主管该扣缴义务人的税务机关为被申请人。(3)对税务机关委托的单位和个人的代征行为不服的,委托的税务机关为被申请人。(4)税务机关与法律法规授权的组织以共同的名义作出具体行政行为的,税务机关和法律法规授权的组织为共同被申请人。(5)税务机关与其他组织以共同名义作出具体行政行为的,税务机关为被申请人。(6)税务机关依照法律、法规和规章,经上级税务机关批准作出具体行政行为的,批准机关为被申请人。(7)申请人对经重大税务案件审理程序作出的决定不服的,审理委员会所在的税务机关为被申请人。(8)税务机关设立的派出机构、内设机构或者其他组织,未经法律法规授权,以自己名义对外作出具体行政行为的,税务机关为被申请人。

【案例】2016年12月,A市B区地税局所属的C税务分局以D餐饮企业未按法定期限缴纳税款30万元、经责令限期缴纳逾期仍不履行为由,报B区地税局局长批准,以C税务分局的名义,书面通知D餐饮企业开户银行从企业存款中扣缴税款。D餐饮企业对C税务分局的行政强制执行措施不服,向B区地税局提起行政复议。然而,B区地税局收到复议申请书后,难以确定谁是被申请人。① 你认为复议被申请人应当是谁?理由是什么?

(三) 第三人

第三人是指与作为复议对象的具体行政行为有利害关系,为了维护自身的合法权益而经复议机关批准参加税收行政复议的其他公民、法人或组织。

复议第三人有如下特征:(1)与发生争议的税收具体行政行为有利害关系;(2)为了维护自己的合法权益而参加复议,是具有独立地位的复议参加人;(3)只能在复议开始后、结束前参加复议,即在复议期间参加进来;(4)需由复议机关通知或由其向复议机关申请,经复议机关批准方可参加复议;(5)第三人不参加行政复议,不影响行政复议案件的审理。

---

① 参见罗亚苍:《强制执行起争议 谁是复议被申请人》,载《中国税务报》2017年4月25日,第7版。

【探讨】复议第三人的范围

复议第三人的设置,对于切实维护各复议当事人的合法权益,确保税务机关依法行政,努力提高复议机关裁决的公正性是必要的。有关法律、法规、规章并没有明确税收行政复议第三人具体包括哪些人。但是,在一定条件下,下列单位或个人具备税收行政复议第三人的条件:(1) 纳税担保人;(2) 被税务机关越权的其他行政机关;(3) 依法受税务机关委托代扣代缴税款的单位或个人;(4) 两人共同被税务机关处罚,一人申请复议,另一人未申请复议,不申请复议者可为第三人。

(四)代理人

代理人是指接受当事人委托,以被代理人的名义,在法律规定或者当事人授予的权限范围内,为保护被代理人的利益而参加复议的人。根据复议代理权来源的不同,可以将税收行政复议代理人分为法定代理人(依照法律规定取得复议代理权者)、指定代理人(税收行政复议机关根据需要,指定代为无行为能力或限制行为能力者进行复议活动的人)和委托代理人(依法受复议当事人、法定代理人、法定代表人或第三人的委托,代为进行复议者)。

【提示】复议代理人的构成要件包括:(1) 以被代理人的名义参加复议活动,而不能以自己的名义参加复议活动;(2) 必须在代理权限内参加复议活动,否则其代理行为没有法律效力;(3) 在代理权限内参加复议活动,所产生的法律后果由被代理人承担;(4) 代理活动以保护被代理人的利益为目的。

我国《行政复议法》设置复议代理人的情况,一是有权申请复议的公民属于无行为能力或限制行为能力的,可由法定代理人代理其申请复议;二是申请人、第三人可以委托代理人。被申请人不得委托本机关以外人员参加行政复议。

【思考】上述规定的言外之意是被申请人不能委托代理人。你认为其原因是什么?

三、受案范围

受案范围是指法律法规规定的税务机关应当受理的税收行政复议案件的范围。受案范围可以从不同角度去理解:对复议机关来说,是应当受理案件的范围;对税务机关来说,是可能导致申请人提请复议的具体行政行为的范围;对申请人来说,是侵害其合法权益,可以申请复议的具体行政行为的范围。《行政复议法》规范的受案范围是就所有行政机关作出的具体行政行为而言的,涵盖面宽,但针对性不强,有些与税收行政执法争议没有关系。而《税务行政复议规则》规范的受案范围显然是面对税收行政复议作出的,更具针对性,具体如下:

(1) 征税行为,包括确认纳税主体、征税对象、征税范围、减税、免税、退税、抵扣税款、适用税率、计税依据、纳税环节、纳税期限、纳税地点和税款征收方式等具体行政行为,征收税款、加收滞纳金,扣缴义务人、受税务机关委托的单位和个人作出的代扣代缴、代收代缴、代征行为等。

（2）行政许可、行政审批行为。

（3）发票管理行为，包括发售、收缴、代开发票等。

（4）税收保全措施、强制执行措施。

（5）行政处罚行为：① 罚款；② 没收财物和违法所得；③ 停止出口退税权。

（6）不依法履行下列职责的行为：① 颁发税务登记；② 开具、出具完税凭证、外出经营活动税收管理证明；③ 行政赔偿；④ 行政奖励；⑤ 其他不依法履行职责的行为。

【案例】2016 年 1 月，A 市 B 区国税局接到来自 A 市国税局稽查局的转办函，内容为王力（化名）通过电子邮件反映自己在某超市持消费卡消费，而超市拒绝向其开具发票，特请有关部门查处超市这种逃税行为。

B 区国税局经查确定，被举报超市在销售消费卡环节已经开具发票，并作了确认相应销售收入的账务处理。按照有关规定，在这种情况下，消费者持卡消费时，超市不能再另行开具发票。2016 年 2 月，B 区国税局将处理结果书面回复给转办单位，并发电子邮件告知王力，暂未发现该超市存在举报人反映的逃税行为。

王力不服此举报答复，不久向 A 市国税局提起行政复议，要求对该超市未按规定开具发票的行为予以行政处罚。

为将矛盾化解在行政复议阶段，A 市国税局受理了王力的复议申请。经过复议，该局认为 B 区国税局的举报答复并无不当，故复议决定维持了这一答复。王力不服复议决定，向法院提起行政诉讼。法院审理后认为，本案中举报人的投诉举报实际为信访行为，B 区国税局的举报答复属于行政机关对信访事项作出的处理意见，不属于法院的受案范围。故法院最终裁定驳回举报人的起诉。[①] 请对此案加以评析。

（7）资格认定行为。

（8）不依法确认纳税担保行为。

（9）政府信息公开工作中的具体行政行为。

（10）纳税信用等级评定行为。

（11）通知出入境管理机关阻止出境行为。

（12）其他具体行政行为。

根据税收行政复议与行政诉讼的承接关系不同，可以把税收行政复议的范围分成两大部分：必经复议范围和选择复议范围。上述受案范围中的第（1）项，以及对税务机关作出逾期不缴纳罚款加处罚款的决定不服的争议，属于必经复议，除此之外的税务机关具体行政行为属于选择复议范围。

根据《行政复议法》的规定，申请人在对税务机关的具体行政行为不服而提出复议申请时，如果认为具体行政行为所依据的有关规定（规章以下）不合法，可以一并提出对该规定的审查申请。所涉及的规定包括：（1）国家税务总局和国务院其他部门的规定；（2）其他各级税务机关的

---

① 参见汪成红：《对举报答复不服 可否提起行政复议？》，载《中国税务报》2018 年 3 月 27 日，第 7 版。

规定;(3) 地方各级政府的规定;(4) 地方政府工作部门的规定。上述规定表明,尽管抽象行政行为还没有整体纳入行政复议的范围,只是就部分抽象行政行为的审查给申请人一个启动的权利和机会,但毕竟对抽象行政行为的审查已经不是不可触及的红线。

【探讨】税收行政复议是否应当审查抽象行政行为

《行政复议法》规定复议申请人可以就国家部委和省政府及其下级政府制定的低于规章的规定提出复议请求。那么是否可以就此认为税收行政复议的范围扩大到了抽象行政行为呢? 结论是否定的。因为复议申请人并不能单独就国家部委和省政府及其下级政府制定的低于规章的规定提出复议请求。只有引起争议的税务机关的具体行政行为依据的是国家部委和省政府及其下级政府制定的低于规章的规定时,才能附带对其提起税收行政复议。所以不能由此推论出税收行政复议的范围已经扩大到部分抽象行政行为。

对于行政复议审查是否应当包括抽象行政行为,有两种对立的观点。

其一,主张纳入。其理由有三:

一是行政复议不仅是行政机关内部监督制度,也是公民享受权利的一种救济途径。现在一些地方政府、部门规定收费、罚款等的文件过多过滥,抽象行政行为损害公民权利的地方较多,应该给公民一个有效的法律救济途径。

二是对抽象行政行为虽有监督机制,但是缺少必要程序。在我国司法实践中,对抽象行政行为撤销的比例很低,程序不健全,抽象行政行为违法的问题得不到有效纠正。

三是国外也没有把抽象行政行为排除在复议之外。从国外来看,对抽象行政行为也可以复议。

其二,主张不纳入。其理由有四:

一是条件不成熟。收费法等相关法律没有出台,无法判断抽象行政行为是否违法,也无法判断其是否合法,无法通过行政复议来解决抽象行政行为的冲突问题。

二是使抽象行政行为的实施陷入矛盾。一般来说,抽象行政行为考虑的是大多数人的利益,如果允许对其复议,就可能因为少数人的意见而被取消,从而违背多数人的利益,这是我们所不能接受的。

三是对抽象行政行为违法或不当已有解决途径。例如上级行政机关可以取消下级行政机关不适当的行政决定命令(具有普遍约束力的抽象行政行为),就是一种监督。实践中,国务院于2001 年设立了《法规规章备案规定》,地方政府也建立了规范性文件备案制度。在体制上,国务院负责规章的审查。各省级政府都建立了规章以下的规范性文件的审查制度,这也是一种监督行为。另外,行政诉讼法也没有把抽象行政行为纳入诉讼范围。

四是复议机关不一定拥有对抽象行政行为的处理权。税务机关不因具有复议机关的身份而获得处理上级税务机关制定的抽象行政行为的权力,只能提请上级税务机关依法处理。[①] 因此,将抽象行政行为纳入复议审查范围并无实际意义。

---

① 参见国家税务总局《涉税法律知识讲座》整理编写组:《涉税法律知识讲座》,中国税务出版社 2000 年版,第42—45 页。

四、税收行政复议机关与管辖

(一) 税收行政复议机关

税收行政复议机关是负责审理税收行政复议案件的税务机关,按照一级复议制原则,复议机关是作出有争议的具体行政行为的税务机关的上一级税务机关。而税收行政复议机构是税收行政复议机关内部设立处理复议事宜的专门机构,一般设置在税收法制机构,如法制处、法制科等。行政复议机关可以成立行政复议委员会,研究重大、疑难案件,提出处理建议。行政复议委员会可以邀请本机关以外的具有相关专业知识的人员参加。

【探讨】税收行政复议机关的合理设置

各国税收行政复议机关与复议机构的设置有两种模式:一是横向受同级税务机关的领导,是其内设机构。例如,加拿大税务部设有一个复议诉讼事务司,其下设复议处。另外,在全国五个税收中心各设一个复议处,在全国 32 个地区税务局各设一个复议处。各地区税务局的税收复议处在行政上对本地区税务局局长负责,在复议业务上对税务部的副部长助理和复议诉讼司负责。二是在税务机关系统内形成一个相对独立的体系,横向不受同级税务机关的领导。例如,按照日本《国税通则法》第 78 条的规定,其国税不服审判所(税收行政复议机关)作为最高税收行政复议机关隶属于国税厅(相当于我国的国家税务总局),国税不服审判所所长拥有独立的审查裁判权。国税不服审判所与其在日本全国各地设立的 11 个分所以及分所下设的若干支所自成体系,不隶属于各级税务机关。

两种模式相比,后者公正性、权威性更明显,但会带来机构数量增加,行政成本上升的问题,而前者则相反。所以,还不能简单地肯定一种模式而否定另一种模式,如何设置税收行政复议机关,还是要权衡在整个税法设计中,税收行政复议担负的功能与责任。

【案例】A 县地税局稽查局查处一起涉税案件,符合重大税务案件的标准,遂依法提请县地税局重大税务案件审理委员会审理。A 县地税局重大税务案件审理委员会按程序审理后,制作审理意见书,报经审理委员会主任签发。县地税局稽查局按照重大税务案件审理意见,制作税务处理决定书和税务行政处罚决定书并送达执行。

纳税人对行政处罚决定不服,向 A 县地税局申请行政复议。A 县地税局作出"维持原决定"的复议决定。纳税人不服,依法向法院起诉。法院作出判决:税务行政处罚决定书中,"如对本决定不服,可以自收到本决定书之日起六十日内依法向县地税局申请行政复议,或者自收到本决定书之日起六个月内依法向人民法院起诉",其中告知纳税人行政复议机关是县地税局是错误的,属于程序性错误,侵犯了纳税人的合法权益,依法撤销 A 县地税局稽查局作出的处罚决定。① 你认为本案中复议机关应当是谁?

----

① 参见张明:《本案的行政复议机关应该是谁?》,载《中国税务报》2017 年 4 月 25 日,第 7 版。

税收行政复议机构的职责具体包括:(1)受理行政复议申请;(2)向有关组织和人员调查取证,查阅文件和资料;(3)审查申请行政复议的具体行政行为是否合法和适当,起草行政复议决定;(4)处理或者转送对国家部委和省政府及其下级政府制定低于规章的规定的审查申请;(5)对被申请人违反《行政复议法》及其实施条例和《税务行政复议规则》规定的行为,依照规定的权限和程序向相关部门提出处理建议;(6)研究行政复议工作中发现的问题,及时向有关机关或者部门提出改进建议,重大问题及时向行政复议机关报告;(7)指导和监督下级税务机关的行政复议工作;(8)办理或者组织办理行政诉讼案件应诉事项;(9)办理行政复议案件的赔偿事项;(10)办理行政复议、诉讼、赔偿等案件的统计、报告、归档工作和重大行政复议决定备案事项;(11)其他与行政复议工作有关的事项。

行政复议机关受理行政复议申请,不得向申请人收取任何费用。

【思考】行政复议不得收费,而行政诉讼明确规定应当缴纳诉讼费,且诉讼费的缴纳成为是否受理案件的先决条件之一。对此,立法上的考量是什么?

(二)管辖

管辖是指税收行政复议机关之间受理税收行政复议案件的职权划分,即明确复议申请人应向哪一个税务机关提出申请,由哪一个税务机关受理复议案件的制度。我国税收行政复议管辖可以分为法定管辖和裁定管辖两大类。

1. 法定管辖

法定管辖是指由法律明文规定了复议案件审理机关的管辖。具体包括一般(级别)管辖和特殊管辖。前者是根据一级复议制确定的税收行政复议管辖基本规则,即对各级税务局的具体行政行为不服的,向其上一级税务局申请行政复议。后者包括:

(1)对计划单列市税务局作出的具体行政行为不服的,向国家税务总局申请行政复议。

(2)对国家税务总局的具体行政行为不服的,向国家税务总局申请行政复议。对行政复议决定不服的,可以向法院提起行政诉讼,也可以向国务院申请裁决。国务院的裁决为最终裁决。

【探讨】国务院是否应受理行政复议

一种观点认为,国务院是国家最高权力机关的最高执行机关,它主要是通过制定政策来实现领导,不宜管理太多具体事情。实际上,国外或其他地区的最高执行机关,也有不受理行政复议案件的,比如日本最高行政机关不受理行政复议案件,我国台湾地区最高行政机关也不受理。

另一种观点认为,国务院是省级政府和国务院各部门的领导机关,应该加强对国务院各部门和省级政府的监督。国务院的监督力度比较大,向国务院申请的往往都是大案,因此,国务院应该受理复议案件。

《行政复议法》《税务行政复议规则》的安排以国务院的行政裁决作为终局的裁判。一方面,维护了国家最高行政机关解决税收行政争议的权威;另一方面,避免了可能继续由基层法院进行行政诉讼后,最终推翻国务院先前作出的行政复议结论的不协调的制度安排。

(3)对税务所(分局)、各级税务局的稽查局作出的具体行政行为不服的,向其所属税务局申请行政复议。

（4）对两个以上税务机关以共同的名义作出的具体行政行为不服的，向其共同上一级税务机关申请行政复议；对税务机关与其他行政机关以共同的名义作出的具体行政行为不服的，向其共同上一级行政机关申请行政复议。

（5）对被撤销的税务机关在撤销以前所作出的具体行政行为不服的，向继续行使其职权的税务机关的上一级税务机关申请行政复议。

（6）对税务机关作出逾期不缴纳罚款加处罚款的决定不服的，向作出行政处罚决定的税务机关申请行政复议。但对已处罚款和加处罚款都不服的，一并向作出行政处罚决定的税务机关的上一级税务机关申请行政复议。申请人向具体行政行为发生地的县级地方政府提交行政复议申请的，由接受申请的县级地方政府依照《行政复议法》相关规定予以转送。

2. 裁定管辖

裁定管辖包括移送管辖（复议机关发现受理的案件不属于自己管辖，应当移送有管辖权的复议机关，受移送的复议机关不得再自行移送）和指定管辖（因复议管辖发生争议，争议双方应当协商解决。协商不成的，由其共同上一级税务机关指定管辖）。

五、证据

证据即用以证明案件事实的材料。证据应具有合法性、真实性和关联性。

首先，判断证据的合法性，一是要求证据的形式合法。目前，法定的证据形式有8类：（1）书证；（2）物证；（3）视听资料；（4）电子数据；（5）证人证言；（6）当事人的陈述；（7）鉴定结论；（8）勘验笔录、现场笔录。二是证据的取得要合法（符合法律、法规、规章和司法解释的规定）。如调查取证时，行政复议工作人员不得少于2人，并应当向当事人和有关人员出示证件。没有达到这一要求，即是证据的取得不合法。三是无影响证据效力的其他违法情形。

其次，证据是否具有真实性是证据能否被复议机关采信的关键。《行政复议法》及其相关法规、规章是从正、反两个方面对证据的真实性进行审查的。从正面审查证据的真实性要求考虑：（1）证据形成的原因；（2）发现证据时的客观环境；（3）证据是否为原件、原物，复制件、复制品与原件、原物是否相符；（4）提供证据的人或者证人与行政复议参加人是否具有利害关系；（5）影响证据真实性的其他因素。

从反面审查证据的真实性则要求下列证据材料不得作为定案依据：（1）违反法定程序收集的证据材料；（2）以偷拍、偷录、窃听等手段获取侵害他人合法权益的证据材料；（3）以利诱、欺诈、胁迫、暴力等不正当手段获取的证据材料；（4）无正当事由超出举证期限提供的证据材料；（5）无正当理由拒不提供原件、原物，又无其他证据印证，且对方不予认可的证据的复制件或者复制品；（6）无法辨明真伪的证据材料；（7）不能正确表达意志的证人提供的证言；（8）不具备合法性和真实性的其他证据材料。

最后，对于证据关联性的审查要求包括：（1）证据与待证事实是否具有证明关系；（2）证据与待证事实的关联程度;(3)影响证据关联性的其他因素。

此外,向有关组织和人员调查取证,查阅的文件和资料不得作为支持被申请人具体行政行为的证据。在行政复议过程中,被申请人不得自行向申请人和其他有关组织或者个人收集证据。行政复议机构认为必要时,可以调查取证。行政复议工作人员向有关组织和人员调查取证时,可以查阅、复制和调取有关文件和资料,并向有关人员询问。调查取证时,行政复议工作人员不得少于2人,并应当向当事人和有关人员出示证件。需要现场勘验的,现场勘验所用时间不计入行政复议审理期限。申请人和第三人可以查阅被申请人提出的书面答复及作出具体行政行为的证据、依据和其他有关材料,除涉及国家秘密、商业秘密或者个人隐私外,行政复议机关不得拒绝。

【思考】为什么在行政复议过程中,被申请人不得自行向申请人和其他有关组织或者个人收集证据? 有关证据应当在何时取得?

六、税收行政复议程序

税收行政复议程序,指税收行政复议机关针对税收行政执法争议双方提供的事实,依照税收法律法规的规定,进行审查、处理的过程,具体包括复议的申请与受理、审理以及作出复议决定等环节。

(一) 申请与受理

申请与受理,是复议审理的前提和起点。

1.申请

申请是指复议申请人认为税务机关的具体行政行为侵犯了其合法权益,依法请求上一级税务机关对具体行政行为进行复议审查并作出决定的活动。

申请人提出复议申请,必须具备以下条件:(1)申请人是认为具体行政行为直接侵犯了其合法权益的税务管理相对人;(2)有明确的被申请人;(3)有具体的复议请求和事实依据;(4)属于税收行政复议的受案范围;(5)属于规定的复议机关管辖;(6)已经缴纳或者解缴有争议的税款及滞纳金或者提供相应的担保;(7)没有超出法定的复议申请期限(60日内),因不可抗力或者被申请人设置障碍等其他正当理由耽误法定申请期限的,申请期限的计算应当扣除被耽误的时间;(8)满足法律法规规定的其他条件。

【思考】第一,复议之前申请人是否要缴纳有争议的税款是一个争议很大的问题。根据我国2015年修正的《税收征管法》第88条规定,复议之前,申请人必须先依照税务机关的纳税决定缴纳或者解缴税款及滞纳金或者提供相应的担保。也有的国家规定可以在行政诉讼第一审程序之后,申请人才需要缴纳有争议的税款或提供纳税担保。目前,国内学术界"一边倒"的意见是完全取消复议前必须缴纳有争议税款的规定。你对此争议的观点是什么?

第二,上述"因不可抗力或者被申请人设置障碍等原因耽误法定申请期限的,申请期限的计算应当扣除被耽误时间"的规定来自《税务行政复议规则》(第32条)。《行政复议法》对应的规定是，"因不可抗力或者其他正当理由耽误法定申请期限的，申请期限自障碍消除之日起继续计算"（第9条），两者有着细微的差别。结合这两条规定，你如何看待下位法与上位法的对接关系？

【探讨】未按规定期限缴税，是否有权提起行政复议

《税收征管法》第88条第1款规定："纳税人、扣缴义务人、纳税担保人同税务机关在纳税上发生争议时，必须先依照税务机关的纳税决定缴纳或者解缴税款及滞纳金或者提供相应的担保，然后可以依法申请行政复议；对行政复议决定不服的，可以依法向人民法院起诉。"这条规定意味着无能力缴税或无能力提供纳税担保的纳税人，不能就缴税争议提起行政复议。

为明确税务行政复议期限起算时间，避免在实践中产生歧义，《税务行政复议规则》第33条第2款明确规定："申请人按照前款规定申请行政复议的，必须依照税务机关根据法律、法规确定的税额、期限，先行缴纳或者解缴税款和滞纳金，或者提供相应的担保，才可以在缴清税款和滞纳金以后或者所提供的担保得到作出具体行政行为的税务机关确认之日起60日内提出行政复议申请。"不过，对于对该条款规定的有关复议期限，现实中仍有不同的理解。

一种观点是，仅从字面理解，该条规定对纳税人行使复议权利明确了"必须依照税务机关根据法律、法规确定的税额、期限……"的前提，由于一般税务处理决定书的缴税期限为15天，故如果纳税人未在收到《税务处理决定书》之日起15日内缴税或者提供担保，就丧失了税务行政复议权。

另一种观点则认为，根据《行政复议法》，公民、法人或者其他组织认为具体行政行为侵犯其合法权益的，可以自知道该具体行政行为之日起60日内提出行政复议申请；但是法律规定的申请期限超过60日的除外。所以，纳税人申请行政复议的期限应从"知道该具体行政行为"之日起算。综合《行政复议法》及《税收征管法》第88条第1款之规定，对《税务行政复议规则》第33条第2款应作如下解读，即考虑到一般税务处理决定书的缴税期限为15天，纳税人申请行政复议的期限应从"知道该具体行政行为"之日起算不超过75天，只要纳税人在75天内缴清税款和滞纳金，就有权提出复议申请。

从司法实践来看，这两种观点都有相应的判决支持。

辽宁省丹东市中级人民法院作出的(2015)丹行终字第00062号判决就支持第一种观点。该判决认为，上诉人在税务机关规定的15天期限内，没有缴纳税款和滞纳金，也没有提供相应的担保，被上诉人对上诉人的税务处理决定复议申请作出不予受理并无不当。

而河南省驻马店市驿城区人民法院作出的(2014)驿行初字第75号判决则采纳第二种观点。该判决认为，原告虽然逾期缴纳税款和滞纳金，但仍是在《行政复议法》规定的60日内提起的复议申请，被告作出不予受理决定书适用法律不准确，对该决定书应予撤销。

显然，上述截然不同的判决结果，源自对《税务行政复议规则》第33条第2款的理解差异。对比分析，我们认为第二种观点既符合《行政复议法》的规定，也满足了《税收征管法》第88条第1款有关缴税前置的要求，避免了上述两部法律相关条款的冲突。并且，只要纳税人在"缴税期限+60日"内完成缴税、滞纳金或者提供相应的担保并提起复议，则仍可依法享有行政复议及后续行政诉讼的权利。[①]

对税务机关征税行为不服的,应当先向行政复议机关申请行政复议;对行政复议决定不服的,可以向法院提起行政诉讼;申请人对税务机关作出逾期不缴纳罚款加处罚款的决定不服的,应当先缴纳罚款和加处罚款,再申请行政复议。(必经复议)。对税务机关征税以外的其他具体行政行为不服的,可以申请行政复议,也可以直接向法院提起行政诉讼(选择复议)。

关于复议申请期限的起算时间,《税务行政复议规则》作了较为详细的规定:(1)当场作出具体行政行为的,自具体行政行为作出之日起计算。(2)载明具体行政行为的法律文书直接送达的,自受送达人签收之日起计算。(3)载明具体行政行为的法律文书邮寄送达的,自受送达人在邮件签收单上签收之日起计算;没有邮件签收单的,自受送达人在送达回执上签名之日起计算。(4)具体行政行为依法通过公告形式告知受送达人的,自公告规定的期限届满之日起计算。(5)税务机关作出具体行政行为时未告知申请人,事后补充告知的,自该申请人收到税务机关补充告知的通知之日起计算。(6)被申请人能够证明申请人知道具体行政行为的,自证据材料证明其知道具体行政行为之日起计算。税务机关作出具体行政行为,依法应当向申请人送达法律文书而未送达的,视为该申请人不知道该具体行政行为。

属于税务机关不作为的,行政复议申请期限依照下列规定计算:(1)有履行期限规定的,自履行期限届满之日起计算。(2)没有履行期限规定的,自税务机关收到申请满60日起计算。

申请人可以采用书面形式或口头形式提出申请。在某些难以确定行政复议机关的特殊情况下,申请人可以直接向具体行政行为发生地的县级人民政府申请行政复议,由县级人民政府负责在7日内转送有关行政复议机关。

就同一个具体行政行为,申请人向复议机关申请行政复议,复议机关已经受理的,在法定行政复议期限内申请人不得再向法院提起行政诉讼;申请人向法院提起行政诉讼,法院已经依法受理的,不得申请行政复议。申请人提出行政复议申请时错列被申请人的,行政复议机关应当告知申请人变更被申请人。申请人不变更被申请人的,行政复议机关不予受理,或者驳回行政复议申请。

行政复议决定作出前,申请人要求撤回行政复议申请的,经行政复议机关同意,可以撤回。但不得以同一基本事实或理由重新申请复议。申请人能够证明撤回行政复议申请违背其真实意思表示的除外。撤回复议申请要符合法律规定,不能损害国家、集体或其他个人的利益,撤回复议申请须经复议机关同意。

【探讨】撤回复议申请的法律后果

撤回复议申请,对复议申请人而言,意味着放弃对该争议具体行政行为要求复议审查的权利,并且不得以同一事实和理由再次申请复议。在必经复议中,还意味着申请人丧失了起诉权。

[①]　参见张学干:《几个裁判冲突带来的思考:行政复议缴税前置 如何合理把握?》,载《中国税务报》2019年4月27日,第7版。

对复议机关而言,意味着该复议案件审理的终止。对复议被申请人而言,如果是必经复议,则该具体行政行为具备完全的法律效力,必须执行;如果是选择复议,复议申请人在诉讼期限内可以提起诉讼,复议被申请人还可能成为被告。

2. 受理

受理是指复议机关对申请人的复议申请进行审查,对符合条件的复议申请予以接受、决定立案复议的行为。受理是复议工作的开始。复议机关收到行政复议申请后,应当在5日内进行审查,并决定是否受理。对符合规定的行政复议申请,自税务复议机构收到之日起即为受理;复议机关收到行政复议申请后未在5日内进行审查并作出不予受理决定的,视为受理。

【提示】这里有两点值得注意:一是行政复议机关在接到复议申请后,必须在5天之内决定是否受理。如果申请人在5天内没有接到不予受理的通知,那么就认为其申请已受理了,这叫推定受理。二是复议机关决定受理后,受理的时间,也就是审理期限的起算时间是复议机关收到复议申请之日,而不是决定受理之日。

对有下列情形之一的行政复议申请,复议机关决定不予受理:(1)不属于行政复议的受案范围。(2)超过法定的申请期限。(3)没有明确的被申请人和行政复议对象。(4)已向其他法定复议机关申请行政复议,且被受理。(5)已向法院提起行政诉讼,法院已经受理。(6)申请人就纳税发生争议,没有按规定缴清税款、滞纳金,或者没有提供担保或者担保无效;申请人对税务机关作出逾期不缴纳罚款加处罚款的决定不服的,没有先缴纳罚款和加处罚款的。(7)申请人不具备申请资格。

行政复议申请材料不齐全、表述不清楚的,行政复议机关可以自收到该行政复议申请之日起5日内书面通知申请人补正。补正通知应当载明需要补正的事项和合理的补正期限。无正当理由逾期不补正的,视为申请人放弃行政复议申请。补正申请材料所用时间不计入行政复议审理期限。对于税收行政复议申请,受理或者不予受理,都应当书面告知申请人。对不属于本机关管辖的税收行政复议申请,应当告知申请人向有管辖权的税收行政复议机关提出。

上级税务机关认为行政复议机关不予受理行政复议申请的理由不成立的,可以督促其受理;经督促仍然不受理的,责令其限期受理。上级税务机关认为行政复议申请不符合法定受理条件的,应当告知申请人。上级税务机关认为有必要的,可以直接受理或者提审由下级税务机关管辖的行政复议案件。

【思考】怎样理解上级税务机关可以在一定条件下直接受理下级税务机关不予受理的行政复议案件,是否违背"一级复议制"原则?

(二)审理与决定

税收行政复议的审理与决定,是复议程序的核心环节,税收行政复议机关通过审理与决定得出解决税收争议的结论。

1. 审理

审理是指税收行政复议机关对受理的复议案件有关事实进行调查,运用法律、法规和规章,审定和确认被申请人的具体行政行为是否合法、适当的活动。

在审理开始之前,复议机构应当自受理行政复议申请之日起 7 日内,将行政复议申请书副本或者行政复议申请笔录复印件发送被申请人。被申请人应当自收到上述材料之日起 10 日内,提出书面答复,并提交争议具体行政行为的证据、依据和其他有关材料。

审理的内容主要包括:

第一,审查申请人与被申请人争议的事实是否清楚、真实,被申请人作出的具体行政行为是否合法,是否存在明显的不当。

第二,审查具体行政行为是否有法律依据以及对法律依据的适用是否正确。申请人认为税务机关的具体行政行为所依据的规章以下的规范性文件不合法,在对具体行政行为申请行政复议时一并提出了审查申请,税收行政复议机关对该规定有权处理的,应当在 30 日内依法处理;无权处理的,应当在 7 日内按照法定程序转送有权处理的行政机关依法处理,有权处理的行政机关应当在 60 日内依法处理。对国家税务总局的具体行政行为不服申请行政复议的案件,由原承办具体行政行为的相关机构向行政复议机构提出书面答复,并提交当初作出具体行政行为的证据、依据和其他有关材料。

第三,审查被申请人当初作出具体行政行为的证据是否确凿、充分。在行政复议中,要求被申请人承担举证责任,这样,税务机关在行政执法中对证据的提取、保存,税收行政复议机关对证据的审查,均对复议案件审理的结论有决定性影响,因此行政复议对证据的合法性、真实性与关联性有直接且具体的要求。

第四,审查作出具体行政行为的税务机关是否超越权限,有无滥用职权现象。

第五,审查税务机关作出的具体行政行为是否遵循了法定程序。

【探讨】复议案件审理过程中的几个问题

第一,停止执行。我国《行政复议法》规定,行政复议以不停止执行为原则,以停止执行为例外。即有下列情形之一的,可以停止执行:(1) 被申请人认为需要停止执行的;(2) 复议机关认为需要停止执行的;(3) 申请人申请停止执行,复议机关认为其要求合理,决定停止执行的;(4) 法律规定停止执行的。

多数国家税收行政复议都以不停止执行为原则,例如,日本《国税通则法》第 105 条第 2 款规定,税收行政复议机关认为有必要时,"可依照异议申述人的申请或依照职权,对与构成异议申述目的之处分有关的国税全部或部分缓期征收,或停止滞纳处分的继续进行,或者发出此类命令"[1]。德国《税收基本法》第 361 条进一步规定申请人要求停止执行的条件是,"对不服的具体行政行为确有怀疑,或者其执行对被执行人有明显不当,而又不能为公共利益带来明显益处的"[2]。为了不因此而损害国家税收利益,德国《税收基本法》又规定暂停执行可以要求复议申请人提供担保。然而,也有一些国家在行政复议中没有实行停止执行原则。例如,加拿大税法即规

---

[1] 《外国税收征管法律译本》组译:《外国税收征管法律译本》,中国税务出版社 2012 年版,第 1820 页。

[2] 国家税务总局政策法规司:《税收基本法参考资料》(未公开出版),第 172 页。

定,纳税人在得到行政机关或法院的正式复查之前,可以不缴纳有争议的税款,直至向上级法院上诉,才需提供相当数量的抵押物以代替缴纳所争议的税额。① 这样,就将选择权力交给纳税人了。应当说,不停止执行有着充分的法理依据,即行政法理论认定行政行为具有效力先定性。但客观上对于已经具有明显错误迹象的行政行为不可视而不见,否则必然构成对纳税人合法权益的侵害。由此,以不停止执行为一般原则,以停止执行为例外,恰恰是对两者的平衡。

第二,复议中止。复议中止是复议程序的暂停,待中止原因消除或者规定的暂停审理期限届满后复议审理恢复。《税务行政复议规则》规定,行政复议期间,有下列情形之一的,税收行政复议中止:(1) 作为申请人的公民死亡,其近亲属尚未确定是否参加行政复议的;(2) 作为申请人的公民丧失参加行政复议的能力,尚未确定法定代理人参加行政复议的;(3) 作为申请人的法人或者其他组织终止,尚未确定权利义务承受人的;(4) 作为申请人的公民下落不明或者被宣告失踪的;(5) 申请人、被申请人因不可抗力,不能参加行政复议的;(6) 行政复议机关因不可抗力原因暂时不能履行工作职责的;(7) 案件涉及法律适用问题,需要有权机关作出解释或者确认的;(8) 案件审理需要以其他案件的审理结果为依据,而其他案件尚未审结的;(9) 其他需要中止行政复议的情形。行政复议中止的原因消除以后,应当及时恢复行政复议案件的审理。行政复议机构中止、恢复行政复议案件的审理,应当告知申请人、被申请人、第三人。

其他国家行政复议法律大多有中止的规定,但基本上是确定基本原则后授权复议机关相机处理。例如,德国《税收基本法》第 363 条题为"程序的暂时中止",其内容是:"(1) 如果对复议申请的裁决全部或部分取决于构成一桩尚待审理的法律纠纷案的对象,或者需由法院或行政管理机关认定的法律关系的存在与否,被指定作裁决的税务机关可以下令,在对此桩法律纠纷案解决之前,或在法院或行政管理机关作出裁决之前暂停裁决。(2) 因重要原因而有必要时,被指定作裁决的税务机关可在征得复议申请人同意后命令中止该项程序。"②此外,还需说明的是,复议程序中止期间不计算在复议期间之内。

第三,复议终止。复议终止是复议程序的最终完成,并且不得以同一理由重新启动该复议程序。复议终止与复议中止不同。行政复议期间,有下列情形之一的,行政复议终止:(1) 申请人要求撤回行政复议申请,行政复议机构准予撤回的;(2) 作为申请人的公民死亡,没有近亲属或者近亲属放弃行政复议权利的;(3) 作为申请人的法人或者其他组织终止,其权利义务的承受人放弃行政复议权利的;(4) 申请人与被申请人符合法定条件,经行政复议机构准许达成和解的;(5) 行政复议申请受理以后,发现其他行政复议机关已经先于本机关受理,或者法院已经受理的。依照《税务行政复议规则》相关规定中止行政复议,满 60 日行政复议中止的原因未消除的,行政复议终止。

第四,调解与和解。羁束行政行为性质的税收具体行政行为面对的是合法性问题,并没有在复议机关主持下实施调解或由税收征纳双方自行和解的空间。否则或者是以侵害国家税收利益

---

① 参见国家税务总局政策法规司:税收法制培训班参考资料之五《比较税法》(未公开出版),第 41 页。
② 国家税务总局政策法规司:《税收基本法参考资料》(未公开出版),第 173 页。

为代价,或者以侵害纳税人权益为前提,因此,对于税收行政复议的基本面是不得进行调解与和解的。但对于自由裁量性质的税收行政行为本来就是解决适当性问题的,只要在一定范围内解决争议,就是合法的,所以征纳双方并非没有讨价还价的余地。因此,《行政复议法》规定,在特定情况下,行政复议机关可以按照自愿、合法的原则进行调解:(1) 行使自由裁量权作出的具体行政行为,如行政处罚、核定税额、确定应税所得率等;(2) 行政赔偿;(3) 行政奖励;(4) 存在其他合理性问题的具体行政行为。行政复议审理期限在和解、调解期间中止计算。

为了保证调解或和解的公正性,《税务行政复议规则》要求和解内容不得损害社会公共利益和他人合法权益,具体包括:(1) 尊重申请人和被申请人的意愿;(2) 在查明案件事实的基础上进行;(3) 遵循客观、公正和合理原则;(4) 不得损害社会公共利益和他人合法权益。行政复议机关按照下列程序调解:(1) 征得申请人和被申请人同意;(2) 听取申请人和被申请人的意见;(3) 提出调解方案;(4) 达成调解协议;(5) 制作行政复议调解书。

第五,听证制度。《行政复议法实施条例》《税务行政复议规则》增加了听证制度规定,这样我国税法实施中有三种情况需要进行听证,增加了落实纳税人陈诉权、申辩权的制度支撑。税收行政复议中听证制度的主要规定包括:(1) 对重大、复杂的案件,申请人提出要求或者行政复议机构认为必要时,可以采取听证的方式审理。其前提条件一是界定为"重大、复杂案件";二是可以由申请人提出申请,也可以由复议机构认为必要而进行。此条件与因税收行政许可进行听证的提起条件相同,而与因税收行政处罚进行听证的提起条件不同。(2) 行政复议机构决定举行听证的,应当将举行听证的时间、地点和具体要求等事项通知申请人、被申请人和第三人。第三人不参加听证的,不影响听证的举行。(3) 听证应当公开举行,但是涉及国家秘密、商业秘密或者个人隐私的除外。(4) 行政复议听证人员不得少于2人,听证主持人由行政复议机构指定。(5) 听证应当制作笔录。申请人、被申请人和第三人应当确认听证笔录内容。行政复议听证笔录应当附卷,作为行政复议机构审理案件的依据之一。

2. 决定

决定是指税收行政复议机关就有争议的具体行政行为作出具有法律效力的裁决。它是审理的最后环节,是税收行政复议机关行使复议权的重要标志。税收行政复议决定包括以下几种类型:

(1) 具体行政行为认定事实清楚,证据确凿,适用依据正确,程序合法,内容适当的,决定维持。

(2) 被申请人不履行法定职责的,决定其在一定期限内履行。

(3) 具体行政行为有下列情形之一的,决定撤销、变更或者确认该具体行政行为违法。决定撤销或者确认该具体行政行为违法的,可以责令被申请人在一定期限内重新作出具体行政行为:主要事实不清、证据不足的;适用依据错误的;违反法定程序的;超越职权或者滥用职权的;具体行政行为明显不当的。行政复议机关责令被申请人重新作出具体行政行为的,被申请人不得以同一事实和理由作出与原具体行政行为相同或者基本相同的具体行政行为。但行政复议机关以原具体行政行为违反法定程序决定撤销的,被申请人重新作出具体行政行为的除外。行政复议机关责令被申请人重新作出具体行政行为的,被申请人不得作出对申请人更为不利的决定。但行政复议机关以原具体行政行为主要事实不清、证据不足或适用依据错误决定撤销的,被申请人重新作出具体行政行为的除外。

【提示】撤销具体行政行为包括三种情况:一是全部撤销。其适用于整个具体行政行为违法,或具体行政行为既有违法的部分又有合法的部分,但是若部分撤销,整个具体行政行为将不能成立的情况。二是部分撤销。其适用于具体行政行为仅有部分违法,并可以从该具体行政行为中分离出来的情况。三是撤销原具体行政行为并责令被申请人重新作出具体行政行为。其适用于被撤销的具体行政行为处理的问题仍没有得到解决,须重新处理的情况。

【探讨】审查行政处罚决定时,是否连带审查行政处理决定

《税收征管法》第88条第2款规定:"当事人对税务机关的处罚决定、强制执行措施或者税收保全措施不服的,可以依法申请行政复议,也可以依法向人民法院起诉。"这意味着当事人如对税务处罚决定不服,不用先按照相应的税务处理决定缴税或提供担保,可以直接申请行政复议或提起行政诉讼。实践中存在的问题是:复议机关或法院审查行政处罚决定时,是否连带审查行政处理决定?

一种观点的答案为"否"。例如,广东省高级人民法院作出的(2017)粤行申216号行政裁定书认为,RP公司虽对该处理决定中涉及的纳税问题有异议,但没有按处理决定缴纳或者解缴税款及滞纳金或者提供相应的担保,涉案《税务处理决定书》已具有法律拘束力。某市地税局稽查局根据该《税务处理决定书》中认定的事实,作出被诉《税务行政处罚决定书》,符合税收征收管理的相关规定。

第二种观点则相反。例如,贵州省安顺市中级人民法院作出的(2017)黔04行终27号行政判决书认为,虽然上诉人某国税局稽查局作出的《税务处理决定书》并非本案的诉讼标的,且因被上诉人JX公司在法定的申请复议期限内未申请复议已经丧失诉讼救济权,但该税务处理决定系本案被诉《税务行政处罚决定书》的基础性和关联性行政行为,该税务处理决定认定的JX公司少缴增值税、消费税税额同时成为本案被诉税务处罚决定的事实根据……因此,法院一并判决变更。

显然,上述第一种观点机械地理解了行政复议有关缴税前置的法律规定,认为对基于同一违法事实的行政处罚复议或诉讼也应遵从缴税前置规定。事实上,行政诉讼对行政行为的审查一直强调全面性。《行政诉讼法》第87条规定:"人民法院审理上诉案件,应当对原审人民法院的判决、裁定和被诉行政行为进行全面审查。"经对比分析,我们认为,第二种观点的法律依据更为充分。[①]

(4) 被申请人不按照规定自收到申请书副本或申请笔录复印件之日起10日内提出书面答复,提交当初作出具体行政行为的证据、依据和其他有关材料的,视为该具体行政行为没有证据、

---

① 参见张学干:《几个裁判冲突带来的思考:行政复议缴税前置 如何合理把握?》,载《中国税务报》2019年4月27日,第7版。

依据,决定撤销该具体行政行为。

（5）有下列情形之一的,行政复议机关可以决定变更:认定事实清楚,证据确凿,程序合法,但是明显不当或者适用依据错误的;认定事实不清,证据不足,但经行政复议机关审理查明事实清楚,证据确凿的。

（6）有下列情形之一的,行政复议机关应当决定驳回行政复议申请:申请人认为税务机关不履行法定职责申请行政复议,行政复议机关受理以后发现该税务机关没有相应的法定职责或者在受理以前已经履行法定职责的;受理行政复议申请后,发现该行政复议申请不符合相关法律、法规和规章规定的受理条件的。上级税务机关认为行政复议机关驳回行政复议申请的理由不成立的,应当责令限期恢复受理。行政复议机关审理行政复议申请期限的计算应当扣除因驳回耽误的时间。

行政复议机关应当自受理申请之日起60日内作出行政复议决定;行政复议机关责令被申请人重新作出具体行政行为的,被申请人应当在60日内重新作出具体行政行为;情况复杂,不能在规定期限内重新作出具体行政行为的,经行政复议机关批准,可以适当延期,但是延期不得超过30日。申请人在申请行政复议时可以一并提出行政赔偿请求,行政复议机关对符合国家赔偿法的规定应当赔偿的,在决定撤销、变更具体行政行为或者确认具体行政行为违法时,应当同时决定被申请人依法赔偿。申请人在申请行政复议时没有提出行政赔偿请求的,行政复议机关在依法决定撤销、变更原具体行政行为确定的税款、滞纳金、罚款和对财产的扣押、查封等强制措施时,应当同时责令被申请人退还税款、滞纳金和罚款,解除对财产的扣押、查封等强制措施,或者赔偿相应的价款。

（三）送达与执行

送达与执行处于税收行政复议的收尾阶段,是保证税收行政复议决定和裁定最终落实的重要工作。

送达是指税收行政复议机关依法定方式,把复议文书交给复议参加人的一种法律行为。税收行政复议文书一经送达即发生法律效力,非经法定程序,包括复议机关在内的任何单位和个人都不得任意改变和撤销。税收行政复议文书送达的方式有直接送达、委托送达、邮寄送达、留置送达、公告送达等。

执行是指复议参加人为实施税收行政复议机关对税收争议作出的复议决定或裁定而进行的活动。

申请人对复议决定不服的,可以在接到复议决定之日起15日内向法院起诉;申请人逾期既不起诉又不履行复议决定的,对于维持原具体行政行为的复议决定,由最初作出具体税收行政行为的税务机关依法强制执行,或者申请法院强制执行;改变原具体行政行为的复议决定,由复议机关依法强制执行,或者申请法院强制执行。

被申请人不履行或者无正当理由拖延履行税收行政复议决定的,税收行政复议机关或者有关上级行政机关应当责令其限期履行。

第二节　税收行政诉讼

在我国,税收行政诉讼虽然在受案范围、当事人等方面有其特点,但并没有形成相对独立的法律制度,而是与其他行政部门发生的诉讼一样,适用《行政诉讼法》,是行政诉讼的组成部分。站在税法的角度看,行政诉讼作为解决税收行政争议的最后手段,是税收法律救济不可或缺的环节。所谓税收行政诉讼,正是从这个意义上来说的。

一、税收行政诉讼概述

（一）税收行政诉讼的概念及与税收行政复议的关系

税收行政诉讼是指纳税人和其他税收当事人认为税务机关及其工作人员的具体行政行为侵犯了其合法权益,依法向法院提起诉讼,由法院进行审理并作出裁决的活动。

我国与征税有关的争议实行必经复议。因此,从某种意义上讲,税收行政诉讼是税收行政复议程序的延续与发展,他们在受案范围、当事人、受理等方面都存在着先后衔接关系。两者作为解决税收行政争议的基本途径,存在相同点:一是针对的对象和所要达到的目标相同,都是要公正合理地解决税收行政争议;二是均表现为税务机关与纳税人等当事人之间因征收税款和实施税收管理而产生的法律关系,同时都有作为第三方的复议机关或司法机关居于主持人的地位,公断其间的争议;三是两者遵循的原则有许多是相同的。

但是两者根本性质不同,因此导致一系列形式特征上的明显区别:

（1）性质不同。从本质上看,税收行政复议是一种行政裁决,而税收行政诉讼是一种司法裁决。

（2）审理机关不同。税收行政复议案件的审理机关是作出有争议具体行政行为的税务机关的上一级税务机关;税收行政诉讼的审理机关是法院。

（3）受理期限不同。税收行政复议受理的税收争议案件,是由纳税人在缴纳税款之日后的60日内提起;税收行政诉讼案件,一般是在纳税人接到税收行政复议决定书后的15日内,或者自原告知道有争议的具体行政行为之日起3个月内提起。

（4）审查范围不同。税收行政复议中,复议机关既审查具体行政行为的合法性,也审查其适当性;在税收行政诉讼中,法院的审查范围有所缩小,对具体行政行为的适当性,除"显失公正"的特殊情况外,原则上不予审理。

（5）审理程序不同。税收行政诉讼按照《行政诉讼法》,适用正式的司法程序,具有严谨、全面、规范的特征,实行两审终审制且开庭审理;税收行政复议实行一级复议制,一般为书面审理,尽管吸纳了某些司法程序,但是与标准的司法程序相比,毕竟有相当的距离。

　　（6）审理结果不同。通过行政诉讼程序作出的终审判决是终局裁判，当事人必须执行；税收行政复议决定在我国不是终局裁判，当事人不服的，可以依法向法院起诉。这与有些行政复议，对具体行政行为不服，只能通过行政复议程序予以救济，不能提起行政诉讼不同。相应地，两者的位置是税收行政复议在前，税收行政诉讼在后，这一顺序不可颠倒。

　　【探讨】税收行政诉讼制度的建立与完善

　　从历史发展角度来考察，税收行政诉讼的开展大多是与行政诉讼法律制度的建立同步进行的。例如，日本在 1890 年制定了《行政裁判法》，并成立了行政法院。同年在有关法律中即规定："关于税收及手续费的课赋案件"和"关于税收滞纳处分的案件"一般诉之于行政法院。① 税收行政诉讼制度开始建立。我国在 20 世纪 50 至 70 年代，行政诉讼一直是空白，税收行政争议完全是依靠税收行政复议解决的，自然不存在税收行政诉讼。1982 年制定的《民事诉讼法（试行）》第 3 条第 2 款规定："法律规定由人民法院审理的行政案件，适用本法规定。"但是，由于当时税收实体法尚在重建之中，也没有相应的法律明确税收争议案件应由人民法院审理，因此，虽有个别税收行政诉讼案件发生，但税收行政诉讼制度并没有完全建立起来。直到 1989 年 4 月 4 日《行政诉讼法》通过以后，税收行政诉讼才逐步展开。其历史虽短，发挥的作用却在日益增大。据统计，在行政诉讼法出台前的 1988 年，全国共发生税收行政诉讼案件 61 起，而到 1989 年则达到 86 起，1990 年增加到 123 起，1991 年达到 261 起，1992 年为 210 起，1993 年发生 194 起，2016 年为 485 起，2017 年为 870 起，2018 年为 1 066 起，2019 年为 1 022 起。从诉讼结果看，1990 年税务机关胜诉率为 70%，败诉率为 12%（其他为撤诉、驳回起诉等）；1991 年税务机关胜诉率降至 58.5%，败诉率上升到 22.3%；1992 年税务机关败诉率为 30%；1993 年败诉率则升至 35%。② 2019 年，税务机关的胜诉率为 64%。③ 这种变化一方面表明纳税人依靠法律手段维护自己正当权益的意识增强，对案件胜败的判断能力也有所提高；另一方面表明税务机关的执法水平仍然有待进一步提高，税收行政诉讼制度的建立与完善是十分必要的。

　　从解决税收行政争议效果方面考虑，税收行政诉讼优于税收行政复议之处在于：第一，由于司法权高于行政权或行政司法权，所以按照司法最终解决原则，税收行政诉讼的权威性是税收行政复议所不能相比的。第二，税收行政复议因复议机关与作为被申请人的税务机关作为上下级有利益上的牵连关系而使其公断人的形象受到一定损害，复议程序也较简化，从而在一定程度上影响其公正性；税收行政诉讼则完全摆脱了与税务机关的牵连关系，诉讼程序严密、规范，其公正性在较大程度上得以保证，弥补了行政复议的一些不足。第三，从涉及内容来看，税收行政争议大致可分为两类：一类是涉及税收专业知识较多的争议，另一类是涉及法律专业知识较多的争议。如果说从技术的角度分析，解决第一类争议是税收行政复议机关的长处，那么解决第二类争

---

　　① 参见［日］金子宏：《租税法》之中译本《日本税法原理》，刘多田、杨建津、郑林根译，中国财政经济出版社 1989 年版，第 384 页。

　　② 参见国家税务总局政策法规司：《税务行政法制辅导材料》（未公开出版），第 521 页。

　　③ 参见易明、李鸿雁：《2019 年中国税务行政诉讼大数据报告》，载《中国法学会财税法学研究会 2020 年年会论文集》（未公开出版），第 358、383 页。

议则是司法机关的本分。所以,按照《行政诉讼法》的要求,健全行政诉讼法律制度,是完善税收争讼法体系的重要一环,在保护公民、法人和其他组织的合法权益,维护和监督行政机关依法行使行政职权方面,有十分重要的作用。

(二) 税收行政诉讼的特点

作为解决税收行政争议的基本手段,我国税收行政诉讼与税收行政复议有许多相近的特征,包括以税收行政争议为处理对象,依纳税人等税收行政争议当事人提出书面复议申请(起诉)等。这些特征前已作过分析,不再重复。在此,我们仅对我国税收行政诉讼与行政复议不同的三个特点加以讨论。

1. 诉权具有特定性

税收行政诉讼的起诉权由承受税务机关具体行政行为的税务管理相对人及法律承认的其利害相关人行使,而作出具体行政行为的税务机关与复议机关没有起诉权,也没有反诉权和撤诉权。这一点反映出权利义务相一致原则在行政执法和司法上的调剂与平衡。在税收征收管理活动中,税务机关的权力较多,而纳税人等税务管理相对人的权利较少,因而在诉讼活动中分配给税务机关的诉权较少,分配给税务管理相对人的诉权较多,以期为纳税人一方提供较充分的救济。此外,因为经过一审判决之后,双方当事人在税务征收管理中权利义务的不平衡已得到修正,故法律对上诉权的分配是均衡的。

2. 对具体行政行为的适当性只审查"显失公正"的特殊情况

我国税收行政诉讼与税收行政复议都将审查税务机关具体行政行为的合法性作为主要任务,但对其适当性的审查范围不尽相同。税收行政诉讼仅审查其"显失公正"的部分。所谓"显失公正"通常指具有一般法律和道德水准的人均可发现和确认的不公正。行政诉讼审查的"显失公正"仅限于行政处罚的范围。何为"显失公正"? 对此并无严格的法律标准。许多学者认为它应包括这样几个方面:第一,处罚畸轻畸重;第二,处罚执法不一,对于同样的违法行为采用不同的处罚标准,对于不同的违法行为采用同一处罚标准;第三,处罚反复无常;第四,过罚颠倒;第五,明显超过纳税人负担能力。我国行政诉讼对具体行政行为的适当性,除"显失公正"之外一般不作审查,目的在于:第一,维护行政机关具体行政行为的稳定性,防止审判权对行政权的干涉;第二,减少法院受案过多的压力;第三,减少当事人的讼累。

3. 合议、公开审判、回避、两审终审制

合议、公开审判、回避、两审终审制是我国行政诉讼审判的基本制度构架。即税收行政诉讼案件由法院组成合议庭,除涉及国家秘密和个人隐私的案件外都要公开审理,以集思广益,广泛接受公众与社会舆论的监督,提高判决的准确度与公正性。与案件有某种利害关系和其他关系的审判人员不得参加审判活动;案件经过两级法院的审判,才终结诉讼,以保障当事人法定权利的充分实现。

【思考】从理论上说,合议制等司法制度是比较理想的,但司法实践中问题较多。对此,你有哪些思考?

（三）税收行政诉讼的原则

我国税收行政诉讼遵循的原则可以分为两类：一类是《行政诉讼法》中重申，在民事诉讼、刑事诉讼、行政诉讼中普遍适用的基本原则，包括以下八项：（1）人民法院独立行使审判权的原则；（2）以事实为依据、以法律为准绳的原则；（3）两审终审制原则；（4）当事人法律地位平等的原则；（5）各民族公民有权使用本民族语言、文字进行诉讼的原则；（6）当事人在诉讼中有权进行辩论的原则；（7）人民检察院有权对诉讼进行法律监督的原则；（8）在涉外行政诉讼中适用对等原则。另一类是除上述基本原则之外，只适用于行政诉讼的特定原则，即：（1）诉讼期间不停止执行原则；（2）不实行调解原则；（3）行政机关负举证责任原则；（4）复议前置原则；（5）司法变更有限原则。

【探讨】司法变更有限原则

司法变更有限原则，是指在行政诉讼法中，法院一般不得直接变更具体行政行为，但特殊情形除外。这个特殊情形具体指行政处罚明显不当，以及涉及款额确定、认定错误的情形。其主要原因在于，从审判权与行政权的分工上考虑，行政自由裁量问题司法机关一般不予审查。而上述两种情形对公正性的影响较大，故特别列入司法审查的范畴。

司法变更有限原则的另一层含义是在行政诉讼中，一般在判决变更时不加重处罚，否则不利于保护当事人合法利益，消除其不敢"告官"的心理，影响行政诉讼的开展。行政诉讼法中的司法变更是通过对被诉具体行政行为，通过量上的变动来纠正其质上的不公正，而没有完全否定被诉具体行政行为的合法性。

【思考】 在税收行政复议中，复议机关可以直接作出变更决定，而在税收行政诉讼中，法院只能有限度地行使变更权，其原因何在？

【探讨】税收和解制度

按照《最高人民法院关于进一步发挥诉讼调解在构建社会主义和谐社会中积极作用的若干意见》的精神，在行政诉讼中，法院可以根据案件实际情况，参照民事调解的原则和程序，尝试推动当事人和解，这与《行政复议法实施条例》仅将调解限于行政机关行使自由裁量权和行政赔偿等争议是不同的，它在一定程度上推翻了行政复议和行政诉讼一直坚持的不实行调解的原则。

从税收法定原则出发，对于羁束行政行为，税法不接受和解或调解。但是，一些国家的法律实践事实上已经打破了这一禁忌。例如，美国联邦法院归档的诉讼中有90%的案件通过调解、和解等方式获得解决。在原联邦德国行政法院的判例集中，有25%~40%的一审案件是以和解方式解决的。美国、德国、法国，我国香港和台湾地区法律还承认以行政仲裁等方式达成庭外和解。

赞同实行税收和解制度者认为，现行的税收行政复议和行政诉讼制度，成本高，对抗性强，当事人参与度低，程序的正当性欠缺，公正性差，纳税人选择复议与诉讼方式解决争议的比例很低，其作用有限。而和解制度符合我国文化传统，有利于和谐社会建设，应当在法律上得到确认。[①]

① 参见陈光宇：《税收和解制度浅议》，载《税务研究》2007年第9期。

不过值得进一步思考的是:如何在理论上对税收和解制度作出合理的解释? 如何避免在和解过程中纳税人与个别税务机关恶意串通?

二、税收行政诉讼参加人与参与人

税收行政诉讼参加人,是指与引发诉讼争议的税务机关具体行政行为有利害关系,依法参加税收行政诉讼活动,并具备特定权利义务的单位和个人,具体包括税收行政诉讼的原告(上诉人)、被告(被上诉人)、第三人及诉讼代理人。其中,原告(上诉人)与被告(被上诉人)又称税收行政诉讼的当事人。在税收行政诉讼的不同阶段,当事人的称谓有所变化:第一审程序中的原告与被告,在第二审程序中称为上诉人和被上诉人,在审判监督程序中称为申请人和被申请人,在执行程序中则称为申请执行人和被执行人。这种称谓的变化,表明当事人的诉讼地位、诉讼权利与诉讼义务的改变。

1. 原告

原告指提起税收行政诉讼,请求法院保护其合法权益的一方当事人。在税收行政诉讼中,原告是与税务机关在税收行政执法中发生争议的税务管理相对人,一般是具有纳税人、代扣代缴义务人或纳税担保人身份的公民、企业法人或事业单位法人。但是,在特定情况下也有例外:一是有权提起诉讼的公民死亡,其近亲属虽然不是直接的当事人,法律仍允许其继承原告的资格。二是有权提起诉讼的法人或其他组织因故终止,承受其权利的法人或其他组织可以提起诉讼。三是税务机关行政执法影响到其合法利益的相关人。此外,在特殊情况下,行政机关也可以成为税收行政诉讼的原告,但此时其具有纳税人或者扣缴义务人的身份。

【案例】一家进出口贸易有限公司(以下简称 A 公司)与第三人签订《外贸代理出口协议书》,委托第三人代理外贸出口。后来,第三人所在地税务机关对相关出口货物作出暂缓退税决定。A 公司与第三人就暂缓退回的税款损失发生争议,经仲裁机构裁决,A 公司应当向第三人返还第三人垫付且暂未获退回的货物税款。A 公司对税务机关作出的暂缓退税决定不服,提起行政诉讼。

对此诉讼,一审法院以 A 公司与所诉行政行为不具有利害关系为由不予立案。

A 公司上诉,二审法院认为:只要行政行为对公民、法人和其他组织的权利义务产生实际影响,公民、法人和其他组织便可以对其提起行政诉讼。本案中,有关暂缓退税的决定导致上诉人 A 公司不能如期获得退税利益,已经对上诉人的财产权益造成了实际影响,因此,A 公司是被诉行政行为的利害关系人,是本案适格原告。二审法院指令一审法院予以立案。

根据最高人民法院行政审判庭编著的《最高人民法院行政诉讼法司法解释理解与适用》,认定利害关系存在应符合以下条件:一是原告主张的必须是权利或者类似权利的利益;二是权益归属于原告;三是权益损害是实际存在而非主观臆想;四是原告主张的权益受到行政法规的保护。

也即,原告主张的利益,行政机关作出行政行为时本来也应在考虑范围之内。① 据此,你对该案判决结果如何看待?

2. 被告

被告是指被原告称侵犯其合法权益、法院通知其应诉的人。在税收行政诉讼中,一般来讲,被告是作出有争议具体行政行为的税务机关。被告还包括以下几种特殊情形:(1) 经税收行政复议的案件,复议机关决定维持原具体行政行为的,作出原具体行政行为的税务机关和复议机关是共同被告;复议机关改变原具体行政行为(改变原具体行政行为的处理结果或确认原具体行政行为无效,或在实体方面确认其违法)的,复议机关是被告;复议机关在法定期限内未作出复议决定,原告起诉原具体行政行为的,作出原具体行政行为的税务机关是被告,原告起诉复议机关不作为的,复议机关是被告。(2) 两个以上税务机关作出同一具体行政行为的,共同作出具体行政行为的税务机关是共同被告。(3) 税务机关委托的组织所作的具体行政行为,委托的税务机关是被告。(4) 税务机关被撤销的,继续行使其职权的税务机关是被告。(5) 税务机关组建并赋予行政管理职能但不具有独立承担法律责任能力的机构,以自己的名义作出行政行为,当事人不服提起诉讼的,应当以组建该机构的税务机关为被告;法律、法规或者规章授权行使行政职权的税务机关内设机构、派出机构或者其他组织,超出法定授权范围实施行政行为,当事人不服提起诉讼的,应当以实施该行为的机构或者组织为被告;没有法律、法规或者规章规定,税务机关授权其内设机构、派出机构或者其他组织行使行政职权的,当事人不服提起诉讼的,应当以该税务机关为被告。(6) 其他行政机关越权进行税务管理,越权的行政机关是被告。(7) 当事人一方人数众多的共同诉讼,可以由当事人推选代表人进行诉讼。代表人的诉讼行为对其所代表的当事人发生效力,但代表人变更、放弃诉讼请求或者承认对方当事人的诉讼请求,应当经被代表的当事人同意。

【案例】甲省政策法规处工作人员小张接到一个任务——赶往甲省所辖的乙市出庭应诉,因为甲省国税局和乙市国税局稽查局一同被告到了乙市丙区人民法院。前不久,乙市国税局稽查局经过检查,认定A房地产公司存在偷税问题。由于涉案税额较大,该案被提交乙市国税局重大税务案件审理委员会审理。审理意见出来后,依照《重大税务案件审理办法》,"稽查局应当按照重大税务案件审理意见书制作税务处理处罚决定等相关文书,加盖稽查局印章后送达执行",乙市国税局稽查局根据审理意见制作了处理决定书和处罚决定书并送达A公司。A公司对处理决定和处罚决定不服,依照《税务行政复议规则》第29条第2款规定,即"申请人对经重大税务案件审理程序作出的决定不服的,审理委员会所在税务机关为被申请人",将乙市国税局作为被申请人,向甲省国税局提出复议申请。经过复议,甲省国税局维持了乙市国税局稽查局的处理处罚决定。A公司不服,向乙市丙区人民法院提起行政诉讼。根据《行政诉讼法》的规定,"经复议的案件,复议机关决定维持原行政行为的,作出原行政行为的行政机关和复议机关是共同被告……",乙市国税局稽查局和甲省国税局成为共同被告。这样一来,对本案定性起决定作用的

___

① 参见易明:《非税收行政相对人能否提起行政诉讼?》,载《中国税务报》2021年1月19日,第5版。

乙市国税局反倒未被列为被告。

这带来了几个问题。一是增加了上级机关的应诉压力,甲省国税局下属十几个地级市,每个地市稽查局每年查办数十个案件,甲省国税局已连续3次和地市稽查局成为共同被告。二是乙市国税局重大税务案件审理委员会比甲省国税局更了解案情,但乙市国税局不用参加诉讼,可能降低胜诉的概率。三是乙市国税局重大税务案件审理委员会对该案拍板定性,却不承担败诉的风险,有违公平原则。

此前,税务机关适用《重大税务案件审理办法(试行)》(国税发〔2001〕21号)时并不会出现这种"尴尬"的现象。该办法第13条第6项规定,以审理委员会所在机关名义制作税务处理决定书,交稽查部门执行。对照本案来看,A公司不服有关处理决定,应将作出该处理决定的乙市国税局作为被告提起行政诉讼。但国税发〔2001〕21号文件已经于2015年2月1日起失效。① 你认为本案中谁作为被告更为合理?怎样更合理地确定复议机关?做好税务机关的应诉工作应当注意什么问题?

3. 第三人

第三人是指与被提起诉讼的具体行政行为有利害关系但没有提起诉讼,或与同案件处理结果有利害关系,而申请参加或由法院通知参加税收行政诉讼的其他公民、法人或组织。行政诉讼第三人与行政复议第三人的构成要件是相同的。

法院追加共同诉讼的当事人时,应当通知其他当事人。既不愿意参加诉讼,又不放弃实体权利的,应追加为第三人。税务机关的同一行政行为涉及两个以上利害关系人,其中一部分利害关系人对具体行政行为不服提起诉讼,法院应当通知没有起诉的其他利害关系人作为第三人参加诉讼。与行政案件处理结果有利害关系的第三人,可以申请参加诉讼,或者由法院通知其参加诉讼。法院判决其承担义务或者减损其权益的第三人,有权提出上诉或者申请再审。第三人因不能归责于本人的事由未参加诉讼,但有证据证明发生法律效力的判决、裁定、调解书损害其合法权益的,可以自知道或者应当知道其合法权益受到损害之日起6个月内,向上一级法院申请再审。上述规定表明,第一审程序中的第三人,得以上诉人的身份参加第二审程序。

4. 诉讼代理人

诉讼代理人指依照法律规定,由法院指定或受当事人委托,以当事人的名义,在一定权限内,为当事人进行诉讼活动的人。被代表的一方当事人,称为被代理人或委托人。《行政诉讼法》设定的代理人有三类:(1)法定代理人。一般适用于没有诉讼能力的公民(如未成年人、精神病患者),其近亲属,如父母、配偶、子女等通常为法定代理人。(2)指定代理人。法定代理人互相推诿代理责任的,由法院指定其中一人代为诉讼,成为指定代理人。(3)委托代理人。当事人、法定代理人可以委托一至二人作为诉讼代理人,其包括律师、基层法律服务工作者、当事人的近亲属或者工作人员、当事人所在社区和单位及有关社会团体推荐的公民。其中,律师是更为专业的代理人,在代理活动中享有更多的权利。

---

① 参见曹胜新:《重大税务审理案中行政救济需微调》,载《中国税务报》2017年12月5日,第7版。

诉讼参与人有广义和狭义之分。广义的诉讼参与人是指除法院之外,一切参与行政诉讼的人,包括当事人、第三人、诉讼代理人、证人、鉴定人、翻译、勘验人等;狭义的诉讼参与人与参加人对应,仅指证人、鉴定人、翻译和勘验人。在此,我们取其狭义。所谓证人是因了解案情而被法院传唤作证的人,证人既不能选择,也不能替代;鉴定人是指法院聘请的具有专门知识和技能,对案件中的某些事物进行鉴别和判断的人,其出具的鉴定结论可以作为证据;翻译是指接受法院聘请,运用其掌握的我国少数民族或外国的语言文字,协助法院进行审判工作的人;勘验人则指法院聘请的具有专门知识和技能,对与案件有关的物证和现场进行勘查、检验的人。

三、税收行政诉讼受案范围

从总体上讲,税收行政诉讼审查税务机关外部具体行政行为的合法性,以及其适当性显失公正的部分,不包括抽象行政行为、内部具体行政行为,法律、行政法规规定由行政机关最终裁决的具体行政行为以及国家行为。《行政诉讼法》对其受案范围有较为宽泛的规定,其第12条第5项关于受案范围包括"对征收、征用决定及其补偿决定不服的"之规定,应当可以引申为确定税收行政诉讼受案范围的依据。据此,可以推断《税收征管法》及其实施细则,特别是《税务行政复议规则》对受案范围的规范,可以作为税收行政诉讼的具体受案范围,其与税收行政复议基本相同。

原告方在对具体行政行为提起诉讼时一并请求对所依据的、低于规章的规范性文件进行审查的,由具体行政行为案件管辖法院一并审查。不合法的规范性文件包括:超越制定机关的法定职权或者超越法律、法规、规章的授权范围的;与法律、法规、规章等上位法的规定相抵触的;没有法律、法规、规章依据,违法增加公民、法人和其他组织义务或者减损公民、法人和其他组织合法权益的;未履行法定批准程序、公开发布程序,严重违反制定程序的规范性文件,经法院审查确认,不作为法院认定具体行政行为合法的依据,并在审判理由中予以阐明。规范性文件不合法的,法院可以在裁判生效之日起3个月内,向其制定机关提出修改或者废止该规范性文件的司法建议。接收司法建议的行政机关应当在收到司法建议之日起60日内予以书面答复。情况紧急的,法院可以建议制定机关或者其上一级行政机关立即停止执行该规范性文件。

【探讨】行政复议与行政诉讼制度对抽象行政行为审查的异同

比较行政复议与行政诉讼对于抽象行政行为的处理,两者既有相同点也有不同点。相同点在于:间接审查抽象行政行为的范围是相同的,即都是低于规章的规范性行政命令;都属于间接审查的性质,即都是以对具体行政行为的争议为前提,对其所依据的,低于规章的抽象行政行为进行审查,而不得另设条件,任意对低于规章的抽象行政行为进行审查。两者的不同点主要在于:对被间接审查的抽象行政行为处理的方式不同,采用行政复议手段只能中止复议,等待制定争议抽象行政行为的上级行政机关对其是否应当修正作出决定。而在行政诉讼程序中,则是由审判机关对争议抽象行政行为的合法性进行裁决,决定其是否可以作为审判的依据,进而影响诉讼结果。但审判机关并不直接推翻该抽象行政行为,而是以司法建议的形式督促制定该抽象行政行为的行政机关对其修改或废止。从中我们可以看到行政机关与司法机关、行政复议与行政诉讼的分工与地位不同。

与上述规范相对应,《行政诉讼法》还从反面对受案范围进行了排除,即不得对下列事项提起行政诉讼:(1) 国防、外交等国家行为;(2) 行政法规、规章或者行政机关制定、发布的具有普遍约束力的决定、命令;(3) 行政机关对行政机关工作人员的奖惩、任免等决定;(4) 法律规定由行政机关最终裁决的行政行为;(5) 公安、国家安全等机关依照《刑事诉讼法》的明确授权实施的行为;(6) 调解行为和法律规定的仲裁行为;(7) 行政指导行为;(8) 驳回当事人对行政行为提起申诉的重复处理行为;(9) 行政机关作出的不产生外部法律效力的行为;(10) 行政机关为作出行政行为而实施的准备、论证、研究、层报、咨询等过程性行为;(11) 行政机关根据法院的生效裁判、协助执行通知书作出的执行行为,但行政机关扩大执行范围或者采取违法方式实施的除外;(12) 上级行政机关基于内部层级监督关系对下级行政机关作出的听取报告、执法检查、督促履责等行为;(13) 行政机关针对信访事项作出的登记、受理、交办、转送、复查、复核意见等行为;(14) 对公民、法人或者其他组织权利义务不产生实际影响的行为。

四、税收行政诉讼机关与税收行政诉讼管辖

(一) 税收行政诉讼机关

按照我国现行司法制度,法院是唯一具有审判权的司法机关,税收诉讼案件的审理自然由法院主持,在行政审判庭审理。但各个国家税收行政诉讼案件审判权的司法制度安排并不一致,其中不乏值得我们借鉴思考的地方。

【探讨】税收行政诉讼机关的设置

归纳起来,不同国家税收行政争议案件审判机关的设置有这样几种类型:第一,由普通法院审理税收行政争议案件,我国、日本都是如此,但这些国家之间也有差别,如我国目前是在普通法院的行政法庭审理税收行政争议案件。第二,由与普通法院相分离,成为一个独立系统的行政法院负责审理包括税收行政争议案件在内的所有行政争议案件。属于大陆法系的西方国家大多采用这一模式,其中,较有代表性的是法国和德国。第三,税收行政诉讼案件由完全独立的税务法院负责审理。加拿大是采用这一模式的典型国家,其于 1983 年成立联邦税务法院,负责审理所得税、销售税、养老金和失业保险金方面的行政争议案件。联邦税务法院与联邦上诉法院、最高法院之间不存在领导与被领导的关系,税务法院的法官由内阁提名,总督任命,终身任职。在完善我国税法的进程中,许多专家、学者提出税收行政争议的内容、性质、审理方法有别于一般的民事或行政案件,因此,从提高审案水平,更好地维护国家税收利益,充分保障纳税人合法权益的目的出发,应当设立相对独立的税务法院系统。其作为专业法院,仍受最高人民法院领导,可在主要城市设立税务法院,并在其管辖地区内设立巡回税务法庭。作为一种过渡措施,目前至少应在普通法院中设立税务法庭。

（二）税收行政诉讼管辖

管辖指法院之间受理第一审案件的分工和权限。其意义在于促使各法院之间分清职责、明确分工、加强监督管理、提高诉讼工作效率,方便诉讼各方开展诉讼活动。税收行政诉讼的管辖,以是否由法律规定为标准,分为法定管辖和裁定管辖。

1. 法定管辖

法定管辖又分为级别管辖和地域管辖。

（1）级别管辖。基层人民法院管辖本辖区内第一审行政案件;中级、高级和最高人民法院管辖各自辖区内重大、复杂的案件;中级人民法院管辖对国务院部门或者县级以上地方人民政府所作的行政行为提起诉讼的案件和海关处理的案件。

（2）地域管辖。按照"原告就被告"原则,分为以下几种情况:

第一,一般地域管辖。对于一般的税收行政诉讼案件,由最初作出具体行政行为的税务机关所在地法院管辖。经复议的案件,也可以由复议机关所在地法院管辖。

【提示】这个"最初行为地"是被告税务机关实施引起争议的具体行政行为发生地,它不一定是纳税人的税务登记地或机构所在地,也不一定是征税行为发生地。至于最初具体行政行为主体的判定,则要看具体行政行为从本质上是谁作出的。例如,扣缴义务人代扣代缴税款的行为应视为其主管税务机关的行为,由该主管税务机关所在地法院管辖。

第二,特殊地域管辖。对限制人身自由的行政强制措施不服提起的诉讼,由被告所在地或者原告所在地法院管辖。

第三,专属管辖。因不动产提起的税收行政诉讼,由不动产所在地法院管辖。

第四,选择管辖。两个以上的法院都有管辖权的税收行政诉讼案件,可以由原告选择其中一个法院提起诉讼。原告向两个以上有管辖权的法院提起诉讼的,由最先立案的人民法院管辖。

2. 裁定管辖

裁定管辖包括移送管辖、指定管辖和移转管辖。

（1）移送管辖指法院发现受理的案件不属于本院管辖的,应当移送有管辖权的法院,受移送的法院应当受理。受移送的法院认为受移送的案件按照规定不属于本院管辖的,应当报请上级法院指定管辖,不得再自行移送。

（2）指定管辖指有管辖权的法院由于特殊原因不能行使管辖权的,由上级法院指定管辖。法院对管辖权发生争议,由争议双方协商解决。协商不成的,报其共同上级法院指定管辖。

（3）移转管辖指经上级法院决定或同意,对第一审税收行政诉讼案件的管辖权,由下一级法院移送给上级法院,或者反之,由上级法院转给下级法院。上级法院有权审理下级法院管辖的第一审行政案件。下级法院对其管辖的第一审行政案件,认为需要由上级法院审理或者指定管辖的,可以报请上级法院决定。经最高人民法院批准,高级人民法院可以根据审判工作的实际情况,确定若干法院跨行政区域管辖行政案件。

五、税收行政诉讼证据

行政诉讼证据指诉讼过程中用以证明案件事实的所有材料。在税收行政诉讼中,法定证据包括书证、物证、视听资料、电子证据、证人证言、当事人陈述、鉴定意见、勘验笔录、现场笔录,共计9种证据形式。上述证据要求具备合法性、真实性与关联性,经法庭审查属实,才能作为认定案件事实的依据。

【案例】2014年4月28日,某市B稽查局根据上级机关风险提示线索,对辖区内的HR公司展开税务检查。HR公司成立于2010年7月,主要从事组织文化艺术交流活动、设计制作广告等业务。通过对该公司2012年1月1日至2013年12月31日的纳税情况进行内查外调,B稽查局认定这家企业存在偷税问题。2015年2月25日,B稽查局根据有关规定向HR公司作出了《税务处理决定书》。

该处理决定书指出,HR公司存在以下违法事实:(1)2012年10月至11月取得发票17份,抵减扣除应税服务金额296万元。《税收违法案件协查回复函》显示,有关发票异常,无业务往来。(2)2013年7月取得发票15份,抵减扣除应税服务金额1 827万元。《税收违法案件协查回复函》显示,有关发票异常,无业务往来。依照有关规定,上述行为已经构成偷税,偷税金额共计120万元。根据《税收征管法》第63条第1款的规定,B稽查局决定追缴HR公司所偷税款120万元及相应的滞纳金。

HR公司不服上述税务处理决定,于2015年5月5日申请行政复议。复议机关于2015年7月28日作出复议决定,维持了B稽查局作出的《税务处理决定书》。HR公司仍不服,向辖区法院提起行政诉讼,请求撤销B稽查局作出的《税务处理决定书》。法院经过审理,判决驳回HR公司的诉讼请求。HR公司不服一审判决,向地区中级人民法院提起诉讼。二审法院经过审理认为一审法院认定事实不清,裁定撤销一审判决并发回重审。

本案中,有关各方争议的焦点集中在认定HR公司构成偷税的证据上。HR公司认为,B稽查局认定HR公司构成偷税的证据不足,HR公司已经向法院提交了有关合同资料以及采购广告制作服务所需物品资料,这些资料能够充分证明HR公司相关业务的真实性,而且HR公司在就有关业务取得发票后,当即就通过税务机关的网站进行了查询,这些发票都通过了验证。这些都能表明,HR公司不存在偷税的主观故意和事实。

一审法院认为,根据协查税务机关出具的协查函,可以认定HR公司先后取得的32份发票确实都存在异常情况,且HR公司提供的合同及其他证据,均不足以证明其与开票方存在真实业务往来,故B稽查局认定HR公司存在偷税行为事实清楚,证据充分。

二审法院则认为,B稽查局仅以协查回函确定HR公司取得的32份发票异常、无业务往来就认定HR公司构成偷税,并作出了有关行政处理,一审法院支持此处理的判决属于事实认定不清,二审法院将该案发回重审。①

你如何看待本案中证据是否充分的争议? 你认为《税收违法案件协查回复函》能否单独作为定案依据?

被告对作出的行政行为负有举证责任,应当提供作出该行政行为的证据和所依据的规范性文件。被告不提供或者无正当理由逾期提供证据,视为没有相应证据。但是,被诉行政行为涉及第三人合法权益,第三人提供证据的除外。被告申请延期提供证据的,应当在收到起诉状副本之日起 15 日内以书面形式向法院提出。法院准许记录在卷的证据,经审判人员在庭审中说明后,可以作为认定案件事实的依据延期提供,被告应当在正当事由消除后 15 日内提供证据。逾期提供的,视为被诉行政行为没有相应的证据。原告或者第三人应当在开庭审理前或者法院指定的交换证据清单之日提供证据。因正当事由申请延期提供证据的,经法院准许,可以在法庭调查中提供。逾期提供证据的,法院应当责令其说明理由;拒不说明理由或者理由不成立的,视为放弃举证权利。

【案例】2018 年 8 月 23 日,H 市税务局稽查局作出税务行政处罚决定,认定 Q 化工厂取得虚开增值税专用发票,取得有资金回流和无资金回流的增值税专用发票(失控发票)构成偷税,处少缴增值税和城建税 1 倍的罚款。Q 化工厂不服,提起行政诉讼。案件经过了一审、二审和再审。

法院认为,Q 化工厂取得山西某公司(失联)开具 25 组专用发票,虽有部分资金回流,并有长治税务机关开具的有关销售方虚开发票的证明材料,但认定该发票系虚开缺少必要的佐证;稽查局认定的 25 组发票也仅提供了 5 张,且无销售方账目、出库、汇款单等证据予以佐证;有关货款与资金回流差额虽占开票总额的 9%,但该回流资金是否为同一笔货款、回流原因、为何会出现差额,均无有效证据证明,且现有证据具有向 Q 化工厂取证的单一性,无法形成完整的证据链。故稽查局所示证据尚未达到足以认定 Q 化工厂有让他人为自己虚开增值税专用发票的证明标准,有关认定属事实不清、证据不足。Q 化工厂取得失联企业的 8 组发票,稽查局所示证据也具有向 Q 化工厂取证的单一性,未取得销售方的相关凭证,对是否存在真实交易、原告是否明知、销售方向有关人员回款性质及是否为同一货款等均无证据证实,在此情形下根据回款事实推定 Q 化工厂有让他人为自己虚开发票的违法事实,属事实不清、证据不足。一审、二审和再审都判定撤销有关处罚决定。② 如何看待本案存在的争议?

【案例】2015 年 11 月 27 日,A 市 B 区税务局稽查局经过 10 个多月的调查,对甲公司作出《税务行政处罚决定书》,认定该公司在 2013 年 6 月至 9 月期间,让他人为自己开具与实际经营业务不符的增值税专用发票 20 份,金额 1 855 982.91 元,税额 315 517.09 元,已于当期申报抵扣,造成少缴增值税 315 517.09 元,属于虚开发票和偷税的违法行为。该税务局依法决定对甲公司

---

① 参见金竞:《虚开定性仅靠协查回复函够吗》,载《中国税务报》2017 年 10 月 17 日,第 7 版。
② 参见卢慧菲:《2020 年度几个涉税司法案件分析》,载《中国税务报》2021 年 1 月 5 日,第 7 版。裁判文书见辽宁省高级人民法院(2020)辽行申 767 号行政裁定书。

虚开发票的行为处 5 万元罚款。罚款合计 365 517.09 元。

甲公司不服此处罚决定,在 2016 年 1 月 5 日缴纳罚款后,诉至 A 区法院,称其与乙公司之间存在实际经营行为。

一审法院审理认为,根据《税收征管法》《发票管理办法》等相关规定,B 区税务局稽查局具有对甲公司税收违法行为进行查处的法定职权。同时,依据《税收征管法》第 63 条第 1 款的规定,纳税人伪造、变造、隐匿、擅自销毁账簿、记账凭证,或者在账簿上多列支出或者不列、少列收入,或者经税务机关通知申报而拒不申报或者进行虚假的纳税申报,不缴或者少缴应纳税款的,是偷税。对纳税人偷税的,由税务机关追缴其不缴或者少缴的税款、滞纳金,并处不缴或者少缴的税款 50% 以上 5 倍以下的罚款。本案中,被告认定原告将从 3 家公司取得的 20 份增值税专用发票作了进项税抵扣,但原告与这 3 家公司之间未发生真实交易,已构成偷税,因此依照规定对其处偷税数额 1 倍的罚款,该认定事实清楚,证据确凿,适用法律正确,处罚额度适当。

依据《发票管理办法》,让他人为自己开具与实际经营业务情况不符的发票,属于虚开发票的行为;虚开金额超过 1 万元的,处 5 万元以上 50 万元以下的罚款。本案中,被告认定原告从他人手中取得没有真实交易的发票并支付相应费用的行为,已构成虚开发票的事实,据此对其处 5 万元的罚款,该认定事实清楚,证据确凿,适用法律正确,处罚额度适当。

被告在有关执法过程中,履行了立案、调查、审批、告知权力,决定及送达的程序,符合《行政处罚法》和相关税收法律、法规的规定,程序合法。原告虽主张其与乙公司之间存在实际经营行为,并由乙公司为其提供涉案的增值税发票,但未提供相关证据,缺乏事实和法律依据,不予支持。最终一审法院驳回了甲公司的诉讼请求。

甲公司不服此判决,向 A 市中级人民法院提出了上诉,诉称甲公司承担的有关工程由外地公司承包,承包公司把所开票据交给甲公司后,甲公司用现金支付工程款,所以存在很多票据开具单位和付款单位不一致的情况。甲公司由他人代理记账,会计只是根据甲公司提供的发票和银行对账单做账报税。B 区税务局稽查局只依据有关银行支出票据与开票单位不一致、公安机关对甲公司负责人所作笔录这些信息,就认定甲公司有让人虚开增值税发票的行为,缺乏事实根据。甲公司请求撤销一审判决和有关处罚决定。

二审法院审理认为,本案中,被告作出被诉处罚决定基于的违法事实,是原告让他人为自己开具与实际经营业务不符的 20 份增值税专用发票,根据《发票管理办法》及《税收征管法》第 63 条的规定,构成了虚开发票和偷税。因偷税的违法行为系基于虚开发票,故被告应就原告让他人为自己开具与实际经营业务不符的增值税专用发票这一争议事实,提供确凿、充分的证据予以证明。

综上,二审法院最终撤销了一审法院判决和被告作出的税务行政处罚决定。[①] 本案对于我们重视涉税证据有哪些启示?

---

① 参见陈晓娜、王海涛:《不通过银行转账 能作为让他人虚开的证据吗?》,载《中国税务报》2018 年 8 月 28 日,第 7 版。

在诉讼过程中,被告及其诉讼代理人不得自行向原告、第三人和证人收集证据。被告在作出行政行为时已经收集了证据,但因不可抗力等正当事由不能提供的,经法院准许,可以延期提供。原告或者第三人提出了其在行政处理程序中没有提出的理由或者证据的,经法院准许,被告可以补充证据。对当事人无争议,但涉及国家利益、公共利益或者他人合法权益的事实,法院可以责令当事人提供或者补充有关证据。

原告可以提供证明行政行为违法的证据。原告提供的证据不成立的,不免除被告的举证责任。在起诉被告不履行法定职责的案件中,原告应当提供其向被告提出申请的证据。但有下列情形之一的除外:(1)被告应当依职权主动履行法定职责的;(2)原告因正当理由不能提供证据的。

在行政赔偿、补偿的案件中,原告应当对行政行为造成的损害提供证据。因被告的原因导致原告无法举证的,由被告承担举证责任。

法院有权要求当事人提供或者补充证据。法院有权向有关行政机关以及其他组织、公民调取证据。但是,不得为证明行政行为的合法性调取被告作出行政行为时未收集的证据。与案件有关的下列证据,原告或者第三人不能自行收集的,可以申请法院调取:(1)由国家机关保存而须由法院调取的证据;(2)涉及国家秘密、商业秘密和个人隐私的证据;(3)确因客观原因不能自行收集的其他证据。

在证据可能灭失或者以后难以取得的情况下,诉讼参加人可以向法院申请保全证据,法院也可以主动采取保全措施。

对于案情比较复杂或者证据数量较多的案件,法院可以组织当事人在开庭前向对方出示或者交换证据,并将交换证据清单的情况记录在卷。证据应当在法庭上出示,并由当事人互相质证。对涉及国家秘密、商业秘密和个人隐私的证据,不得在公开开庭时出示。法院应当按照法定程序,全面、客观地审查核实证据。对未采纳的证据应当在裁判文书中说明理由。能够反映案件真实情况、与待证事实相关联、来源和形式符合法律规定的证据,应当作为认定案件事实的根据。以非法手段取得的证据(严重违反法定程序收集的证据材料;以违反法律强制性规定的手段获取且侵害他人合法权益的证据材料;以利诱、欺诈、胁迫、暴力等手段获取的证据材料),不得作为认定案件事实的根据。法院在证人出庭作证前应当告知其如实作证的义务以及作伪证的法律后果。

原告或者第三人,对现场笔录的合法性或者真实性有异议的,对扣押财产的品种或者数量有异议的,对检验的物品取样或者保管有异议的,对行政执法人员身份的合法性有异议的,可以要求相关行政执法人员出庭说明,法院可以准许。

六、税收行政诉讼程序

税收行政诉讼程序指法院解决税收争议案件的法定工作方式和步骤。按照《行政诉讼法》的规定,诉讼起于当事人的起诉与审判机关的受理,根据两审终审原则,税收行政诉讼程序主要包括第一审程序和第二审程序。在特别情况下,还可以再审。

(一) 起诉与受理

起诉与受理是税收行政诉讼的开始。起诉是指纳税人及其他行政管理相对人不服税务机关作出的具体行政行为,依法向法院提出诉讼请求,以寻求司法帮助的一种行为。行政管理相对人作为原告,向法院递交书面起诉状,意味着税收行政诉讼活动的开始。受理是法院接受原告的起诉状并正式开始进行审查的起点。

起诉要有明确、具体、具备资格的原告和明确、具体的被告;有具体的诉讼请求和事实根据;属于法院受案范围和受诉法院管辖。起诉要向法院递交书面形式的起诉状,并按照被告人数提出副本。原告书写有困难的,可以口头起诉,由法院按起诉状的要求,记入笔录,并告知对方当事人。

在一般情况下,经过复议程序的,起诉期限为原告收到复议决定书之日起 15 日内;复议机关逾期不作决定的,起诉期限为复议期满之日起 15 日内;没有经过复议程序直接起诉的,起诉期限为原告知道或者应当知道作出具体行政行为之日起 6 个月内,法律另有规定的除外。行政机关作出的行政行为,复议机关作出的复议决定,未告知原告起诉期限的,起诉期限从原告知道或者应当知道起诉期限之日起计算,但从知道或者应当知道行政行为内容之日起最长不得超过 1 年。原告不知道行政机关作出的行政行为内容的,其起诉期限从知道或者应当知道该行政行为内容之日起计算,但最长不得超过 6 个月。对行政机关不履行法定职责提起诉讼的,应当在其履行法定职责期限届满之日起 6 个月内提出。

原告申请行政机关履行保护其人身权、财产权等合法权益的法定职责,行政机关在接到申请之日起两个月内不履行的,原告可以向法院提起诉讼。法律、法规对行政机关履行职责的期限另有规定的,从其规定。原告在紧急情况下请求行政机关履行保护其人身权、财产权等合法权益的法定职责,行政机关不履行的,提起诉讼不受前述规定期限的限制。因不可抗力或其他不属于自身原因耽误起诉期限的,被耽误的时间不计算在起诉期限内;除上述原因之外其他特殊情况耽误起诉期限的,在障碍消除后 10 日内,可以申请延长期限,是否准许由法院决定。

【提示】按照诉讼标的的不同,税收行政诉讼的起诉可以分为以下几种类型:(1) 撤销之诉,即原告认为税务机关的具体行政行为违法,要求法院通过审判程序予以撤销而提起的诉讼;(2) 确认权利之诉,即原告认为税务机关应依法赋予自己某项权利,但税务机关不给予,故要求法院通过审判程序加以确认而提起的诉讼;(3) 请求重新作出具体行政行为之诉,即原告认为税务机关作出的具体行政行为违法,请求法院判决责令被告重新作出合法具体行政行为的诉讼;(4) 请求变更之诉,即原告认为税务机关对其作出的行政处罚显失公正,请求法院判决变更的诉讼;(5) 请求履行之诉,即原告认为税务机关应当履行相应职责,落实原告税收权益的,请求法院判决税务机关履行相应职责;(6) 请求赔偿之诉,即原告认为被告税务机关所作出的具体行政行为损害其合法权益,并造成损失的,请求法院依法判决被告税务机关予以赔偿的诉讼。

受理是诉讼程序的正式开始,对其他程序的进行起着重要作用。法院在接到起诉状时,对符合起诉条件的,应当登记立案;对当场不能判定是否符合起诉条件的,应当接收起诉状,出具注明收到日期的书面凭证,并在 7 日内决定是否立案;不符合起诉条件的,作出不予立案的裁定。原告对裁定不服的,可以提起上诉。起诉状内容欠缺或者有其他错误的,法院应当给予指导和释明,并一次性告知当事人需要补正的内容,不得未经指导和释明即以起诉不符合条件为由不接收起诉状。法院不接收起诉状、接收起诉状后不出具书面凭证,以及不一次性告知当事人需要补正的起诉状内容的,当事人可以向上级法院投诉,上级法院应当责令改正,并对直接负责的主管人员和其他直接责任人员依法给予处分。法院既不立案,又不作出不予立案裁定的,当事人可以向上一级法院起诉。上一级法院认为符合起诉条件的,应当立案、审理,也可以指定其他下级法院立案、审理。

【探讨】税务机关的应诉准备

根据《行政诉讼法》第 58 条的规定,经人民法院传票传唤,原告无正当理由拒不到庭,或者未经法庭许可中途退庭的,可以按照撤诉处理;被告无正当理由拒不到庭,或者未经法庭许可中途退庭的,可以缺席判决。从这一规定的一般意义来看,应诉与否是被告的权利而非责任。但在税收行政诉讼中,被告是担负为国家收税这一特殊责任的行政机关,如果其作为被告不能到庭,易使国家税收利益受到不应有的损失。故《行政诉讼法》第 3 条第 3 款规定,被诉行政机关负责人应当出庭应诉。不能出庭的,应当委托行政机关相应的工作人员出庭。《最高人民法院关于适用〈中华人民共和国行政诉讼法〉的解释》第 129 条第 1 款特别提出,涉及重大公共利益、社会高度关注或者可能引发群体性事件等案件以及法院书面建议行政机关负责人出庭的案件,被诉行政机关负责人应当出庭。但对被告税务机关的出庭义务,《行政诉讼法》也只能规定为"应当"而非"必须"。所以从国家税务主管部门的角度专门制定的《税务行政应诉工作规程》要求作为被告的税务机关"必须"积极应诉,这样,作为被告的税务机关应诉成为必须履行的职责。

应诉是税务机关以法律手段维护自己主张的重要工作,除去选定诉讼代理人以外,撰写答辩状是应诉必备的环节。为此,还要预先审查原告的起诉(上诉)状,在此基础上收集与整理证据,然后才能正式撰写答辩状。作为被告的税务机关要在收到原告起诉(上诉)状副本之日起 10 日内,向法院提交答辩状及作出具体行政行为的有关材料。

(二)第一审程序

第一审程序是指对某一行政案件第一次审理时法院适用的程序。除涉及国家机密及个人隐私等法律规定的情形外,法院公开审理行政案件。涉及商业秘密的案件,当事人申请不公开审理的,可以不公开审理。通常由三人以上的单数审判员组成合议庭,或者由审判员、陪审员组成合议庭,开庭审理案件。其具体程序如下:

1. 开庭审理前的准备

包括审阅起诉状,深入了解案情,组织合议庭,调查收集证据等准备工作。必须完成的法律程序则是在立案之日起 5 日内,将起诉状副本发送被告,要求被告在收到起诉状副本之日起 15 日内向法院提交答辩状及作出具体行政行为的证据和所依据的规范性文件。法院应在收到答辩状之日起 5 日内,将答辩状副本发送原告。被告不提出答辩状的,不影响法院审理。

2. 开庭审理

开庭前法院要发传票、出庭通知书、张贴公告。法院正式开庭后,则要经历法庭调查、法庭辩论、合议庭合议之后才会最终进行宣判。

法庭调查通常被视为开庭审理的中心环节,一般包括以下几项内容:原告宣读起诉状,被告宣读答辩状;询问当事人、证人、鉴定人;出示书证、物证和视听资料;宣读勘验笔录。

法庭辩论通常是在原告、被告及其代理人发言之后,双方互相辩论,就证据的证明力、事实的认定、适用法律及理由,逐一向法庭提出结论性意见。通过双方针锋相对的辩论,便于法庭进一步查明事实、分清是非。

在法庭辩论结束后,合议庭要按照少数服从多数的原则提出对案件的判决意见,并制作评议笔录。

3. 诉讼程序的撤销、中止、终结与调解

(1) 撤诉。撤诉是指原告取消已经向法院提起的诉讼。撤诉分为推定撤诉和申请撤诉两种。推定撤诉又分为两种情形:一是经过两次合法传唤,原告无正当理由拒不到庭,可视为自行撤回起诉;二是原告虽已到庭,但未经审判人员许可,中途退庭,也可视同自行撤诉。申请撤诉是原告在法院对税收行政案件宣判或裁定前,在税收行政机关未改变原具体税收行政行为的情况下,申请撤诉;或者税务机关撤销、改变其所作的具体税收行政行为,起诉已无必要而申请撤诉。法庭辩论终结后原告申请撤诉的,法院可以准许,但涉及国家利益和社会公共利益的除外。法院裁定准许原告撤诉后,原告以同一事实和理由重新起诉的,法院不予立案。

(2) 诉讼中止。诉讼中止指在税收行政诉讼中,法院鉴于某种无法克服和难以避免的特殊情况,而决定暂时停止诉讼程序的行为,待中止的原因消除后,应恢复诉讼程序。中止诉讼的原因有以下几种情况:原告死亡,须等待其近亲属表明是否参加诉讼的;原告丧失诉讼行为能力,尚未确定法定代理人的;作为一方当事人的行政机关、法人或者其他组织终止,尚未确定权利义务承受人的(前述情况下中止诉讼满 90 日仍无人继续诉讼的,裁定终结诉讼,但有特殊情况的除外);一方当事人因不可抗力的事由不能参加诉讼的;案件涉及法律适用问题,需要送请有权机关作出解释或者确认的;案件的审判须以相关民事、刑事或者其他行政案件的审理结果为依据,而相关案件尚未审结的;其他应当中止诉讼的情形。

(3) 诉讼终结。诉讼终结指在诉讼进行中,由于某种特定情况的发生,使诉讼的进行失去意义或不能进行,而结束正在进行的诉讼程序的行为。根据《行政诉讼法》及有关司法解释,应当终结诉讼的情况包括:原告死亡,没有近亲属,或者近亲属放弃诉讼权利的;作为原告的法人或者其他组织终止后,其权利义务的承受人放弃诉讼权利的。

(4) 调解。《行政诉讼法》设定的可以调解的范围与《行政复议法》相同,即包括行政赔偿、补偿以及行政机关行使法律、法规规定的自由裁量权的案件。法院认为有必要的,可以通知第三人参加调解。案件的调解过程不公开,但当事人同意公开的除外,为保护国家利益、社会公共利益、他人合法权益,法院认为确有必要公开的除外。当事人一方或者双方不愿调解、调解未达成协议的,法院应当及时判决。当事人自行和解或者调解达成协议后,请求法院按照和解协议或者调解协议的内容制作判决书的,法院不予准许。

4. 判决

判决是法院解决当事人之间争议的处理结论。无论是否为公开审理的案件,判决一律公开宣告。公开审理的案件,可以当庭宣判,判决书于宣判后 10 日内发送当事人。法院宣布判决后,必须告知当事人上诉权利、上诉期限和上诉的法院。

【提示】判决与裁定的差别主要表现为两个方面:一是判决是实体性的,裁定是程序性的;二是判决是最终的结论,而裁定是个过程性的结论。裁定的适用范围包括:不予立案、驳回起诉、管辖异议、终结诉讼、中止诉讼、移送或指定管辖、诉讼期间停止具体行政行为的执行或者驳回停止执行的申请、财产保全、先予执行、准予或者不准予撤诉、补正裁判中的笔误、中止或者终结执行、提审、指令再审或者发回重审、准予或者不准予执行行政机关的具体行政行为。

法院经过审理,根据不同情况,分别作出以下判决:

(1) 具体行政行为证据确凿,适用法律、法规正确,符合法定程序的;或者原告申请被告履行法定职责,或者被告的给付义务不成立的,法院驳回原告的诉讼请求。

(2) 具体行政行为有下列情形之一的,法院判决撤销或者部分撤销,并可以判决被告重新作出具体行政行为:主要证据不足的;适用法律、法规错误的;违反法定程序的;超越职权的;滥用职权的;明显不当的。法院判决被告重新作出具体行政行为的,被告不得以同一事实和理由作出与原具体行政行为基本相同的行政行为,否则,法院得以对该具体行政行为判决撤销或部分撤销,并采取相应的执行措施。

(3) 法院经过审理,查明被告不履行或者拖延履行法定职责的,判决其在一定期限内履行。

(4) 法院经过审理,查明被告依法负有给付义务的,判决被告履行给付义务。

(5) 具体行政行为依法应当撤销,但撤销会给国家利益、社会公共利益造成重大损害的,行政行为程序轻微违法,但对原告权利不产生实际影响的。对此,法院应判决确认违法,但不撤销具体行政行为。

(6) 行政行为违法,但不具有可撤销内容的;被告改变原违法行政行为,原告仍要求确认原行政行为违法的;被告不履行或者拖延履行法定职责,判决履行没有意义。对此,法院应判决确认其违法,但不需要撤销或者履行。

(7) 具体行政行为实施主体不具有行政主体资格或者没有依据等重大且明显违法情形,原告申请确认具体行政行为无效的,法院判决确认无效,并可以同时判决责令被告采取补救措施;给原告造成损失的,依法判决被告承担赔偿责任。

(8) 行政处罚明显不当,或者其他行政行为涉及对款额的确定、认定确有错误的,法院可以判决变更,但不得加重原告的义务或者减损原告的权益,但利害关系人同为原告,且诉讼请求相反的除外。

(9) 被告不依法履行、未按照约定履行或者违法变更、解除《行政诉讼法》规定的政府特许经营协议、土地房屋征收补偿协议等协议的,法院判决被告承担继续履行、采取补救措施或者赔偿损失等责任。被告变更、解除上述协议合法,但未依法给予补偿的,法院判决给予补偿。

复议机关与作出原行政行为的行政机关为共同被告的案件,法院应当对复议决定和原行政行为一并作出裁判。法院对公开审理和不公开审理的案件,一律公开宣告判决。当庭宣判的,应当在 10 日内发送判决书;定期宣判的,宣判后立即发给判决书。宣告判决时,必须告知当事人上诉权利、上诉期限和上诉的法院。法院应当在立案之日起 6 个月内作出第一审判决。有特殊情况需要延长的,由高级人民法院批准,高级人民法院审理第一审案件需要延长的,由最高人民法院批准。

【思考】针对司法审判中"同类案不同判"的问题,最高人民法院于 2019 年 10 月 11 日、2020 年 7 月 15 日和 2020 年 9 月 14 日相继发布了 3 个文件——《关于建立法律适用分歧解决机制的实施办法》《关于统一法律适用加强类案检索的指导意见(试行)》《最高人民法院关于完善统一法律适用标准工作机制的意见》。这种做法对税收行政复议和税收行政执法中解决不同税收行政复议和税务机关执法不一的问题有何借鉴意义?

5. 简易程序

法院审理第一审行政案件,认为事实清楚、权利义务关系明确、争议不大的,可以适用简易程序。具体包括:被诉行政行为是依法当场作出的;案件涉及款额 2 000 元以下的;属于政府信息公开案件的。此外,当事人各方同意适用简易程序的,可以适用简易程序。但发回重审、按照审判监督程序再审的案件不适用简易程序。法院在审理过程中,发现案件不宜适用简易程序的,裁定转为普通程序。

适用简易程序审理的行政案件,由审判员一人独任审理,并应当在立案之日起 45 日内审结。适用简易程序案件的举证期限由法院确定,也可以由当事人协商一致并经法院准许,但不得超过 15 日。被告要求书面答辩的,法院可以确定合理的答辩期间。当事人双方均表示同意立即开庭或者缩短举证期限、答辩期间的,法院可以立即开庭审理或者确定近期开庭。

【探讨】税收行政诉讼审理程序的选择

各个国家行政诉讼的程序设计有许多差异,相比之下,许多国家更为注意设立不同的审理程序供当事人选择,以体现法律的程序正义原则。其中,加拿大和美国税法的有关规定颇具代表性,在此,我们不妨加以适当介绍。

加拿大税务法院审理税收行政诉讼案件可以按照两种不同的程序,即简单程序与正式程序:凡税收争议标的在 12 000 加元以下的,走简单程序;凡税收争议标的在 12 000 加元以上的,则走正式程序。但原告仍有选择的机会,即若其坚持,即使税收争议标的在 12 000 加元以下也可以走正式程序;反之,税收争议标的在 12 000 加元以上的,同样可以走简单程序。不过,如果选择简单程序,即使原告打赢了官司,最多也只能不缴 12 000 加元的争议税款,超过 12 000 加元的部分,仍要缴纳。并且选择简单程序后,不管判决结果如何,都没有上诉的权利,最多只能向法庭提出司法复议。两种程序比较,简单程序解决争议的时间较短(税务法院受理后,90 天内开庭,开庭后 90 天内作出判决),正式程序解决争议的时间较长,大多数案子都不能如期审结,如其 1991 年按正式程序办理的案件 1 100 件,审理结案的仅有 2 件。同时,简单程序原告可以不请律师,举证上也没有严格的要求,而正式程序则要求当事人双方都必须请律师出庭辩护(按照加拿大法律,政府各机关发生诉讼,必须由司法部提供专职律师),并且必须严格遵守举证的规定,其审理的质量较高,但是程序上也很烦琐。考虑到投入的精力与时间、诉讼费用与律师费用,以及诉讼标的的多少等因素,大多数原告选择了简单程序。据统计,加拿大税务法院审理的案子一般为每年5 000件左右,其中80%走简单程序,20%走正式程序。

美国税收行政诉讼在程序选择上的特色是原告一方有权选择不同的法院,而对税收行政诉讼案件有审理权的税务法院、地区法院和索赔法院在审理方式与程序、当事人的权利义务上有所不同。比较明显的是:第一,向税务法院起诉,可以在判决前暂不缴纳有争议的税款。而向地区法院和索赔法院起诉,则必须事先缴纳有争议的税款。第二,在税务法院审理案件,纳税人可以请律师,也可以自己亲自辩护,税务机关一方则必须由律师代理诉讼。在地区法院,纳税人一方也必须请律师,而不得自己辩护。第三,三种法院都由法官审案,决定本案所适用的法律,但在地区法院设立陪审团对案子作出最终裁决,在税务法院内设索赔部,由税务法院大法官任命的委员会对标的1万美元以下的案子审理和裁决。第四,在上述三种法院起诉,纳税人都有上诉的权利,但是在税务法院索赔部审理的案子除外。

我国行政诉讼实行以合议庭合议为核心的庭审制度,对于发挥集体智慧,克服独立审判制中相对于行政执法而产生的司法专横,保证司法审判的质量是十分必要的。但是,由于税收行政诉讼往往涉及纳税人与国家的根本经济利益,对公正性的要求更为迫切,所以需要赋予纳税人一方更多的程序选择权利。这样,仅仅采用一种审理方式和程序就不够了。至少,在一定条件下对诉讼标的额度较小的税收行政争议适用简单程序对纳税人来讲是一种有利的选择,对诉讼的公正性也没有负面的影响。给纳税人一定的程序选择权,应是加拿大和美国税收行政诉讼制度给我们的重要启示。

(三) 第二审程序

当事人对第一审法院的判决不服,在上诉期限内依法提起上诉,上一级法院依法进行审理和判决的过程,为第二审程序,也称上诉程序。第二审程序的主要作用在于加强对下级法院审判工作的检查和监督,纠正第一审裁判中的错误,保护当事人的合法权益,提高审判的公正性。

当事人不服法院第一审判决的,有权在判决书送达之日起15日内向上一级法院提起上诉。当事人不服法院第一审裁定的,有权在裁定书送达之日起10日内向上一级法院提起上诉。逾期不提起上诉的,法院的第一审判决或者裁定发生法律效力。

法院对上诉案件,应当组成合议庭,开庭审理。经过阅卷、调查和询问当事人,对没有提出新的事实、证据或者理由,合议庭认为不需要开庭审理的,也可以不开庭审理。法院审理上诉案件,应当对原审法院的判决、裁定和被诉行政行为进行全面审查。

法院审理上诉案件,应当在收到上诉状之日起3个月内作出终审判决。有特殊情况需要延长的,由高级人民法院批准,高级人民法院审理上诉案件需要延长的,由最高人民法院批准。

法院审上诉案件,按照下列情形,分别处理:(1)原判决、裁定认定事实清楚,适用法律、法规正确的,判决或者裁定驳回上诉,维持原判决、裁定;(2)原判决、裁定认定事实错误或者适用法律、法规错误的,依法改判、撤销或者变更;(3)原判决认定基本事实不清、证据不足的,发回原审法院重审,或者查清事实后改判;(4)原判决遗漏当事人或者违法缺席判决等严重违反法定程序的,裁定撤销原判决,发回原审法院重审。

原审法院对发回重审的案件作出判决后,当事人提起上诉的,第二审法院不得再次发回重审。法院审理上诉案件,需要改变原审判决的,应当同时对被诉行政行为作出判决。

【探讨】第二审程序与第一审程序的比较

第二审程序与第一审程序的差别主要体现在:(1)第一审程序是诉讼的开始,任何一个案件的诉讼都不能绕过,而第二审程序虽为终审程序,但不是每一个案件的必经程序,只有当事人依法上诉,才会引起第二审程序;(2)第一审程序中,享有起诉权的只能是税务管理相对人,即纳税主体一方,而在第二审程序中,双方当事人都有上诉的权利;(3)第一审程序审理对象是税务行政机关作出的具体行政行为和税收行政复议决定,第二审程序审理对象在此基础上还包括第一审法院未发生法律效力的裁决;(4)第一审程序和第二审程序都实行组成合议庭开庭审理的方式,但在第二审程序中,对于原审案件材料充实,事实清楚,证据充分,上诉人未提出新理由、新证据的,也可以实行书面审理,而在第一审程序中则没有这样的特殊规定;(5)第二审程序的审理期限(3个月)短于第一审程序(6个月)。

(四)审判监督程序

审判监督程序也称再审程序,指法院对已经发生法律效力的判决、裁定,发现确有错误,依法对案件再次进行审查的程序。审判监督程序是审判机关内部的监督机制在诉讼活动中的法律表现形式,对于发现和纠正错误判决、裁定,监督和指导法院的审判工作,提高办案质量,保护当事人的合法权益,监督和维护行政机关依法行政,都具有十分重要的意义。

当事人对已经发生法律效力的判决、裁定,认为确有错误的,可以向上一级法院申请再审,但判决、裁定不停止执行。

当事人的申请符合下列情形之一的,法院应当再审:(1)不予立案或者驳回起诉确有错误的;(2)有新的证据,足以推翻原判决、裁定的;(3)原判决、裁定认定事实的主要证据不足、未经质证或者系伪造的;(4)原判决、裁定适用法律、法规确有错误的;(5)违反法律规定的诉讼程序,可能影响公正审判的;(6)原判决、裁定遗漏诉讼请求的;(7)据以作出原判决、裁定的法律文书被撤销或者变更的;(8)审判人员在审理该案件时有贪污受贿、徇私舞弊、枉法裁判行为的。各级法院院长对本院已经发生法律效力的判决、裁定,发现有上述情形之一,或者发现调解违反自愿原则或者调解书内容违法,认为需要再审的,应当提交审判委员会讨论决定。

最高人民法院对地方各级法院已经发生法律效力的判决、裁定,上级法院对下级法院已经发生法律效力的判决、裁定,发现有上述规定情形之一,或者发现调解违反自愿原则或者调解书内容违法的,有权提审或者指令下级法院再审。最高人民检察院对各级法院已经发生法律效力的判决、裁定,上级检察院对法院已经发生法律效力的判决、裁定,发现有上述规定情形之一,或者发现调解书损害国家利益、社会公共利益的,应当提出抗诉。

地方各级检察院对同级法院已经发生法律效力的判决、裁定,发现有上述规定情形之一,或者发现调解书损害国家利益、社会公共利益的,可以向同级法院提出检察建议,并报上级检察院备案;也可以提请上级检察院向同级法院提出抗诉。各级检察院对审判监督程序以外的其他审判程序中审判人员的违法行为,有权向同级法院提出检察建议。对于法院驳回再审申请的,法院逾期未对再审申请作出裁定的,再审判决、裁定有明显错误的,当事人可以向检察院申请抗诉或者检察建议。

法院审理再审案件,应当另行组成合议庭。

【探讨】审判监督程序与第一审程序、第二审程序的比较

审判监督程序与第一、二审程序的区别主要在于:

(1) 提起的主体不同。在第一审程序中,有权起诉的主体是作为原告的税务管理相对人,税务机关作为被告没有起诉权和反诉权;在第二审程序中,原告、被告、第三人都有上诉的权利。

(2) 审理的对象不同。第一审程序审理的是税务机关作出的引起争议的具体行政行为;第二审程序审理的是第一审法院已经作出,但尚未发生法律效力的判决或裁定;审判监督程序是对已经发生法律效力的判决、裁定的审理,它可以是一审的裁判也可以是二审的裁判。

(3) 提起的理由不同。提起第一审程序案件的理由,是原告认为税务机关、复议机关作出的具体行政行为或决定在认定事实或适用法律上有错误;提起第二审程序案件的理由,是当事人认为原判决、裁定在事实上、法律上有错误;提起再审程序的案件,是法院、检察机关发现已经发生法律效力的判决、裁定有违反法律、法规规定的情况。

(4) 在诉讼中的地位不同。第一审程序是诉讼的开始,第二审程序是对第一审法院审理税收行政诉讼案件的继续和发展,其作为终审程序,属于正常的审理程序,但不是每一案件所必经的程序。而审判监督程序既不是必经程序,也不属于正常审理程序,而是在正常审理程序之外的补救程序。

(5) 提起的期限和要求不同。提起第一审和第二审诉讼程序,都有具体的法定时间限制,超过一定的期限,就不能起诉或上诉,而由原审法院、上级法院与检察机关提起审判监督程序则没有时间限制,发现判决、裁定有错误,随时可以提起。但作为例外,当事人向上一级法院申请再审,应当在判决、裁定或者调解书发生法律效力后6个月内提出。当事人有新的证据,足以推翻原判决、裁定的,原判决、裁定认定事实的主要证据是伪造的,据以作出原判决、裁定的法律文书被撤销或者变更的,审判人员审理该案件时有贪污受贿、徇私舞弊、枉法裁判行为的,也应当自知道或应当知道之日起6个月内提出。

(6) 管辖法院不同。第一审案件只能由有管辖权的法院管辖;第二审案件由原审法院的上一级法院管辖;审判监督程序可以是上级法院进行提审,也可以由原审人民法院进行再审。

七、税收行政诉讼程序的执行

行政诉讼程序的执行,指行政诉讼案件当事人逾期不履行依法生效的法律文书,由法院和有关行政主体运用国家强制力,依法采取强制措施以促使当事人履行义务,从而使生效判决或裁定得以实现的活动。负有义务的一方当事人拒绝履行判决、裁定、调解书的,对方当事人或者第三人可以向第一审法院申请强制执行,或者由行政机关依法强制执行。在非诉行政案件中,公民、法人或其他组织既不向法院提起行政诉讼,又不履行行政机关的行政决定,有关行政机关向法院提出执行申请,由法院采取行政强制执行措施,使行政机关的行政决定所确定的内容得以实现。

行政机关拒绝履行判决、裁定、调解书的,第一审法院可以采取下列措施:(1)对应当归还的罚款或者应当给付的款额,通知银行从该行政机关的账户内划拨。(2)在规定期限内不履行的,从期满之日起,对该行政机关负责人按日处 50 元至 100 元的罚款。(3)将行政机关拒绝履行的情况予以公告。(4)向监察机关或者该行政机关的上一级行政机关提出司法建议。接受司法建议的机关,根据有关规定进行处理,并将处理情况告知法院。(5)拒不履行判决、裁定、调解书,社会影响恶劣的,可以对该行政机关直接负责的主管人员和其他直接责任人员予以拘留;情节严重,构成犯罪的,依法追究刑事责任。

法院受理行政机关申请执行其行政行为的案件后,应当在 7 日内由行政审判庭对行政行为的合法性进行审查,并作出是否准予执行的裁定。法院在作出裁定前发现行政行为明显违法并损害被执行人合法权益的,应当听取被执行人和行政机关的意见,并自受理之日起 30 日内作出是否准予执行的裁定。申请执行的期限为 2 年。逾期申请的,除有正当理由外,法院不予受理。

第三节　税收行政赔偿

税收行政赔偿是税收行政复议和行政诉讼的延伸,是税收法律救济的组成部分。税收行政赔偿依据的是《国家赔偿法》,该法包括行政赔偿与司法赔偿两个部分,我们在此讨论的税收行政赔偿是行政赔偿的组成部分。

一、税收行政赔偿的概念、原则与构成要件

(一)概念

税收行政赔偿是指因税务机关及其工作人员的职务行为给税务管理相对人造成损害,而由税务机关进行国家赔偿的一项法律制度。这一概念有这样几层含义:第一,作出损害行为的侵权主体是税务机关及其工作人员;第二,损害的客体是税务管理的相对人,对此不能仅仅理解为纳

税人或纳税主体;第三,赔偿的原因是职务违法行为造成了损害;第四,赔偿责任由国家承担,进行的是国家赔偿。2012 年修正的《国家赔偿法》一个重大变化是,取消国家赔偿条件中"国家机关及其工作人员的职务违法行为给当事人造成损害"的"违法"要件,即只要是国家机关及其工作人员的职务行为给当事人造成损害,都可以申请赔偿。这样缩短了国家赔偿的程序,加强了行政监督,加大了对公民权益的保障。

【探讨】税收行政赔偿与民事赔偿的区别

税收行政赔偿与民事赔偿都表现为一种金钱的让渡,但其区别也是明显的:第一,依据的法律不同。税收行政赔偿依据的是《国家赔偿法》,民事赔偿依据的是相关民事法律规则。第二,赔偿的责任形式不同。税收行政赔偿主体承担的是违法责任,民事赔偿主体承担的主要是违约责任与侵权责任等。第三,赔偿性质不同。税收行政赔偿产生的原因是税收行政侵权行为,其请求权的性质是公权,由公法来调整;民事赔偿产生的原因是民事侵权行为,其请求权属于私权,由私法进行调整。① 第四,赔偿的主体不同。税收行政赔偿的主体是国家,赔偿义务机关是侵权的税务机关,国家不可能成为接受行政赔偿的一方;民事赔偿的主体没有特异性,任何一方都有可能成为承担赔偿责任的一方。第五,赔偿范围不同。税收行政赔偿限于对直接物质损害的赔偿,属于有限赔偿,赔偿不够充分;而民事赔偿除去直接物质损害的赔偿,还包括间接损害的赔偿。第六,赔偿途径不同。税收行政赔偿有行政赔偿和行政诉讼赔偿两种途径;而民事赔偿只有民事诉讼一种途径。

课税与老百姓的切身利益密切相关,非常容易发生矛盾与冲突,如果税务机关的执法行为不当,给纳税人造成损失,依法予以适当赔偿对于充分保障纳税人合法权益,规范税务机关执法行为,缓解双方的矛盾与冲突,确保依法课税十分必要。

(二) 原则

1. 有限赔偿原则

这一原则表现为国家赔偿直接损失,不赔偿间接损失,赔偿标准较低等,使得赔偿并不彻底。从法理上分析,实行有限赔偿原则是考虑到因为利益关联度不同,在赔偿诉讼中税务机关不能像纳税人那样在诉讼中对自己的利益抓住不放。如果对赔偿不加以适当限制,可能对财政造成过大压力,最后带来增加课税的结果,负担还要由全体人民来承担,所以采用有限赔偿原则来兼顾争议双方的利益。

【思考】有限赔偿原则有其合理性,但是过于强调这一原则,会使受害人的利益失去保障。根据 2012 年修正的《国家赔偿法》第 35 条的规定,行政机关及其工作人员的职务违法行为致人精神损害的,应当在侵权行为影响的范围内,为受害人消除影响,恢复名誉,赔礼道歉;造成严重后果的,应当支付相应的精神损害抚慰金。此规定表明,该法从不承认精神赔偿到承认精神赔偿,明显向有利于受害人一方迈出了新的一步。那么,国家赔偿合适的平衡点应当在哪里,或者

---

① 参见刘剑文主编:《税法学》(第二版),人民出版社 2003 年版,第 544 页。

说国家赔偿的度应当怎样把握？请从理论上作更深入的思考。

2. 调解原则

即法院可以在税收行政赔偿诉讼的原被告之间进行调解，以使双方达成一致目标。税收行政赔偿诉讼适用调解原则是因为请求人要求的不是确认具体行政行为的法律属性，而是要求赔偿因行政侵权行为所造成的损失。税务机关对于其行政权力不能随意处分，但可以相对自由地处分其经济权益，因而使行政赔偿诉讼中的调解成为可能。

3. 分担举证责任原则

《国家赔偿法》第15条规定：人民法院审理行政赔偿案件，赔偿请求人和赔偿义务机关对自己提出的主张，应当提供证据。举证责任在当事人之间进行了合理分担。适用分担举证责任原则是因为作为被告的税务机关难以反证其没有给原告造成损失，这与一般行政诉讼中税务机关应当有能力证明其征税行为的事实依据与法律依据是不同的。

4. 违法责任原则

行政赔偿的归责原则一般有过错责任原则（行政机关及其工作人员在执行公务过程中因过错而给行政管理相对人造成损害才赔偿，强调的是行为人有过错）、危险责任原则（只要发生损害，不管行为人是否有过错，都要承担赔偿责任）和违法责任原则（行政机关及其工作人员因违法而给行政管理相对人造成损害才赔偿）。我国《国家赔偿法》采用的是违法责任原则，这与行政执法的性质相关。

5. 对等原则

在涉外国家赔偿中，外国人、外国企业和组织的所属国对中国公民、法人和其他组织请求该国国家赔偿的权利不予保护或者限制的，我国国家赔偿也对等地不对外国人、外国企业和组织的权利加以保护或限制，体现了对本国公民、法人利益的保护。

（三）构成要件

税收行政赔偿的构成要件是指税务机关承担赔偿责任的法定条件。只有同时具备这些条件，国家才承担相应的赔偿责任。

（1）存在侵权行为主体。侵权行为主体即侵犯纳税人或其他当事人合法权益的税务机关及其工作人员。

（2）有造成损害的职务行为。即税务机关及其工作人员在行使行政职权的过程中存在职务行为。因税务机关工作人员个人行为或税务管理相对人自己的行为引起的损害国家不承担赔偿责任。

（3）存在合法权益遭受损害的事实。赔偿责任只有在造成实际损害的条件下才存在，无损害后果就无所谓赔偿。

（4）行为与损害事实之间存在因果关系。税务机关只对必然直接引起侵权损害的税收行政行为承担赔偿义务。

二、税收行政赔偿的主体与范围

（一）税收行政赔偿主体

税收行政赔偿主体包括税收行政赔偿请求人和税收行政赔偿义务机关双方。

1. 税收行政赔偿请求人

税收行政赔偿请求人是指被税务机关及其工作人员行使职权侵犯了合法权益造成损害，依法向侵权的税务机关提出赔偿请求的纳税人和其他税务管理相对人。受害的公民、法人和其他组织有权要求赔偿；受害的公民死亡，其继承人和其他有扶养关系的亲属有权要求赔偿；受害的法人或者其他组织终止的，其权利承受人有权要求赔偿。

2. 税收行政赔偿义务机关

税收行政赔偿义务机关即行使职权过程中给税务管理相对人造成损害的税务机关。具体包括：实施行政侵权行为的税务机关；法律、法规授权的组织在行使授予的行政权力时侵犯公民、法人和其他组织的合法权益造成损害的，被授权的组织为赔偿义务机关。受行政机关委托的组织或者个人在行使受委托的行政权力时侵犯公民、法人和其他组织的合法权益造成损害的，委托的行政机关为赔偿义务机关。两个以上行政机关共同行使行政职权时侵犯公民、法人和其他组织的合法权益造成损害的，共同行使行政职权的行政机关为共同赔偿义务机关。赔偿义务机关被撤销的，继续行使其职权的行政机关为赔偿义务机关；没有继续行使其职权的行政机关的，撤销该赔偿义务机关的行政机关为赔偿义务机关。经复议机关复议的，最初造成侵权行为的行政机关为赔偿义务机关，但复议机关的复议决定加重损害的，复议机关对加重的部分履行赔偿义务。

（二）税收行政赔偿范围

按照《国家赔偿法》的规定，行政赔偿的范围包括侵犯财产权的赔偿与侵犯人身权的赔偿。其中，侵害税收管理相对人财产权，应予行政赔偿的违法行为包括：违法征收税款及滞纳金；违法实施罚款、没收非法所得等行政处罚；违法采取行政强制执行措施或者实施税收保全；违法征收财物、摊派费用等其他违法行为。侵害税收管理相对人人身权，应予行政赔偿的违法行为包括：非法拘禁或者以其他方式剥夺人身自由的；以殴打等暴力行为或者唆使他人以殴打等暴力行为造成公民身体伤害或者死亡的；造成公民身体伤害或者死亡的其他违法行为。在税收行政执法实践中，由于税务机关执法范围与权限的制约，侵害相对人人身权而进行行政赔偿的情况极少发生。

【提示】人身权包括人格权和身份权，是与公民人身不可分离的权利。人格权又可分为生命权、身体权、健康权、姓名权、自由权、名誉权、荣誉权、肖像权、隐私权、婚姻自主权等；身份权可以分为配偶权、亲权和亲属权。

在上述税收行政赔偿范围内，税务机关可以在一定的条件下免除赔偿责任。包括：（1）行政机关工作人员与行使职权无关的个人行为;(2)因公民、法人和其他组织自己的行为致使损害发生的;(3)法律规定的其他情形。

三、税收行政赔偿的程序与追偿制度

税收行政赔偿分为单独向赔偿义务机关提出赔偿请求的行政处理程序和附带向法院提出赔偿请求的行政诉讼程序。赔偿请求人应当先向赔偿义务机关提出赔偿请求,也可以在申请行政复议或者提起行政诉讼时一并提出赔偿请求。赔偿请求人可以向共同赔偿义务机关中的任何一个赔偿义务机关要求赔偿,该赔偿义务机关应当先予赔偿(此规定有连带责任的性质)。赔偿请求人根据受到的不同损害,可以同时提出数项赔偿要求。赔偿义务机关应当自收到申请之日起2个月内,作出是否赔偿的决定。赔偿义务机关决定赔偿的,应当制作赔偿决定书,并自作出决定之日起10日内送达赔偿请求人。赔偿义务机关决定不予赔偿的,应当自作出决定之日起10日内书面通知赔偿请求人,并说明不予赔偿的理由。赔偿义务机关在规定期限内未作出是否赔偿的决定,赔偿请求人可以自期限届满之日起3个月内,向法院提起诉讼。

行政追偿制度指税务机关依法向赔偿请求人支付赔偿费用或履行赔偿义务以后,依法责令有故意或重大过失的税务工作人员或受委托的组织、个人承担部分或全部赔偿费用的行为。

【探讨】行政追偿制度的立法目的

行政追偿制度是惩戒性的,出发点在于促使相关公务人员认真履行职责,而不是为了使其承担全部赔偿责任。如果责任人不承担任何赔偿责任,不利于督促税务工作人员严格依法行政,增强责任心,制止违法和渎职行为,减少国家财政损失。作为一种平衡,行政追偿制度较好地解决了这一矛盾。

实施行政追偿制度的前提条件有两个:一是税务行政赔偿义务机关已经对受害人给予了赔偿;二是责任人有故意或重大过失。

税务机关向有故意或重大过失的工作人员追偿的金额,仅限于向受害人直接赔偿的数额,不包括税收行政赔偿案件处理中发生的办案费用、诉讼费用等。这些费用由赔偿义务机关——税务机关承担。

四、税收行政赔偿的方式与标准

(一)赔偿方式

我国采取的国家赔偿方式包括支付赔偿金、返还财产和恢复原状。其中,支付赔偿金是主要赔偿方式,返还财产和恢复原状是补充赔偿方式。当一种赔偿方式不足以满足赔偿要求时,需要几种法定赔偿方式并用。

1. 支付赔偿金

其特点有三:一是支付赔偿金方式简便易行,只要支付了赔偿金额,即可迅速地了结赔偿问题,节省双方的时间、人力、物力。二是支付赔偿金的范围较广,多种损害都可以通过计算或者折算成一定的货币标准予以赔偿。三是在某些情形下,如人身伤害,最后也只能是以支付赔偿金的方式赔偿。支付赔偿金方式的适用范围主要是:(1) 侵犯公民人身自由权、生命健康权的;(2) 税务机关违法采取税收保全措施和税收强制执行措施,造成受害人的合法财产损坏或者灭失,已不可能恢复原状的;(3) 受害人合法财产已被税务机关拍卖的;(4) 对受害人合法财产造成其他损害的。

2. 返还财产

严格地说,返还财产是一种责任形式而非赔偿方式。① 返还财产的要件包括:(1) 原物为特定物;(2) 原物还存在,没有灭失,并保持原状,未遭损坏;(3) 返还财产更有利于国家赔偿争议的解决;(4) 返还财产比金钱赔偿更为便捷;(5) 返还财产不影响公务的实施。如果返还财产已经不可能,则要将赔偿请求人的直接经济损失折算成金额,支付赔偿金。

3. 恢复原状

从大的范围讲,恢复原状应当包括恢复自由,排除妨碍,消除危险,修理,重作,更换,不动产的拆除、重建,消除影响,赔礼道歉等具体形式。采用"恢复原状"赔偿方式的前提是能够恢复原状。很多情况下,百分之百地恢复原状是困难的,所以往往还要伴以支付赔偿金等赔偿方式来补足恢复原状尚未足额赔偿的损失。恢复原状有三个特点:一是包括形态、性能和权利的恢复原状。二是受其物理性能等限制,恢复原状的实施有一定的条件,实施后往往还需要其他赔偿方式作为补充。三是恢复原状是赔偿义务机关依职权所采取的赔偿方式,不以受害人是否提出请求为限。恢复原状在下列情形下适用:(1) 应当返还的财产遭损坏,能够恢复原状的;(2) 解除查封扣押物品、通知银行冻结存款等税收保全措施后,能够恢复原状的;(3) 其他有可能恢复原状且不违反国家法律规定的。

(二) 费用标准

按照《国家赔偿法》的规定,国家赔偿分为对侵犯公民人身自由和生命健康权的赔偿与对侵害公民、法人和其他组织财产权的赔偿。其计算的基准是国家职工工资。就税务机关工作特点而言,国家赔偿主要是对侵害公民、法人和其他组织财产权的赔偿。

(1) 侵犯公民人身自由的,每日赔偿金按照国家上年度职工日平均工资计算。

(2) 侵犯公民生命健康权的,赔偿金按照下列规定计算:

① 造成身体伤害的,应当支付医疗费、护理费,以及赔偿因误工减少的收入。减少的收入每日的赔偿金按照国家上年度职工日平均工资计算,最高额为国家上年度职工年平均工资的5倍。

② 造成部分或者全部丧失劳动能力的,应当支付医疗费、护理费、残疾生活辅助具费、康复费等因残疾而增加的必要支出和继续治疗所必需的费用,以及残疾赔偿金。残疾赔偿金根据丧

---

① 参见刘善春主编:《国家赔偿法释义与案例分析》,中国政法大学出版社1995年版,第58页。

失劳动能力的程度,按照国家规定的伤残等级确定,最高不超过国家上年度职工年平均工资的20倍。造成全部丧失劳动能力的,对其扶养的无劳动能力的人,还应当支付生活费。

③造成死亡的,应当支付死亡赔偿金、丧葬费,总额为国家上年度职工年平均工资的20倍。对死者生前扶养的无劳动能力的人,还应当参照当地最低生活保障标准支付生活费。被扶养的人是未成年人的,生活费给付至18周岁止;其他无劳动能力的人,生活费给付至死亡时止。

税务机关及其工作人员因职务违法行为致人精神损害的,应当在侵权行为影响的范围内,为受害人消除影响,恢复名誉,赔礼道歉;造成严重后果的,应当支付相应的精神损害抚慰金。

(3)侵犯公民、法人和其他组织的财产权造成损害的,按照下列规定处理:

①处罚款、罚金、追缴、没收财产或者违法征收、征用财产的,返还财产。

②查封、扣押、冻结财产的,解除对财产的查封、扣押、冻结,造成财产损坏或者灭失的,依法进行赔偿。

③应当返还的财产损坏的,能够恢复原状的恢复原状,不能恢复原状的,按照损害程度给付相应的赔偿金。

④应当返还的财产灭失的,给付相应的赔偿金。

⑤财产已经拍卖或者变卖的,给付拍卖或者变卖所得的价款;变卖的价款明显低于财产价值的,应当支付相应的赔偿金。

⑥吊销许可证和执照、责令停产停业的,赔偿停产停业期间必要的经常性费用开支。

⑦返还执行的罚款或者罚金、追缴或者没收的金钱,解除冻结的存款或者汇款的,应当支付银行同期存款利息。

⑧对财产权造成其他损害的,按照直接损失给予赔偿。

赔偿费用列入各级财政预算。赔偿义务机关应当自收到支付赔偿金申请之日起7日内,依照预算管理权限向有关的财政部门提出支付申请。财政部门应当自收到支付申请之日起15日内支付赔偿金。

赔偿请求人请求国家赔偿的时效为2年,自其知道或者应当知道国家机关及其工作人员行使职权时的行为侵犯其人身权、财产权之日起计算,但被羁押等限制人身自由期间不计算在内。在申请行政复议或者提起行政诉讼时一并提出赔偿请求的,适用行政复议法、行政诉讼法有关时效的规定。赔偿请求人在赔偿请求时效的最后6个月内,因不可抗力或者其他障碍不能行使请求权的,时效中止。从中止时效的原因消除之日起,赔偿请求时效期间继续计算。

赔偿请求人要求国家赔偿的,赔偿义务机关、复议机关和法院不得向赔偿请求人收取任何费用。对于赔偿请求人取得的赔偿金不予征税。

【探讨】从赔偿标准来看国家赔偿的不充分性

从上述赔偿标准来看,我国国家赔偿,特别是对侵害公民人身自由和生命权、健康权的赔偿是不够充分的。其一,作为赔偿金计算基础的上年度国家职工平均工资不包含奖金等收入项目,与职工个人的全部实际收入有较大的偏离,依据国家职工工资标准确定赔偿额必定是不充分的;其二,赔偿的最高额度是国家上年度职工年平均工资的20倍,假设一个20岁的受害者完全丧失劳动能力,那么就等于说,对于其40岁以后的生活没有加以考虑;其三,赔偿金没有考虑地区差别;其四,赔偿标准只规定了赔偿上限,而没有赔偿下限,在实际执行中容易进一步降低对受害人的赔偿。有学者认为,我国国家赔偿旨在保障公民最基本的生存所需,而不是充分补偿受害人的损失,故将其归纳为"生存保障原则"。① 但我们认为,国家应当将工作重心放在建设高效廉洁政府,通过减少对公民、法人合法利益的侵害来减少国家赔偿上来。国家赔偿应当更多地站在普通公民的角度考虑法律的公平,体现人文关怀,促进和谐社会建设,而不能仅仅以财政承受能力为借口来降低赔偿标准,使其不能起到应有的作用。

思考题

1. 我国税收行政复议法律规制有哪些特点?
2. 试分析税收行政复议的审查范围。
3. 简述税收行政诉讼证据规则的要点。
4. 怎样理解税收行政诉讼的和解与调解制度?
5. 税收行政赔偿应当坚持哪些原则?
6. 税收行政赔偿有哪些具体形式?

即测即评

---

① 参见刘剑文主编:《税法学》(第二版),人民出版社2003年版,第552页。

参 考 文 献

1. 周旺生:《立法论》,北京大学出版社 1994 年版。

2. 张松:《税法学概论》,中国税务出版社 1998 年版。

3. 岳树民、张松:《纳税人的权利与义务》,中国人民大学出版社 2000 年版。

4. 北野弘久:《税法学原论》,陈刚、杨建广等译,中国检察出版社 2001 年版。

5. 杨小强:《税法总论》,湖南人民出版社 2002 年版。

6. 孙翊刚、王文素:《中国财政史》,中国社会科学出版社 2003 年版。

7. [日]金子宏:《日本税法》,战宪斌、郑林根等译,法律出版社 2004 年版。

8. 葛克昌:《税法基本问题》,北京大学出版社 2004 年版。

9. 张松:《税法学》,高等教育出版社 2005 年版。

10. V.图若尼主编:《税法的起草与设计》(第一卷),国际货币基金组织、国家税务总局政策法规司译,中国税务出版社 2004 年版。

11. 施正文:《税收债法论》,中国政法大学出版社 2008 年版。

12.《外国税收征管法律译本》编写组:《外国税收征管法律译本》,中国税务出版社 2012 年版。

13. 刘剑文主编:《财税法学前沿问题研究》,法律出版社 2016 年版。

14. 李万甫、孙红梅主编:《〈税收征收管理法〉修订若干制度研究》,法律出版社 2017 年版。

15. 徐清秀:《现代财税法原理》,厦门大学出版社 2017 年版。

16. 熊晓青:《事先裁定热点问题研究》,载《国际税收》2016 年第 4 期。

17. 张松:《在我国设立税收事先裁定制度的探讨》,载《税务与经济》2013 年第 2 期。

18. 张松:《关于修订〈税收征管法〉若干问题的再认识》,载《税务研究》2013 年第 5 期。

19. 张松、张瑞杰:《税制改革要落实税收法定原则》,载《地方财政研究》2015 年第 10 期。

20. 滕祥志:《论〈税收征管法〉的修改》,载《清华法学》2016 年第 3 期。

21. 刘荣、李佳男:《论我国逃税罪主体司法认定的困境与出路》,载《税务研究》2017 年第 3 期。

22. 袁森庚:《最高人民法院提审的德发公司案分析》,载《税务研究》2017 年第 6 期。

23. 吕铖钢、张景华:《实质课税原则的路径重塑》,载《税务与经济》2008 年第 1 期。

24. 廖仕梅、屈震:《论虚开增值税专用发票罪与真实交易》,载《税务研究》2018 年第 1 期。

25. 熊伟、刘珊:《协调与衔接:〈民法典〉实施对税法的影响》,载《税务研究》2021 年第 1 期。

26. 叶金育:《税法构成要件理论的反思与再造》,载《法学研究》2018 年第 6 期。

27. 张松、王怡:《企业破产程序中的若干税收法律问题》,载《税务与经济》2019 年第 4 期。

28. 陈兴良:《虚开增值税专用发票罪:罪名沿革与规范构造》,载《清华法学》2021 年第 1 期。

29. 施正文:《税法总则立法的基本问题探讨——兼论〈税法典〉编纂》,载《税务研究》2021 年第 2 期。

30. 李登喜、李大庆:《契约化:税务行政裁量的思维转型》,载《税务研究》2021 年第 1 期。

本书引用税收法律文件

郑重声明

高等教育出版社依法对本书享有专有出版权。任何未经许可的复制、销售行为均违反《中华人民共和国著作权法》,其行为人将承担相应的民事责任和行政责任;构成犯罪的,将被依法追究刑事责任。为了维护市场秩序,保护读者的合法权益,避免读者误用盗版书造成不良后果,我社将配合行政执法部门和司法机关对违法犯罪的单位和个人进行严厉打击。社会各界人士如发现上述侵权行为,希望及时举报,我社将奖励举报有功人员。

反盗版举报电话　 (010)58581999　58582371

反盗版举报邮箱　 dd@ hep.com.cn

通信地址　 北京市西城区德外大街4号　高等教育出版社法律事务部

邮政编码　 100120

读者意见反馈

为收集对教材的意见建议,进一步完善教材编写并做好服务工作,读者可将对本教材的意见建议通过如下渠道反馈至我社。

咨询电话　 400-810-0598

反馈邮箱　 gjdzfwb@ pub.hep.cn

通信地址　 北京市朝阳区惠新东街4号富盛大厦1座

　　　　　高等教育出版社总编辑办公室

邮政编码　 100029